QUESTÕES DE FILOSOFIA CONTEMPORÂNEA

Discurso Editorial

Projeto editorial: Departamento de Filosofia da FFLCH-USP

Coordenação: Milton Meira do Nascimento

Projeto Gráfico e Diagramação: Selma Mª. Consoli Jacintho MTb 28.839

Capa: Helena Rodrigues MTb 28.840

Ilustração da capa: Kasimir Malevitch,
Quadrado preto e quadrado vermelho, óleo sobre tela, 1915

Revisão: Thaís Totino Richter

FUNDAÇÃO ARAUCÁRIA

CAPES

QUESTÕES DE FILOSOFIA CONTEMPORÂNEA

Organizadores:
Anderson Gonçalves
Débora Morato Pinto
Luiz Damon Santos Moutinho
Paulo Vieira Neto
Rodrigo Brandão

UFPR

discurso editorial

São Paulo, 2006

Dados Internacionais de Catalogoção na Publicação (CIP)
(Câmara Brasileira do Livro, SP, Brasil)

Questões de filosofia contemporânea / organizadores Anderson Gonçalves... [et. al.]. - - São Paulo: Discurso Editorial; Curitiba, PR: Universidade Federal do Paraná – UFPR, 2006.

Outros organizadores: Débora Morato Pinto, Luiz Damon Santos Moutinho, Paulo Vieira Neto, Rodrigo Brandão

Vários colaboradores

ISBN 85-86590-76-2

1. Filosofia I. Gonçalves, Anderson. II. Pinto, Débora Morato III. Moutinho, Luiz Damon Santos. IV. Vieira Neto, Paulo. V. Brandão, Rodrigo

06-7639 CDD-101

Índices para catálogo sistemático:

1. Filosofia : Teoria 101

UFPR
UNIVERSIDADE FEDERAL DO PARANÁ
Rua Dr. Faivre, 405, 6° andar
Ed. D. Pedro II
82100-470 Curitiba - PR
Telefone (41) 3336-5098
Fax (41) 3336-5098
Email: daniel@ufpr.br
Homepage www.filosofia.ufpr.br

discurso editorial
Av. Prof. Luciano Gualberto, 315 (sala 1.033)
05508-900 – São Paulo – SP
Telefone: (11) 3814-5383
Telefax: (11) 3034-2733
E-mail: discurso@org.usp.br
Homepage: www.discurso.com.br

Sumário

Apresentação 7

I. Tradição e Modernidade

Autonomia e Liberdade: (im)possibilidades contemporâneas 11
André Duarte

Crítica da tradição, refundação da metafísica e descrição da experiência – Bergson e Merleau-Ponty 25
Débora Cristina Morato Pinto

Sobre a iniciativa: Paul Ricoeur e Hannah Arendt 41
Hélio Salles Gentil

Corpo, espírito e liberdade: alguns aspectos da ação livre em *Matière et mémoire* 51
Silene Torres Marques

Uma certa dimensão pedagógica da intuição em Bergson em sua relação com a noção de "bon sens"
Tarcísio Jorge Santos Pinto 75

II. Subjetividade e Metafísica

O dualismo fundamental da fenomenologia sartriana 89
Luiz Damon Santos Moutinho

Merleau-Ponty: três passos rumo à ontologia do Ser bruto 97
Marcus Sacrini A. Ferraz

A dobra do corpo e a questão do dualismo 107
Cristiano Perius

Os pesadelos do nada e a experiência da alegria em Bergson 119
Rita Paiva

Os impasses do amor: Sartre, Lacan e o problema do reconhecimento do desejo 137
Vladimir Safatle

III. Pintura e Filosofia

Típica ou criação: o problema da universalidade à luz da teoria merleau-pontyana da expressão 157
Marcos José Müller-Granzotto

O enigma do olhar 171
Claudinei Aparecido de Freitas da Silva

Estética e fenomenologia em *A dúvida de Cézanne* 193
Luiz Henrique Alves de Souza

IV. Arte e Sociedade

Engajamento e empenho na literatura brasileira 203
Fernando C. Gil

Impasses de um intelectual engajado – o caso de Lima Barreto – 211
Cássio Tavares

A Ética desvelada pela estética: os primeiros contos de Sartre e Malraux 225
Thana Mara de Souza

A emergência da temática social no Clube dos Artistas Modernos 235
Marcelo Mari

Tecnologia e indústria cultural 247
Ruy Sardinha Lopes

V. O intelectual e seu tempo

O sentido do engajamento 267
Sílvio Rosa

A noção de autoria na modernidade 287
José Ternes

Lógicas universitárias, *habitus* acadêmico 297
José Eduardo Szwako

VI. Biopolítica e estado de exceção

Força de trabalho e biopolítica 311
Rodnei Nascimento

Giorgio Agamben sobre uma profecia biopolítica de Sade 321
Rodrigo Brandão

Crônica de "história natural" 335
Anderson Gonçalves

Apresentação

Em novembro de 2005, o Departamento de Filosofia da UFPR organizou dois eventos cuja afinidade temática é destacada pelo título dessa coletânea.

De um lado, uma série de palestras e conferências em torno da "filosofia francesa contemporânea". Dessa série, são aqui publicados artigos que abordam temas de Estética, Política, Metafísica em autores como Bergson, Sartre, Merleau-Ponty, Lacan, Deleuze, Ricoeur.

De outro, uma série de palestras e conferências em torno de "filosofia e engajamento". Dessa série, são aqui publicados artigos que abordam temas de Política, História, Literatura em autores como Marx, Foucault, Adorno, Hanna Arendt, Machado de Assis.

Certamente, o leitor tem todos os motivos para contestar a "unidade" desses textos, assegurada pelo vínculo genérico da contemporaneidade. Não se pretende responder a essa contestação pela recusa de seus termos, ainda que seja legítimo perguntar-se, como Foucault o fez, o que assegura a unidade "livro", "autor" etc. Mas não é nisso que os organizadores dessa coletânea pretendem se apoiar. Interessa-nos, antes – e daí porque essa publicação nos pareceu trazer algum interesse ao leitor –, destacar a amplitude de questões que norteiam a filosofia contemporânea sem impor um recorte doutrinário ou metodológico.

Daí o amplo leque de temas, de métodos e de composição dessa coletânea. Da pintura à guerra, de questões que encontram sua legitimidade na história da filosofia a questões que contestam o valor heurístico dessa história e a ultrapassam, o que se vislumbra aqui são os diferentes signos que instigam o pensamento contemporâneo e o formam. Nem recorte doutrinário, nem hierarquia: a delimitação do que é propriamente "filosófico" é tão contestável quanto a do nosso campo perceptivo, pouco sujeito a uma delimitação precisa e linear. Assim, da necessidade de refundar a metafísica, segundo Bergson, a temas como engajamento e estado de exceção, que envolvem questões como o Direito, os movimentos sociais, a ação política, o que aqui se busca é a abertura dos horizontes da filosofia – horizontes dos quais se quis, com essa coletânea aberta, ser um breve testemunho.

I. Tradição e Modernidade

Autonomia e Liberdade: (im)possibilidades contemporâneas

André Duarte

I. Formulação do problema: ainda sabemos o que significam autonomia e liberdade?

Dos finais do século XVIII até o limiar do nosso presente, a síntese do legado espiritual da Modernidade e o signo de uma duradoura promessa de felicidade se exprimiram pelos ideais-gêmeos de autonomia e liberdade. No entanto, a própria ambigüidade expressa no título destas considerações é suficiente para nos chamar a atenção, ressaltando a urgência de uma reflexão sobre os limites, impasses e, até mesmo, sobre o possível esgotamento ou comprometimento do horizonte de sentido ao qual os ideais de autonomia e liberdade estiveram vinculados desde o início da modernidade. Será que ainda é possível nos pensarmos livres e autônomos? Será que os ideais modernos de autonomia e liberdade ainda comportam promessas de felicidade e dignidade para nós? Ou será que eles mesmos já não foram colonizados e domesticados pelas novas exigências do mercado de trabalho, que continuamente exige dos trabalhadores que eles sejam livres, autônomos e flexíveis, isto é, dóceis e criativos? Que é que tais ideais ainda podem significar nos dias de hoje, e em que medida eles ainda são capazes de inspirar a crítica e a ação transformadora de nós mesmos e da sociedade?

Vivemos sob o signo da ambigüidade. Por um lado, jamais ouvimos tantos e tão insistentes discursos a respeito da liberdade e da autonomia que possuímos. Quase ninguém duvidaria de que hoje somos mais livres e mais autônomos, em suma, de que vivemos mais e melhor do que em épocas passadas. Por outro, paira no ar uma incerteza desconfortável: e se essa proliferação de discursos edificantes fosse apenas um fino verniz a recobrir nossa crescente perda de liberdade e autonomia? É bastante plausível pensar que os referidos ideais estejam sendo soterrados justamente pelas determinações tecnológicas, políticas e econômicas que, supostamente, deveriam fundamentá-los e garanti-los. Aliás, talvez se fale tanto hoje em dia em autonomia e liberdade justamente porque eles já não são capazes de trazer o genuinamente novo à luz do dia. Em outras palavras, é bastante possível que os chamados ganhos políticos, econômicos e tecnológicos de nossa época estejam diretamente relacionados à nossa atual incompreensão e impossibilidade de vivermos de maneira autônoma e livre. Tal desconfiança se manifesta de maneira evidente se considerarmos os efeitos e conseqüências de longo alcance embutidos na revolução biotecnológica que se anuncia como fato consumado. Qual seria o lugar dos ideais de autonomia e liberdade em uma sociedade plenamente administrada e controlada pela engenharia genética? Ou ainda: o que tais ideais poderão significar em um mundo cujos recursos naturais poderão estar esgotados em pouco mais de um século, caso não transformemos nosso estilo de vida? Mas nem precisamos ir tão longe assim: que é que ainda resta desses nobres ideais em um mundo que, apavorado pelo espectro do terrorismo, produz e reproduz mais terror, por meio de guerras e intervenções humanitárias, supostamente legítimas? Por fim, recordo apenas que a Organização Mundial da Saúde computou a morte de mais de 190 milhões de pessoas ao longo do século XX, o século que testemunhou duas guerras mundiais, incontáveis guerras locais e a própria constituição de uma forma de dominação sem precedentes históricos, o totalitarismo.[1]

Evidentemente, seria tolo pretender encontrar respostas absolutas para todas essas indagações, como se fosse possível determinar, de uma vez por todas, ou que os ideais de autonomia e liberdade já se esgotaram por completo, ou, por outro lado, que eles jamais se esgotarão. Nas reflexões que se seguem, não se trata, portanto, nem de se agarrar cegamente àqueles ideais, nem tampouco de fechar os olhos para eles, mas, sim, de pensá-los em suas possibilidades e impossibilidades contemporâneas. O que se faz necessário é interrogar nosso presente como uma época-limite, na qual já se está decidindo o futuro dos ideais de autonomia e liberdade e, portanto, também o futuro das formações institucionais políticas e sociais em que viveremos. A fim de pensar e repensar o sentido e os limites destes ideais é preciso reconstruir os modelos conceituais que definiram historicamente o significado de autonomia e liberdade no ocidente. Refletir sobre seu significado passado pode nos auxiliar a pensar o que eles ainda significam no presente, caso não venham a se tornar obsoletos ou insignificantes dentro em pouco.

---

1 Arendt, H. *Origens do Totalitarismo.* São Paulo: Companhia das Letras, 2000.

II. Autonomia e liberdade na história ocidental: da Antigüidade à modernidade

Em primeiro lugar, é preciso explicitar o vínculo entre a modernidade e os ideais de autonomia e liberdade, visto que não coube ao homem moderno a invenção e o reconhecimento das interações humanas conduzidas de maneira livre e autônoma, as quais já eram conhecidas e praticadas desde a Antigüidade. Como lembra Hannah Arendt em sua obra *A condição humana*, no período áureo das cidades-estado gregas, o século V a.C., a liberdade foi experimentada de modo ativo pelos cidadãos no espaço público e constituiu-se uma segunda forma de vida para cada homem da *polis*, o *bios politikos*, forma de convivência na qual prevaleciam a ação coletiva e o discurso persuasivo entre iguais.[2] Esta forma de organização do espaço comunitário público definia-se pela oposição radical ao modo de vida do espaço doméstico, no qual se lidava com as necessidades naturais da sobrevivência por meio do trabalho escravo, subordinado ao comando imperativo do senhor da casa (*oikós*). Assim, a liberdade constituía uma experiência política fundada na igualdade dos participantes do espaço público e comum da *ágora* democrática, que recusava a distinção entre governantes e governados, bem como evitava as relações fundadas no binômio mando-obediência. Temos aí um acontecimento originário e surpreendente que, se não durou por muito tempo, foi suficiente para constituir uma terminologia política e um horizonte de referências e experiências que ainda hoje nos acompanham. Exatamente o oposto se passava no espaço doméstico ou privado, no qual o senhor não podia se considerar um homem livre, pois assumia ali a função de um déspota ou de um monarca que comandava a todos de maneira inconteste e sozinho. No espaço privado faltavam-lhe os pares, isto é, outros membros em igualdade de condição, com os quais ele pudesse exercer sua liberdade, bem como também não existia qualquer pluralidade de pontos de vista, em função dos quais fosse preciso estabelecer uma discussão para chegar a um acordo. Como se percebe, no mundo antigo havia um abismo entre o que hoje chamamos de espaço público e privado, e o próprio acesso ao espaço da liberdade pressupunha tanto a desigualdade reinante no âmbito doméstico como a violência que regia as relações destinadas a lidar com as necessidades vitais de cada *oikós*.

---

2 ARENDT, H. *A condição humana*. Rio de Janeiro: Forense Universitária, 1981.

No entanto, se nenhum homem podia ser livre no espaço doméstico grego, neste espaço privado era possível conservar o exercício da autonomia, tanto nas relações consigo mesmo como nas relações com os outros. Os exercícios ascéticos da Antigüidade nada mais eram do que diversas formas de ação do indivíduo sobre si mesmo, por meio das quais ele visava se tornar senhor de si ao regrar e determinar sua dieta, suas relações sexuais, suas amizades, seu próprio corpo. Encontramos aí o que Michel Foucault denominou as "práticas de si" ou "o cuidado de si", comportamentos que não constituíam um sistema de prescrições ou proibições morais universais, mas apenas um conjunto de regras auto-impostas que determinavam um certo estilo de vida.[3] Liberdade e autonomia podiam se manifestar em conjunção ou separadamente, pois era possível não ser livre, isto é, estar privado do acesso ao espaço público dos iguais, a *ágora*, e ainda assim se impor regras particulares de conduta; ao mesmo tempo, também era possível ser livre, mas não autônomo – por exemplo, vivendo a vida privada de maneira desregrada. Além disso, restava ainda a notória possibilidade de que um homem não fosse nem livre nem autônomo, em se tratando de escravos ou demais trabalhadores impedidos de aceder ao espaço público e, ademais, incapazes de se auto-impor regras de conduta. No mundo antigo, portanto, liberdade e autonomia muitas vezes apareciam de maneira relacionada, mas podiam também se manifestar separadamente, isto é, em campos distintos da vida, ou podiam simplesmente não existir. Isto também quer dizer que no mundo antigo autonomia e liberdade jamais foram pensadas como atributos imanentes ao homem ou à natureza humana. Não eram consideradas como propriedades ou qualidades da natureza humana, pois só podiam se atualizar no mundo sob certas condições definidas pelas regras tradicionais de reconhecimento do acesso ao espaço público, ou pela própria disposição do indivíduo para se impor regras de autodomínio, tendo em vista a constituição de si como o artífice de uma vida bela. Deste modo, autonomia e liberdade não eram ideais universais do mundo antigo, dado que ambas existiam apenas *in actu*, isto é, em seu próprio exercício.

Por motivos que, como Hegel observou em sua *Filosofia da História*, estão relacionados às conseqüências da Reforma Protestante, das Revoluções Fran-

[3] FOUCAULT, M. *História da sexualidade*. Rio de Janeiro: Graal, 1984, v. II – O uso dos prazeres; do mesmo autor, veja-se também *História da sexualidade*. Rio de Janeiro: Graal, 1985, v. III – O cuidado de si.

cesa e Industrial, bem como da moderna compreensão filosófica da subjetividade, foi apenas a partir do século XVII que autonomia e liberdade puderam tornar-se princípios universais indissociáveis, fontes de inspiração da conduta humana e do reconhecimento da própria dignidade do homem.[4] A elevação da liberdade e da autonomia ao estatuto ontológico de princípios definidores da humanidade do homem é concomitante com a autocompreensão histórica de que vivemos em um tempo novo, distinto das eras passadas, a modernidade. A fórmula hegeliana, que pensa a história ocidental como um processo único e contínuo de progressiva manifestação da liberdade, é conhecida: nos reinos despóticos do oriente antigo, apenas um era livre, o déspota; na *polis* e na *res pública* romana, apenas alguns eram livres, isto é, os cidadãos; com base na igualdade cristã de todos os homens, liberdade e autonomia foram sendo gradativamente assumidas como o verdadeiro estatuto ontológico da humanidade. Será com a filosofia da época das luzes, ao longo do século XVIII, que se radicalizará a compreensão do homem como sujeito livre e capaz de autodeterminação. Do mesmo modo, será apenas a partir das Revoluções Francesa e Industrial que surgirão as condições econômicas e políticas para a constituição de uma sociabilidade orientada por tais ideais. A partir de finais do século XVIII, liberdade e autonomia tornar-se-ão irredutivelmente entrelaçadas: a liberdade será pensada como autonomia da vontade individual para determinar racionalmente a ação e o pensamento do sujeito. Agora, ser livre é agir de maneira racional e autodeterminada, sem ter de se submeter a quaisquer critérios sociais estranhos à própria razão, rompendo-se, portanto, os laços da autoridade e da tradição sobre o indivíduo. Em 1784, Kant formulou a famosa tese de que a época do iluminismo – que, para muitos, ainda constitui a nossa época – se caracteriza pelo fato de que agora o homem reconhece apenas a si mesmo como o artífice e responsável pela saída de sua "menoridade", isto é, de sua subordinação ao jugo do entendimento alheio, condição da qual apenas ele próprio é o culpado, na medida em que outorgue a outrem a responsabilidade pelo que faz ou pensa.[5] Valendo-se do pensamento crítico e da ousadia de querer saber por si mesmo, o homem da época do iluminismo é aquele que desafia as antigas forças tutelares

---

4 Hegel, G. W. F. *Filosofia da História.* Brasília: UnB, 1995, particularmente o capítulo "Tempo Moderno".

5 Kant, I. O que é o Iluminismo? *A paz perpétua e outros escritos.* Lisboa: Edições 70, 1988.

da tradição e da autoridade religiosas, impondo a si mesmo as leis, regras e padrões por meio dos quais cria e multiplica novas relações sociais, colocando-se no rumo de uma progressiva emancipação da humanidade. Portanto, segundo a narrativa iluminista, ser moderno significa não apenas reconhecer a universalidade dos ideais de autonomia e liberdade, mas também relacionar e identificar a própria humanidade do homem a eles, a despeito dos inúmeros entraves e dilemas econômicos, políticos e culturais que sempre obstaram a plena instituição da autonomia e da liberdade no mundo em que vivemos.

O legado dessa interpretação iluminista do sentido da modernidade foi retomado por inúmeros teóricos do século XX, sobretudo por Max Weber, que situou nosso presente no contexto histórico mais amplo das transformações sociais advindas com o processo de secularização e modernização racionalizadora das antigas sociedades tradicionais. Segundo Weber, o que caracteriza o mundo ocidental é o crescente processo histórico de racionalização que fragmentou a antiga coesão social pré-moderna, enfraquecendo as visões de mundo fundadas na autoridade religiosa e nos costumes tradicionais, que escapavam à fundamentação racional.[6] Surgiram assim esferas especializadas de atuação distintas e independentes entre si, sujeitas às suas próprias normas de regulação e validação, tais como as esferas jurídico-moral, estética e científica, sem as quais não se teria constituído uma sociedade laica, marcada pelo alargamento crescente da autonomia e da liberdade individuais, com base no domínio tecnológico da natureza e na ampliação das formas de interação humana livres de dominação.[7] De acordo com tais reflexões, o surgimento da moderna democracia representativa, ao longo do século XIX, teria suprimido as formas não racionalizadas de legitimação da dominação política, assim como a constituição das instituições escolares públicas teria permitido uma formação pedagógica alheia à influência das tradições regionais e religiosas.[8] Trata-se aqui do conhecido processo denominado por Weber "desencantamento do mundo", o qual conferiu ao homem a inteira responsabilidade pelo gerenciamento de suas relações sociais.

---

6 WEBER, M. *A ética protestante e o espírito do capitalismo*. São Paulo: Centauro Editora, 2004.

7 HABERMAS, J. *Theorie de l'agir communicationnel*. Paris: Fayard, 1987. Tome I – Rationalité de l'agir et rationalisation de la societé.

8 ROUANET, S. P. *As razões do iluminismo*. São Paulo: Companhia das Letras, 1987.

III. Os impasses e contradições da modernidade

Por certo, o diagnóstico iluminista a respeito de nossa época está sujeito a inúmeras críticas, ressalvas, emendas e dúvidas. Basta recordar que já o próprio Weber percebera que o processo de desencantamento do mundo era, simultaneamente, um processo de empobrecimento do sentido e da crítica, pois se fazia acompanhar da crescente sistematização burocrática da vida social, que se impunha a todos com seus procedimentos rotinizados e amparados na obediência e na adequação de cada funcionário ao seu papel no conjunto do sistema. Weber compreendeu que, na modernidade tardia, a vida social é gerida por grandes núcleos sistêmicos de caráter político – o Estado burocrático moderno – e econômico – as leis da economia de mercado –, os quais submetem a totalidade das relações humanas ao crivo tecnocrata da razão instrumental, que nada mais faz senão articular meios e fins, roubando sorrateiramente aos homens a sua liberdade e autonomia de pensamento e ação ao transformá-los em meras engrenagens funcionais no interior de grandes máquinas administrativas impessoais. Estas graves desconfianças a respeito das contradições internas à modernidade já estavam na ordem do dia antes mesmo da eclosão da Primeira Guerra Mundial, acontecimento que, para muitos, constitui a própria inauguração do nosso tempo e do nosso mundo: basta recordar que o primeiro conflito bélico de proporções mundiais foi também aquele no qual se empregaram, pela primeira vez, armas químicas e bacteriológicas de destruição massiva. Antes mesmo de o horror se tornar uma realidade cotidiana para nós, a literatura de Kafka já se inquietava com os dilemas de uma burocratização do cotidiano cuja racionalidade se tornara dúbia e imponderável, pois independente de quaisquer fins consensualmente determinados. Kafka antecipou em suas obras-primas inacabadas os horrores que, apenas algumas décadas mais tarde, se tornariam realidade consumada nos julgamentos sumários do totalitarismo estalinista e nos intrincados procedimentos burocráticos nazistas, destinados a transformar seres humanos em vermes passíveis de extermínio a gás. O gênio de Kafka reside em que ele soube "ouvir a voz abominável da história", como o afirmou Ricardo Piglia, pois compreendeu que se palavras como "vermes" e "cães" podiam designar a condição do homem contemporâneo, então era possível exterminar populações inteiras como se matam vermes ou cães, a exemplo de Gregor Samsa ou de Joseph K.

Se Kafka soube como olhar de frente o seu presente, antecipando o futuro, pensadores contemporâneos como Michel Foucault e Hannah Arendt voltaram seus olhos para o passado, produzindo análises que tentaram demonstrar o vínculo entre os dilemas e horrores do nosso tempo presente e o berço de origem da modernidade. Para Arendt e Foucault, nosso presente é a culminação conseqüente de uma modernidade que, desde o século XVII, se viu fascinada pela objetificação científica da natureza e do próprio homem. Em grande medida, aquilo em que hoje nos tornamos tem de ser pensado numa linha de continuidade com os mecanismos de disciplina e vigilância institucionais que visaram fabricar o que Foucault denominou "sujeitos assujeitados", isto é, homens que são o resultado de complexos processos disciplinares, por meio dos quais se pôde extrair deles um máximo de "utilidade" e "docilidade". Em sua obra

e punir, Foucault nos ensinou a reconhecer a terrível semelhança existente entre os dispositivos institucionais da escola, da prisão, do quartel, da fábrica e do hospital, recordando-nos que "As 'Luzes' que descobriram as liberdades inventaram também as disciplinas".[9] Isto equivale a afirmar que o moderno desejo de autonomia e liberdade tem a mesma idade dos processos de normalização disciplinar, e, sobretudo, que ambos estão intimamente relacionados.

A partir do século XIX, este homem moderno descrito por Foucault como simultaneamente o sujeito manipulador de todos os seres e o objeto produzido por uma trama de saberes e micropoderes articulados, assume a feição daquela figura histórica que Hannah Arendt denominou *animal laborans*, isto é, o homem reduzido aos processos de trabalho e consumo, constantemente empenhado na manutenção do ciclo vital de sua sobrevivência e da espécie.[10] Nas modernas sociedades administradas de massa, pensa Arendt, nas quais todas as atividades giram em torno do eixo do trabalho e do consumo – somos aquilo que fazemos e o que consumimos – o próprio homem se tornou um item a mais a ser fabricado e consumido. Talvez isto possa explicar porque o século XX pôde ser caracterizado, simultaneamente, como o século da multiplicação das "fábricas da morte" – Auschwitz, Gulag e tantas outras formas de *apartheid* social e econômico –, bem como o século que viu nascer o primeiro bebê de proveta, até encerrar-se com o mapeamento do genoma humano. Para Arendt, não é fortuito que a economia contemporânea seja uma economia do desperdí-

---

[9] Foucault, M. *Vigiar e punir.* Rio de Janeiro: Vozes, 1984, p. 195.

[10] Arendt, H. *A condição* humana, cit.

cio, em que todas as coisas têm de ser devoradas ou substituídas imediatamente a fim de que o processo cíclico de produção e consumo não chegue a um fim repentino e catastrófico. Também não é de se espantar que vivamos em sociedades apáticas e conformistas, nas quais a capacidade humana para agir espontaneamente vai sendo crescentemente substituída pelo mero comportamento em sua monótona previsibilidade repetitiva e normatizada: trabalhar para consumir, consumir para trabalhar.

IV. Autonomia e liberdade na época da sociedade de controle: ainda são possíveis?

Decerto, não é preciso concordar integralmente com as conclusões decorrentes destas avaliações críticas da modernidade para suspeitar que, talvez, os ideais de autonomia e liberdade já não signifiquem mais do que palavras vazias para nós. Mas chama a atenção o fato de que não parecemos muito alarmados com tal reflexão. Talvez o motivo para nossa estranha tranqüilidade seja o de que nem sempre o maior perigo se mostra a nós como realmente perigoso. Aliás, esta sutileza extrema na dominação é talvez o principal traço daquilo que o filósofo francês Giles Deleuze denominou "sociedade de controle", aquela na qual já começamos a viver, na qual os controles se exercem de maneira tecnológica e em rede.[11] Não é por acaso que nos pedem para sorrir enquanto somos filmados por inúmeros e refinados mecanismos de vigilância tecnológica: o controle é reconfortante, nos dá a sensação de máxima liberdade quando nos encontramos totalmente monitorados, até o ponto em que queremos e desejamos cada vez mais e mais controles. Em um mundo assombrado pelo terrorismo e pela violência dos miseráveis, quantos de nós já não esperam ansiosamente pela cidade cibernética, em que o acesso a espaços públicos e privados dependerá de senhas e cartões magnéticos de segurança, capazes de avaliar quais são os cidadãos honestos e acima de quaisquer suspeitas? Quando tal situação se tornar realidade, cartões magnéticos operados por grandes corporações transnacionais nos serão "oferecidos" – a altos custos, claro – sob a justificativa publicitária de que facilitarão a locomoção e a proteção de seus portadores. Quem não espera

---

[11] Deleuze, G. Postscriptum sobre a sociedade de controle. *Conversações*. São Paulo: Editora 34, 1992.

com júbilo o invento do telefone celular acoplado a uma microcâmera digital, que propicie imagens via satélite, em tempo real, daquele com quem falamos, aspecto muito útil e reconfortante para uma civilização que não suporta mais ter dúvidas, paciência, tolerância ou frustrações? Tampouco é casual que a farmacologia contemporânea se dedique intensivamente à pesquisa e produção de antidepressivos e ansiolíticos. Autonomia e liberdade podem ser exercidas na era tecnovirtual em que já vivemos, a qual elevou ao estatuto de fantasias publicamente compartilhadas nossos desejos modernos de controle, de comunicação irrestrita, de presença instantânea e de espetacularização de si e de todos os acontecimentos sociais?

Ao que parece, quanto mais se acelera e se suaviza o processo de dominação técnica de nós mesmos e da natureza, tanto menos percebemos nossa ausência de autonomia e liberdade. Atentemos para as transformações pelas quais vem passando nossa vida profissional e privada desde a última década do século passado. De lá para cá, o jargão empresarial invadiu e colonizou nossos processos de educação formal e sentimental: gerenciamento do saber, qualidade total, aprendizagem contínua, inteligência emocional, mercado sentimental, são termos que encontramos em manuais de auto-ajuda e em *talk-shows* de aconselhamento, em projetos de transformação da escola pública em empresa privada, assim como em projetos de transformação da empresa privada em instituição supostamente meritocrática. O que resta da autonomia e da liberdade quando todos têm de agir e pensar igual, em conformidade com as diretrizes do pensamento único, sejam elas econômicas, políticas, educacionais ou sentimentais? O que resta da autonomia e da liberdade em um mundo no qual a tirania das aparências espetaculares aniquilou as idéias, também modernas, de intimidade e individualidade, reduzindo a subjetividade ao raso da superfície do corpo?[12]

---

[12] Desde o século XIX, a distinção entre o corpo belo e o cadáver repulsivo deixou de ser importante, aspecto já evidenciado em poemas de Baudelaire – *As flores do Mal* – e em novelas do século XIX, como *Frankenstein, Drácula, Dr. Jeckyll and Mr. Hyde*. De lá para cá, essa curiosa indistinção entre o belo e o repulsivo tem se apagado ainda mais, mostrando sua verdade trágica: Contardo Caligaris sugeriu, em artigo de 02/03/2006 no jornal *Folha de S.Paulo*, o motivo pelo qual a contemplação de corpos mutilados pela guerra do tráfico no Rio de Janeiro pôde ser razão de riso e piada por parte dos vizinhos de bairro que testemunharam a cena: afinal, o que a exibição dos corpos mutilados nos mostra é

Não se trata, evidentemente, de vociferar contra a tecnologia, o que seria tolo e ineficaz, mas de chamar a atenção para as conseqüências políticas, filosóficas, psíquicas, éticas e ecológicas daquilo que estamos fazendo agora. Ademais, é preciso compreender que não somos apenas utilizadores de aparatos tecnológicos, nem tampouco somos seus senhores absolutos, como já o havia compreendido Heidegger. Antes, os aparatos tecnológicos também nos empregam e utilizam, no sentido de que determinam nossa subjetividade e, assim, pré-definem o modo e o horizonte no qual podemos nos relacionar com tudo o que há no mundo, incluindo-se aí as outras pessoas e nós mesmos. Além disso, se a técnica moderna não é apenas mais *um* meio entre outros para produzir o que quer que seja, mas *o* modo essencialmente determinado de produzir do presente, cabe enfatizar que a produção técnica não pode produzir nada sem transformar seus produtos em matéria ou recurso que podem ser continuamente estocados, reutilizados, transformados, economizados e manipulados infinitamente, aspecto que traz consigo múltiplas conseqüências. Foi assim, por exemplo, que se instalou a devastação moderna da natureza, transformada agora como fonte de energias subsistentes disponíveis; também foi assim que o próprio homem transformou-se em simples "fundo de reserva", disponível para retro-alimentar os mais variados processos tecnológicos, como o pensou Heidegger.[13] Ao que parece, quanto mais se acelera e se suaviza o processo de dominação técnica de nós mesmos e da natureza, tanto menos percebemos nossa atual ausência de autonomia e liberdade.

Dentre as tantas perguntas que permanecem sem resposta, resta apenas uma certeza: a de que nosso *quantum* atual de liberdade e autonomia está diretamente relacionado ao reconhecimento de que já nos encontramos aprisiona-

---

aquilo que já estamos cansados de saber, isto é, que todos nós não somos mais do que carne e ossos, cadáveres adiados que procriam, como já o dissera Fernando Pessoa. Essa é nossa verdade contemporânea: somos corpos, pouco importa se corpos vivos ou mortos, belos ou putrefatos, corpos destinados ao monitoramento e à exibição, e, de preferência, à exibição monitorada. Se isso não fosse assim, não compreenderíamos o sucesso internacional de programas de televisão que se comprazem em mostrar, minuciosamente, o trabalho de peritos em medicina forense ou em cirurgias plásticas – programas como *Big Brother, Extreme makeover* e *CSI* andam de mãos dadas em um mundo que perdeu o sentido das distinções entre o profundo e o superficial, entre o belo e o horrível.

[13] Heidegger, M. A questão da técnica. *Ensaios e Conferências.* Rio de Janeiro: Vozes, 2002.

dos e oprimidos. Não se trata de pessimismo ou conformismo, muito pelo contrário, nem tampouco de mero jogo de palavras, pois apenas quem se reconhece tolhido e limitado pode investir, com cuidado e criatividade, na reinvenção e recriação das suas relações sociais, tanto no plano político-comunitário como no plano de suas relações afetivas privadas. Apenas quem se sabe escravizado tentará forjar meios para resistir e instituir a diferença que faça diferença, no trabalho, na praça pública, consigo mesmo e com os mais próximos: sob tal condição, liberdade e autonomia deixam de ser traços supostamente universais da natureza humana para se transformarem em fonte efetiva de inspiração da ação e da resistência. Coube a Deleuze formular a tese, instigante e audaciosa, segundo a qual apenas por meio do "devir revolucionário" de cada um poderemos responder à intolerável vergonha de viver em uma ordem econômica e política comprometida com a "fabricação da miséria humana", isto é, em um mundo no qual liberdade e autonomia não passam de *slogans* publicitários.[14] Certamente, não se trata aqui de recorrer ao velho sonho romântico de uma completa transformação revolucionária do mundo em que vivemos, de uma revolução redentora que implantaria a utopia de uma vida isenta de quaisquer coerções, alienações e assimetrias. Uma vez mais, insisto em que tal diagnóstico não é conformista ou pessimista; antes, e por outro lado, ele afirma a persistência e a renovação, *em ato*, de nossa autonomia e liberdade, sempre que, num plano local e pontual, soubermos reconhecer e enfrentar as forças reacionárias da violência, da discriminação, da exclusão e da domesticação. Se as soubermos reconhecer em sua complexidade e sutileza, então ainda será possível inventar formas diversas de resistência, criando novas relações, agindo, pensando e questionando os dilemas de nosso presente. Gilles Deleuze sintetizou essas considerações com perfeição ao afirmar o seguinte:

> Acreditar no mundo é o que mais nos falta; nós perdemos completamente o mundo, nos desapossaram dele. Acreditar no mundo significa principalmente suscitar acontecimentos, mesmo pequenos, que escapem ao controle, ou engendrar novos espaços-tempos, mesmo de superfície e volume reduzidos. [...] É no nível de cada tentativa que se avaliam a capacidade de resistência, ou, ao contrário, a submissão a um controle. Necessita-se ao mesmo tempo de criação *e* povo.[15]

---

[14] DELEUZE, G. Controle e devir. *Conversações*, cit., p. 213.

[15] Ibidem, p. 218.

Este apelo que dirige nosso olhar para aquilo de que fomos desapossados na modernidade tardia, isto é, o mundo, encontra-se no coração das reflexões de Michel Foucault e de Hannah Arendt, com as quais iniciei minhas considerações sobre a autonomia e a liberdade no campo das experiências do homem da Antigüidade. Ambos os autores não estavam interessados em simplesmente relatar um certo conjunto de experiências pretéritas e, como tais, a nós inacessíveis. Se Foucault e Arendt retornaram ao passado greco-romano em busca da compreensão da especificidade das experiências antigas de autonomia e de liberdade, eles o fizeram tendo em vista nosso próprio tempo. Se, como afirmou Deleuze, a crença no mundo está diretamente relacionada à nossa capacidade de suscitar acontecimentos coletivos, ainda quando localizados, então a descoberta de uma experiência da autonomia e da liberdade que se torna realidade efetiva apenas *em ato*, na qualidade de um princípio imanente à ação individual sobre si mesmo e à ação coletiva com outros, então as reflexões de Foucault e Arendt ainda nos podem auxiliar a compreender e experimentar aquilo que autonomia e liberdade podem ser e significar nos tempos que correm.

Crítica da tradição, refundação da metafísica e descrição da experiência – Bergson e Merleau-Ponty

Débora Cristina Morato Pinto

"Filosofar consiste em inverter a direção habitual do trabalho do pensamento."[1]

Meu objetivo aqui é apresentar alguns apontamentos sobre a relação intrínseca entre crítica da tradição filosófica e refundação da metafísica em Bergson, indicando como tal relação está na base da definição de metafísica como experiência integral, isto é, como ela fundamenta a tentativa de construir uma filosofia em que o acesso ao real de modo absoluto é indissociável da noção de experiência consciente, o que faz do estudo da percepção um dos temas centrais a essa filosofia. A noção de intuição como percepção alargada e o papel do trabalho crítico como etapa do método intuitivo são considerados aqui focos de inspiração para o projeto filosófico de Merleau-Ponty, configurando um terreno comum no pensamento contemporâneo que podemos circunscrever como o das *filosofias da experiência*.

1. O trabalho crítico e a dissolução das ilusões da inteligência espacializadora como condição para a redescoberta da duração pura

As teses positivas de alcance ontológico e metafísico, presentes no itinerário de Bergson de modo contundente, são marcadas pelo caráter inovador e vinculadas ao delineamento de conceitos originais e de novos modos de *posição dos problemas* filosóficos de diversos âmbitos. De forma surpreendente, as teses de doutrina surgem em sua obra como conseqüências de longas e exaustivas reflexões críticas que ocupam bem mais páginas do que as apresentações sintéticas das asserções positivas. Nessa medida, de imediato fica claro ao leitor de Bergson que o trabalho crítico é constitutivo da própria doutrina, etapa indis-

---

1 Bergson, H. Introduction à la Métaphysique. *La pensée et le mouvant.* Paris: PUF, 1993, p. 214.

pensável à determinação positiva de um objeto próprio à filosofia (a duração ou o tempo) e ao progressivo desenvolvimento de um método adequado à apreensão efetiva desse objeto e necessário à exploração das conseqüências teóricas e práticas dessa apreensão – o método da intuição. À descoberta desse objeto e ao desenvolvimento do método podemos chamar o movimento de refundação da metafísica realizado por Bergson.

Se a análise crítica da metafísica tradicional é uma condição para a refundar a metafísica tal como ele propõe – uma vez que é preciso superar os conceitos já estabelecidos para operar a inversão do procedimento natural à inteligência – isto se dá justamente devido às origens do conhecimento, que se configuram nos mecanismos da vida prática e social. A experiência humana, direcionada à adaptação, à sociabilidade e à busca de generalização, é constituída, inicialmente, por um conjunto de ações visando o recorte de estabilidades e a seleção de imagens úteis, recorte e seleção operados sobre a continuidade do devir. Todo conhecimento desenvolvido como prolongamento dessa relação prática com o real tentará recompor a duração (em suas manifestações essenciais, mudança, mobilidade e transformação) através da justaposição dos quadros assim destacados num meio vazio e homogêneo, e a representação do real decorrente desse mecanismo *cinematográfico*, aplicado sem ressalvas ao campo da especulação filosófica, produz as doutrinas sistemáticas e conflitantes entre si, permeadas de paradoxos insolúveis (entre os quais se destacam os de Zenão) e de enganos no âmbito da ontologia.

Como Bergson afirmou várias vezes, a metafísica começa com Zenão. É o problema da impossibilidade do movimento que fundaria o tipo de teoria própria aos gregos, Platão e Aristóteles como os verdadeiros artífices dos seus principais conceitos. Esse problema, eis o fundamental, tal como colocado (a sua posição) e hipoteticamente resolvido por todos que tentaram responder aos impasses do eleata, revela um modo natural de procedimento da razão que tem como conseqüência inevitável o ocultamento do real em vez de sua revelação. Assim, o que se pretende conhecimento absoluto do real é, na verdade, seu ocultamento absoluto, já que redundará na definição do Ser pelos atributos que lhe são opostos. O alvo das críticas de Bergson será o "pensamento espacial ou espacializador", marca registrada da inteligência. A forma da inteligência é o espaço, e nessa medida a Geometria é a ciência mais perfeita que a inteligência pode produzir – o problema consiste justamente no fato de que a característica mais essencial à experiência, ou à verdadeira experiência, o tempo, a temporalidade ou duração, é justamente aquilo que escapa ao raciocínio matemático. Mais explicitamente, nossa humanidade, aquilo que nos distinguiu como espécie na escala evolucionária foi o desenvolvimento de uma capacidade ou faculdade, a inteligência, cuja ferramenta mais ágil e útil é a linguagem, que permite realizar ações apropriadas à sobrevivência e à vida social, isto é, permite todo o desenvolvimento propriamente humano – comunicação, vida social, previsão das ações e adequações cada vez mais complexas de meios aos fins. A nossa especificidade antropológica se define por "ser dotado de inteligência e linguagem", e esta afirmação é uma outra maneira de dizer que o "o homem é um animal racional".

Em outros termos, o resultado do trabalho especulativo da tradição filosófica acabou por se afastar da verdadeira precisão, a da explicação que "adere ao seu objeto",[2] e construiu sistemas gerais excessivamente abstratos. A história da metafísica ocidental, ao assim proceder, nada mais fez senão seguir as tendências naturais à inteligência, que se explicitam na linguagem em seu uso comum e científico – ela se conformou "aos hábitos da linguagem"[3] e, ao fazê-lo, seguiu a destinação natural de nosso entendimento. Nesse contexto, o trabalho crítico na construção da metafísica identifica-se à inversão do movimento da inteligência e à busca das potências complementares de conhecimento. O modo de colocação tradicional dos problemas em filosofia, através da aparelhagem conceitual que os sustenta, surge então como obstáculo a ser superado pela investigação teórica e consiste no primeiro passo da análise de uma questão filosófica. Daí a primeira regra do método da intuição, segundo a análise de Deleuze: recolocação dos problemas, evitando as armadilhas da tradição de índole conceitual e racional. Ressalta-se então a necessidade de equacionar os termos dos problemas filosóficos de modo preciso e sem preconceitos, sem o que a solução se torna impossível – "aplicar a prova do verdadeiro e do falso aos próprios problemas, denunciar os falsos problemas, reconciliar verdade e criação no nível dos problemas".[4] Isso significa que as ilusões naturais da inteligência tornam-se objetos de uma aná-

---

2 Bergson, H. *La pensée et le mouvant*, p. 1. Nas famosas introduções à coletânea, Bergson nos oferece um balanço filosófico de seu trajeto, reunindo pela primeira vez considerações de caráter metodológico sobre sua obra; a segunda das duas introduções tem justamente como título "Da posição dos problemas" (Idem, p. 21).

3 Idem, p. 5.

4 Deleuze, G. *Bergsonismo*. Trad. Luis Orlandi. São Paulo: Ed. 34, 1999, p. 8.

lise que, bem conduzida, é condição indispensável à visão direta do real, isto é, permite ver emergir os verdadeiros índices da realidade e o solo da boa posição dos problemas: "a dissolução dos falsos problemas dá-se sob forma de crítica da inteligência em geral ou sob forma de crítica de uma filosofia em particular".[5] Assim, cada problema filosófico examinado por Bergson exigirá o embate com as posições já sedimentadas na história da filosofia, e que formam, em geral, pares antagônicos. Essa dimensão crítica opera, inicialmente, no terreno das discussões de problemas particulares: a noção de grandeza intensiva no estudo do sujeito psicológico, o conceito de tempo homogêneo, oriundo da ciência e da filosofia modernas, a oposição entre determinismo e defensores do livre-arbítrio na investigação da liberdade, a oposição clássica entre realismo e idealismo na análise da representação e da matéria, a polêmica entre mecanicistas e finalistas na tematização da evolução vital são pontualmente problematizados por Bergson a cada livro. É só ao final da terceira obra de doutrina, *L'Évolution Créatrice*, que temos então o inventário das ilusões gerais, a crítica dos princípios do entendimento e o quadro de análise da história da filosofia. É ali que Bergson expõe a base das ilusões do entendimento, a sombra da idéia do Nada delimitando toda a reflexão sobre o Ser: sem entrar na discussão da origem dessa ilusão, por ora queremos ressaltar o fato de que a pergunta que a velha metafísica colocou no núcleo de sua especulação – "por que o Ser e não o Nada?" – é um dos pilares da filosofia conceitual, e responsável pela determinação do Ser através dos atributos que se opõem à mobilidade e à mudança. Mais explicitamente, se a filosofia de Bergson pode ser lida a partir da sua famosa crítica à idéia do Nada, como matriz das ilusões fundamentais da inteligência especulativa e origem da *dialética da razão* tal como mostrou Prado Jr.,[6] a estratégia para poder pensar o Ser sem o fundo do Nada exige que a ilusão seja analisada, exposta e desfeita. A obra de Bergson pode, portanto, ser lida como explicitação dessa crítica "primeiro no nível das conseqüências",[7] isto é, nas obras sobre a liberdade, o dualismo e a vida, para depois se constituir no nível dos princípios, a própria desconstrução das ilusões naturais ao entendimento: cada discussão de cada problema particu-

---

[5] PRADO JR., B. *Presença e campo transcendental. Consciência e negatividade na Filosofia de Bergson*. São Paulo: Edusp, 1988, p. 33.

[6] Ver *Presença e campo transcendental*, os primeiros parágrafos do capítulo I: "A miragem da ausência".

[7] PRADO JR. Op. cit., p. 35.

lar é também uma "recusa e denúncia de uma ontologia latente",[8] cujo fundo consiste na "má concepção do tempo que determina o Possível como anterior ao Real".

É nesse contexto que podemos compreender em que medida a distinção de natureza entre espaço e duração configura o centro nevrálgico da obra bergsoniana, e assimilar o seu procedimento investigativo como essencialmente crítico: se o fundamento de sua reviravolta metafísica reside na descoberta da duração interior, a descrição do tempo real somente se efetiva por contraste, a partir da sua diferença ponto a ponto com as determinações espaciais. Assim, o espaço como forma constitutiva do nosso viver determina nossas ações se efetivando num domínio misto, e a mistura entre espaço e tempo logo é evidenciada como dado insuperável da vida. O espaço como forma da inteligência dirige o trabalho do conhecimento e delimita os resultados da especulação filosófica a partir de suas próprias características, a de um meio vazio e homogêneo, princípio e condição da diferenciação das coisas e das idéias. Ora, o encontro com a duração interior, nossa pessoa em sua temporalidade imediata constatada pelo exame dos estados psicológicos (o movimento descritivo dos estados de consciência), além de exigir, no momento de sua descrição mesma, o deslocamento da idéia de grandeza intensiva, institui-se pela contraposição entre sua multiplicidade própria e a multiplicidade numérica de índole espacial. É assim que a delimitação de um problema filosófico específico, o da liberdade, encontra, na sua recolocação à luz da crítica da tradição, a tematização do problema do movimento como centro da discussão filosófica desde suas origens. É desse modo que, ao tratar dos estados de consciência na tentativa de esclarecer a liberdade como problema situado na convergência entre psicologia e metafísica, Bergson delimita pela primeira vez seu procedimento descritivo como contrapartida da análise crítica – encontrar a duração pura exige diferenciá-la do espaço, descobrir as verdadeiras características do tempo real exige isolá-lo do tempo homogêneo, da forma espacial inserida no conteúdo temporal pelos mecanismos da *praxis* e da ciência que os prolonga. Ao seguir o caminho de nossa própria natureza, situados no domínio misto de nossa experiência, aquilo que constatamos inicialmente é sempre "a mistura entre dois termos puros que são distinguidos"[9] e a apreensão verdadeira do real é resultado de um processo de

---

[8] Idem, p. 35.

[9] Worms, F. *Bergson ou les deux sens de la vie*. Paris: PUF, 2004, p. 50.

purificação, de recuperação do imediato por uma dissociação analítica que é, a um só tempo, diferenciação, contraposição ao "espacializável: longe de poderem ser descritos diretamente, os dados mais imediatos só podem ser descritos em seu contraste ele próprio variável, ou sua resistência à espacialização".[10]

Na análise da multiplicidade, o processo de diferenciação, que, como bem coloca Deleuze, delineia aquilo que pode ser identificado como "segunda regra do método"[11] bergsoniano, recebe sua primeira explicitação, e constrói a diferença de natureza em torno da qual todas as outras giram. O espaço ali é demonstrado como condição do número, da formação do número, da representação intelectual da quantidade, já que é o meio vazio e homogêneo indispensável ao processo de *justaposição*. O processo de constituição do número é o ponto de partida do percurso em que Bergson analisa as diferenças e as relações entre dois domínios de fenômenos, espaço e duração, ou entre dois campos da experiência que, juntos, produzem o misto em que vivemos. Chama atenção o fato de que tal percurso culmina na resposta de Bergson a Zenão: a sua teoria sobre o movimento resolve o problema que o eleata legou à filosofia e tal solução está intrinsecamente vinculada à diferenciação entre os dois campos. O movimento torna-se possível e apreensível na medida em que é desvinculado da sua trajetória no espaço. A multiplicidade numérica e a reflexão sobre o movimento se encontram na forma intelectual que as dirige – o espaço – e a reintegração do tempo real, que permite compreender e conceituar uma multiplicidade indistinta e progressiva (uma multiplicidade que é movimento, mobilidade), exige, portanto, a superação desta forma, o pensar "fora do espaço", única maneira de "representar a duração em sua pureza original",[12] purificando-a da forma espacial que se introduz sorrateiramente na representação comum do tempo. O processo de purificação é o *mesmo* da dissipação da ilusão de um "tempo mensurável e homogêneo".

---

[10] Idem, p. 50.

[11] A segunda regra vem em continuidade com a primeira: se os falsos problemas encaminham a impossibilidade de suas soluções, e em decorrência das ilusões do entendimento operando em sua colocação, a luta contra a ilusão exige a diferenciação em natureza – isto é, se a ilusão tem como principal operador a identificação entre espaço e duração, é a sua diferenciação que desfaz os enganos. Daí a regra: "Lutar contra a ilusão, reencontrar as verdadeiras diferenças de natureza ou as articulações do real" (Deleuze. Op. cit., p. 14).

[12] Bergson, H. Essai sur les données immédiates de la conscience. *Oeuvres*, Paris: PUF, 1959/1991, p. 72.

O que nos interessa aqui, sobretudo, é a tese bergsoniana de que a verdadeira metafísica só se efetiva superando um obstáculo – algo que impede a intuição da duração e contra o qual ela se constitui, justamente os velhos hábitos intelectuais sedimentados num corpo de teses que compõem a metafísica tradicional. A filosofia de Bergson envolve, nessa medida, a luta entre duas metafísicas, a velha e a nova, e exige o embate teórico com os antigos conceitos da tradição para que o movimento de torsão da inteligência de fato se opere e assim a intuição possa ser atingida e desenvolvida. A unidade entre as análises das ilusões de fundo acima citadas e o exame dos conceitos específicos a cada problema filosófico particular é anunciada desde o início do trajeto bergsoniano, seja pela oposição entre tempo e espaço em torno da qual se estruturam todas as outras, seja na recorrente discussão do problema do movimento que aponta para a crítica geral da metafísica pelas referências a Zenão e seus famosos paradoxos sobre o movimento. Em linhas gerais, as análises de Bergson diretamente dirigidas à escola de Eléia procuram mostrar que Zenão foi capaz de vislumbrar justamente o fato de que, limitado à apreensão no modo de conhecimento racional, isto é, intelectual, o destino do movimento é ser inevitavelmente negado. Assim, os limites da racionalidade estavam ali já bem delineados, mas a filosofia do ocidente caminhou desde então no sentido de encontrar um Ser que superasse essa negação, isto é, definir o Ser justamente por todos os atributos opostos ao movimento e, sub-repticiamente, ao tempo. O que significa que o problema do movimento, da mudança ou da transformação – da diferença, diria também Bergson – é o centro nevrálgico dos impasses da filosofia.

2. A noção de experiência e a revalorização da sensibilidade

As contradições inerentes a uma representação intelectual do movimento,[13] derivadas do caráter necessariamente espacial dessa representação, encaminham o trabalho de especulação filosófica a definir o real e determinar seu princípio naquilo que se opõe ao movimento, está "acima" ou para além dele – a imobilidade que passa a lhe dar sentido. Ocorre que essa negação do tempo e do movimento que define a atitude teórica na história da filosofia tem uma

[13] Essa é a maneira como Bergson descreve o trabalho de Zenão que ele considera data de nascimento da metafísica ver *La pensée et le mouvant*, p. 8. Acompanhamos aqui algumas das análises aí desenvolvidas.

exigência notável no que diz respeito à noção de experiência: o abandono do conteúdo de nossa sensibilidade ou experiência consciente direta, que nos oferece sempre, em primeira instância, o mutável, a mobilidade, o instável – o feixe de percepções assinalado pelos sofistas, o rio de Heráclito em sua fluidez. Tudo o que passa pelos sentidos terá de ser redefinido, situado como aparência, superado e negado, o real passa a ser descrito e encontra suas verdadeiras determinações "fora daquilo que nossos sentidos e nossa consciência percebem".[14] O sensível será desvalorizado em detrimento do intelectual, o que pode ser considerado uma das marcas da teoria do conhecimento moderna, ou transformado em um misto de forma e conteúdo em que as características formais, oriundas de outra fonte que a sensibilidade, responderão pelo essencial e pelo cognoscível – tal como é o caso da tentativa kantiana de delimitação da experiência possível. Nessa medida, o desenvolvimento progressivo desse tipo de pensamento aberto pelos gregos acaba por incidir na determinação filosófica da noção de experiência consciente, que será descrita, à luz da metafísica espacializadora nas mais diversas formulações, como justaposição de estados pontuais ou associação de sensações, configurando a concepção geral da vida do espírito pelo associacionismo. Desse modo, o trabalho de superar a experiência sensível contraditória acaba por substituir a experiência movente e plena, suscetível de um aprofundamento crescente, cheia de revelações, por um extrato fixo, dessecado, vazio, um sistema de idéias gerais abstratas tiradas dessa mesma experiência, ou antes, de suas camadas mais superficiais.[15]

O problema se agrava pelo fato de que a mesma experiência que em profundidade é puro movente tem camadas superficiais, delimitadas pelo acesso prático da consciência ao mundo, que se prestam à espacialização mais diretamente. Se o trabalho da *praxis* consiste em primeiro lugar em recortar as imobilidades na continuidade movente, e se os sentidos, como porta de ligação entre o sujeito e o mundo, nos proporcionam a um só tempo o contato com a mobilidade e os instrumentos de imobilização, é o tema da percepção sensível que Bergson encontra como pedra de toque para compreensão dessa relação complexa entre percepção da mudança e constituição de imobilidades. O pro-

---

[14] BERSGON. *La pensée et le mouvant*, p. 8.

[15] Idem, p. 9.

cesso perceptivo como ação, determinado pelas direções adaptativas e sociais, revela-se constituído sobre um fundo de intuição real, que se trata assim de recuperar – intuição do movente. Recuperar esse fundo significa superar a percepção constituída em direção à percepção em vias de se fazer, trabalho desenvolvido pelo estudo da representação da matéria ao longo da segunda obra de doutrina, cujo ápice é justamente uma nova *metafísica da matéria* e a primeira descrição que Bergson nos oferece sobre o método intuitivo, aquele que "recupera a experiência em sua fonte".[16] A noção de experiência, via análise da percepção, é nessa medida aquilo que define o caminho de refundação da metafísica almejada por Bergson.

Na conferência *La perception du changement*, de 1911, o problema do movimento é retomado como capital: Bergson considera mesmo que "se estivéssemos convencidos da realidade do movimento e se fizéssemos esforço para reapreendê-lo, tudo se simplificaria".[17] A apreensão do movimento real é aquilo de que se necessita para superar, ao dissolvê-las, as dificuldades filosóficas tomadas como insolúveis, como ele nos explica ao retomar mais uma vez a relação entre a escola de Eléia e o caminho trilhado pela filosofia grega imediatamente posterior, enfatizando dessa vez o vínculo fundamental entre esse caminho – o das formas puras – e o distanciamento que ele impõe em relação aos dados dos sentidos, as faculdades da percepção, os quais "só nos mostrariam sombras projetadas no tempo e no espaço pelas Idéias imutáveis e eternas".[18] Essa dimensão da análise reforça o que afirmamos sobre a própria via metafísica em Bergson – é a noção de experiência, experiência "sensível" que se trata de recuperar; ele vai mesmo dizer que a metafísica é a verdadeira experiência, ou antes, "a metafísica nada tem em comum com uma generalização da experiência e, entretanto, ela se poderia definir como a *experiência integral*".[19] A tentativa de Bergson pode ser definida, a partir de tais constatações, como superação da experiência comum sem abandonar o seu terreno: a experiência é sempre sensí-

---

[16] Trata-se da primeira definição bergsoniana do método intuitivo como aquele que busca "*a experiência em sua fonte*", citação já clássica de *Matéria e memória*, uma experiência aquém do "*tournant*" decisivo no sentido propriamente humano.

[17] In *La pensée et le mouvant*, p. 144.

[18] Idem, p. 146.

[19] Trata-se do final da conferência L'Introduction à la Métaphysique. *La pensée et le mouvant*, p. 227.

vel, é sempre da consciência, é sempre percepção. O que se anuncia, portanto, é uma *ampliação da percepção* pela conversão da atenção, único caminho para que se possa retornar às suas fontes, para o momento "anterior" ao *tournant* que a transforma efetivamente em experiência humana, isto é, como vimos, retornar a um campo de percepção além ou aquém da inflexão no sentido da utilidade. O trabalho mais essencial da filosofia consiste assim nesse retorno, mediante o qual "restabeleceríamos a intuição em sua pureza primeira e retomaríamos contato com o real".[20] Em outros termos, se a filosofia que elege o conceito como sua principal ferramenta, entendendo a apreensão conceitual como superação da experiência, isto é, abandono do terreno da percepção, tem como principal conseqüência o eterno e insolúvel conflito entre os sistemas ou doutrinas, qual é o caminho a ser seguido para reencontrar o terreno da experiência e evitar os impasses da dialética pura? A resposta de Bergson não deixa dúvidas quanto à sua eleição da percepção como ponto de partida e epicentro de um movimento de reflexão em espiral: a verdadeira filosofia é a que se realiza ao "voltar à percepção, sem renunciar às faculdades de concepção e raciocínio, conseguindo que a percepção se dilate e se estenda".[21] Em suma, se todo o fazer filosófico tem seu objetivo, sua base e seu maior triunfo na intuição da duração, é a definição da intuição como percepção alargada que se trata de compreender para a própria compreensão da filosofia bergsoniana.

3. Movimento crítico e nova abordagem da percepção: Bergson e Merleau-Ponty

Nesse âmbito, o filósofo da duração considera que as correntes opostas produzidas pela tradição filosófica (idealismo e realismo, espiritualismo e materialismo, mecanicismo e finalismo, por exemplo) têm pressupostos comuns, pois são produtos de um mesmo ponto de partida que é a espacialização do tempo. Denunciar a inadequação do conhecimento intelectual puro, e suas conseqüências ao longo da história da filosofia, constitui como vimos o objetivo do movimento crítico no pensamento de Bergson. Tal movimento converge com a análise de Merleau-Ponty do "pensamento objetivo", que pretende denunciar empiristas e intelectualistas como alternativas igualmente equivocadas na descri-

---

[20] Bergson, H. *Matéria e memória.* São Paulo: Martins Fontes, 1999, p. 216.

[21] Bergson, H. *La pensée et le mouvant*, p. 146.

ção do real; nessa medida, podemos apontar a inspiração bergsoniana no percurso da *Fenomenologia da percepção*, em que a filosofia dita moderna passa a ser o alvo predileto das críticas à tradição. Essa primeira aproximação entre os dois projetos abre-se para outros processos analíticos que se imbricam: a relação com os dados empíricos da Psicologia e da Biologia, fazendo da noção de corpo (ou corpo-próprio) a chave da teoria do conhecimento; a denúncia de pressupostos filosóficos implícitos ao trabalho científico que devem ser trazidos à luz para que a própria ciência supere seus limites; a determinação do cartesianismo como origem dos impasses modernos, seja pela separação ontológica que ele efetiva (que oferece como única tese capaz de dirigir o trabalho da ciência sobre a consciência a doutrina do paralelismo psicofísico), seja pela desqualificação do sensível ou qualitativo como objeto de conhecimento verdadeiro, devido à sua incapacidade de se ajustar aos procedimentos matemáticos.

Se um dos principais pontos de convergência entre os caminhos de Bergson e Merleau-Ponty pode ser apontado na sua relação crítica com a filosofia e a ciência que compõem o horizonte do saber na virada do século XIX ao XX, o modo pelo qual essa relação estrutura o conteúdo positivo no campo da ontologia própria a cada um desses autores torna-se então objeto de amplo interesse ao estudo da filosofia contemporânea. A nova filosofia da percepção constituída como estudo das condições da gênese do sentido exige o exame das filosofias de índole empirista e intelectualista, e o movimento crítico que encontramos em Merleau-Ponty pode então ser analisado em sua convergência com um projeto tal qual o de Bergson, que justamente pretende partir da experiência e a ela sempre voltar. Na *Fenomenologia da percepção*, crítica e descrição bem articuladas possibilitam superar o divórcio entre essência e existência e absorver a faticidade no terreno da reflexão filosófica. Em outros termos, a convergência entre os dois projetos filosóficos se apresenta com mais nitidez em suas respectivas investigações sobre a noção de experiência, marcadas pela recusa das soluções clássicas – mais que isso, os projetos convergem no encontro com o *verdadeiro sentido da experiência* ao afastar uma determinação prévia de seus dados, uma teorização, incipiente ou explícita, própria ao senso comum, à ciência e ancorada numa reflexão filosófica que a sedimenta, isolamento que permite assim *liberar esse sentido por sob véus que o ocultam*.

No trabalho investigativo de *Matéria e memória*, encontramos o estudo da experiência consciente através do desenvolvimento da teoria da percepção, um denso e minucioso exame do perceber que tem como condição o enfrentamento de escolas de pensamento que dirigem as investigações da ciência e são vítimas de pressupostos equivocados. É assim que *realismo* e *idealismo*, no campo da teoria do conhecimento, e *materialismo* e *espiritualismo*, seus parentes na ontologia, são constantemente invocados por Bergson na investigação sobre a percepção – momento de sua obra filosófica em que as dualidades mundo/consciência ou matéria/representação são desconstruídas e superadas, e a verdadeira experiência recebe então sua descrição fiel justamente no esteio desse trabalho crítico que aponta um mesmo fundamento às correntes que se definem como diametralmente opostas ao eleger um dos pólos da experiência como princípio a partir do qual se deduz o outro. O realismo fixa o olhar na *coisa*, o idealismo ancora-se na *representação,* mas ambos têm um fundo comum e um modo de operar semelhante, cujas origens remontam à *concepção associacionista do espírito* e cuja posição do problema da representação no pensamento moderno o tornaram insolúvel. Pouco importa eleger a coisa como pólo originário, ou o seu conceito irmão, a representação, o essencial reside no modo como eles são tomados, independentes e exteriores uns aos outros, o que exige uma unificação que será buscada num outro elemento exterior a ambos. Isso significa que a especificidade da percepção concreta é inevitavelmente perdida se ela é pensada à luz das categorias próprias à teoria do conhecimento, ou como processo em primeira instância especulativo, aquele que representa o objeto como ato primeiro e finalidade última; enfim, não se pode dar conta da percepção de fato partindo do postulado comum a realistas e idealistas: "para uns e outros, perceber significa antes de tudo conhecer".[22] Nessa medida, tratar a percepção como conhecimento, sem apreender sua origem como procedimento vital, identifica-se literalmente ao que Merleau-Ponty descreveu como ação de "mutilá-la por baixo ao esquecer seu fundo existencial".[23] Em contrapartida, Bergson redefine a percepção como ação no mundo e repõe a unidade primordial entre mundo e corpo próprio, unidade cujo sentido pode ser encontrado no *fundo de intuição real* sobre o qual a inserção pragmática se dá, fundo que explicita um domínio pré-objetivo como relação entre imagens, como imagens em movimento. Nessa medida, ele esta-

[22] BERGSON, H. *Matéria e memória*, p. 24.

[23] MERLEAU-PONTY, M. *Phénoménologie de la perception*, p. 65 (p. 84). Logo após a citação da obra em francês, segue-se a citação correspondente na tradução de Carlos Alberto de Moura, edição da Martins Fontes, 1994.

ria oferecendo uma alternativa igualmente perscrutada pela investigação da fenomenologia, já que circunscrever a percepção como ação no mundo efetivada por uma imagem especial significa vincular internamente percepção e vida, pensar a percepção com processo vital e suas conseqüências como determinações de um mundo *antes de mais nada vivido.* A recolocação original do problema da representação gira em torno das noções de *imagem* e a *ação entre as imagens num campo,* e nelas os pólos "atividade da consciência" e "passividade do objeto" se comunicam numa indistinção entre o mundo e a consciência, unidade a partir da qual a diferenciação poderá ser compreendida, já que "Bergson encontra na variação das imagens o caminho para distinguir o corpo-próprio do resto da realidade material".[24]

Do mesmo modo, para encontrar a experiência do corpo como terreno pré-objetivo no qual se articulam sujeito e objeto, atividade e passividade, consciência e natureza, Merleau-Ponty percorre, como dissemos, um trajeto crítico dirigido às alternativas clássicas oriundas do trabalho filosófico próprio à modernidade, ao longo do qual apresenta a discussão crítica do tratamento dado à percepção pelo *empirismo* e pelo *intelectualismo*, igualando e recusando a uma só vez a *explicação científica* calcada no modelo do objeto e a *análise reflexiva* cujo mote seria o de um "retorno idealista à consciência"[25] – ambas padecendo do mesmo mal, desvinculando-se em princípio da aderência da consciência ao mundo. Nessa medida, uma *fenomenologia da percepção*, aquela que possibilita o acesso à experiência se fazendo ou à gênese do sentido, necessita superar obstáculos enraizados no campo do saber e desfazer a certeza aparente de conccitos instituídos, para assim recuperar o sentir, o mundo vivido ou o perceber como dado de investigação. Portanto, a discussão crítica dos desdobramentos da escola empirista, nos anuncia Merleau-Ponty na sua longa introdução à *Fenomenologia da percepção*, pode fazer aparecer *as características imediatas do sentir* que haviam escapado e mesmo se esconderam sob a noção de sensação. O trabalho crítico tem como conseqüência o fato de "reapoderar o sentir como problema",[26] e assim fornecer o ponto de partida para o trajeto do livro.

---

[24] PRADO JR. Op. cit., p. 126.

[25] MERLEAU-PONTY, M. *Phénoménologie de la perception*, p. III (4).

[26] Idem, p. 64 (83). É desse modo que Merleau-Ponty define o sentido do trabalho crítico efetivado, justamente o que fez emergir o campo fenomenal como terreno próprio à inves-

Essa convergência inicial, aqui apenas delineada, é um dos aspectos de múltiplos entrecruzamentos entre os dois autores. Procurei apenas introduzir a aproximação com o intuito de, numa outra ocasião, poder discutir e compreender o sentido das críticas diretas e expressivas que Merleau-Ponty endereça a Bergson na própria análise da percepção. Esse trabalho pode valer a pena na medida em que põe em evidência problemas e aspectos não muito óbvios, sobretudo considerando as referências negativas do texto da *Fenomenologia da percepção* ao dualismo bergsoniano e à sua incapacidade de ter oferecido uma solução consistente ao dilema moderno. A relação inicialmente ambígua entre as duas filosofias, pelo menos no que diz respeito à investigação da consciência, é, portanto, o mote escolhido para uma inserção inicial no espírito e na letra da filosofia merleau-pontiana, dado o estreito vínculo que aí se anuncia na consideração filosófica da noção de experiência.

Apenas para esboçar um dos pontos centrais da aproximação, toda a discussão merleau-pontiana da noção de sensação, configurando sua crítica ao empirismo, ilustra a convergência com os aspectos essenciais ao movimento da filosofia de Bergson que expusemos até aqui: a crítica tem uma função preparatória na medida em que libera a experiência de conceitos nela imbricados, que fazem da *explicação* do fato a sua *descrição*. Assim, a investigação filosófica como construção ou criação da inteligibilidade do *fazer-se* deve superar a tendência natural ao pensamento humano a circunscrever-se no domínio do *feito*, único ponto de partida de qualquer reflexão, aliás. Tal tentativa define mesmo a atitude nuclear da filosofia da *durée*, e ela responde pela relação intrínseca entre metafísica positiva e crítica da tradição. A apreensão pragmática do mundo, inerente ao ser humano enquanto existência ou persistência na vida, secreta, como vimos, uma espécie de "efeito colateral" que contaminará a história do saber especulativo. Todos os temas filosóficos abordados por Bergson exigem, nessa medida, o exame crítico de conceitos e doutrinas tradicionalmente imbricados na leitura dos fatos, no acesso ao real, na experiência do senso comum, da ciência e mesmo aquela que é circunscrita pela filosofia. No caso de *Matéria e memória*, ao formular uma solução para o problema da alma e do corpo, ope-

---

tigação da fenomenologia. Voltar a perseguir o sentir como problema significará dar conta do fenômeno da percepção como "visão já habitada por um sentido e por uma função no espetáculo do mundo, assim como em nossa existência".

rando no campo da metafísica, Bergson procura o fundamento nos fatos, cuja má apreensão realizada por diversos campos do saber dificulta e mesmo impede que se encontre a boa via metafísica – daí o trabalho de preparação da leitura direta dos fatos, de sua descrição fiel, e esse é o sentido da teoria da percepção pura (uma descrição purificada, no limite sem material conceitual prévio dirigindo-a) que abre a obra. A etapa inicial desse trabalho teórico, a teoria das imagens, é a versão bergsoniana da redução, da neutralização das teses filosóficas latentes (realismo e idealismo), da purificação – o exame dos fatos deve ser preparado, isto é, necessita-se de "uma crítica prévia das coordenadas categoriais que organizam os fatos desde o momento de sua seleção... é preciso olhar esses fatos como se fosse a primeira vez".[27] Nessa medida, a idéia de configuração de um *campo transcendental* na filosofia de Bergson ganha relevância: ao mostrar a necessidade de desfazer as ilusões naturais ao trabalho da inteligência para que a verdadeira experiência possa ser tematizada, Prado Jr. articula internamente a etapa negativa e a dimensão positiva da filosofia da duração – e esse trabalho crítico, cujo ápice é a explicitação das duas ilusões fundamentais à apreensão intelectual do mundo, o Nada e a Estabilidade como condições do Ser e da Mudança, possibilita a reformulação da filosofia à luz da Presença. Assim, em Bergson, à semelhança do que temos acompanhado nas incursões iniciais nos textos da fenomenologia, a crítica é "o trabalho de explicitar os pressupostos da tese criticada, mostrando-se a infra-estrutura de uma imagem espúria".[28]

Referências bibliográficas

BERGSON, H. Essai sur les données immédiates de la conscience. *Oeuvres*. Paris: PUF, 1991.

_____. *La pensée et le mouvant*. Paris: PUF, 1993. (Quadrige)

_____. *Matéria e memória*. São Paulo: Martins Fontes, 1999.

MERLEAU-PONTY, M. *Phénoménologie de la perception*. Paris: Gallimard, 1945.

_____. *L'union de l'âme et du corps chez Malebranche, Biran et Bergson*, notes receueillies et rédigées para J. Deprun. Paris: J. Vrin, 1978.

---

[27] PRADO JR., B. *Presença e campo transcendental*, p. 136.

[28] Idem, p. 41.

_____. *Fenomenologia da percepção*. São Paulo: Martins Fontes, 1994. (Coleção Tópicos)

PRADO JR., B. *Presença e campo transcendental. Consciência e negatividade na filosofia de Bergson*. São Paulo: Edusp, 1989.

SOBRE A INICIATIVA: PAUL RICOEUR E HANNAH ARENDT

Hélio Salles Gentil

Tomando como referência algumas das idéias de Paul Ricoeur[1] e de Hannah Arendt,[2] pretende-se estabelecer aqui um ponto de partida para o entendimento da passagem da história à ação ou, em outros termos, a passagem de nosso pertencimento inelutável a uma determinada tradição à originalidade de uma ação que dá início a algo novo. Não se tem a pretensão de expor de forma exaustiva o que estes autores pensaram sobre a questão em toda sua obra, mas esboçar um esclarecimento inicial do sentido e da importância dessa noção específica, a iniciativa, para a compreensão do humano e sua historicidade.

Parece-nos evidente que, como enfatiza a reflexão hermenêutica de H.G. Gadamer e P. Ricoeur, pertencemos à história. Fazemos parte de uma história que vem de antes, nos atravessa e continua além, estamos imersos numa história, somos efeito de uma história – em nossos gestos, em nossas palavras, em nossos pensamentos, em nossos hábitos e costumes, em nossas referências, em nossos desejos e contradições, em nossos sonhos e projetos, em toda a nossa maneira de ser.

E somos, ao mesmo tempo, uma singularidade, algo de único, algo que "nunca existiu antes nem nunca existirá depois", como diz H. Arendt, algo que jamais se repetirá – em pelo menos dois sentidos. Num sentido, enquanto momento histórico presente, configuração única de circunstâncias, sujeitos, relações, "síntese de múltiplas determinações" (como a realidade concreta para Marx), desenho de uma forma, momento de um movimento que não se detém, já a caminho de ser outro, instante presente que passa, que já é passado no instante em que dele falamos (como já formulou Agostinho há muito tempo). Em outro, enquanto individualidade, existência única, experiência única do mundo.

---

[1] Em especial as do ensaio L'initiative. *Du text a l'action. Essais de hermeneutique II.* Paris: Seuil, 1986, pp.289-307.

[2] Particularmente os capítulos sobre "A ação" da obra *The Human Condition*, muitas vezes evocada com admiração por Ricoeur.

Singularidade convergente no momento presente, ou, mais que convergente, coincidente com esse momento presente, reconhecidamente não capturável senão como já passado, objetivado, apreendido na distância de uma mediação objetivante. E, no entanto, experimentado vivamente, confundindo-se com a própria vida: a rigor, é o único momento em que se pode realmente viver, estar vivo, experimentando realmente o mundo e a si mesmo, existindo. Existência que, como se sabe, como a própria palavra indica, se lança (ou é lançada, a questão do sujeito do verbo fica aqui aberta) para fora de si mesma, instante que se lança para além de si mesmo, uma irrupção. Nesse sentido, qualquer presente pode ser o início de algo; ou melhor, todo presente é sempre o início, a continuação e também o fim de algo.

Essa definição depende do corte que se faz no tempo – questão muito bem figurada na seqüência de uma aula de um professor de história em um filme dos anos 70, *Jonas que terá vinte e cinco anos no ano 2000*, que surpreendia seus alunos colocando sobre sua mesa uma tábua e um facão de cortar carnes, uma imensa lingüiça e um metrônomo em movimento, apresentando o problema da história em termos de como cortar a lingüiça – em eras, em séculos, em décadas, em anos, em horas, em minutos – lembrando, com a ajuda do movimento do metrônomo, que não parou nem mudou de ritmo enquanto ele cortava a lingüiça, que o tempo não pára, está sempre em movimento, é puro fluxo.

Pelo menos dois tipos de corte são possíveis. Um primeiro é aquele que fixa o presente como um instante determinado, apanhando-o na rede do que Ricoeur chama de "tempo histórico", terceiro tempo em relação aos tempos "cósmico" e "subjetivo", rede da instituição das medidas comuns do tempo, da marcação dos dias no calendário, das horas no relógio. O presente pode então ser localizado como um instante determinado, fixado numa data e hora, tornando-se um ponto homogêneo a todos os outros presentes, todos eles pontos equivalentes numa linha. Um segundo corte é o da iniciativa, o da ação que se inicia, que, ao contrário do primeiro corte, torna esse presente um instante único, inigualável, insubstituível, qualitativamente diferente de todos os outros. Sua singularidade poderá servir justamente como ponto de partida na construção de um tempo calendário, como "evento fundador" de uma época: torna-se a referência inicial para a marcação do tempo nesse calendário, ponto zero de sua medida.

Todos os dois cortes – como já sugeria a imagem do açougueiro cortando a lingüiça – implicam uma violência. Toda iniciativa é, num sentido certamente amplo e um tanto vago do termo, uma violência: ela viola a realidade existente, introduz nela algo que antes não existia, altera essa realidade.

Ora, como apontou Hannah Arendt em sua reflexão sobre a condição humana, somos, desde sempre, início – por nosso simples nascimento já vem à luz algo que nunca existiu e nunca existirá depois, já é alterada a realidade, já a violamos, com a nossa simples presença viva. Algo começa, algo tem início. Somos, por nascimento, iniciativa. Tomar a iniciativa então – como se diz de alguém que faz algo por conta própria, que assume "começar" algo, que põe algo em movimento por decisão própria, quer dizer, inaugura algo, dá início a um movimento que sem sua decisão e sua intervenção não aconteceria – é segunda em relação àquela primeira iniciativa, àquele primeiro início, o do seu nascimento. Aquela primeira que, diferente desse novo início, não exigiu de nós mesmos uma decisão e uma intervenção próprias, aconteceu – e, nesse sentido, somos início à nossa revelia. Esse início não pode ser imputado a nós como uma ação própria, pela qual seríamos responsáveis; somos lançados no mundo e numa história que nos precedem, entramos numa história em curso, pelo meio, pegamos o bonde já andando, como se dizia antigamente. Mas logo – não importa exatamente quando, em que momento dessa singular história em meio à grande história somos chamados – convocados, obrigados, exigidos – a tomar decisões, escolher caminhos nesse labirinto, nesse "jardim dos caminhos que se bifurcam" (título de um conto de J.L. Borges), escolher por nossa própria conta e risco, tornando-nos responsáveis, assumindo a responsabilidade em meio a um movimento já em andamento.

Se a realidade é dinâmica, está em permanente processo de transformação, ou seja, se é da vida violar-se constantemente, alterar seus estados momentâneos, destruir e criar, fazer-se nova a cada momento, isso, como se diz, "acontece": quer dizer, a vida faz-se início constante num processo anônimo. Já a decisão e a responsabilidade caracterizam a iniciativa propriamente humana. Não são "anônimas", pelo contrário, implicam alguém, um sujeito específico, identificável, "nomeado" ou "nomeável", a quem cabe dar início e responder por essa iniciativa, por suas ações. Poder-se-ia não fazer isso ou aquilo, poder-se-ia deixar que as coisas seguissem seu curso, seu curso de transformações incessantes, sem intervir nele, sem fazer algo, sem tomar a iniciativa de fazer algo. Entretanto, uma vez nascido, já sendo um início, não podemos deixar de fazê-lo. Não podemos deixar de intervir, de transformar a situação existente: nossa simples presença já a altera. Como vimos, é impossível estar vivo sem produzir qualquer alteração, nossa presença já é uma intervenção na realidade, já introduz nela algo que antes não estava ali. Mesmo a abstenção, o recolhimento em algum tipo de isolamento ou a recusa em intervir de qualquer forma, constituem formas de presença, já são formas de iniciativa, já são tomadas de decisão que têm conseqüências.

A questão então não é a de tomar ou não a iniciativa, mas a *forma* dessa iniciativa, a *direção* em que se toma a decisão de intervir, o *sentido* dessa decisão e da intervenção subseqüente, com suas conseqüências e sua responsabilidade. Ainda que não tenhamos escolhido o jardim em que fomos lançados, somos obrigados a escolher – condenados à liberdade, já disse Sartre em fórmula insuperável – obrigados a escolher a cada encruzilhada desse labirinto. E a cada caminho tomado, outro é deixado de lado, deixado de lado e para trás: as encruzilhadas não se repetem, um caminho não tomado jamais será retomado, como cantou Robert Frost num belíssimo poema, *The road not taken*. Não há retorno a qualquer encruzilhada.

Aqui a metáfora espacial do labirinto precisa ser abandonada ou transformada: a lugares no espaço pode-se imaginar voltar, pode-se mesmo voltar. Mas no tempo, já não é mais o mesmo, é outro. Aquele lugar/momento pelo qual se passou é passado, não é mais.

Eis duas dimensões – ou dois "pesos" – do passado, duas de suas características que lhe dão toda a sua densidade: se, por um lado, "o que aconteceu não pode deixar de ter acontecido",[3] já aconteceu, por outro, não acontecerá outra vez, não será jamais presente outra vez – "never more, never more", canta o corvo de Edgar Allan Poe. Na metáfora espacial do jardim/labirinto teríamos de imaginar um jardim que vai se desfazendo atrás do sujeito que caminha, desaparecendo a cada passo seu – como as páginas do livro de areia do mesmo Borges, para ficar em sua companhia: uma vez passadas, nunca mais serão reencontradas.

Com essa imagem do labirinto como "jardim dos caminhos que se bifurcam" encontro a terceira abordagem que Ricoeur evoca para estabelecer as "condições de inteligibilidade da iniciativa no plano individual": a da "teoria dos

---

3 Cf. Ricoeur, Paul. *La mémoire, la histoire, l'oubli.* Paris: Seuil, 2000. Já presente na epígrafe, essa expressão acompanha e, num certo sentido, empurra toda a investigação.

sistemas" e sua construção de modelos como "esquemas em árvores com alternativas e ramificações que marcam o lugar vago da intervenção". O ponto-chave de sua discussão é a noção de "fechamento do sistema", que no seu entendimento é o que o constitui como tal, como sistema; e esse fechamento não é dado em si mesmo, mas é sempre relativo à intervenção de um agente. É a ação que inaugura ou instaura o sistema de bifurcações que se segue, como intervenção no mundo que "fecha" (e ao mesmo tempo abre) um sistema, uma rede de possibilidades, uma árvore de ramificações – cujo desenho seria, assim, sempre aberto a ser refeito a cada intervenção: o sistema é ou pode ser sempre reiniciado a cada iniciativa, poderíamos dizer.

Sem entrar nas repercussões dessa noção quanto à discussão da determinação causal que interessa a Ricoeur, podemos entender que as infinitas possibilidades dadas no mundo objetivo são abstrações vagas ou totalizações imaginárias, que só se constituem em sistema ordenado a partir da iniciativa do sujeito, de sua intervenção que "fecha" o sistema, ancora-o na realidade, fecha-o em seu ponto de partida: de todas as infinitas possibilidades abertas numa realidade sem sujeito, sem agente, um desenho se configura como sistema a partir da intervenção do sujeito, a partir da iniciativa que imanta esse universo disperso (aberto, sem forma, passível de muitas formações) em um único desenho, numa árvore de ramagem definida, ainda que não determinada para sempre, já que passível de reconfiguração a cada escolha. Diz Ricoeur:

> A ação realiza, assim, um tipo notável de fechamento, na medida em que é ao fazer alguma coisa que um agente aprende a isolar um sistema fechado de seu meio e descobre as possibilidades inerentes a este sistema. Isso, o agente aprende ao pôr em movimento o sistema a partir de um estado inicial que ele isola.[4]

Podemos pensar que, considerando o terreno sedimentado ao longo do tempo pela história dos homens anterior ao nascimento desse sujeito/agente, há, na realidade histórica que ele encontra, trilhas definidas, leitos mais marcados, escavados mais profundamente por inumeráveis pés que por aí seguiram, e que é sempre possível seguir por eles, deixar-se levar por esses sulcos – ainda que mesmo aqui haja uma decisão, um pôr-se em movimento, uma iniciativa de cuja responsabilidade o sujeito/agente não pode se eximir.

---

[4] Ricoeur, P. *Du text à l'action*, cit., p. 299.

Mas há também a possibilidade de transgredir esses veios historicamente marcados, fazer buracos nas paredes do labirinto ou saltar pelas cercas que delimitam esses caminhos já trilhados por nossos antecessores.

Na reflexão de Ricoeur sobre a iniciativa reconhecemos que essa possibilidade inscreve-se, ou ancora-se, antes de mais nada, na dimensão do "eu posso" do "corpo próprio" descrito por Merleau-Ponty, retomada por Ricoeur como o primeiro nível de abordagem para o estabelecimento da inteligibilidade da iniciativa, sua primeira condição de possibilidade. Em suas palavras:

> O corpo próprio, nesse sentido, é o conjunto coerente dos meus poderes e dos meus não-poderes; a partir desse sistema dos possíveis da carne, o mundo desenvolve-se como conjunto de utensílios rebeldes ou dóceis, de permissões e de obstáculos. A noção de circunstância articula-se, aqui, [...] como aquilo que rodeia o meu poder de agir, oferecendo a contrapartida dos obstáculos ou das vias praticáveis ao exercício dos meus poderes.[5]

Inseridos no mundo através do corpo, veículo insuperável de nossa existência, como bem mostrou Merleau-Ponty, encontramos e/ou desenvolvemos nele, com ele e a partir dele, uma série de poderes e não poderes determinados, em circunstâncias históricas e sociais determinadas que oferecem, como diz Ricoeur, "obstáculos ou vias praticáveis" ao seu exercício. Podemos entender que a constituição desse corpo próprio é mediada por essas circunstâncias, principalmente através de sua estruturação simbólica, forjada por sua inserção na cultura como "rede de significados" que, tecida pelos próprios homens, constitui o mundo humano. Assim, a formação desse corpo "próprio" está incluída entre os "efeitos da história", no sentido de Gadamer.

Essa história que, nesse sentido, implica o sujeito nesse corpo, dando-lhe um nome, um lugar simbólico. Lugar simbolicamente definido e articulado principalmente pela narrativa de suas histórias, as histórias das quais passa a fazer parte e que constituirão a história de sua vida, como bem mostrou Ricoeur em outros momentos.[6] E que exige dele a responsabilidade por isso que lhe foi dado, por essa herança, pela qual tem de responder integralmente a partir de

---

[5] RICOEUR, P. *Du text à l'action*, cit., p. 298.

[6] Cf. RICOEUR, P. Life in quest of narrative. In: WOOD, D. (Ed.). *On Paul* Ricoeur: Narrative and Interpretation. Londres: Routledge, 1991, pp. 20-33; The human being as the subject matter of philosophy. In: KEMP, Peter; RASMUSSEN, David (Ed.). *The narrative path*: the

certo momento, tornando-se "responsável" por esses poderes, por seu exercício e desenvolvimento, ainda que não possa jamais determiná-los integralmente.

No entanto, como se sabe pelo menos desde a obra de Merleau-Ponty, no plano da experiência primordial do mundo, o "eu posso" desse "corpo próprio" é anterior a qualquer reflexão, é da ordem da relação direta com o mundo que não passa pela reflexão, sequer pela representação desse mundo ou de si mesmo sob qualquer forma. Existe como forma efetiva de relação com o mundo, realiza-se aí e só depois pode ser reapropriado pela reflexão. Não se pode "ser ao mesmo tempo observador e agente", como conclui Ricoeur ao fim do exame da "teoria da ação", a segunda abordagem por ele mobilizada para estabelecer a inteligibilidade da iniciativa: "não é na mesma atitude que observamos o curso das coisas e que intervimos no mundo". A iniciativa define-se então, dessa perspectiva, como fazer, como puro ato. Só aí, no ato, existe propriamente iniciativa. O ser do sujeito da iniciativa é o seu ato.

Eu posso, eu faço, eu intervenho – eis as três dimensões ou "fases" atravessadas pela análise da iniciativa por Ricoeur que até aqui consideramos. Há uma quarta dimensão essencial na sua análise, a da ética, que diz respeito à *perseverança num rumo determinado após a iniciativa*. "Quem diz iniciativa diz responsabilidade", sintetiza Ricoeur. Mas o que significa exatamente essa responsabilidade, esse responder pela iniciativa tomada?

> [...] toda iniciativa é uma intenção de fazer e, como tal, um compromisso a fazer, portanto, uma promessa que eu faço silenciosamente a mim mesmo e tacitamente a outrem, na medida em que este é, senão o beneficiário, pelo menos a testemunha. A promessa é a ética da iniciativa. O coração dessa ética é a promessa de cumprir as minhas promessas. A fidelidade à palavra dada torna-se, assim, uma garantia de que o começo terá continuidade, de que a iniciativa inaugurará efetivamente um novo curso das coisas.[7]

Nesse sentido, toda iniciativa compromete o seu agente com um certo curso dos acontecimentos: a promessa contida nessa iniciativa implica esse sujeito num caminho, num rumo, compromete-o numa direção a ser sustentada.

---

later works of Paul Ricoeur. Cambridge (MA): The MIT Press, 2989, pp. 89-101; Conclusions. *Temps et Récit.* Paris: Seuil, 1985, t. III. pp. 435-89; *Soi-même comme un autre.* Paris: Seuil, 1990.

7 Ricoeur, P. *Du text à l'action*, cit., p.301.

O campo aberto das possibilidades infinitas (infinitas ao menos em tese), a liberdade sem limites de começar do zero ou de instaurar um ponto zero de começo, próprio à definição de iniciativa, parece encontrar seu limite nesse compromisso de sustentar a promessa inicial encarnada na própria iniciativa. Podemos dar início a alguma coisa, mas esse início, além de não nos oferecer nenhuma garantia sobre seus resultados – toda ação tem conseqüências inesperadas, que escapam ao controle e até mesmo à previsão feita a partir de seu ponto de partida, como enfatiza H. Arendt – também nos compromete com determinado curso de ação. Encontramo-nos comprometidos com o sentido daquela iniciativa, sua direção e seu significado.

A deriva de um sujeito livre encontraria aqui seu termo, o ponto de ancoragem desse sujeito capaz de iniciativa numa história na qual se reconhece, com a qual se compromete, responsabilizando-se por aquilo a que deu início. As escolhas seguintes na rede de ramificações dos caminhos do labirinto, então, não são ou não deveriam ser, arbitrárias. Estão vinculadas à primeira. Até que ponto? Até o ponto em que se mantém aquela promessa inicial. Uma promessa sustentada, reafirmada a cada instante, a cada encruzilhada, sempre passível de ser abandonada a qualquer instante, em qualquer esquina. Frágil manutenção da "teia das relações humanas", como diz H. Arendt, mas a única possível. Poder contar com a fidelidade do sujeito às suas promessas, à sua própria iniciativa primeira.

Esse comprometimento do sujeito com sua própria iniciativa pode ser assumido ou negado por ele, pode ser reconhecido por ele e/ou pelos outros, e pode ser-lhe imputado à sua revelia: ele pode ser cobrado por seus atos, inclusive judicialmente, ainda que queira se desvincular deles. Assim, pode-se dizer que há uma dimensão objetiva nesse compromisso com a iniciativa, há uma implicação real e insuperável do sujeito em suas ações, uma responsabilidade da qual não pode fugir, um vínculo que se estabelece independentemente de sua sustentação posterior ou não. Ele pode ser obrigado a sustentar ou a responder pela quebra da sustentação de sua promessa inicial por outros, pelas vítimas ou testemunhas de sua ação. Nesse sentido, podemos reconhecer que toda iniciativa se dá no emaranhamento dessa teia de relações que constitui nossa vida em sociedade, teia essa que se objetiva até certo ponto em instituições (leis, normas e regras escritas ou não escritas, hábitos, costumes etc.), que se tornam, por sua vez, o terreno a partir do qual novas iniciativas se dão.

Do ponto de vista temporal, esse terreno – com o perdão pelo uso da metáfora espacial aqui – apresenta-se para Ricoeur como a intersecção, no presente, do "horizonte de expectativa" e do "espaço de experiência" – conceitos de R. Kosseleck de que faz uso. Contrariamente ao que se poderia pensar, ele afirma que "a expectativa não se deixa derivar da experiência: o espaço de experiência nunca chega a determinar um horizonte de expectativa". Entretanto, sem acompanhar as reflexões que Ricoeur desenvolve nesse ensaio sobre o afastamento crescente entre os dois, característico do mundo contemporâneo, e suas implicações, mas considerando o que ele estabeleceu em outras obras – principalmente *Temps et Récit* – podemos afirmar que é a narrativa que os articula simbolicamente. É esta, a narrativa, que dá inteligibilidade à nossa experiência do tempo e da história, situando-nos numa história e organizando numa totalidade dotada de sentido a passagem entre o passado e o futuro, entre a experiência e a expectativa.

A iniciativa, no entanto, irrompe para além de qualquer narrativa, constitui talvez a face mais marcante da "força do presente" que Ricoeur evoca com Nietzsche em suas conclusões naquele ensaio. A história narrada pode até preparar o terreno para a iniciativa, mas não a determina. Ela pode oferecer ao sujeito/agente modelos, referências, perspectivas de conseqüências para a ação, mas jamais determinará a própria iniciativa. Esta, por definição, escapa a qualquer determinação, é a própria negação de toda determinação. É, num certo sentido, o abandono do passado, o esquecimento em gesto, o ir além do já sedimentado. Como diz Hannah Arendt:

É da natureza do início que se comece algo novo, algo que não pode ser previsto a partir de coisa alguma que tenha ocorrido antes. Este cunho de surpreendente imprevisibilidade é inerente a todo início e a toda origem. [...] O novo sempre acontece à revelia da esmagadora força das leis estatísticas e de sua probabilidade que, para fins práticos e cotidianos, equivale à certeza; assim, o novo sempre surge sob o disfarce do milagre. O fato de que o homem é capaz de agir significa que se pode esperar dele o inesperado, que ele é capaz de realizar o infinitamente improvável.[8]

---

[8] ARENDT, Hannah. *A condição humana*. Trad. Roberto Raposo. Rio de Janeiro: Forense Universitária, 1981, pp.190-1.

Referências bibliográficas

ARENDT, Hannah. *A condição humana.* Tradução de Roberto Raposo. Rio de Janeiro: Forense Universitária, 1981.

GADAMER, H. G. *Verdade e método*: traços fundamentais de uma hermenêutica filosófica. Tradução de Flávio Paulo Meurer. 5.ed. com revisão da tradução por Enio Paulo Giachini e Márcia Sá Cavalcante Schuback. Petrópolis: Vozes, 2003.

GENTIL, H. S. *Para uma poética da modernidade: a arte do romance em Temps et Récit de Paul Ricoeur.* São Paulo: Loyola, 2004.

KEMP, P.; RASMUSSEN, D. (Ed.). *The narrative path: the later works of Paul Ricoeur.* Cambridge (MA): The MIT Press, 1989.

RICOEUR, Paul. *Temps et Récit.* Paris: Seuil, 1985, t. III.

_____. *Du text à l'action. Essais de hermeneutique II.* Paris: Seuil, 1986.

_____. *Soi-même comme un autre.* Paris: Seuil, 1990.

_____. *L'mémoire, l'histoire, l'oubli.* Paris: Seuil, 2000.

WOOD, D. (Ed.). *On Paul Ricoeur: Narrative and Interpretation.* Londres: Routledge, 1991.

Corpo, espírito e liberdade: alguns aspectos da ação livre *em Matière et mémoire*

Silene Torres Marques

1.

Matière et mémoire,[1] segundo livro de Bergson, investiga o problema da relação psicofisiológica, isto é, "da ação recíproca do corpo e do espírito um sobre o outro". Em seu conjunto, a elaboração de suas teses implica admitir ou não a redutibilidade entre os termos do dualismo acima. Sobretudo porque seu objetivo não é apenas recusar uma explicação dos estados de consciência pelos do cérebro, mas acima de tudo *provar* a independência da consciência (memória) que não é um produto, nem tampouco um efeito do corpo.[2] Ora, a solução bergsoniana para o problema do dualismo e das relações entre seus termos é inovadora: ela não apenas afirma a irredutibilidade dos termos opostos, mas também sua interação. Evidentemente, redefinindo e remanejando o estatuto de existências tais como a matéria e a duração e ao mesmo tempo elaborando uma teoria psicológica importantíssima, na qual o dualismo é "ultrapassado"

---

[1] As referências à obra de Bergson são extraídas de: *ŒUVRES*. Édition du Centenaire, textes annotés par André Robinet, introduction de Henri Gouhier. Paris: PUF, 1970; e *Mélanges*. Textes publiés et annotés par André Robinet, Paris: PUF, 1972. Quando a referência ou citação referir-se à primeira, a notação conterá apenas o número da página correspondente a esta edição, quando referir-se à segunda, a notação virá, por exemplo, da seguinte forma: (*Mél.*-384).

[2] As teses de Bergson representam uma ruptura com os fisiologistas de sua época (Chevalier, J. *Bergson*. Paris: Plon, 1926, pp. 154-6), que pretendiam traduzir os fatos psicológicos numa linguagem fisiológica, considerada mais "científica", sustentando assim o paralelismo entre consciência e cérebro, e também vai contra as filosofias, seja de cunho idealista, realista ou epifenomenista, que vêem no fenômeno cerebral um equivalente do consciente. "Aquele que pudesse penetrar no interior de um cérebro, e perceber o que aí se faz, [...] fosse ele dotado de uma inteligência sobre-humana, tendo ele a chave da psicofisiologia, ele não seria esclarecido sobre o que se passa na consciência [...] assim como não o seríamos sobre uma peça de teatro pelas idas e vindas dos atos sobre a cena" (165).

na "síntese concreta", em que matéria e memória, corpo e espírito se combinam diversificadamente conforme o momento e a situação onde o indivíduo se encontra. Pois "[...] nossa vida psicológica pode manifestar-se em alturas diferentes, ora mais perto, ora mais longe da ação, segundo o grau de nossa *atenção à vida*" (166).

Ora, este dinamismo entre espírito e corpo é ditado, sobretudo, pelo caráter empírico do método de Bergson, pois não basta limitar-se a "[...] considerar os termos extremos e declarar pura e simplesmente que o espírito é irredutível à matéria". Assim como "não há nada a tirar" de uma declaração deste gênero, "não mais, aliás, do que da afirmação contrária. O *sim* e o *não* são estéreis em filosofia. O que é interessante, instrutivo, fecundo, é o *em qual medida*?" (*Mél.*-477). Ora, *em que medida* o espírito é independente do cérebro? A ida progressiva à experiência é a resposta a esta exigência metodológica. "Não ganhamos nada em constatar que dois conceitos tais como o de espírito e de matéria, são exteriores um ao outro". Ao contrário, se nos colocamos no *ponto* "onde dois conceitos se tocam", em "sua fronteira comum", e aí estudamos "a forma e a natureza do contato", as descobertas serão fecundas (*Mél.*-477). Essas exigências metodológicas determinaram a elaboração de *Matière et mémoire*, a interação entre espírito e corpo sendo desde o início colocada como fato incontestável da experiência; a partir deste fato, uma discussão é instaurada. Assim, não sobre puras idéias, mas instalado ao contrário no ponto preciso onde o espírito e o corpo parecem coincidir ou colaborar, Bergson constata e compreende não apenas a oposição entre os conceitos de matéria e espírito, ou a diferença entre suas naturezas, mas principalmente o modo e a razão de sua irredutibilidade.

2.

Em que medida a liberdade é irredutível à necessidade? Como e por que os dois termos (realidades) são irredutíveis? Cumpre então observar, dois ou três aspectos da obra, e notar, em todos eles – ora corpo e mundo das imagens, ora percepção e lembrança – a possibilidade de afirmar *em que medida* "liberdade " e "necessidadc " são irredutíveis, e isto a partir de sua própria interação.

Primeiramente, é preciso pensar a liberdade no plano da teoria do conhecimento, e isto é possível a partir da consideração da *ação* como origem e objetivo de nossa relação com as coisas. Bergson trata dessa questão no primeiro capítulo de *Matière et mémoire*, em que justamente explica a *relação* entre a matéria e nossa representação dela, e dá conta do significado de nosso conhecimento (percepção). A peculiaridade deste estudo é que ele vai da matéria ao espírito e não do espírito à matéria, nossa *relação* (conhecimento) como o mundo sendo pensada a partir do corpo vivo.

A pretensão de Bergson é "atenuar muito, senão suprimir", certas "dificuldades teóricas"[3] quanto à "concepção ora realista, ora idealista, que se faz da matéria"; essas concepções são *excessivas*, dificultando não apenas a afirmação do dualismo, mas também a determinação da relação entre seus termos. Por isso, "é falso reduzir a matéria à representação que temos dela, falso também fazer dela uma coisa que produziria em nós representações mas que seria de uma natureza diferente delas" (161). É preciso então tomá-la como "um conjunto de 'imagens'"; o que significa considerá-la uma "existência situada a meio caminho" entre "aquilo que o idealista chama uma representação", e "aquilo que o realista chama uma coisa" (161). O que estas teorias dizem a respeito do objeto percebido? Para o idealista, o objeto que vemos e tocamos só existe em nosso espírito e para nosso espírito; já para o realista, ele possui uma existência independente da nossa, sendo "bem diferente " daquilo que percebemos, não tendo "nem a cor que o olho lhe atribui, nem a resistência que a mão encontra nele". A concepção do objeto como uma imagem vem então evitar este debate, pois, se por um lado ele "existe independentemente da consciência que o percebe", por outro ele é tal como o percebemos: a cor que o olho lhe atribui e a resistência que a mão nele encontra estão nele mesmo, "são os elementos constitutivos de uma existência independente da nossa" (161-2). Assim, uma imagem existe independentemente de nós – existe por si mesma –, mas ao mesmo tempo ela é em si mesma tal como a percebemos: ela "é uma imagem, mas uma imagem que existe em si" (162).

> Iremos fingir por um instante que não conhecemos nada das teorias da matéria e das teorias do espírito, nada das discussões sobre a realidade ou a idealidade do mundo exterior. Eis-me então em presença de imagens, [...], imagens percebidas quando abro meus sentidos, despercebidas quando os fecho. (169)

---

3 Dificuldades provocadas pelo dualismo "e que fazem que, sugerido pela consciência imediata, adotado pelo senso comum, ele seja pouco estimado pelos filósofos" (161). Prefácio à sétima edição de *Matière et mémoire.*

Ora, é bem uma suspensão[4] das teorias do conhecimento o que Bergson propõe, com a pretensão de observar o mundo *como se fosse* pela primeira vez, unicamente sob critérios perceptivos. O sujeito é colocado *em presença* de imagens cujo ser não é por ele condicionado, mas cuja "percepção " depende dele.

Neste universo, "paisagem neutra", as imagens *agem* e reagem continuamente umas sobre as outras, segundo as "leis constantes" da natureza, sendo possível ter a "ciência perfeita destas leis" por meio do cálculo, e assim prever seu futuro deduzindo-o de seu presente. Mas dentre elas, apenas a chamada *corpo vivo* realmente *age*. O que ela tem de singular? Sua "situação privilegiada" frente às outras imagens: ela parece poder decidir sobre os procedimentos possíveis e escapar à necessidade. Isto é, seus movimentos são imprevisíveis em relação aos previsíveis e necessários da natureza. Tudo se passa então como se "[...] nada se pudesse produzir de realmente novo senão por intermédio de certas imagens particulares, cujo modelo me é fornecido por meu corpo" (170), que na qualidade de corpo vivo, é capaz de produzir ações novas e "indeterminadas".

Mas é preciso verificar que tipo de relação há entre uma imagem bem particular, corpo próprio, e as outras imagens. E, como se trata de investigar o papel do corpo na representação, é preciso perguntar: pode esta imagem particular fazer nascer nossa representação das imagens exteriores? A esta questão central a resposta negativa de Bergson é dupla.

Por um lado, seu argumento fundamenta-se na relação de troca entre os movimentos corporais e os das imagens exteriores, que se efetua sob a forma de uma influência recíproca: estas imagens transmitem movimento a nosso corpo e este por sua vez restitui-lhes movimento; com a diferença de que nosso corpo introduz modificações em seu conjunto; ele "parece" escolher a maneira de devolver o movimento: ele retém a excitação recebida e reage apenas após uma certa *hesitação*, de maneira não previsível. Sua posição privilegiada lhe confere

---

4 Mas não se trata de colocar em dúvida ou de suspender a realidade do mundo material e do corpo próprio enquanto tais; ao contrário, a hipótese do mundo das imagens nos faz penetrar nessas duas realidades. A única "suspensão" existente refere-se ao estatuto metafísico dessas realidades: "hesitação entre coisa e idéia que traduz o termo imagem" que vale tanto para o mundo – "conjunto de imagens" – quanto para o corpo, imagem privilegiada, como veremos na sequência. Cf. WORMS, F. Les Trois Dimensions de la question de l'espace dans l'Œuvre de Bergson. *Epokhê*. Paris, n. 4, 1994.

um poder real, tornando-o capaz de escolher, dentre os procedimentos possíveis, o que lhe for mais vantajoso. Se seu horizonte perceptivo se amplia, as imagens uniformizam-se, tornando-se indiferentes; ao contrair-se, aparecem ordenadas de acordo com seus "poderes" (facilidade para tocá-las e movê-las) devolvendo-lhe, tal como um espelho, "sua influência eventual", isto é, refletindo sua *ação possível* sobre elas. O corpo é um "centro de ação, ele não poderia fazer nascer uma representação" (172).

Por outro lado, é preciso saber interpretar o fato de que a mudança de relação entre os objetos e nosso corpo ocasiona uma mudança nos movimentos interiores do cérebro, mudando também tudo em "nossa percepção do universo". Pois isto não significa que a percepção dependa do cérebro ou seja produzida por ele. A "imagem do sistema nervoso e de seus movimentos" é a imagem de um "certo objeto material", ela não poderia produzir a representação do universo material enquanto tal, "imagem que ultrapassa infinitamente a das vibrações cerebrais [...]" (174). Enquanto imagens, os movimentos interiores ao cérebro "*fazem parte* do mundo material" e se submetem, tal como as outras imagens, a leis causais. "Eles não podem criar imagens". Mas "eles têm uma importância capital para esta parte da representação que chamo meu corpo" (175). Seu papel é, do interior deste corpo, preparar, iniciando-a, sua reação à ação dos objetos que o circundam. Assim, a percepção não depende desses movimentos cerebrais, apenas, ela varia conforme suas variações; estes movimentos permanecendo inseparáveis ao resto do universo das imagens.

O exame da "estrutura" do sistema nervoso (179-182) mostra que há uma diferença entre a percepção nos animais inferiores e nos vertebrados superiores, "diferença de complicação e não de natureza", entre as "funções do cérebro e a atividade reflexa da medula" (180). A uma excitação dada, a ameba reage mecanicamente prolongando-a num movimento automático; nos vertebrados superiores, ao contrário, o trajeto da excitação é mais "complexo": ela é enviada ao cérebro pelo "sistema nervoso superior", e lá há uma *seleção* do movimento de reação, após a *análise* do estímulo. Isto é, o cérebro possui uma função mediadora, como um "instrumento" que analisa o movimento recebido e seleciona o movimento a executar. Como uma central telefônica, "seu papel é 'efetuar a comunicação' ou fazê-la aguardar. Ele não acrescenta nada àquilo que recebe [...]" (180). Nem ele, nem o sistema nervoso podem ser responsáveis pelo engendramento da representação. Ele não é senão um *centro* real, onde a excitação vinda de fora entra em contato com um determinado mecanismo motor. A diferença, que aqui é fundamental, é que este mecanismo é *escolhido* e não imposto:

> [...] uma multitude enorme de vias motoras podem abrir-se nesta substância, *todas conjuntamente*, a um mesmo estímulo vindo da periferia, [e] este estímulo tem a faculdade de aí dividir-se ao infinito, e por conseqüência, de bifurcar-se em inúmeras reações motoras, simplesmente nascentes. (181)

O cérebro *escolhe* dentre essas ações "nascentes", a reação motora do organismo; mas somente há *escolha* porque existe uma infinidade de reações *possíveis*, desenhadas em seu interior. Assim, a ação final não é uma resultante necessária e mecânica das excitações exteriores. Trata-se de uma *escolha* espacial, que se faz pela análise real dos possíveis dados *todos conjuntamente*. É claro, não é uma "escolha livre" e subjetiva, e sim sua *simbolização material*: o que é salientado é uma certa "contingência interna ao corpo", capaz de explicar a reação como uma "exigência interna" à sua ação e não como resultante de "forças externas" a ele.[5]

Mas o estudo do papel do cérebro na percepção visa, sobretudo, a contestação de um postulado comum às doutrinas realistas e idealistas, que faz "obscurecer profundamente o triplo problema da matéria, da consciência e da relação entre elas" (179). Este postulado não é senão o que reivindica à percepção um "*interesse inteiramente especulativo*", identificando-a com o "*conhecimento puro*"; que pressupõe uma "relação de atividade cognitiva"[6] entre a "consciência natural" e mundo.

No lugar da tese da percepção como conhecimento Bergson propõe uma outra, que a relaciona essencialmente com a ação.[7] A percepção nesse

---

[5] Cf. WORMS, F. Introduction à *Matière et mémoire*. Paris: PUF, 1997, p. 47.

[6] "Mantendo este postulado, jamais conseguiremos explicar *por que* o sistema independente de imagens, que 'guarda valor absoluto', torna-se necessariamente *objeto* de uma determinada imagem, ou de uma imagem – sistema que se diferencia das outras apenas pela posição. Seria preciso atribuir a esta posição um *valor lógico* que implicaria conferir à imagem-centro uma função constituinte. Se, por outro lado, insertamos a objetividade cognitiva no sistema da consciência teremos de nos haver com o problema da correspondência entre consciência e ciência [...]." SILVA, F.L. *Intuição e Discurso Filosófico*. São Paulo: Edições Loyola, 1994, p. 227.

[7] Apesar de que, "se entendermos conhecimento como análise do estímulo e seleção da reação, então o sistema nervoso, neste sentido específico, 'conhece' os objetos que o ro-

sentido é uma atividade pragmática, acima de tudo *indeterminada*. A relação entre a imagem particular chamada corpo e as outras imagens é, portanto, uma relação de constante *escolha*, a *indeterminação* conferindo à percepção uma função especificamente adaptadora. Ora, esta *indeterminação* é um "princípio verdadeiro", a partir do qual é preciso procurar "deduzir a possibilidade e mesmo a necessidade da percepção consciente" (182). Isto unicamente a partir da ação do corpo –*centro de ação real* – capaz de ocasionar uma mudança em certas imagens, que deixam então de ser neutras transformando-se em percepções conscientes.

A "inspeção" da relação entre o ser vivo e as imagens que o interessam indica apenas que a percepção se manifesta como uma "relação variável entre o ser vivo e as influências mais ou menos longínquas dos objetos [...]" (183). É preciso não apenas constatar esta relação constante, mas sobretudo explicar porque ela "toma a forma particular de uma percepção consciente"; o que nos fará compreender como, sendo dados o "centro de indeterminação", princípio verdadeiro, a percepção consciente possa surgir como uma necessidade. Para tanto – ou seja, para passar desta relação constante à sua necessidade essencial, mostrando seu fundamento – Bergson utiliza-se de um recurso metodológico cuja função é "simplificar muito as condições onde a percepção consciente se realiza" (183). E simplificar significa que "provisoriamente" será excluída da percepção toda contribuição da memória, isto é, a percepção não será considerada a percepção "concreta e complexa, aquela que minhas lembranças preenchem e que oferecem sempre uma certa espessura de duração [...]".[8] Em vez disso, nosso filósofo faz a descrição teórica de uma percepção que existiria mais de *direito* do que de *fato*, uma percepção que ele denomina *pura*. Neste plano, o da

deiam. Mas é visível que isto a que se está chamando conhecimento é apenas um discernimento prático em vista da ação possível. É o sentido em que perceber significa preparar-se para agir ". Silva, F. L. Aula n. 5 (I) do curso: *História da filosofia contemporânea – Bergson e Proust, sobre a Temporalidade: Ontologia s Significação.* Universidade de São Paulo, 1992, p. 5.

8 (185); "De fato, não há percepção que não esteja impregnada de lembranças. Aos dados imediatos e presentes de nossos sentidos misturamos milhares e milhares de detalhes de nossa experiência passada. Mais freqüentemente, essas lembranças deslocam nossas percepções reais, das quais retemos apenas algumas indicações, simples 'signos' destinados a nos fazer lembrar antigas imagens" (183-4).

exterioridade pura, perceber significaria absorver-se no presente, tendo uma visão ao mesmo tempo *instantânea e imediata* da matéria. Isto é, abstraindo-se "por um instante" a temporalidade do sujeito, a percepção torna-se *pura relação* com a matéria, e a questão é justamente *explicar*, nessa relação, o que une e o que separa matéria e *representação*. Não é demais lembrar, os fundamentos únicos desta explicação são o universo das imagens e a ação do corpo. "Coloquemo-nos então nessa hipótese, e perguntemo-nos como a percepção consciente explica-se." (185)

Bem entendido, não se trata de deduzir a consciência a partir de algo que lhe seria estranho, trata-se de explicar seu surgimento. Pois, se o mundo material foi definido como um conjunto de imagens, uma percepção *virtual* deste conjunto também é dada, como uma espécie de "visibilidade virtual" interna às imagens. Em outros termos, uma virtualidade perceptiva está inscrita na totalidade das imagens; estas não sendo senão os "objetos" desta "percepção virtual". Contudo, uma imagem existe sendo solidária às outras imagens, continuando-se nas que a seguem e prolongando aquelas que a precedem: ela age "[...] por cada um de seus pontos sobre cada um dos pontos das outras imagens", transmite "a totalidade do que ela recebe", opõe "a cada ação uma reação igual e contrária", e enfim, ela não é senão "um caminho sobre o qual passam em todos os sentidos as modificações que se propagam na imensidade do universo" (186). Ora, se "[...] uma imagem pode *ser* sem *ser percebida*; (se) ela pode estar presente sem estar representada", qual seria então o índice desta diferença entre *presença* (ser) e *representação* (percepção consciente)? É a distância entre presença e representação que medirá "o intervalo entre a matéria propriamente dita e a percepção consciente que temos dela" (185).

E nesse sentido, a passagem da presença à representação, não se constitui como um *acréscimo* de algo à imagem que de *direito* nos é dada, ao contrário, a percepção consciente nasce como uma *diminuição* do ser. Representar é isolar da imagem tudo que a envolve, é desconectá-la de suas interações com as outras imagens do universo. Isto não significa "iluminar o objeto"; muito diferentemente, significa "obscurecer certos lados dele, diminuí-lo da maior parte dele mesmo, de maneira que o resíduo, em vez de continuar encerrado no ambiente como uma *coisa*, destaca-se dele como um *quadro*" (186). Perceber conscientemente significa circunscrever.

Pois os corpos vivos são "centros de indeterminação", e "concebemos que sua única presença possa equivaler à supressão de todas as partes dos objetos aos quais suas funções não estão interessadas" (186); sua indeterminação os isola e torna-os centros. Na totalidade que nos é dada de *direito* as imagens agem e reagem mecanicamente entre si, nenhuma se diferenciando da outra justamente por estarem todas ao mesmo tempo apresentando todas as suas faces umas às outras.[9] Porém, ao entrarem em contato com a *ação indeterminada do corpo*, elas diminuem seu movimento de ação recíproca, fazendo com que os contornos do objeto sejam desenhados no interior da totalidade; nossa percepção assemelha-se então a "esses fenômenos de reflexão que derivam de uma refração impedida; é como um efeito de miragem" (187). O reflexo é o que desenha a ação possível de nosso corpo sobre os objetos que o cercam: os raios vindos da totalidade das imagens e interessantes para a atividade espontânea "pareceram retornar" (não conseguem atravessá-la), *delimitando* os "contornos do objeto que os emite".

A percepção consciente é, pois, da ordem da ação e da liberdade. Ela nasce do fato de que os objetos "vêm refletir-se contra nossa liberdade" (187), ou seja, nosso poder de escolha. E se define antes de tudo pelo interesse prático e mede nossa ação possível sobre as coisas. Perceber conscientemente é "interessar-se" pelo mundo exterior fazendo uma *escolha* daquilo que interessa às nossas necessidades práticas; é conseqüentemente *limitar* a totalidade das imagens àquilo que nos for interessante. Enfim, não é senão ter um acesso "parcial" ao ser. Daí a "pobreza necessária" de nossa percepção consciente: da totalidade dada de direito ela somente "atinge algumas partes por alguns lados".[10]

Mas, se o percebido não é produzido por nós, e se ao mesmo tempo é somente a partir de uma "intencionalidade pragmática" que há delimitação do objeto, então, ao mesmo tempo em que o objeto tem uma existência independente da nossa, nós o percebemos através de nós mesmos – nosso discernimento mostrando-nos que ele *é* como o percebemos. A representação é uma *determinação*, que é ao mesmo tempo *negação*,[11] o *discernimento* operando como fator

---

[9] "A realidade da matéria consiste na totalidade de seus elementos e de suas ações de todo gênero. [...] ". (187)

[10] "Num certo sentido, poderíamos dizer que a percepção de um ponto material inconsciente qualquer, em sua instantaneidade, é infinitamente mais vasta e mais completa que a nossa, já que esse ponto recolhe e transmite as ações de todos os pontos do mundo material [...]." (188)

[11] "A representação se distingue da presença por introduzir um outro nível ou uma outra modalidade de determinação, aquela que propriamente pode ser entendida como *nega-*

diferenciador, pois sem ele, coincidiríamos com a totalidade dos objetos. É o que há de *positivo* na pobreza necessária de nossa percepção consciente (188); graças a ele, a totalidade ao refletir-se torna-se objeto *para* a consciência. Enquanto atividade é o anúncio do "trabalho do espírito", pois é capaz de especificar a consciência e de caracterizar o sujeito neste nível de seleção em vista da ação; mas esta positividade é antes de tudo o que faz da percepção consciente uma manifestação da liberdade, pois é no *intervalo* entre presença e representação que esta vai inscrever-se e que algo de realmente novo surge no mundo.

Assim, é a partir da indeterminação do corpo-objeto que a "consciência" do corpo próprio é construída; ela nasce no interior do conjunto de imagens, e procede da percepção: dado este conjunto neutro, o sujeito corporal – antes de tudo ser vivo – aí se diferencia pela sua capacidade de modificar e *selecionar* imagens a partir de sua "consciência perceptiva". Deste modo nascem sujeito e objeto. Ao compreender esta *gênese*, compreendemos o caráter *não contemplativo* da percepção, que se torna individual ao deixar-se dividir visando uma ação; a consciência que a caracteriza sendo antes de tudo uma *atividade* verdadeira e *indeterminada*: sua presença suprime as partes das imagens que não interessam às suas funções. Enfim, tudo se passa como se nossa própria "inserção perceptiva no mundo", na medida em que simboliza uma *indeterminação* cada vez mais crescente dos seres vivos que somos, já se colocasse como uma experiência primitiva da liberdade; a liberdade é o fundamento de toda percepção, ela está inscrita nas imagens. Ora, tudo isso já anuncia a originalidade do espiritua-lismo bergsoniano.

3.

Mas perceber não é somente coincidir com o presente do objeto; é preciso ter em conta o "ritmo particular de duração que caracteriza nossa consciência", e interfere a todo momento na percepção, revelando-nos de *fato* a não-existência da percepção pura. Como para Bergson a consciência é antes de tudo *memória*, é preciso agora considerar sua contribuição à percepção, isto é, mostrar que nossas escolhas não ocorrem ao acaso: elas "inspiram-se" em experiências passadas, ou seja, nossas reações imprevistas, para se efetivarem, evocam as lembranças deixa-

---

ção." Silva, F. L. Op. cit., p. 228. Cf. ainda Prado Jr, B. *Presença e campo transcendental*: consciência e negatividade na filosofia de Bergson. São Paulo: Edusp, 1989, cap. III.

das por situações análogas. Pois, se a *indeterminação* visa um futuro que é nossa "*ação possível*" sobre as coisas, essa perspectiva não se dá sem uma outra igual do passado. A memória é responsável pelo aspecto *subjetivo* e qualitativo da percepção concreta e de nosso conhecimento das coisas: ela acrescenta à percepção as lembranças que podem completá-la, fazendo com que a ação apenas "esboçada" enquadre-se adequadamente no mundo. No entanto, pensar a contribuição da memória é considerar a "sobrevivência das imagens passadas", imagens que existirão misturando-se à experiência presente, completando-a e enriquecendo-a de experiência adquirida; esta, na medida em que se adensa, termina por recobrir ou substituir aquela, fazendo da percepção não mais do que uma ocasião da lembrança. Nesse sentido, perceber é representar: estamos sempre reconhecendo o mundo; nunca o vemos pela primeira vez, senão, como agiríamos?

Nossa experiência perceptiva é uma *mistura* de dois atos (percepção e lembrança), um misto que, como todos os mistos que nos são dados, requer uma *análise* à procura das *articulações* e *condições* das quais as suas "particularidades" dependem. É o que faz Bergson em *Matière et mémoire*. Sua análise nesse sentido é metafísica, pois busca uma diferença *teórica* entre duas *existências* radicalmente diferentes, limites entre os quais nossa experiência se constitui: de um lado a *percepção pura*, onde teríamos uma experiência da matéria sem a intervenção da memória; de outro a *lembrança pura*, irredutível ao corpo, e o que nos introduziria no "espírito". Mas a determinação das diferenças é apenas uma etapa na constituição de uma teoria das relações psicofisiológicas, que deve dar conta do modo singular pelo qual percepção e memória se unem, "em doses desiguais, de percepção pura e de lembrança pura" (214).

4.

Quer se trate da percepção ou da lembrança, o cérebro não é capaz de produzir ou de conter nossas representações. Para Bergson o corpo armazena a ação do passado apenas na forma de dispositivos motores, daí evidentemente resultando "que as imagens passadas propriamente ditas conservam-se de outra forma", ou seja, são independentes do corpo (cérebro).[12] O estudo das "doenças

[12] "O passado sobrevive sob duas formas distintas: 1° em mecanismos motores; 2° em lembranças independentes." (224)

localizadas da memória" tem justamente a função de explicitar esta independência da lembrança propriamente dita: imagem singular que não se repete, de "cada fato", "cada gesto" ou de cada objeto passado, ela não poderia de nenhuma forma ser conservada no cérebro, nem ser destruída pela lesão cerebral. A lesão, que faz surgir os "problemas da memória", não a atinge. "O que parece lesionado são as diversas regiões sensoriais e motoras" (368), ou os *mecanismos motores* do reconhecimento. Isto é, "[...] essas lesões interessariam nossa ação nascente ou possível, mas nossa ação somente" (5). Ora, pela "constituição de nosso sistema nervoso" somos seres nos quais "as impressões presentes prolongam-se em movimentos apropriados", isto é, numa atitude motora apropriada que constitui um quadro (ou delimita um campo) no qual as lembranças se introduzem, prolongando-se nesses movimentos. Com a lesão, é a atitude motora, necessária à *evocação* da lembrança, que é atingida. As lembranças então subsistem, não sendo evocáveis, são impotentes. A lesão corporal causa a diminuição ou a perda da *função de atualização*, não a perda de um conteúdo (lembranças) (263): tornando o cérebro incapaz de, em presença de uma imagem percebida, *ajustar-se* à situação presente através de uma "atitude apropriada" à evocação da lembrança, que se prolongaria numa ação (245).

Todavia, o que é mais importante, como "[...] as lembranças, para atualizarem-se, necessitam de um coadjuvante motor, e que elas exigem para serem lembradas, uma espécie de atitude mental ela própria inserida numa atitude corporal" (265), essas lesões, "suprimindo a última fase de realização da lembrança, suprimindo a fase da ação, impediriam por isso também a lembrança de atualizar-se" (245). Os mecanismos cerebrais, "essas imagens particulares", são o ponto de contato entre nossas imagens passadas e a ação; uma vez cortado este contato, elas não são destruídas, mas conseqüentemente não se realizam, ou seja, não "agem sobre o real"; apenas nesse sentido as lesões cerebrais poderiam abolir qualquer coisa da memória (225).

Aqui vemos revelar-se a ineficácia das lembranças quando desligadas de sua relação com corpo: as imagens conservadas precisam inscrever-se nos *movimentos* do corpo para poderem "atuar", e cumprir uma função prática em nossas vidas individuais. Realidades independentes do corpo, elas no entanto "necessitam" de "sua vida e sua força", sobretudo quando se trata de nossa vida psicológica normal, que se estrutura por intermédio da "operação prática e por conseguinte ordinária da memória, [da] utilização da experiência passada para a ação presente,

[do] reconhecimento enfim" (224). Quer dizer, se a patologia (o estudo das lesões) mostra uma dissociação entre percepções e lembranças, a psicologia,[13] ao contrário, implica (exige) uma unidade de função entre elas.

O *reconhecimento* é a condição de nossas ações, o próprio *sentido* do presente, dado pela experiência passada. Como se dá esta unidade de funcionamento entre percepções e lembranças, que determina o que Bergson denomina reconhecimento completo ou atento?[14] Como já fizemos pressentir, o ato pelo qual reconhecemos o mundo é um ato misto: ele implica certos "estados intermediários" que contêm ao mesmo tempo uma *ação nascente*, e de outra parte imagens-lembranças; ou melhor, estados que por um lado são motores, pois "prolongam uma percepção atual", e que por outro, "enquanto imagens, reproduzem percepções passadas". Esses estados definem o reconhecimento como "o ato concreto pelo qual apreendemos o passado no presente" (235). É esta idéia do reconhecimento atento que permite a Bergson a fundação de uma teoria da percepção concreta, que conseqüentemente consiste em dois movimentos: de um lado uma atitude corporal – um esquema motor específico que prolonga a percepção (imitando-a) desenhando-a em linhas gerais – que deve tornar possível a intervenção das lembranças; de outro, um ato do espírito – pelo qual ele busca na memória pura uma série de lembranças-imagens análogas – que, dirigidas à percepção, esclarecem o objeto frente ao qual devemos agir. Da parte do espírito, o *reconhecimento atento* (ou percepção atenta) implica um verdadeiro trabalho de "reconstrução" ou "criação" do objeto,[15] uma *atividade* interna que

[13] Em *Matière et mémoire* a psicologia é definida pela ação, seu objeto não sendo senão "[...] o estudo do espírito humano enquanto funcionando utilmente para a prática [...]." (167)

[14] Assim como há duas formas de memória, a memória hábito e a memória pessoal, há também, segundo Bergson, duas formas de reconhecimento de um objeto – uma motora e outra representativa. A primeira efetua-se sobretudo por intermédio de movimentos que, prolongando nossa percepção "para dela obter efeitos úteis", nos *afastam* do objeto percebido; a segunda, que está em jogo neste momento, se dá precisamente quando esses movimentos, renunciando à sua finalidade prática, nos *conduzem* ao objeto para sublinhar seus contornos, exigindo então a intervenção de lembranças-imagens (244).

[15] Isto é, um trabalho de atenção. " O que é a atenção? " Bergson responde: "[...] o trabalho do espírito que a ela corresponde, isto é, a misteriosa operação pela qual o mesmo órgão, percebendo no mesmo ambiente o mesmo objeto, aí descobre um número crescente de coisas" (246).

Bergson denomina *reflexão*: "a projeção exterior de uma imagem ativamente criada, idêntica ou parecida com o objeto, e que vem moldar-se sobre seus contornos" (248); incessante, esta projeção é o próprio trabalho do espírito, *atividade sui generis* de atualização (recriação) que faz a lembrança retornar ao objeto e enriquecer nossa percepção: "Nenhum estímulo vindo do objeto pode deter sua marcha nas profundezas do espírito: ele deve sempre retornar ao próprio objeto" (249). Ora, este trabalho de *atenção* não é senão um ato de liberdade, na medida em que "o espírito se dá sempre por inteiro, mas se simplifica e se complica conforme o nível que ele escolhe para realizar suas evoluções" (251), e descobrir o *sentido* da situação dada. Pois, se por um lado a percepção orienta nosso espírito, por outro é o grau de tensão (de intensidade) adotado pelo espírito que faz a percepção desenvolver em nós "um maior ou menor número de lembranças-imagens" (251) que mais ou menos recobrirão esta situação presente.

Assim, é bem a relação entre memória corporal e memória pura que Bergson nos revela; ora, qual o elemento mediador entre uma imagem material e uma lembrança que em nada lhe assemelha? O que permite a seleção da lembrança e explica como esta se aplica ao objeto? "O que sugere as hipóteses, o que preside de longe à seleção, são os movimentos de imitação pelos quais a percepção prolonga-se, e que servirão de quadro comum à percepção e às imagens rememoradas" (248). Isto é, são os movimentos cerebrais que, fixando o objeto, "esquematizando" seus "contornos" e tornando-o então reconhecível, estabelecem o ponto de ligação entre matéria e espírito, percepção e memória. Nesse sentido, o cérebro (nosso corpo) torna possíveis nossas ações livres. É sua função mediadora que deve, portanto, ser relevada, pois ele não contém ou constitui as lembranças, mas é o responsável por nossa relação com o mundo.

5.

"Mas o que é esta memória pura, e o que são estas lembranças puras?" (368). Ou ainda, o que é lembrar-se? Quando procuramos uma lembrança ou "evocamos um período de nossa história" que nos escapa, "temos consciência de um ato *sui generis* pelo qual deixamos o presente para nos recolocar primeiramente no passado em geral, e depois numa certa região do passado: trabalho de tentativa, semelhante à busca do foco de uma máquina fotográfica. Mas nossa lembrança permanece ainda em estado virtual; dispomo-nos simplesmente a recebê-la, adotando a atitude apropriada. Pouco a pouco aparece como que uma nebulosidade que se condensasse; de virtual ela passa ao estado atual; e, à medida que seus contornos se desenham e sua superfície se colore, ela tende a imitar a percepção" (2/6-7). Isto é, ao fazermos uso de nossa memória efetuamos uma espécie de "salto", nos instalando no próprio passado, onde a lembrança permanece em estado virtual; este salto por sua vez se refere à atitude apropriada para receber a lembrança. Aos poucos, seguindo o movimento pelo qual o passado se manifesta em imagem presente, conduzimos este "estado virtual" ao momento presente, no qual ele se materializa numa percepção atual, tornando-se presente e atuante. Lembrar-se, portanto, não é *regredir* do presente ao passado, mas sim *progredir* do passado ao presente: é entrar no próprio passado e torná-lo presente. A diferença ontológica entre lembrança e percepção, definida aqui como diferença entre o *virtual* e o *atual*, é constantemente velada por esta "continuidade do devir", movimento próprio de atualização das lembranças. O fato é que esta continuidade compreende esta diferença de natureza, que somente existe como movimento contínuo de atualização; mas este movimento transforma o virtual em atual e por sua vez impede, pela própria convergência de função que os une, a constatação da diferença entre eles. Neste ponto encontramos o *leitmotiv* do dualismo bergsoniano: a afirmação das diferenças implica sempre e ao mesmo tempo a afirmação da "união" ou da mistura de seus termos na prática, que, por ser profunda, veda-nos seu conhecimento. O terceiro capítulo de *Matière et mémoire* é típico nesse sentido: ele estabelece um vai-e-vem entre o estudo do ser específico da lembrança pura e o de sua unidade com a percepção; daí o segredo de sua análise, ao mesmo tempo metafísica e psicológica. Esta dupla vertente metodológica é a via para uma caracterização inédita do ato livre.

A diferença entre o virtual e o atual é uma diferença *temporal*, uma diferença entre "passado" e "presente", que, no entanto não é especificamente temporal, mas pragmática, pois o presente real e concreto não é um "instante matemático", mas sim o que define a ação do corpo. "Meu presente é aquilo que me interessa", o que convida-me à ação, meu passado ao contrário "é essencialmente impotente". Mas, "o estado psicológico que denomino 'meu presente'" concreto e vivido "ocupa necessariamente uma duração": ele estende-se sobre o "passado" e sobre o "futuro". Sobre o passado, uma vez que "o momento em que falo já está distante de mim"; sobre o futuro, pois é para ele que me inclino, para ele este presente se dirige. Meu presente é então "ao mesmo tempo uma percepção do passado imediato e uma determinação do futuro imediato" (280); "ao mesmo tempo sensação e movimento". A diferença entre presente e passado passa a ser uma diferença de *função*, que diz respeito à ação do corpo: o momento presente não é senão aquele em que a percepção opera um *recorte* no mundo das imagens em vista da ação, enquanto o passado é impotente. Mas essa diferença pragmática não é absoluta: ela não exclui uma *continuidade temporal* entre eles, pois, se por um lado o presente é a consciência do corpo, sendo por isso *ativo* e oposto ao passado, por outro ele é também *duração*: na medida em que a consciência presente é a *contração* do passado e do futuro imediatos, ela "já é memória "; por isso, o presente se inscreve numa *continuidade* como passado.

O não-interesse de meu corpo pelo passado não significa seu *não ser*, e sim seu caráter *inativo*: o passado é o que não age. Dele, o que é capaz de agir, isto é, de tornar-se imagem atualizando-se em sensação, é apenas o que pode colaborar com minha ação iminente, inserindo-se em minha atitude frente ao futuro imediato e tornando-se útil. Transformando-se em imagem, ele não mais pertence ao "estado de lembrança pura" e se *confunde* então com uma "certa parte de meu presente": ele "passa ao estado de coisa presente, atualmente vivida". Ao contrário, lembrança é *impotente* enquanto permanece inútil; *em si mesma* ela é inextensiva, sem relação com a sensação, o corpo e o presente (283). Mas, enfim, a *diferença* propriamente pragmática entre passado e presente não exclui sua *unidade* de ação no próprio momento presente: atividade e atualização se *confundem* na atualidade deste momento.

Mas como compreender, a partir dessas questões pragmáticas, o próprio ser e a existência da lembrança pura? O que está em jogo é a existência de estados psicológicos que subsistem sem que deles tenhamos "consciência", ou, em outros termos, a possibilidade de sobrevivência da lembrança pura. A caracterização do presente já indica a perspectiva adotada por Bergson, justamente porque é a *impotência* da lembrança pura que permite a compreensão de sua sobrevivência. A chave de sua análise está em sua concepção da consciência, revelada desde o início: ela é essencialmente prática, a "marca característica do *presente*, ou seja, do atualmente vivido, ou seja, enfim, do que *age*" (283). Daí sua função *não especulativa*: num "ser que realiza funções corporais" a consciência possui, sobretudo "[...] o papel de presidir a ação e iluminar uma escolha" (283). Um estado psicológico consciente é aquele que se vincula à ação, que diz respeito a ela; em contrapartida, um estado psicológico impotente, que não age, deixa de "pertencer à consciência", sendo, portanto inconsciente; o que não significa que ele deixe de existir, mas apenas que o ser não se reduz ao ser-presente.

E de fato há, na prática, um critério de existência dos estados psicológicos passados, dado por nosso caráter: presente em todas as nossas decisões, nosso caráter é a síntese (atual) da totalidade de nosso passado. Mesmo que a existência de todos esses estados não se manifeste explícita ou distintamente, mas de forma condensada, eles são percebidos de uma certa maneira. Ora, isso mostra que o modo singular de existência das lembranças "no espírito" é inverso ao das imagens conscientemente percebidas. Enquanto estas últimas são selecionadas e isoladas do todo das imagens, nossas lembranças são *efetivamente* percebidas em sua *totalidade*, através de nosso *caráter*. Para Bergson, o passado é essência, a essência de cada indivíduo enquanto interiorização de uma experiência vivida. Determinando nossas ações e manifestando-se em nosso caráter, ele é o que a todo o momento age em nós sem dele nos darmos conta: é a totalidade indivisível e indistinta que constitui nossa história.

6.

Tudo se passa então como se, para Bergson, a prova da conservação em si do passado já fosse dada no "presente concreto e realmente vivido da consciência", que "consiste em grande parte" na consciência do passado imediato. Pois, por mais instantânea que seja nossa percepção, ela "consiste numa multitude incalculável de elementos rememorados", isto é, "toda percepção já é memória" (291). Ora, sendo ao mesmo tempo percepção e memória, a consciência imediata contrai o passado imediato na percepção presente e assim torna possível em cada instante vivido a conservação do que percebeu. Mas, sobretudo ela é *atividade*, por isso mesmo princípio geral de nossa vida psicológica: como tal, ela ao mesmo tempo separa e une presente e passado, percepção e lembrança, tornando possível a *ação livre*, síntese entre nossa experiência passada e as exigências da vida presente.

Iluminando "esta parte imediata do passado" e voltada para a determinação de um futuro indeterminado, a consciência concreta espalha sua luz apenas sobre aqueles estados "recuados" do passado que podem organizar-se utilmente com este passado imediato; "o resto permanece obscuro". Ela *separa* a memória pura da percepção, faz a *distinção* entre presente e passado – que não é feita na intuição indivisível da duração – precisamente "em virtude da lei fundamental da vida, que é uma lei da ação" (291). Mas, sendo uma consciência temporal, ela é capaz, num outro sentido, de unir memória pura e ação presente, religando as lembranças puras à percepção e à ação e conferindo *unidade* à nossa vida psicológica, ela mesma um misto: sendo já memória, ela pode, por um *ato* de tensão e extensão de si, explorar seu passado extinto; orientada para a prática, pode dar utilidade a este passado, inserindo-o na ação presente. Deste modo, ela pode ultrapassar a própria distinção que a todo o momento opera.

"Se não percebemos jamais outra coisa senão nosso passado imediato, se nossa consciência do presente já é memória [...]" (292), a memória corporal (constituída pelos mecanismos motores) e a memória pura, coextensiva à consciência,[16] unem-se intimamente. Mas esta união não se dá apenas graças à consciência, que é ao mesmo tempo percepção e memória, ela é também assegurada pelo corpo, que como ela, pode adquirir dois sentidos: por um lado, como vimos, ele é um centro de ação, "*lugar de passagem* dos movimentos recebidos e enviados", e por isso sede dos fenômenos sensório-motores; por outro, ele passa a ser também "a parte invariavelmente renascente de nossa representação, a parte sempre presente, ou antes a que acaba a todo momento de passar" (292). Ou seja, por intermédio de sua memória o corpo une-se à representação, constituindo assim a extremidade de nossa consciência; nesse sentido, ele é o intermediário entre espírito e mundo, permitindo ao tempo introduzir-se no espaço. Daí a figura do cone (293), que representa "todas as lembranças acumuladas em nossa memória": assentado em sua base "imóvel" está o passado; em sua ponta, figurando a mobilidade do momento presente e a ação, está o corpo, isto é, a inserção do passado no presente. Fazendo parte do "plano móvel" de nossa "re-

---

[16] Pois "retém e alinha uns após outros todos nossos estados à medida que eles se produzem, deixando a cada fato seu lugar e por conseguinte marcando-lhe sua data, movendo-se bem realmente no passado definitivo, e não, como a primeira, num presente que recomeça sem cessar " (292).

presentação atual do universo", sua função é receber e reagir às ações vindas das imagens que o compõem. Mas sua memória, quase instantânea, é *inseparável* da "verdadeira memória do passado" que lhe serve de base: ela é a "ponta móvel" inserida por esta última no "plano movente da experiência".

A todo o momento, essas duas memórias prestam-se mútuo apoio, num verdadeiro vai-e-vem que as une e assim estabelece unidade à nossa ação e ao nosso conhecimento. De um lado a "memória pura" coloca à disposição dos mecanismos sensório-motores "todas as lembranças capazes de guiá-los em sua tarefa [...]". As associações por contigüidade e semelhança assim se constituem. De outro, os aparelhos sensório-motores definem o meio de as "lembranças impotentes" tornarem-se presentes e reaparecerem à consciência, descendo "das alturas da memória pura até o ponto preciso onde se realiza a *ação*" (293); deste modo, a memória do passado pode, respondendo a um apelo do presente, inserir-se nos mecanismos do corpo e adquirir sentido prático. Ora, é fácil ver que nossas ações, na medida em que não são meras reações ao ambiente, dependem desta união. O fator determinante sendo o justo equilíbrio entre as exigências da ação e a utilização proveitosa das lembranças na situação presente. Então, como de um lado somente a morte nos separa da ação e de outro o passado coexiste com a consciência presente, tudo vai depender do "duplo movimento de contração e de expansão pelo qual a consciência estreita ou alarga o desenvolvimento de seu conteúdo" (305), conforme as "necessidades fundamentais da vida". Estes dois movimentos possíveis da consciência são figurados pela imagem do cone: a contração, que vai até o pólo móvel da ação, ou a expansão, que pode atingir a totalidade do passado e aproximar-se de uma existência mais "sonhada" do que vivida.[17] Mas esses são os dois limites extremos da vida psicológica, que de *fato* jamais são atingidos;[18] normalmente, o eu percorre sem cessar o intervalo compreendido entre eles, isto é, entre o plano do sonho e o plano da ação, e não se fixa em nenhum deles.

---

[17] Estes dois limites teóricos, ditados pelo critério de inserção das lembranças na ação, definem de um lado o indivíduo impulsivo – aquele que imediatamente reage à excitação, na ansiedade de viver o puro presente, e de outro o sonhador – o que vive apenas no passado, não utilizando suas lembranças em proveito da situação atual.

[18] "Não há, pelo menos no homem, estado puramente sensório-motor, assim como não há nele vida imaginativa sem um substrato de atividade vaga." (307)

Bergson completa sua representação da vida psicológica ao mostrar que esses dois movimentos da consciência (do espírito) atingem então os "milhares e milhares de planos de consciência diferentes, milhares de repetições integrais e no entanto diversas da totalidade de nossa experiência vivida" (371), figurados pelas múltiplas seções do mesmo cone, isto é, existentes entre os mecanismos sensório-motores e o passado em geral.[19] Oscilando entre esses dois pólos, o "eu normal" adota "*tour à tour*" esses "*estados* possíveis da memória", "a todo instante" procurando dar "a suas representações o suficiente de imagem e o suficiente de idéia para que elas possam contribuir utilmente para a ação presente" (302). O essencial nessas páginas difíceis de *Matière et mémoire* é, sobretudo, esta *atividade* da consciência, que é um trabalho sobre a totalidade de seu próprio conteúdo (sua experiência passada) e, portanto, *reconhecimento*. É toda a descrição do trabalho de atenção no ato de reconhecimento[20] que deve ser retomada aqui, neste momento em que Bergson apresenta sua *teoria dos planos de consciência*.[21] Pois a atenção ou o "reconhecimento atento" intervém em toda ação ou interação não mecânica com o mundo, em todo ato perceptivo que exige a atualização de lembranças que interpretem o presente ou auxiliem na efetivação de uma ação.

---

[19] É precisamente esta representação da vida psicológica que está na origem de *Matière et mémoire*, conforme Bergson afirma nos dois prefácios à obra. Com efeito, lemos no prefácio original: "O ponto de partida de nosso trabalho foi a análise que se encontrará no terceiro capítulo deste livro. Nós mostramos neste capítulo, através do exemplo da lembrança, que um mesmo fenômeno do espírito interessa ao mesmo tempo uma multitude de *planos de consciência* diferentes, que marcam todos os graus intermediários entre o sonho e a ação [...]" (1490). No prefácio de 1911 a intuição original é reafirmada: "Há, portanto, enfim, tons diferentes de vida mental, e nossa vida psicológica pode manifestar-se em alturas diferentes, ora mais perto, ora mais longe da ação, segundo o grau de nossa *atenção à vida*. Esta é uma das idéias diretrizes da presente obra, a própria idéia que serviu de ponto de partida ao nosso trabalho" (166).

[20] Cf. pp. 14 e 15 acima.

[21] Trata-se mais propriamente de um esboço de teoria, que "está ainda por fazer" (308); ela é anunciada mas não explorada "metodicamente" por Bergson em todos os seus aspectos. Em sua generalidade ela pretende abranger todo o conjunto de nossa vida psicológica e intelectual, cujo conteúdo situa-se entre os dois limites da memória, os quais valem paratodo "fenômeno do espírito". Neste terceiro capítulo ela é aplicada à teoria da formação dos conceitos ou teoria das idéias gerais, à análise do equilíbrio mental ou psicopatológico. Suas aplicações posteriores aparecerão nos seguintes ensaios: *Le souvenir du passé et la fausse reconnaissance*; *Le Rêve*; *Le Rire*.

O que é preciso reter desta teoria são precisamente três características, que em conjunto descrevem o que poderíamos chamar funcionamento pragmático do espírito: primeiramente, o trabalho da consciência consiste numa espécie de *salto* na totalidade indistinta das lembranças; por sua vez, este salto admite graus, que correspondem ao seu esforço de expansão ou de contração; conseqüentemente, contraindo-se ou expandindo-se, a consciência, que é espírito, "reconhece, ou antes cria novamente" os diferentes planos de consciência *virtualmente* existentes[22] no intervalo entre o plano "onde nosso corpo contraiu seu passado em hábitos motores", e o plano em que nossa vida psíquica conserva-se integralmente em seus mínimos detalhes. Isto é, o movimento da consciência impõe à memória múltiplos "cortes", "mais ou menos amplos conforme se aproxime da base ou do vértice" (307). Pois ele tem em sua origem uma percepção, à qual deve retornar e nela enquadrar a lembrança que responde melhor à urgência da ação a realizar. Esta teoria é, portanto, essencialmente "pragmática ", ela visa a ação presente, para onde percepção e lembrança convergem. Contudo, tendo na memória o seu fundamento – ou melhor, as três memórias, uma vez que a consciência imediata já é memória – ela dá conta da própria *questão* da memória, isto é, explica sua diferença de natureza e ao mesmo tempo sua convergência de função com a percepção, nos múltiplos níveis de consciência que constituem nossa vida.

Assim, retendo do espírito apenas "seu ponto de junção com um mecanismo corporal", Bergson desenvolve em um novo sentido sua concepção da vida psicológica apresentada em seu primeiro livro, não renegando, contudo, as aquisições deste último. Para ele, nossa vida psicológica profunda permanece sendo uma duração indivisível e indistinta de estados que apenas a análise e as exigências da prática dividem em fases distintas. O que muda é a perspectiva de abordagem, pois pensar a inserção da liberdade no universo material significa considerar os compromissos entre duração individual e ação presente que, como vimos, fazem esta duração diversificar-se infinitamente, adquirindo graus que definem todas as variações de uma subjetividade. Nesse sentido, de acordo

---

22 "Esses planos não são dados, aliás, como coisas feitas, superpostas umas às outras. Eles existem antes virtualmente, desta existência que é própria às coisas do espírito. A inteligência, movendo-se a todo momento ao longo do intervalo que os separa, reconhece-os ou antes os cria de novo sem cessar: sua vida consiste neste próprio movimento." (371)

com a teoria dos *planos de consciência* não existe liberdade completa, "consciência pura de si",[23] dentro dos limites da atenção à vida. Pois nossa realização no mundo passa por certas condições materiais que, impondo-nos escolhas, impedem a explicitação completa de nossa interioridade, de modo que nunca sabemos tudo que o somos, e o conhecimento do conteúdo de nossa vida psicológica é sempre falho: a "lei fundamental da vida", ditada pelo corpo, nos condena a manter sempre uma distância entre nós e nós mesmos.

Mas pensemos a liberdade dentro dos limites possíveis, dados por esta atenção à vida, que assim definem nossa própria vida de todos os dias. Ora, se a perspectiva de totalização da vida psicológica se perde, ao mesmo tempo surge a especificação da consciência do presente que, a despeito de seus compromissos com o corpo e com a ação, é também interiorização ("relação a si"), e deste modo está na origem de nossos atos livres: pois a realização de si no mundo também implica uma volta a nós mesmos como condição de doação de *sentido* à situação na qual estamos engajados. A consciência é memória *ativa*, *esforço* (310) que ultrapassa a diferença entre lembranças e percepção, num movimento de tensão e expansão de si, para explorar suas próprias profundezas e testar seus próprios projetos. Qual o seu trabalho quando se trata de uma decisão a tomar? "Reunindo, organizando a totalidade de sua experiência no que denominamos seu caráter, [ela] a fará convergir para ações onde se encontrará, com o passado que lhe serve de matéria, a forma imprevista que a personalidade lhes imprime; mas a ação apenas será realizável se ela vier enquadrar-se na situação atual, ou seja, neste conjunto de circunstâncias que nasce de uma certa posição determinada do corpo no tempo e no espaço" (311). Portanto, a volta a si deve acompanhar-se de um movimento de retorno à situação presente, movimento de explicitação de si através dos mecanismos sensório-motores que nos situam no mundo: esta é a condição da eficácia de nossas ações livres. Não sendo pura identidade, essa interiorização é um retorno ao passado em vista do futuro, isto é, a conquista de um saber que não se sustenta sendo apenas um saber *para mim*, e que somente adquire sentido na realização da ação. Assim, para ser livre a ação deve poder sintetizar o conteúdo de uma experiência passada e as exigências das circunstâncias presentes. E ela será tanto mais livre quanto maior for o esforço

---

[23] Assim como na percepção o ponto de contato entre consciência e coisas nunca é coincidência total entre percepção e objeto percebido.

do indivíduo para efetivar esta síntese, isto é, quanto maior for o seu esforço para interiorizar-se e ao mesmo tempo manifestar sua história no mundo em que vive; quanto mais ele for capaz de elaborar uma síntese entre o que coincide com ele e o que dele difere.

Uma certa dimensão pedagógica da intuição em Bergson em sua relação com a noção de "bon sens"

Tarcísio Jorge Santos Pinto

O "bom senso" é, como nos apontam alguns estudiosos do pensamento de Bergson, uma noção cara às reflexões de ordem educacional que ele desenvolve.[1] Indo mais longe, vemos que o tema talvez possa, inclusive, ser considerado a principal *porta de entrada* para a investigação dessas reflexões bergsonianas específicas, e, nesse sentido, também para a pesquisa de uma certa dimensão pedagógica da intuição em Bergson. Isto talvez assim se apresente porque, no principal texto em que este filósofo francês trabalha mais diretamente a questão da educação, é justamente o tema do "bom senso" que é tomado como a

---

[1] Ver a esse respeito, por exemplo: Trevisan, R. *Bergson e a Educação*, capítulo 6 – "O esboço de uma filosofia bergsoniana da educação", pp. 127 e ss. Devemos assinalar desde já que Bergson não chega a desenvolver nenhuma teoria pedagógica específica. No entanto, conforme escreve também Rubens Muríllio Trevisan, "à margem de seu sistema geral, comentando ou prolongando várias de suas idéias, Bergson teceu diretamente algumas considerações sobre a educação, sobre a maneira de conduzir o trabalho mental e físico" (Trevisan, R. Op. cit., p. 127). Além disso, segundo o autor, um movimento de renovação da educação, seja na Europa ou na América, teve manifestadamente no pensamento bergsoniano uma das principais fontes de inspiração (Trevisan, R. Op. cit., p. 130 e ss.). Por fim, vale lembrar que, como intelectual atuante que foi, Bergson participou ativamente de discussões acerca do problema da educação em sua época. Primeiramente, atuou no movimento da reforma educacional da França como membro do "Conseil Supérieur de L'Instruction Publique" e depois presidiu a Comissão de Cooperação Intelectual da Sociedade das Nações (a qual deu origem a ONU). Por essas razões, certamente não são desprovidas de sentido as pesquisas realizadas em torno do tema em Bergson. No que diz respeito especificamente ao nosso trabalho, é certo que não procuraremos investigar aqui o modo como Bergson concebia a educação em geral (isso, por sinal, já foi bem trabalhado pelo próprio Rubens Trevisan e por outros estudiosos do pensamento bergsoniano). Importa-nos apenas tentar detectar, em torno dessa concepção bergsoniana de educação, alguns elementos que nos permita vislumbrar o papel que nela desempenha a intuição, de modo a enriquecer a pesquisa sobre a significação do método intuitivo na filosofia de Bergson.

referência fundamental.[2] Devemos atentar para o fato de o "bom senso" ser na verdade um conceito recorrente na obra bergsoniana como um todo. Antes de trabalha-lo no seu horizonte mais elevado em *As Duas Fontes*, Bergson se refere a ele no discurso de 185, mas também em passagens de *Matéria e Memória*, de *O Riso* e de *A Evolução Criadora.* Em todas as suas obras mais fundamentais, o conceito de "bom senso", apesar de se relacionar a temas específicos, reflete a mesma significação básica delineada a partir de *Le bons sens et les études classiques* e que, de certo modo, traz enlaçada consigo a valorização do conhecimento intuitivo, inclusive do ponto de vista pedagógico. E qual seria então essa significação fundamental que a noção de "bom senso" apresenta desde quando Bergson a reflete pela primeira vez? Segundo pensamos, ela traz como referência principal, desde o início, a idéia do *equilíbrio necessário à atividade intelectual.* Particularmente no discurso do "Concurso Geral", a idéia de equilíbrio aparece, em primeiro lugar, para nos chamar atenção para a necessidade de buscarmos uma certa harmonia em nossa formação educacional: para isso, os estudos clássicos devem se tornar o complemento imprescindível dos demais estudos. Em segundo lugar, a idéia de equilíbrio surge na medida em que aponta para a importância de desenvolvermos, poderíamos dizer, um *contrapeso* à atividade

---

[2] Estamos nos referindo ao texto do discurso "Le bon sens et les études classiques", pronunciado por Bergson aos 36 anos, no Grande Anfiteatro da Sorbonne, durante a solenidade de distribuição dos prêmios do "Concours Géneral" ainda em 13 de julho de 1895, um ano antes da publicação de *Matière et Mémoire* (o texto do referido discurso foi reunido em BERGSON. *Mélanges*, pp. 360-72). Num excelente artigo sobre esse discurso bergsoniano proferido na Sorbonne, Franklin Leopoldo e Silva observa que nele Bergson discorre sobre determinadas noções trabalhadas no plano teórico na medida em que estão em relação direta com a "realidade imediata". Dessa forma, segundo ele, Bergson ilumina a vida prática com a amplitude da reflexão teórica e anula, assim, "o divórcio entre a reflexão e a realidade vivida, sem que o filósofo deixe se de ser filósofo e sem que a realidade imediatamente vivida se imobilize no plano da análise conceitual" (LEOPOLDO E SILVA, F. Reflexão e existência. *Discurso*, p. 134). Tal texto-discurso, portanto, apesar de ser um texto *de ocasião*, escrito antes que Bergson houvesse publicado grande parte de sua obra, não deve deixar de ser, todavia, bastante valorizado, primeiramente pelo fato de já trazer noções coerentemente formuladas que depois vão ser retomadas nos textos posteriores, e depois, justamente, por trazer em si essa grande qualidade de aproximar a reflexão da vida, qualidade esta que Bergson sempre procurou cultivar em sua obra filosófica (lembremos do que ele nos diz, por exemplo, em *A intuição filosófica*) e que, como assinala Franklin Leopoldo, é tão pouco exercida pela filosofia atual.

– justamente através do "bom senso" –, a fim de não lhe permitir o exagero. Essa segunda conotação da idéia de equilíbrio, inclusive, é a mais fundamental para o que estamos procurando ressaltar aqui, já que acaba valorizando, através da valorização da noção de bom senso, também a noção de intuição, mesmo que nesse texto Bergson ainda não aponte isso. Na verdade, no texto *Le bon sens*, Bergson procura apenas relacionar a primeira idéia de equilíbrio à segunda. Ou seja, busca nos mostrar que os estudos clássicos são instrumentos essenciais para desenvolvermos o bom senso necessário ao equilíbrio de nossa atividade intelectual. Logo no início do texto, ele escreve:

> [...] eu gostaria de mostrar que o bom senso consiste em parte de uma disposição ativa da inteligência, mas em parte também de uma certa desconfiança toda particular da inteligência diante dela mesma; que a instrução lhe fornece uma base, mas que ele estende suas raízes a profundezas onde a instrução pouco penetra; que os estudos clássicos o auxiliam bastante, mas por meio de exercícios comuns a toda espécie de estudos e que se podem praticar sem mestre; que também a tarefa do educador consiste, sobretudo, em semelhante matéria, em conduzir alguns por um artifício, lá onde os outros são colocados de imediato por sua natureza. (BERGSON. *Le bon sens et les études classiques Mélanges*, p. 360)

No artigo citado acima, Franklin Leopoldo e Silva reitera que Bergson realmente defende no *texto-discurso* a importância dos estudos clássicos como "contrapartida" à atividade da inteligência, a fim de podemos desenvolver uma compreensão mais profunda da realidade, capaz de nos permitir, inclusive, melhor conduzir o nosso viver. Desse ponto de vista, o cultivo do bom senso, por meio de uma pedagogia consciente, torna o homem em geral não só capaz de desenvolver a função vital de manipular da melhor forma possível o mundo material, mas também o leva a aprimorar seu potencial de invenção e criação. Conforme ressalta Franklin Leopoldo e Silva, é precisamente através do bom senso que se dá "o acordo", *o equilíbrio* desses dois tipos de atividade no plano da existência. O bom senso pode se caracterizar, assim, pela "faculdade de se orientar na vida prática, [...], um certo hábito de permanecer em contato com a vida prática, mesmo sabendo olhar para mais longe" (BERGSON. *Carta ao reitor Octave Gréard*, antes de proferir o discurso. *Mélanges*, p. 359).[3] Bergson nos diz que o bom senso corresponde, em nossa vida prática, ao que o gênio, enquanto uma

[3] Citado por LEOPOLDO E SILVA, F. Reflexão e existência. *Discurso*, ano IV, n. 4, 1973, p. 135.

intuição "rara" e "de ordem superior", representa nas ciências e nas artes. Segundo ele, o gênio manifesta uma "estreita camaradagem com a vida" assim como o bom senso, para os homens em geral, quando bem cultivado, representa a concretização de uma "simpatia" com a duração da vida, que permite o seu conhecimento mais direto, capaz de gerar um melhor viver. Por esse motivo, de forma análoga ao gênio, "o bom senso, ele também, exige uma atividade incessantemente alerta, um ajustamento sempre renovado à situações sempre novas" (Bergson, *Le bon sens et les études classiques*, p. 362). Ao mesmo tempo, devido a tal disposição, o bom senso igualmente abomina as idéias prontas e definitivas defendidas por uma inteligência que se isola do próprio movimento do real. Tais idéias congelam o espírito e não são, "na sua rigidez, senão o resíduo inerte do trabalho intelectual". Contrapondo-se a tais idéias, o bom senso seria esse próprio trabalho em realização dinâmica, em comunhão com a duração concreta das coisas.

Ele quer que nós tomemos todo problema por novo e lhe concedamos a honra de um novo esforço. Exige de nós o sacrifício, por vezes penoso, das opiniões que nós nos damos como feitas e das soluções que nós tomamos como prontas. E para dizer tudo, ele parece ter menos relação com uma ciência superficialmente enciclopédica que com uma ignorância consciente dela mesma, acompanhada da coragem de aprender.

Tudo isso assim acontece porque o bom senso, "não visa, como ela (a ciência inteligente tradicional), à verdade universal, mas àquela da hora presente, e não se preocupa tanto em ter razão de uma vez por todas, mas sempre em recomeçar a ter razão" (Bergson. *Le bon sens et les études classiques*, p. 362).

A partir de todas essas características que Bergson associa ao bom senso – e que confluem para apresentarem, como dissemos, um *contrapeso* à atividade da inteligência –, não podemos ver de fato também sua grande relação com a noção de intuição? Na verdade, como ressaltamos, embora ainda não fale nesse texto da intuição como um meio de conhecimento acessível a todos e capaz de complementar à inteligência, mas somente de uma certa "intuição de ordem superior, intuição necessariamente rara" do gênio, Bergson, ao estabelecer determinados princípios necessários a efetivação do bom senso, também não esboça alguns dos predicados essenciais do método da intuição que depois caracterizará em *La Pensée et le Mouvant*? Bergson nos diz que o bom senso "toma certas influências por praticamente negligenciáveis, e se detém no desenvolvimento de um princípio, no ponto preciso onde uma lógica demasiadamente brutal comprimiria a delicadeza do real"; que ele "é mais que o instinto e menos que a ciência (consolidada)"; que é "a atenção mesma, *orientada no sentido da vida*"; e que pode ser visto também como "a energia interior de uma inteligência que se reconquista a todo momento a ela mesma, eliminando as idéias feitas para deixar o caminho livre às idéias que se fazem, e se modelando sobre o real pelo esforço contínuo de uma atenção perseverante (BERGSON. *Le bon sens et les études classiques*, pp. 363 e 365; grifo nosso). Ora, também não é a partir desses atributos que ele procura depois definir a intuição? Não é a intuição justamente a "energia interior", a "franja" da inteligência que, relacionando-se de modo "imediato" à duração do real e acompanhando de perto suas articulações, volta-se contra a própria inteligência para apresentar-lhe as limitações e fazer o conhecimento avançar em simpatia com o movimento da vida? A intuição não representa precisamente o "esforço" de contrariar a tendência natural de nossa inteligência em "congelar" a duração real através da linguagem por ela engendrada? Com efeito, de acordo com o que aponta Franklin Leopoldo e Silva, como o esforço do bom senso, o esforço da intuição

> não pode ser efetuado *sem a inteligência*, e não poderia sê-lo *se fôssemos somente inteligência*. Vimos, no texto mais acima,[4] que os conhecimentos que encontramos armazenados na linguagem são um ponto de apoio, adotado provisoriamente, para atingir estágios mais altos de compreensão da realidade. Aqui também *o bom senso antecipa de alguma forma a intuição* ao negar-se a confiar apenas nesses conhecimentos; o que significa que, mesmo em nossa vida prática, uma certa dose de conhecimento extra-intelectual se faz presente [...]. Na vida cotidiana, este equilíbrio, quando cultivado, resulta numa certa capacidade de lucidez, que se torna um hábito, com o tempo quase um instinto, e que caracteriza precisamente as pessoas a que chamamos "de bom senso". *Reencontramos assim, em outro ponto, o paralelismo que existe ente o bom senso e a intuição, pois o que é a intuição senão a recusa da hegemonia da frieza analítica no conhecimento do real*, que aos poucos nos introduz em

---

[4] O autor se refere à seguinte passagem de "*Le bon sens...*": "Forçoso nos é adotar esta filosofia e esta ciência já totalmente feitas; mas não são mais do que pontos de apoio para subir mais alto. Para além das idéias congeladas e fixadas na linguagem, devemos buscar o calor e a mobilidadc da vida" (BERGSON, *Le bon sens et les études classiques*, in *Mélanges*, pp. 367 e 368).

> segredos que ficariam para sempre vedados ao procedimento analítico? (LEOPOLDO E SILVA. Reflexão e existência, p. 139; grifo nosso)

Desse modo, a noção de bom senso, em sua primeira significação no conjunto da obra bergsoniana, representa realmente a possibilidade do equilíbrio da atividade inteligente do espírito humano por meio de um esforço capaz de aproximá-lo da duração criadora da vida. Além disso, como Bergson procurará deixar claro depois no desdobramento de sua filosofia, é esta mesma espécie de esforço que possibilita também o desenvolvimento da intuição. Por este motivo a intuição pode e deve ser cultivada em prol do bom senso, e, para isto, uma boa prática educativa é fundamental, sobretudo na medida em que considera o papel imprescindível da filosofia, da arte e dos estudos clássicos como complemento dos estudos científicos.[5] Só através da "educação do bom senso", que é a *educação do equilíbrio entre a inteligência e intuição*, podemos de fato contrapormo-nos ao excesso de intelectualismo que nos aliena, para fazer com que nossa reflexão fique mais próxima da vida e nosso viver melhor e mais harmonioso, sabendo valorizar também, como nos diz Bergson, o "querer e a paixão das grandes coisas". Afinal, como ele escreve,

> é essa idéia que a educação pode imprimir profundamente em nós, não por uma demonstração espacial, mais por mil lições tiradas da história e da vida. Ela não nos poupará, assim, somente de decepções e de surpresas; ela lançará, por intermédio dessa inteligência à qual se dirige necessariamente, um apelo de força à potência de sentir e de querer. E por aí ela recolocará a alma na sua direção natural, que é justamente o bom senso. (BERGSON. *Le bon sens et les études classiques*, p. 371)[6]

---

[5] Entre as considerações de Bergson sobre o assunto, além das que estão presentes no texto *Le bon sens*, são relevantes sobretudo as que ele faz durante uma discussão na "Sociedade Francesa de Filosofia", em 18 de dezembro de 1902, sobre "O lugar e o caráter da filosofia no ensino secundário" (*Mélanges*, pp. 568-71). Ainda a respeito desse modo de Bergson entender a formação educacional, é bastante esclarecedor o que escreve TREVISAN. Op. cit., pp. 139 e ss., citando diversos fragmentos de textos de Bergson e dos principais comentadores do tema da educação em sua obra.

[6] Acerca da concepção bergsoniana da "educação do bom senso", ver também, em "*Le bon sens ...*", pp. 370 e 372, e sobre a importância que nela ocupa a intuição, cf. LEOPOLDO E SILVA. Reflexão e existência, pp. 143-5, e TREVISAN. Op. cit., pp. 171 e ss.

De acordo com o que já dissemos de passagem, essa primeira significação da noção de bom senso segundo Bergson, apresentada no discurso de 1895 e relacionada, como vimos, especialmente à idéia de equilíbrio do espírito do homem mediante sua simpatia com a duração real da vida – o que antecipa certamente determinados aspectos do conceito bergsoniano de intuição –, essa primeira significação, repito, não sofre grandes alterações quando é retomada depois em suas obras fundamentais. Há na verdade apenas a incorporação de alguns elementos que ampliam a sua abrangência e aprofundam a sua aplicação. Remetendo-nos, primeiramente, a *Matière et mémoire*, vemos que nessa obra o conceito de bom senso reaparece para relacionar a idéia de equilíbrio à teoria da memória e também, como já havia sido feito desde o primeiro texto, a um certo ideal de homem. Bergson caracteriza aí, como "bem equilibrado" ou "perfeitamente adaptado à vida", o homem que consegue efetivar bem a relação entre os dois tipos de memória, a "memória-hábito" e a "memória-lembrança". O homem de "bom senso" seria aquele que não é nem o "impulsivo" – que vive no presente puro, respondendo sempre às solicitações do mundo material através de reações imediatas –, nem o "sonhador" – que vive vinculado ao passado por mero prazer, e em quem as lembranças emergem à luz da consciência sem muito proveito para a situação que se apresenta no presente. Conforme Bergson defende, entre essas duas espécies de homem, existe justamente o homem que dá à luz uma memória (ou a um espírito) que atua em maior consonância com a duração da vida e, poderíamos dizer, consegue também concretizar uma certa harmonia entre o aspecto inteligente e o aspecto intuitivo de sua consciência. Escreve ele:

> entre esses dois extremos (entre o "sonhador" e o "impulsivo") situa-se a feliz disposição de uma memória bastante dócil para seguir com precisão os contornos da situação presente, mas bastante enérgica para resistir a qualquer outro apelo. O bom senso, ou senso prático, não é na verdade outra coisa. (*M. M.*, p. 294)

A noção de bom senso comparece, em seguida, na obra *Le Rire*, para nos mostrar que o bom senso nos é essencial para que não nos deixemos levar por devaneios que nos impeçam de ver a realidade tal como ela é. Complementando o que havia escrito em *Matière*, Bergson nos diz, nessa obra seguinte, que as pessoas de bom senso são aquelas que, tendo uma boa "atenção à vida", conseguem "procurar entre suas *idéias*, ou seja, entre as lembranças de que dispõem em sua memória" as que são as mais adequadas para que não confundam uma realidade com a outra. Em outras palavras, tais pessoas conseguem permanecer atentas ao movimento de duração que as rodeia a fim de poderem bem utilizar de seu espírito. Num sentido análogo, relacionando *Le Rire* com o texto *Le bon sens*, vemos que possuiriam também bom senso os homens que conseguem permanecer "em vigília" para que sua inteligência não encubra todo o seu pensamento com conceitos por demais gerais, prontos e acabados, impedindo-os de ver as coisas como são e, ao mesmo tempo, desenvolver o caráter ativo da reflexão e da existência.[7] Assim, vemos que, também em *O riso*, a noção de bom senso permanece vinculada ao seu sentido fundamental ao mostrar que os homens de bom senso são aqueles que manifestam um equilíbrio representado por "uma mobilidade da inteligência governada exatamente pela mobilidade das coisas", pela "continuidade móvel de nossa atenção à vida" (*R.*, p. 475), o que, na verdade, como Bergson mostrará em textos posteriores, só é de fato efetivado com o auxílio da intuição. Ainda em *Le Rire*, ele defende que aqueles que não desenvolvem bem o bom senso acabam sempre confundindo as coisas e distorcendo a realidade. Bergson, no contexto de sua reflexão estética sobre o risível, nos dá o exemplo de Dom Quixote e sua famosa "inversão" dos moinhos de vento por gigantes, para caracterizar um tipo de "comicidade de caráter". Dom Quixote promove, segundo ele, "uma inversão especial do senso comum": em vez de "modelar as idéias a partir das coisas", pretende "modelar as coisas a partir das idéias" (*R.*, p. 475).

No que diz respeito à *L'Évolution Créatrice*, o conceito de bom senso surge, primeiramente, no contexto da reflexão bergsoniana sobre a criação da geometria e da lógica a partir da inteligência. Aí, Bergson afirma que a geometria e a lógica se aplicam à matéria e que nesse domínio o "raciocínio puro" pode ser exercido, em princípio, sem precisar de tutela alguma. Todavia, fora desse domínio da matéria pura, ou seja, no domínio próprio da vida e da reflexão que a ela se vincula, esse raciocínio (ou inteligência) "tem necessidade de ser vigiado pelo bom senso, que é realmente outra coisa" (*E. C.*, p. 632). A mesma idéia de bom senso é aplicada, em igual sentido, um pouco mais adiante na mesma

[7] Acerca da relação do "bom senso" bergsoniano com o "esforço de vigília" que deve caracterizar a reflexão do homem para que ele possa, até mesmo, ampliar o sentido de sua existência, ver LEOPOLDO E SILVA. Reflexão e existência, pp. 142-5.

obra, justamente para assinalar que fora do domínio da geometria e da lógica, em particular nos domínio das ciências psicológicas e morais, não podemos empreender do mesmo modo as deduções. No campo da Psicologia e da Moral, o que devemos considerar, segundo Bergson, é que

> de uma proposição verificada pelos fatos não se pode tirar aí conseqüências verificáveis senão até um certo ponto, em uma certa medida. Bem rápido é preciso apelar *ao bom senso, ou seja, à experiência contínua do real*, para infletir as conseqüências deduzidas e as curvar de novo ao longo das sinuosidades da vida. (*E. C.*, p. 675; grifo nosso).

Portanto, podemos ver que o conceito de bom senso, também aqui, em *L'Évolution*, persiste representando um certo equilíbrio necessário à correta condução da inteligência – importante inclusive para a compreensão dos limites da ciência criada por ela –, equilíbrio esse que é obtido por meio da "experiência contínua do real" (efetivada, sabemos, a partir da intuição).

Finalmente em *Les Deux Sources de la Morale et de la Religion* a noção de bom senso, apesar ser enfocada em outro horizonte específico, continua tendo a mesma acepção básica dada desde o início por Bergson. Nessa obra em particular, ele a considera, em primeiro lugar, ao refletir acerca de certos problemas que podem advir da má relação do indivíduo com a sociedade. Bergson nos lembra aí que já o senso comum criara a expressão "bom senso" para distinguir certa habilidade que nos informa sobre as pessoas, e sobre as relações que desenvolvemos com elas, da habilidade que nos participa das coisas e de suas relações. Ou seja, o senso comum, apontara a necessidade de diferenciarmos os sentidos em geral ("des sens") do bom senso ("le bon sens"). Aceitando tal distinção, Bergson escreve: "como não observar que se possa ser profundo matemático, sábio físico, psicólogo sutil na medida em que analisando a si mesmo, e no entanto compreender obliquamente as ações de outrem, calcular mal as suas, jamais se adaptar-se ao meio, enfim, não ter bom senso?". De acordo com o que observa, esse caso nos mostra que "*o bom senso pode ser prejudicado, ao passo que a faculdade de raciocinar permanece intacta*" (*M. R.*, pp. 1064-5; grifo nosso). A partir dessas considerações de Bergson, vemos que, nesse contexto inicial de *Le Deux Sources*, o bom senso de fato representa também o contraponto à atividade da inteligência, significando ainda, em relação a isso, a boa utilização de todos os sentidos do homem, inclusive daquele que lhe orienta para um melhor convívio em sociedade. Nessa última significação, ademais, para

Bergson, "o bom senso, que se poderia chamar de senso social, é pois inato ao homem normal, como a faculdade de falar, que implica igualmente a existência da sociedade e que também está esboçada nos organismos individuais" (*M. R.*, p. 1065). Conforme sustenta, assim como a natureza forneceu, por exemplo, à formiga os meios de viver harmoniosamente no formigueiro, ela também deve ter fornecido ao homem o bom senso para "a coordenação de sua conduta com a de seus semelhantes" (*M. R.*, p. 1065). Depois desse primeiro enfoque ao bom senso em *As duas fontes*, Bergson o aborda novamente, mais adiante, como já vimos, relacionando-o à sua reflexão acerca do misticismo. Também nesse momento da obra, o bom senso permanece significando o equilíbrio necessário da atividade intelectual. Entretanto, tal significado é aí enfocado no seu plano mais elevado, poderíamos assim dizer, na medida em que Bergson o remete aos grandes místicos cristãos que, justamente, para ele, convertem-se em exemplos de um equilíbrio intelectual superior, onde a capacidade inteligente se associa intimamente à capacidade intuitiva mais profunda e mais abrangente, criando uma personalidade caracterizada, conforme escrevemos anteriormente, "pelo gosto da ação, a faculdade de se adaptar e de se readaptar às circunstâncias, a firmeza junto à maleabilidade, o discernimento profético do possível e do impossível, um espírito de simplicidade que triunfa sobre as complicações" (*M. R.*, p. 1169). Por apresentarem esses atributos, os grandes místicos manifestam, assim, segundo Bergson, um "bom senso superior" e ao mesmo tempo se tornam os grandes mestres que orientam a humanidade nesse caminho de busca por um maior "equilíbrio", utilizando para isso seus próprios exemplos de vida. Desse modo, eles se tornam representantes de uma certa *pedagogia da misticidade*, na qual a intuição alcança uma dimensão ético-pedagógica superior na medida em que guia o homem em sua elevação moral através do conhecimento de Deus e da vivência do amor, o que, aliás, para Bergson, quer dizer a mesma coisa.

Passando em revista a todas essas considerações de Bergson acerca do "bom senso", talvez pudéssemos chegar à conclusão de que a dimensão pedagógica da intuição, na medida em que se associa justamente à dimensão pedagógica do bom senso, seria a de *educar a própria inteligência*, impedindo-lhe os exageros e a confiança desmedida em suas deduções – tanto no campo da ciência e da filosofia, quanto no da vida prática –, *por meio da concretização de uma maior simpatia do pensamento com a duração real e viva das coisas*. A partir desse aspecto mais essencial, outros aspectos dessa dimensão pedagógica da intuição poderiam aparecer por conseqüência. Podemos pensar, por exemplo, naquele que surge quando vemos que é a intuição que nos ensina o conhecimento verdadeiro da realidade, seja a da realidade da consciência psicológica, seja a da natureza como um todo, seja a da realidade de Deus. Podemos considerar ainda, remetendo-nos à análise de Gilles Deleuze, que um outro aspecto dessa dimensão pedagógica da intuição torna-se manifesto quando percebemos que somente ela é capaz de nos guiar no conhecimento das verdadeiras "diferenças de natureza" e na detecção dos "falsos problemas" da tradição científico-filosófica. Finalmente, podemos encontrar ainda mais um aspecto dessa dimensão pedagógica da intuição ao chegarmos à conclusão de que é ela também que pode nos conduzir na ampliação consciente de nossa liberdade e na elevação moral de nossas ações. Esse aspecto, aliás, mais do que qualquer outro, relaciona intimamente a dimensão pedagógica da intuição com sua dimensão ética.

Referências bibliográficas

Bergson, Henri. *Cartas, conferências e outros escritos.* São Paulo: Abril Cultural, 1984. (Coleção Os Pensadores).

_____. Essai sur les Données Immédiates de la Conscience. *Oeuvres.* Édition du Centenaire. Paris: P.U.F., 1959.

_____. La Pensée et le Mouvant. *Oeuvres.* Édition du Centenaire. Paris: P.U.F., 1959.

_____. Les Deux Sources de la Morale et de la Religion. *Oeuvres.* Édition du Centenaire. Paris: P.U.F., 1959.

_____. L'Énergie Spirituelle. *Oeuvres.* Édition du Centenaire. Paris: P.U.F., 1959.

_____. L'Évolution Créatrice. *Oeuvres.* Édition du Centenaire. Paris: P.U.F., 1959.

_____. Le Rire. *Oeuvres.* Édition du Centenaire. Paris: P.U.F., 1959.

_____. Matiére et Mémoire. *Oeuvres.* Édition du Centenaire. Paris: P.U.F., 1959.

_____. *Mélanges.* Édition du Centenaire. Paris: P.U.F., 1972.

DELEUZE, Gilles. *Bergsonismo.* Tradução de Luiz B. L. Orlandi. São Paulo: Editora 34, 1999. (Coleção Trans). (Incluindo dois apêndices: "A concepção de diferença em Bergson" e "Bergson").

GOUHIER, Henri. *Bergson et le Christ des évangiles.* Paris: Libraire Arthème Fayard, 1961.

LEOPOLDO E SILVA, Franklin. Reflexão e existência. *Discurso* (Revista do Departamento de Filosofia da USP), ano IV, n. 4, 1973.

______. *Bergson – intuição e discurso filosófico.* São Paulo: Loyola, 1994.

PHILONENKO, Alexis. *Bergson ou de la philosophie comme science rigoureuse.* Passages. Paris: Cerf, 1994.

PRADO JÚNIOR, Bento. *Presença e campo transcendental*: consciência e negatividade na filosofia de Bergson. São Paulo: Edusp, 1989.

TREVISAN, Rubens Muríllio. *Bergson e a educação.* Piracicaba: Editora Unimep, 1995.

Resumo: Este texto procura tratar da possibilidade de pensarmos numa certa dimensão pedagógica imanente ao método da intuição bergsoniano. Com este intuito procuraremos mostrar como, segundo Bergson, o exercício da intuição pode nos *ensinar* a conhecer mais profundamente a realidade da vida, proporcionando, em conseqüência disso, um maior equilíbrio da atividade intelectual do homem e uma maior possibilidade de sua elevação moral. Para o desenvolvimento dessa reflexão um suporte sobretudo se fará necessário: a abordagem que Bergson realiza da noção de "bom senso", considerando-a como uma espécie de *contrapeso* fundamental à atividade racional criado a partir da atividade intuitiva, *contrapeso* este imprescindível tanto no campo do conhecimento teórico quanto no do conhecimento prático da vida cotidiana.

Palavras-chave: método da intuição, limites à inteligência, dimensão pedagógica do método, bom senso, vida, ética.

II. Subjetividade e Metafísica

O DUALISMO FUNDAMENTAL DA FENOMENOLOGIA SARTRIANA

Luiz Damon Santos Moutinho

A introdução a *O ser e o nada* abre uma distinção que retoma, em parte, a crítica de Heidegger a Husserl – ao menos na formulação geral que distingue fenomenologia de ontologia, ou melhor, que mostra que uma fenomenologia consciente, solidária à máxima "de volta às coisas mesmas", se consuma como ontologia. Com efeito, ao começar pela "idéia de fenômeno", o que Sartre visa ali é abrir uma dimensão transfenomenal, dupla dimensão transfenomenal, a do ser em si e a do ser para si. O fenômeno não é mais aparência, ele é "absolutamente indicativo de si mesmo"[1] – quer dizer, ele é carregado de inteligibilidade, ele não se opõe mais a um inteligível que se furtaria, por princípio, a uma aparição sensível. No entanto, isso não basta: Sartre aponta na idéia de fenômeno o aparecimento de um novo dualismo, o do finito e do infinito; esse dualismo decorre da exigência de *transcendência* da coisa: afinal, para que a aparição não seja mera "plenitude intuitiva e subjetiva",[2] é preciso que a aparição se faça *sempre* transcender, que ela seja ultrapassada, que ela remeta a uma nova aparição, e dessa a uma outra, e a outra, sucessivamente, ao infinito. Se a aparição deve ser aparição de alguma coisa, ela não pode confundir-se com uma simples aparência que, como tal, se reduziria a meros dados sensíveis confinados em uma interioridade. Mas então, em contrapartida, a objetividade será assegurada na medida em que cada aparição remeter a outras aparições, ao infinito. Um número finito de aparições é uma contradição nos termos. Ora, é daqui mesmo que Sartre infere haver um dualismo – o do finito e do infinito – justamente ali onde Merleau-Ponty, mais tarde, dirá haver uma ambigüidade. Esse dualismo, em linguagem husserliana, é o da imanência e da transcendência, que Sartre entende como *oposição*: se o ser é o núcleo dessas infinitas aparições, então ele só pode ser um núcleo *vazio,* um não ser, um nada, exatamente como o noema

---

1 SARTRE. *L'être et le néant.* Paris: Gallimard, 1943, p. 12.

2 Idem, p. 13.

irreal de Husserl. Ora, conseqüentemente, a remissão ao infinito implica que o ser só pode ser sustentado pelo sujeito a quem a aparição aparece, ou seja, a transcendência é sustentada pelo sujeito, o sujeito é constituinte e o *esse é percipi*. Daí se segue que a aparição não pode remeter a novas aparições, fenômeno a fenômeno: é essa remissão infinita que Sartre denomina "fenomenismo", de que Husserl seria vítima, e também Merleau-Ponty, dois anos mais tarde. Fenômeno deve remeter não a fenômeno e a outro fenômeno, assim sucessivamente, porque do fenômeno não sai o ser, assim como do fato não sai o direito; fenômeno deve remeter ao ser.

Mas mesmo essa remissão deve ser bem entendida: é certo que se pode traçar a unidade do múltiplo, *o* vermelho da série de aparições do vermelho; é isso a *essência* do vermelho; essa essência não é o resultado de uma indução; é o inverso que se passa: se é verdade que essa essência só se manifesta no exemplo, que ela não é um inteligível eterno, é verdade que ela é condição da aparição vermelho: não é a soma de aparições de casas que me dá a essência da casa; é a essência que, inversamente, me dá *essa* casa. *Vejo* a essência em cada manifestação. Mas aqui, nota Sartre, uno e múltiplo são de mesma "natureza", são homogêneos; isso quer dizer: ambos são visíveis, desvelados, e é por isso mesmo que há *intuição* de essência. Ora, mas *desse* vermelho *ao* vermelho não chegamos ainda ao termo, e a razão é apenas essa: é que a razão da série também aparece, ela não resolve, portanto, o problema da transcendência; em resumo: cada aspecto é um aspecto do objeto, o objeto se indica como a estrutura da aparição (a razão da série), o objeto está, assim, inteirinho *neste* aspecto; mas é verdade dizer que ele também está inteirinho fora, já que essa série tem que remeter ao infinito.[3] Quer dizer: aquilo que assegura a transcendência do fenômeno não pode aparecer; é esse o núcleo do argumento de Sartre: em Husserl, essa exigência se exprimiria na remissão ao infinito, ou no idealismo. A alternativa de Sartre será outra, mas marcada por essa exigência: a de que a aparição implique um ser que não aparece; o ser, diz Sartre, é a condição de todo desvelamento: ele é um ser-para-desvelar e não ser desvelado.[4] Sartre entende que aquilo que o diferencia de Husserl é que ele satisfaz essa exigência sem cair em idealismo. Dizer que a aparição implica um ser que não aparece é o mesmo que dizer que a aparição

---

[3] Idem, p. 13.

[4] Idem, p. 15.

exige uma passagem ao não aparente, ao não fenomenal, à condição do fenômeno – o fenômeno remete ao ser, é um apelo de ser; neste sentido, ele implica uma ontologia.

Ora, mas ao estabelecer um tal corte entre o ser e o fenômeno, entre aquilo que assegura a transcendência e o aspecto, é uma fenomenologia muito diferente daquela reclamada por Heidegger ou por Merleau-Ponty, por exemplo, que Sartre traz à luz. Com efeito, se é verdade que, segundo Heidegger, o ser não aparece, que há uma distinção entre o ser e o ente, que o ser é aquilo que não se mostra, que permanece oculto, escondido, coberto, que ele é o inaparente, é verdade também que se trata, paradoxalmente, de tornar fenomenal isso mesmo que, invisível como tal, não pode tornar-se visível no modo do ente presente. É exatamente esse o sentido da redução fenomenológica, isto é, da conversão do olhar: "para nós", diz Heidegger em *Problemas fundamentais da fenomenologia*, "a redução fenomenológica designa a recondução do olhar fenomenológico da apreensão do ente – qualquer que seja a sua determinação – à compreensão do ser deste ente".[5] A ontologia sartriana se coloca em outro nível, no momento em que ela torna definitiva a distinção entre o ser e o fenômeno, entre o em si como condição do desvelamento e aquilo que se desvela, pois já não é possível tornar fenomenal o ser não fenomenal. Tornando essa distinção absoluta, Sartre se afasta daquela possibilidade que Heidegger saúda em Husserl, o da liberação do ser de sua tradicional fixação no juízo. Com efeito, Husserl, segundo Heidegger, embora ainda preso a problemas estritamente metafísicos, "toca, aflora a questão do ser", diz Heidegger em 1973, no *Seminário de Zähringen*. E ele o faz pela noção de intuição categorial, tal como ela se apresenta lá na sexta das *Investigações lógicas*.

Como Husserl chegou a essa noção, pergunta-se Heidegger. Partindo da intuição sensível. É certo que quando falamos "tinteiro", falamos de um objeto da percepção sensível. Mas, para esse objeto, há um "fundamento". "Qual o fundamento da percepção sensível?", "sobre o que o sensível é fundado enquanto ele é sensível?"[6] Heidegger quer apontar aqui para o inaparente, o não-objeto que dá a ver o objeto. Por isso, ele diz: o que é percebido sensivelmente são

---

[5] HEIDEGGER. *Les problèmes fondamentaux de la phénoménologie*. Trad. Jean-François Courtine. Paris: Gallimard, 1989, pp. 39-40.

[6] HEIDEGGER. *Questions III et I*, p. 462.

os dados sensoriais. Entretanto, *com* esses dados, acontece, na percepção, a aparição de um *objeto.* O objeto não é dado na impressão sensível. A objetividade do objeto não pode ser percebida sensivelmente. Certamente, trata-se aqui de um objeto percebido, de uma *coisa.* Em Kant, por exemplo – segundo Heidegger –, uma coisa se regula antecipadamente pelo poder de conhecer, isto é, por uma categoria do entendimento – a categoria de substância – que põe em forma o diverso da sensibilidade. Por um trabalho de enformação efetuado pelo entendimento, o objeto é posto como síntese de intuição e de conceito. Mas Husserl, ao contrário de Kant, não busca um conceito de forma, não busca uma simples função do entendimento. Ele vai além, ele vai procurar – possibilidade que Sartre não contempla – *tornar presente* o que Kant se limita a caracterizar como forma. E é por isso que em Husserl aparece esse conceito estranho a Kant, que é o conceito de intuição categorial. Se a intuição envolve aquilo que é *dado,* Husserl, procurando tornar *presente* o que em Kant é apenas uma forma, pode então falar de *intuição* de categoria, intuição que dá a ver, que torna presente uma categoria. Certamente, se eu vejo esse livro diante de mim, não vejo a categoria. As formas categoriais, dizia Husserl, não se deixam colher com as mãos. Entretanto, esse livro é bem uma substância – eu devo, de algum modo, "vê-la", pois, do contrário, simplesmente não haveria visão (aqui, Heidegger comenta o § 40 da sexta das *Investigações lógicas*). Husserl indica aqui o *excedente* (*Überschuss*) da visão: o "é", pelo qual constato a presença do livro como objeto ou substância, é o "excedente" em relação às afecções sensíveis. O "é" não é acrescentado às impressões sensíveis, pois ele não é um predicado real do objeto; e no entanto ele é "visto" – ainda que visto de maneira diferente do que aquilo que é visível. Ora, se ele é assim "visto", é *preciso,* frisa Heidegger, que ele seja *dado.* Quer dizer: há em Husserl o *fato da categoria,* a categoria tão encontrável (embora por uma conversão do olhar) quanto um dado dos sentidos. O essencial em Husserl – o que vai tornar possível a ontologia fenomenológica heideggeriana – está nisso: quando ele diz "eu vejo papel branco", ele quer dizer com isso que há ver e ver, que há duas visões, a visão sensível e a visão categorial: eu vejo papel branco, embora não veja da mesma maneira a substância, o excedente. E, entretanto, é esse excedente que, inaparente, permite ao que aparece, aparecer. E porque é condição do que aparece, ele é até mais aparente, assegura Heidegger, do que o próprio aparente. Essa foi a "contribuição decisiva" de Husserl, o "estimulante essencial": Husserl, com sua noção de intuição categorial, liberou o ser de sua fixação no juízo. Com isso, diz Heidegger, "eu tinha enfim o solo" – ainda, é verdade, que Husserl não se pergunte o que quer dizer "ser".[7]

Ora, também em Merleau-Ponty encontramos um movimento análogo, de fenomenização do ser. Afinal, a ontologia merleau-pontiana se assenta na idéia de que aquilo que assegura a transcendência da coisa é um horizonte que não se confunde jamais com a objetividade: persiste a diferença entre o fenômeno e o ser, mas essa diferença não vai ao ponto da ruptura sartriana. Também em Merleau-Ponty, como em Heidegger, o ser se dá a ver, na medida em que entre o presente (o fenômeno) e o apresentado (o ser, a totalidade) há uma relação de implicação, quer dizer, o presente implica horizontes, remete à transcendência dos horizontes. Essa transcendência não pode ser jamais esgotada em um ato politético, há um inacabamento do mundo, uma inesgotabilidade que impede, por exemplo, que alcancemos a ipseidade da coisa, e por isso o ser não se confunde jamais com o visível; mas essa distinção não é *real,* objetiva, pois o ser se apresenta como o horizonte do presente. Se não há aqui contradição, é porque ser e fenômeno são pensados no horizonte do tempo: o tempo, diz Merleau-Ponty, é a medida do ser;[8] é o tempo que impede a síntese acabada do objeto, a explicitação dos horizontes (o que põe limite ao idealismo), e é ainda ele que impede que esse presente seja um dado objetivo sem horizontes (o que põe limite ao realismo, à idéia de uma coincidência com a coisa). A alternativa aqui, como em Heidegger, é oferecida pela temporalização do ser – precisamente o que não há na ontologia sartriana: em Sartre, o ser é em si, massivo, sem tempo.

Não havendo fenomenização do ser, persistindo a diferença entre ser e fenômeno, não será surpreendente que essa primeira oposição leve a uma nova oposição, a do ser e a de uma outra instância responsável pela fenomenização, isto é, ao dualismo do ser em si e do ser para si – instância que, se não suporta o ser, suporta todo o processo de fenomenização. Mas essa instância é agora outra: já não se trata do sujeito idealista husserliano, aquele que sustenta a

---

[7] Idem, p. 465.

[8] MERLEAU-PONTY. *Phénoménologie de la perception.* Paris: Gallimard, 1995, p. 381 (Ed. bras. *Fenomenologia da percepção.* Trad. Carlos Alberto R. de Moura. São Paulo: Martins Fontes, 1996, p. 443).

transcendência e por isso torna o *esse percipi.* Já sabemos que o ser não é um noema irreal correlato de uma noese real; ele é em si; a intencionalidade não é mais, como seria em Husserl, segundo a leitura de Sartre, equivalente a um poder constituinte da consciência, constituinte do ser do objeto; dizer que a consciência é consciência de alguma coisa é dizer, para Sartre, que "a consciência, em sua natureza mais profunda, é relação a um ser transcendente",[9] a um ser que *não é* ela: a consciência é originalmente relação a um ser transcendente, "não consciente e transfenomenal",[10] a esse em si por negação do qual o para si abre o processo de fenomenização. Ora, a objeção à falsa transcendência husserliana não se completa se não nos voltarmos para o sujeito que a sustenta; e aqui Sartre retoma alguns elementos das objeções de Heidegger a Husserl, mormente o pressuposto husserliano do primado do conhecimento. Pois a relação entre noese e noema é inteiramente decalcada de uma relação entre cognoscente e conhecido, entre sujeito e objeto. O sujeito husserliano é sujeito de conhecimento, a relação ali é puramente cognitiva; no momento em que Sartre faz a sua "prova ontológica", em que mostra que o ser do percebido não se reduz ao *percipiens,* essa relação não é cognitiva e o sujeito não é relativo ao conhecimento, ele é um *absoluto* de existência; diz Sartre: "o absoluto aqui é não o resultado de uma construção lógica no terreno do conhecimento, mas o sujeito o mais concreto das experiências. Ele não é *relativo* a essa experiência porque ele *é* essa experiência".[11] Claro que essa inflexão é solidária daquela que faz repousar o conhecimento em uma esfera pré-cognitiva, em relação à qual ela é dependente e derivada; ela implica a idéia de que é preciso *fundar* o conhecimento. Mas o que nos importa mostrar aqui é que tudo se passa como se a relação entre o sujeito de conhecimento e o sujeito de existência fosse análoga à relação entre a essência fenomênica e o ser transfenomenal. O absoluto de existência é aquele para o qual remete o sujeito de conhecimento assim como o ser em si é aquilo para o qual remete a essência ou o aspecto do objeto. A ontologia sartriana se consuma assim: na medida em que ela busca não descrever o fenômeno, mas as condições transfenomenais do fenômeno. A oposição entre o fenômeno e o ser se repete também aqui; daí porque não é de

---

[9] Sartre. Op. cit., p. 27.

[10] Idem, p. 29.

[11] Idem, p. 23.

vivido que se trata em *O ser e o nada.* É essa a oposição mais originária da ontologia de Sartre.

Continua: a analogia entre o aspecto (ou essência) e o ser em si, de um lado, e o sujeito de conhecimento e o sujeito de existência (ou absoluto de existência), de outro, tem que se deter no seguinte ponto: em si e para si não são de mesma natureza; mais: o próprio aspecto, a essência, só existe pelo para si; é o desequilíbrio de sempre entre em si e para si. Que sentido tem guardar a analogia? É que as duas instâncias são chamadas por Sartre para definir o nível ontológico. A oposição mais básica de Sartre não é a do em si e do para si, ser e nada; é entre ser e fenômeno, ontologia e fenomenologia.

A fenomenização do ser em Merleau-Ponty e Heidegger: atentar para o fato de que isso não pode implicar tornar o ser, *ente.* Que vai assegurar essa distinção? Precisamente o fato de estarmos em regime de redução fenomenológica: o ser não é ente, isto é, o ser não é objeto. Que esse regime nos faculta? Que falemos de um nível em que o ser é condição, é pressuposto etc. Mas então não estamos em regime de objetos (*Vorhandenheit*); se o ser é pressuposto, o mundo é outro, não é mais soma de objetos. Ou, para ir diretamente ao ponto: não é mais pensado segundo a categoria do presente, da substancialidade etc.; é o *tempo* que permite romper com esse mundo objetivo.

Merleau-Ponty: três passos rumo à ontologia do Ser bruto

Marcus Sacrini A. Ferraz

I – Apresentação geral

Esse texto apresenta alguns tópicos relacionados ao tema da passagem da reflexão fenomenológica à ontológica na obra de Merleau-Ponty. De início, é importante traçar um quadro geral do problema. É em suas duas teses de doutoramento que Merleau-Ponty elabora sua reflexão fenomenológica. A particularidade dessa reflexão já aparece na *Estrutura do comportamento*. Contra o pensamento reducionista, Merleau-Ponty assume a atitude transcendental, ou seja, "uma filosofia que trata toda realidade concebível como um objeto da consciência".[1] No entanto, não se trata de um idealismo, pois a consciência que realiza o papel de "meio universal" é a consciência perceptiva, aquela que está em contato com os seres existentes. Há, assim, desde a primeira obra, uma tensão entre os níveis transcendental e empírico que define a abordagem fenomenológica de Merleau-Ponty a ser desenvolvida na *Fenomenologia da percepção*.

Nessa obra, Merleau-Ponty desenvolve uma análise filosófica que se situa "no interior da percepção".[2] Qual o sentido desse gesto teórico? Cumpre notar que para Merleau-Ponty, "a percepção não é uma ciência do mundo, não é nem mesmo um ato, uma tomada de posição deliberada, ela é o fundo sobre o qual todos os atos se destacam e ela é pressuposta por eles" (PhP, p. V). Se a percepção for a base de todo ato subjetivo, então, desenvolver uma reflexão centrada em seu interior significa assumir o ponto de vista pelo qual todo conhecimento do mundo e toda atribuição de sentido de ser ganha validade. Trata-se, sem dúvida, do ponto de vista transcendental. No entanto, a percepção não é uma criação espontânea do sujeito; ela é uma *relação*, que depende, para ser ativada, da

---

[1] Merleau-Ponty, M. *La Structure du Comportement*. Paris: PUF, 1967, p. 217.

[2] Merleau-Ponty, M. *Phénoménologie da la Perception*. Paris: Gallimard, 1997, p. 291, doravante citada como *PhP*.

estimulação sensível. Daí que mesmo "do ponto de vista transcendental [...] resta compreender como a consciência se apercebe ou se mostra inserida em uma natureza" (*PhP*, p. 13, nota 1). Assim como já ocorria na *Estrutura do comportamento*, na *Fenomenologia da percepção* o ponto de vista transcendental implica uma inserção pré-reflexiva no mundo, um contato com as existências.

Alguns anos após a *Fenomenologia da percepção*, Merleau-Ponty considera alargar a sua investigação, incluindo o mundo cultural e desenvolvendo uma teoria da verdade. Inicia-se sua longa jornada até o esboço de uma ontologia, em seus textos finais. Mas não se trata de uma progressão linear, o que torna difícil acompanhar o desenvolvimento do projeto de Merleau-Ponty. Podemos notar ao menos três frentes de estudo por meio das quais as características da nova ontologia vão se delineando. Na primeira delas, Merleau-Ponty analisa detidamente a obra de Husserl, mostrando que ela aponta para um campo sensível que não é constituído, mas suposto pelo *ego* transcendental. Na segunda, Merleau-Ponty corrige e amplia os resultados da *Fenomenologia da percepção*, a fim de aproximar-se daquele campo apenas vislumbrado pelos trabalhos de Husserl. Mas como descrever tal campo? A resposta é dada por uma terceira frente de estudo, pela qual Merleau-Ponty acompanha diferentes atividades expressivas que repõem uma camada de sentido bruto inatingível diretamente.

No texto que se segue, trata-se de acompanhar apenas uma dessas linhas de estudo, a segunda, aquela em que Merleau-Ponty propõe correções dos seus primeiros textos. É aí que se trata de acompanhar os *três passos* mencionados no título dessa comunicação. Será necessário retornar à *Fenomenologia da percepção* como um primeiro passo dado pelo filósofo. Em seguida, acompanham-se as notas do curso *A passividade* e por fim alguns temas dos cursos de *A natureza*, encerrando, assim, nos umbrais da nova ontologia, a qual, com efeito, não será tratada. Mais do que expor os resultados ontológicos obtidos por Merleau-Ponty, interessa mostrar como ele resolve alguns graves impasses de sua obra de modo a *ter condições* de desenvolver sua investigação ontológica.

II – A *Fenomenologia da percepção*

Merleau-Ponty apresenta sua meta na *Fenomenologia da percepção* da seguinte forma: "nosso fim constante é evidenciar a função primordial pela qual nós fazemos existir para nós, assumimos o espaço, o objeto ou o instrumento, e descrever o corpo como lugar dessa apropriação" (*PhP*, p. 180). Trata-se assim de estudar as situações vividas pelo corpo e explicitar como ele é o responsável por ordená-las. Cabe aqui perguntar: não há o risco de psicologismo, ou seja, de limitar a pesquisa a um campo de respostas subjetivas, *pressupondo* e *excluindo de partida* o ser objetivo? Se a *Fenomenologia da percepção* se limitasse a descrever os efeitos corporais do contato com uma realidade externa, então provavelmente tal ameaça seria concretizada. No entanto, o texto de Merleau-Ponty vai além. Trata-se de estudar o campo fenomenal, que, sem dúvida decorre das potencialidades do corpo. Mas o campo fenomenal não é uma "camada de experiências prelógicas ou mágicas" (*PhP*, p. 41) sem nenhuma conexão intrínseca com a realidade objetiva. Merleau-Ponty toma o campo fenomenal como uma *camada originária de Ser*, da qual o que é objetivo e subjetivo decorrem tardiamente. Há assim uma *intenção ontológica* no tratamento dos fenômenos, o que justamente nos impede de tomar a *Fenomenologia da percepção* como um manual de psicologia.

Merleau-Ponty apresenta os fenômenos como "berço das coisas" (*PhP*, p. 71), como estrato originário do qual posteriormente se elabora a idéia de objetos com suas propriedades intrínsecas, independentes de sua manifestação para o sujeito. Há um "meio perceptivo que ainda não é o mundo objetivo" (*PhP*, p. 58), mas que é responsável pela gênese desse último. Ocorre que o pensamento objetivista toma os resultados da constituição perceptiva como *causas* do campo fenomenal. Desse modo, tal pensamento erige-se sobre um pressuposto jamais questionado: a existência absoluta do mundo. Ora, se ele se preocupasse em fazer uma "genealogia do ser" (*PhP*, p. 67), notaria então o caráter fundante da experiência perceptiva em relação a tal mundo objetivo. Ao criticar "o prejuízo do ser determinado ou do mundo" (*PhP*, p. 62, nota), e deixar de localizar a consciência perceptiva em um mundo objetivo supostamente dado, a fenomenologia revela a operação constituinte da primeira em relação ao último.

Merleau-Ponty dá um exemplo que ilustra bem a sua posição. No final do capítulo "A temporalidade", ele afirma que "não há mundo sem uma Existência que lhe traga a estrutura" (*PhP*, p. 494), já que qualquer concepção do universo supõe a atividade subjetiva como constituinte da objetividade visada. De imediato, o autor imagina uma forte objeção: como explicar então "que o mundo precedeu o homem" (idem), que a história do universo é muito anterior àquela do ser humano? Merleau-Ponty analisa a tese da anterioridade do mundo com base na hipótese de Laplace, segundo a qual o sol e os planetas se originaram de uma nebulosa extremamente condensada e quente. Para o fenomenólogo, "cada uma dessas palavras como cada uma das equações da física pressupõe *nossa* experiência pré-científica do mundo e essa referência ao mundo *vivido* contribui para constituir sua significação válida" (idem). Desse modo, mesmo o passado do mundo é condicionado pelo ser percebido. Afinal, "nada me faria alguma vez compreender o que poderia ser uma nebulosa que não seria vista por ninguém" (idem). Quer dizer que mesmo os termos com os quais se pretende explicar o universo anterior ao ser humano dependem da experiência humana para ganhar significado. Segue a conclusão de Merleau-Ponty: "a nebulosa de Laplace não está atrás de nós, em nossa origem, ela está diante de nós, no mundo cultural" (idem); trata-se de um constructo teórico erigido segundo as delimitações conceituais fornecidas pela percepção.

Essa análise de Merleau-Ponty confirma uma conclusão que ele havia tirado no início do seu livro: "o retorno à experiência perceptiva [...] condena todas as formas de realismo, quer dizer, todas as filosofias que abandonam a consciência e tomam como um dado um dos seus resultados" (*PhP*, p. 58). Como o mundo não é um dado absoluto e anterior a qualquer atividade subjetiva, há a rejeição do realismo metafísico, postura filosófica que defende a existência de uma realidade independente e autônoma. Para Merleau-Ponty, o campo fenomenal não é efeito do Ser objetivo, já que todo objeto possível "se constitui por meio" (*PhP*, p. 73) dos fenômenos. Ao repor o ser objetivo em sua gênese perceptiva, nota-se que a idéia de uma realidade independente é um resultado tardio do fenomenal, visto que o ser objetivo ganha consistência somente por referência a seus fenômenos constituintes. Segundo Merleau-Ponty, "todo ser concebível se relaciona direta ou indiretamente com o mundo percebido" (*PhP*, p. 293), e só por essa relação pode adquirir pleno sentido.

Esse resultado decorre, sem dúvida, daquela tensão entre o transcendental e o empírico, que é constitutiva da fenomenologia de Merleau-Ponty. Se ele tivesse assumido o transcendental puro, então os fenômenos seriam apenas modos de doação subjetivos de coisas puras e simples, tal como Husserl os considera. Aqui vale frisar que o filósofo alemão mantém a cisão entre o ser objetivo da atitude natural e o objeto intencional da atitude fenomenológica.[3] No entanto, para Merleau-Ponty o campo transcendental é justamente aquele no qual as estruturas concretas se manifestam, de modo que a sua *realidade* está envolvida na sua *aparição fenomênica*, que passa a ser responsável pela constituição do seu próprio ser. Daí que mesmo a afirmação da existência das coisas do mundo dependa da sua manifestação para a consciência perceptiva. Desse modo, na *Fenomenologia da percepção*, Merleau-Ponty não considera a existência de um ser exterior à correlação fenomenológica, que passa a exercer papel de critério ontológico. Ele se aproxima, assim, de um idealismo que reduz o ser ao ser percebido. Essa censura foi feita por Jean Desanti em 1951.[4] Merleau-Ponty responde a ela no curso *A passividade*, de 1954-5, que será o segundo passo da jornada rumo à ontologia do Ser bruto.

III – *A passividade*

Nesse curso, Merleau-Ponty desenvolve uma densa análise da consciência, entendida como sistema diacrítico, ou seja, como capacidade de diferenciação das estruturas com que se depara. É possível então pensar as diferentes manifestações da passividade (o sono, o sonho, o inconsciente) como modalidades de indeterminação da experiência em que tal capacidade diacrítica se retrai.

Não se trata de acompanhar o desenrolar desse curso. Importa aqui centrar-se no desenvolvimento da temática ontológica ali exposta. Vale frisar que Merleau-Ponty considera uma relativização da experiência perceptiva que não figurava explicitamente na *Fenomenologia da percepção*. Nesse livro, era afirmado que "a reflexão nunca pode fazer com que eu deixe de perceber o sol a duzentos passos em um dia de neblina, de ver o sol 'se levantar' e 'se deitar'" (*PhP*, p. 74-5). E como o leitor também era advertido que "há um ato humano que de um só golpe atravessa todas as dúvidas possíveis para se instalar na plena verdade:

---

3 "Pode-se dizer de uma árvore que ela queima, mas uma árvore percebida 'enquanto tal' não pode queimar" (HUSSERL, E. *Die Krisis der europäischen Wissenschaften und die transzendentale Phänomenologie.* Hua. Bd. VI. Haag: Martinus Nijhoff, 1962, p. 245). Afirmar que um fenômeno pode queimar é um "absurdo, pois exige-se de um componente de uma pura percepção, pensável apenas como momento pertencente à própria essência de um sujeito egóico, algo que só tem sentido para um corpo de madeira: queimar" (idem).

4 DESANTI, J. T. Merleau-Ponty et la décomposition de l'idealisme. *La Nouvelle Critique*, n. 37, Juin 1951.

esse ato é a percepção no sentido largo de conhecimento de existências" (*PhP*, p. 50), ou seja, que a percepção é "acesso à verdade" (*PhP*, p. XI), então, por conseguinte, ficava difícil atribuir o estatuto de *conhecimento verdadeiro* à astronomia heliocêntrica. Na *Passividade*, Merleau-Ponty relativiza o mundo percebido, admitindo que "seria falso crer no sol móvel"[5] da percepção ingênua. Assim, no nível dos entes apresentados, a percepção não deve ser tomada incondicionalmente como critério de verdade. Poder-se-ia dizer que tal observação já fora feita na *Fenomenologia da percepção*, ao se considerar o erro perceptivo à luz de correções posteriores, também perceptivas. "Cada percepção, se ela pode ser 'barrada' e passar para o lado das ilusões, só desaparece para dar lugar a uma outra percepção que a corrige" (*PhP*, p. 396). O reconhecimento da ilusão sensível depende da confirmação de uma verdade perceptiva que a substitui, de modo a alterar os dados sensíveis sobre o tema. No entanto, essa ressalva, nada acrescenta às situações que nenhum dado sensível posterior pode alterar, como o exemplo do sol móvel. Todos os dados futuros (enquanto se está sobre a Terra) apresentarão o sol movente e a Terra parada. Daí Merleau-Ponty coerentemente afirmar que "o nascer do sol e, em geral, o percebido é 'real', de um só golpe nós o debitamos ao mundo" (idem) e que "nossas representações científicas do sistema solar permanecem da ordem do dizem que, assim como as paisagens lunares, nas quais nós nunca acreditamos no sentido em que acreditamos no nascer do sol" (idem). Seria preciso relativizar a percepção como acesso à verdade, principalmente em situações em que ela pode falhar mesmo sem nenhuma outra percepção posterior que a corrigisse, a fim de reconhecer a verdade da astronomia heliocêntrica para além de uma ficção ou de um relato de maravilhas. Essa ressalva não está presente na *Fenomenologia da percepção*; Merleau-Ponty só a fornece no curso *A passividade*.

Vale frisar que em *A passividade* a prioridade *ontológica* do ser percebido, que já vigorava na *Fenomenologia da percepção*,[6] é mantida. "Há, na ordem do ser e não do ente, uma verdade da percepção que permanece" (*IP*, p. 173). Afinal, Merleau-Ponty ainda considera que é impossível pensar a natureza sem o teste-

[5] MERLEAU-PONTY, M. *L'Institution. La Passivité. Notes de Cours*. Paris: Belin, 2002, p. 173, doravante citada como *IP*.

[6] A análise da percepção permite afirmar que "há certeza do mundo em geral, mas não de alguma coisa em particular" (*PhP*, p. 344).

munho humano, de modo que todo ser sempre deve ser concebido como ser percebido. Escapa-se do psicologismo tal como a *Fenomenologia da percepção* já sugeria: o percebido não é um conteúdo psicológico que se opõe ao mundo externo objetivo; ele é o único ser de que se pode falar, ele é o modo como a realidade se nos apresenta para nós (Cf. *IP*, p. 170).

Merleau-Ponty mantém o quadro teórico que lhe rendeu a acusação de idealista. E ensaia uma resposta a Jean Desanti: "a nebulosa de Laplace. Nós dissemos: ela está no mundo cultural, não na 'Natureza', i.e., no em-si absoluto" (*IP*, p. 172). Nesse esclarecimento, reafirma-se a posição defendida pela *Fenomenologia da percepção*: "o homem jamais poderá pensar uma natureza sem o homem, e finalmente [...] o em-si puro é um mito" (idem). Não há, assim, nesse segundo passo, uma grande mudança de posição ontológica em relação ao primeiro. A diferença marcante aparecerá nos cursos de *A natureza*, último texto a ser analisado.

IV – *A Natureza*

No resumo do primeiro curso, ministrado em 1956, lê-se a seguinte afirmação:

> [...] se nós não nos resignamos a dizer que um mundo de onde seriam retiradas as consciências não é nada, que uma Natureza sem testemunhos não teria sido e não seria, nos é necessário de algum modo reconhecer o ser primordial que não é ainda o ser sujeito nem o ser objeto, e que desconcerta a reflexão em todos os sentidos.[7]

Fica clara aqui a mudança de abordagem. Até *A passividade*, sustentar um Ser para além da sua correlação percebida era como defender um mito, já que o Ser é justamente o que é constituído pelos fenômenos. Agora é necessário não se resignar com essa correlação, que aniquila tudo o que a excede, e deve-se mesmo ir buscar o Ser primordial anterior à própria atividade subjetiva e do qual essa se alimenta. Trata-se de uma mudança radical. Merleau-Ponty se afasta das ressonâncias idealistas da *Fenomenologia da percepção* e tende para um tipo de realismo. Claro, não se trata de assumir o que os trabalhos anteriores negavam, ou seja, um em-si independente e inatingível. Não se trata de reatar com

---

[7] MERLEAU-PONTY, M. *La Nature*. Paris: Seuil, 1994, p. 357, doravante citada como *N*.

o realismo comum e conceder autonomia ao Ser objetivo, que continua sendo tratado como um constructo cultural. No entanto, Merleau-Ponty reconhece que nem todo Ser depende da correlação fenomenológica.[8]

Como Merleau-Ponty chega a essa conclusão surpreendente? Nos três cursos sobre a natureza, ele acompanha alguns resultados científicos para encontrar ali sintomas de uma nova definição do Ser. Não se trata de transformar os dados teóricos em teses ontológicas, mas de fazer um uso negativo deles, como crítica de doutrinas metafísicas e indicações muito gerais para o trabalho do filósofo. O que está subentendido aqui é uma mudança geral na metodologia de Merleau-Ponty. Não se trata de se fiar numa descrição direta do campo perceptivo, como ainda fazia a *Fenomenologia da percepção*, e sim de buscar uma reconstrução indireta de uma camada do Ser responsável pela própria percepção.

É no segundo curso sobre a natureza, intitulado "A animalidade", que Merleau-Ponty de fato delineia o Ser mais amplo que a correlação fenomenológica. Um dos temas analisados ali é o do *mimetismo animal*. O que chama a atenção nesse fenômeno é como a *semelhança sensível* entre os organismos ou entre esses e o meio é um fator inerente à natureza. O animal se mimetiza com um meio que é *anterior* e *indiferente* a ele, por exemplo. O que esse fato significa? "Tudo se passa como se houvesse uma indivisão, uma relação perceptiva entre os dois" (*N*, p. 246). O mimetismo revela que há uma *sensibilidade inerente ao Ser*, ou seja, que no desenvolvimento das formas naturais há uma potencialidade perceptiva em ação. Esse fato torna-se patente no nível da vida animal, no qual a estrutura dos seres vivos supõe a possibilidade de que eles sejam percebidos e confundidos com o meio, tal como ocorre no mimetismo. Para Merleau-Ponty, "há uma relação especular entre os animais: cada um é espelho do outro" (*N*, 248); eles não se desenvolvem como objetos isolados; há uma referência mútua entre os indivíduos, uma "inter-animalidade" erigida sobre potencialidades perceptivas inerentes ao Ser. Deve-se, portanto, admitir que "o comportamento só pode se definir por uma relação perceptiva e que o Ser não pode ser definido fora do Ser percebido" (*N*, p. 247).

---

[8] Merleau-Ponty repete para si mesmo o movimento argumentativo que ele reconhece no pensamento de Husserl, qual seja, o de apontar para um campo de fenômenos independentes da atividade subjetiva. Cf. O filósofo e sua sombra. *Signes*. Paris: Gallimard, 1960.

Essa última afirmação significa que o ser percebido deixa de ser mero padrão de inteligibilidade da natureza, para se tornar camada pela qual o Ser se arranja e se apresenta. A natureza é nela mesma sensibilidade potencial. O mimetismo mostra que as capacidades perceptivas não decorrem de uma atividade subjetiva (o animal não se mimetiza porque o sujeito perceptivo assim projeta), mas são intrínsecas à arquitetônica do ser natural. Como diz Merleau-Ponty, já no terceiro curso, "o percebido não está absolutamente 'em mim', o mundo e a coisa são tomados no percebido, não atrás ou acima dele, são um núcleo de percepções" (*N*, p. 343). O ser é sensível por si mesmo e não *em virtude* das capacidades cognitivas humanas. Com essa tese, Merleau-Ponty pode de fato aprofundar a ontologia do mundo percebido sem o risco de idealismo. Afinal, agora é possível não só admitir um Ser que excede a correlação subjetiva como também se pode explicar a gênese dessa última numa camada sensível inerente à natureza.

Nesse ponto, Merleau-Ponty assume a posição que lhe permitirá desenvolver uma ontologia independente das restrições da fenomenologia. Partiu-se de um quadro teórico em que o Ser era posto pelos poderes do sujeito perceptivo num interminável processo de constituição e chegou-se à consideração de que é necessário investigar a camada primordial que excede as correlações perceptivas. Fica claro agora que a *Fenomenologia da percepção* tomava como ponto de partida o que já era conseqüência, ou seja, ela se posicionava no interior da percepção, como se essa fosse uma atividade plenamente autônoma, e, desse modo, tal obra ignorava o enraizamento da vida perceptiva numa sensibilidade intrínseca ao Ser. Assim, a *Fenomenologia da percepção* não levava a cabo a genealogia do Ser que ela mesma exigia, já que o campo fenomenal, longe de ser a fonte absoluta do sentido, depende de um Ser bruto, que antecede e possibilita a percepção. É a descrição dessa camada de ser que Merleau-Ponty almeja em suas últimas obras.

A DOBRA DO CORPO E A QUESTÃO DO DUALISMO

Cristiano Perius

"É pela pele que fazemos entrar a metafísica nos espíritos."
A. ARTAUD

Em *A estrutura do comportamento*, Merleau-Ponty expunha seu projeto claramente: "a questão central que desenvolvo é a relação da alma com o corpo". Para Descartes a *alma* é mais fácil de conhecer do que o corpo. Segundo Nietzsche, o *espírito* é a linguagem cifrada do corpo. Reunindo tradições diferentes sobre a matéria e o espírito, vamos atacar esses conceitos privilegiando a questão do dualismo. Como entender teses dissonantes e, ao mesmo tempo, aparelhadas criticamente, sem converter a relação em tese materialista ou espiritualista do composto alma e corpo? No meio desse caminho tortuoso, retomamos o tema que vai de Descartes a Merleau-Ponty, pelo menos, passando por Bergson e Ravaisson, entre outros. Seguindo um percurso claramente ensaístico, trataremos de criticar a conversão materialista do espírito e espiritualista da matéria a partir de um mesmo ponto: a *dobra* do corpo. Do dualismo para o corpo o ganho está, se tanto, no dobrado que já porta nele mesmo um princípio de desdobramento. Uma des-substancialização dos conceitos em direção às metáforas, em outras palavras, com a ambigüidade de um efeito irônico.

*

A filosofia de Bergson reflete a fundo as conseqüências filosóficas do conceito de *interioridade*. Meu "corpo termina onde termina a minha pele", mas, paradoxalmente, "alcança até as estrelas", segundo o filósofo. Esse cruzamento curioso, aparentemente contraditório, que reúne passagens diferentes de *Matéria e memória* e *As duas fontes da moral e da religião*, entende que eu tenho um *dentro* e que, em seguida, o lado de *fora* não é inacessível necessariamente. Eis aqui um ponto de encontro entre Bergson e Merleau-Ponty e uma das razões pelas quais qualifica, o último, a filosofia de Sartre como ainda cartesiana. De Sartre a Descartes, contudo, o movimento é invertido: da existência para a essência, no primeiro, da essência para a existência, no segundo, mas ainda assim poderíamos dizer que se trata do "idealismo cartesiano" corrigido por Sartre e que, apesar disso, o ser permanece essencialmente duplicado. Nas notas de *O visível e o invisível*, desse modo Merleau-Ponty compreende a questão do duplo:

> Réfléchir sur la droite, la gauche: ce ne sont pas de simples contenus dans la spatialité de relation (i.e. positive): ce ne sont pas des parties de l'espace (le raisonnement de Kant est valable ici: le tout est premier), ce sont des parties totales, des découpages dans un espace englobant, topologique – Réfléchir sur le deux, la paire, ce n'est pas deux actes, deux synthèses, c'est fragmentation de l'être, c'est possibilité de l'écart (deux yeux, deux oreilles : possibilité de discrimination, d'emploi du diacritique), c'est avènement de la différence, (sur fond de ressemblance donc, sur fond de l'omou en panta).[1]

Onde Sartre via em planos duplicados — "estou sempre ao olhar dos outros", dizia, "mas também tenho o meu olhar", — *ser-em-si* e *ser-para-si*, Merleau-Ponty não vê senão metáforas. O interior e o exterior são metaforizados pelos olhos que se abrem a um ser indiviso de nascença, mas cindido pela aparência, pela semelhança produzida pela dessemelhança, pela interação de duas "partes totais" ou "cartas completas", como o esquerdo e o direito, o direito e o avesso, a interioridade e a exterioridade, a matéria e o espírito, o positivo e o negativo, o ser e o nada, a vida e a morte, o bem e o mal, o senso e o não senso, a mentira e a verdade, a palavra e o silêncio etc. Trata-se não mais da essência, mas da diferença, produzida pela metáfora, que conta com o duplo: dois olhos, duas orelhas, duas pernas, dois braços, duas mãos, mas uma visada, um espaço englobante, um horizonte. Sensível e inteligível, objetivo e subjetivo, físico e metafísico, o corpo joga nos dois lados, nos dois times dos conceitos. Há uma "passagem" do corpo à linguagem, e esse tipo de "*transporte*"[2] merece ser inteiramente destacado. O corpo é muscular, a linguagem é material; o corpo se toca, a linguagem reflete sobre si mesma etc. A metáfora transporta à linguagem o que encontra no corpo. Em termos cartesianos há extensão e pensamento. Em termos bergsonianos, matéria e memória, isto é, espacialização e tempo, mas, de um ao outro, o problema é o mesmo: "possibilidade de discriminação e emprego do diacrítico, o dois, o par". A solução bergsoniana é interessante porque inverte a norma de concepção do tempo. Segundo Bergson, há graus de

---

1 p. 270.

2 "Transporte" é uma boa tradução para "*meta-phorein*", "trans-posição"; "*übersetzen*"; "*déplacement de sens*", etimologicamente de "*meta*" (mudança) + "*forein*" (lugar).

tensão e distensão do ser. Retensão e estiramento, concentração e relaxamento são estados qualitativos do movimento. Numa ponta a duração distendida, pura repetição, materialidade, noutra ponta contração, intensidade, eternidade. No limite da distensão está a matéria, no limite da concentração, o espírito. (Daí porque definir a memória como primeiro grau do espírito.) Nela o tempo se reúne, se retesa, se concentra. A matéria, no entanto, se distende, se desdobra, ou seja, se espacializa. Como nota Deleuze, "o que se perde em tensão, ganha-se em extensão"[3] – e vice-versa –, de forma que matéria e espírito serão diferenças de ritmo, serão tendências, no limite anuladas, ao ***in***-tenso e ao ***ex***-tenso, em função não mais do espaço mas do tempo. Como se olhasse o espaço pelo tempo, invés de o tempo pelo espaço, inversão irônica que assina a metáfora, há comércio impuro nos conceitos cujo resultado constitui para Merleau-Ponty o melhor do bergsonismo. E a presença dos prefixos "in" e "ex", de resto, apontando para uma diferenciação de grau aonde havia substancialização do espírito.

A solução bergsoniana é o grande passo na História da Filosofia. Kant chamava o dualismo cartesiano de grosseiro. Na primeira crítica, expõe as razões para o dualismo problemático de Descartes pelo fato de haver suposto a experiência interna independente da externa. A saída kantiana caminha na direção da homogeneidade dos fenômenos pensamento e mundo. Bergson falará de *imagens*, campo neutro entre a representação e as coisas, e de *imagem privilegiada*, meu corpo. Estamos, de qualquer forma, mapeando a história de um problema que reúne domínios *a priori* diferentes, segundo a tradição, divisora de águas entre a tradição francesa (do espírito) e o empirismo inglês, grosso modo. Ao lado das artes que exploram o dom do gênio, fala-se de homem neuronal, conforme as *cognitive sciences*, encontrando no processo físico-químico do cérebro o *mainframe* cuja chave explicaria o pensamento.

Como podemos ver, matéria e espírito apresentam-se desalinhados por definição. Depois de separar a substância pensante da extensa, Descartes precisa voltar ao problema da união da alma com o corpo, citando a glândula pineal. Tudo se passa como se, idealmente, pelo menos, da matéria ao espírito ou do espírito à matéria a filosofia pudesse transpor TUDO, desde que refizesse depois

3 DELEUZE, Gilles. *Bergsonismo*. Trad. Luiz Orlandi. São Paulo: Editora 34, 1999, p. 70.

o sentido da transposição. O resultado é uma espécie de *costura*, à altura da *ruptura*, apontando o sentido metafórico da separação.

Esse é o terreno merleau-pontyano. Interessa menos o conceito que o comércio impuro das metáforas. Voltemos ao melhor do bergsonismo:

> Cet échange entre le passé et le présent, la matière et l'esprit, le silence et la parole, le monde et nous, cette méthamorphose de l'un dans l'autre, avec, en transparence, une lueur de vérité, est, à notre sens, beaucoup plus que la fameuse coïncidence intuitive, le meilleur du bergsonisme.[4]

Metamorfose do silêncio em fala, do mundo em nós, da matéria em espírito, sim, mas, também, do sujeito *em* objeto, do sensível *em* inteligível, do interior *em* exterior, e vice-versa. Merleau-Ponty sublinha a *transição invisível* e infinitamente desdobrada pela racionalidade que explora o duplo. De forma que esse é o problema do dualismo: hipostasiando os conceitos, essencializa a linguagem, não crê na ambigüidade das palavras, nas trocas da metáfora, no contato lateral (mais que literal) de seus conceitos. Descentralizando a subjetividade e pondo-a "entre parênteses", Bergson põe no *corpo próprio* o primeiro grau de *ação* no mundo. Contra a representação que, segundo *Matéria e memória*, só encontra o que lá colocou, seu "campo de imagens" tem isso de magnífico: surpreender *o movimento* da matéria e do espírito antes do conceito. E se a matéria *passa* pelo espírito e vice-versa, mais uma razão para desconfiar das vertentes que separam analiticamente aquele "omou en panta" (o mesmo é tudo), que traduz o "tudo é água" de Tales de Mileto.

Não era a volta aos pré-socráticos uma estratégia, comum a Heidegger e Nietzsche, de retorno à filosofia antes do conceito? Como o silêncio pressupõe a fala e a fala pressupõe o silêncio, nem a fala nem o silêncio são absolutos, mas se recobram, se relançam, se exigem mutuamente, o corpo e o espírito são sincrônicos e pressupostos um por *outro*. Como o silêncio não é o "negativo" da fala, e exprime tanto quanto (ou mais) que ela, o espírito é a outra-face e o contraponto, chega onde a matéria, presa em seu universo conotativo, não poderia chegar. O fenômeno de duplicação é que relança o espírito e o corpo, agora um abrindo mão do outro, tomados isoladamente. Não há presença sem ausência. Pois quando eu digo "in", sujeito, intensidade, interior, memória, estesia, sensibilidade, sentimento etc; e quando digo "ex", objeto, extensão,

---

[4] *Éloge de la philosophie.* Paris: Gallimard, 1960, pp. 35-6.

exterior, espaço, mundo, matéria, inteligibilidade, inteligência etc., trata-se de sublinhar regiões do ser ou dobras dele. O nó ou o "*pli*" original encontra-se desdobrado pela experiência. A filosofia do último Merleau-Ponty falava de "quiasma, entrelaçamento, invaginação, pregnância, enovelamento, imbricação, liame, charneira, ligadura, clivagem, cruzamento, juntura, estofamento, nervura, espessura". Esse conjunto de metáforas sublinha o "mundo *bruto* e o ser *selvagem*", isto é, a zona prévia à distinção, antes do conceito. Nem o sujeito nem o objeto comandam a experiência, pelo contrário, são visíveis *nela*, são partes *dela*, são desdobrados *por ela*. A volta à experiência[5] ensina o que ela visa de forma implícita: uma falha no coração do diamante, ou seja, *abertura*, caminho sem retorno, trabalho, exercício,[6] desdobramento do corpo inscrito numa "Natureza". Esse é o conceito – Natureza – sobre o qual Merleau-Ponty insiste num dos últimos cursos em vida. Vejamos as razões para isso.

*

Na introdução de uma coletânea de textos que recorta diferentes passagens da filosofia sobre o tema do corpo, Bruno Huisman e François Ribes escrevem:

> [...] la conscience de soi naît à partir de cette frontière que je suis capable de tracer entre mon corps et le monde hors de lui.[7] [Em seguida:] Le corps se dévoile dans sa vocation d'intersubjectivité: c'est le lien par lequel nous pouvons nous reconnaître les uns les autres et échanger entre nous. C'est par l'entremise du corps que s'ffectue la grande expérience de l'humanité, celle de l'amour.[8]

---

[5] Gostaríamos de chamar atenção sobre o *tournant*. A precisão do termo é um achado de Renaud Barbaras em *Matéria e memória*, de Bergson. Trata-se de indicar a fecundidade da experiência na experiência de "voltar" a ela, isto é, de surpreendê-la quando se dá, onde encontramos o movimento de virada, viravolta, mudança repentina, geralmente surpreendente, que revela seu sentido, indicando o que ela faz.

[6] Estamos pensando num fragmento de ***Relógio do Rosário***, de Drummond, em que a poesia rói o corpo sólido dos conceitos: "nada é de natureza assim tão casta // que não macule ou perca sua essência / ao contato furioso da existência. // Nem existir é mais que um exercício / de pesquisar de vida um vago indício". *Poesia completa*. Rio de Janeiro: Nova Aguilar, 2002, p. 305.

[7] HUISMAN, Bruno; RIBES, François. *Les philosophes et le corps*. Paris: Dunod, 1992, p. 1.

[8] Idem, p. 3.

O que devemos examinar, entre outras coisas, é a subjetividade como limite do mundo, e a passagem de nós ao mundo, ou seja, a *articulação* fundamental que origina o *sentido* como um duplo, isto é, sensível *e* inteligível – (mas quase dizendo, no que diz respeito ao amor, sentido patético, burro, e no que diz respeito à fala, amor depurado, cristalino). Segundo Merleau-Ponty "não se passa, de modo algum, do 'exterior' ao 'interior', já que a referência não é redução e que cada grau 'ultrapassado' permanece, na realidade, pressuposto" (VI, p.172). Em outras palavras, ser *si mesmo* não basta para o conceito de "eu" – nem ser *em si* para o conceito de "mundo". Identidade e alteridade, ao que poderíamos acrescentar autoconsciência e intersubjetividade etc., são projetados e, na verdade, pressupostos: o subjetivo implica o objetivo, o interior implica o exterior, porque não podemos conceber um dentro sem um fora, um objeto sem visada, um mundo sem horizonte, um corpo sem contorno. A identidade metafísica nunca nos dará o anverso do conceito, seu ponto de fuga no espaço, que o sustenta por dentro e produz a reflexão. A reflexão não é um constituinte da consciência que se volta sobre si mesma explicando seu comportamento, isto é, descreve um fenômeno espontâneo, como o ato de ver, visto "de lado" (segundo a expressão merleau-pontyana), onde o olho estaria incluído. Essa visão lateral destrói o fenômeno do olhar pela representação, que renuncia o acontecimento de ver para explicá-lo. Trocar o objeto visto pelo objeto representado é o problema da reflexão constituinte, que põe o pensamento no lugar da coisa mesma, a análise do comportamento no lugar do acontecimento, a fisiologia dos olhos no lugar do enigma (do olhar), a psicologia do corpo no lugar do espírito. Se estamos corretos nesse tipo de raciocínio, o corpo não implica a subjetividade, o corpo pressupõe. Meu corpo sou eu, sim, mas, cuidado, segundo William James, ele é plural. Não tenho um "eu", mas "eus", com a permissão da contradição dos termos. A heteronomia do eu revela a pluralidade onde se esperava a unidade e, mais ainda, a ironia e a ambigüidade de um corpo que chacoalha a linguagem – o corpo sólido da identidade – já que "coisa" menos parecida comigo, às vezes, sou eu mesmo.

Muitos "eus" e um só corpo lembram, em certa medida, um contraponto natural. Freud:

> Si la psychanalyse est bien [...] une "archéologie du corps", c'est qu'elle tente d'appréhender indirectement, à travers ses innombrables réfractions, déguisements et masques, un fond archaïque que la conscience seule est

> impuissante à nous livrer. La psychanalyse s'efforce de dévoiler et mettre à jour la préhistoire d'un corps fantasmatique qui n'est devenu que tardivement et secondairement le signe subjectif et réflexif de l'identité et de la singularité du Moi. Freud considère que le Moi, entité toute en surface, est une projection du corps et qu'il n'est à ce titre qu'un jeu d'apparences qui participent d'une existence imaginaire. Si le Moi est le mythe qui nous donne l'illusion d'être un et maître de notre vie, s'il nois garantit la propriété et le contrôle de notre corps, c'est qu'il s'est construit sur un sol enseveli et recouvert qui n'est autre qu'un corps en proie au désir inconscient et aux fantasmes qu'il suscite.[9]

Como o sujeito transcendental não tem corpo, e poderia via de regra desaparecer, ou nem sequer existir, o "eu" é puramente lógico sem o corpo que faculta o conceito. A psicanálise revela o "fundo falso" da consciência. Fundo falso da consciência e "quarto escuro" do inconsciente são metáforas, mas apontam para uma zona de recuo na coração da subjetividade. Além do recurso puramente lógico-metafísico do sujeito, a idéia de "*eu*" recobre o coeficiente, por assim dizer, "técnico" da consciência. Mas a consciência é apenas uma forma de assegurar a experiência, e por isso o sonho, leitura necessária na teoria freudiana,[10] é vital para a existência. Essa correção de rota (através do sonho, do irracional etc.) e retomada do "lado obscuro" da consciência permitem-nos dizer que é ilusória a crença de que somos evidentes a nós mesmos. William James falará da instabilidade da constituição do "eu" em virtude do tempo, fluxo contínuo, duração. No entanto, é a ambigüidade do conceito de "*self*" que estamos sublinhando, e a racionalidade pura, pra não dizer artificial, da consciência que não for de carne e osso.

Aonde vai dar tudo isso? Nosso tema era o composto "alma e corpo" e a questão do dualismo. *Essas considerações diminuem em parte a distância entre a matéria e o espírito*. Pois apontando a metafísica implícita do realismo (a matéria) e do idealismo (o espírito) vamos nos conduzir para a linguagem aonde nada se interpõe entre meu corpo e o mundo. O composto eu-mundo, espraiando-se nas relações da matéria com o espírito, reclama um aporte ambíguo e metafórico, quando o eu não é sujeito, o mundo não é objeto. Expressão e linguagem, em

---

[9] HUISMAN, Bruno; RIBES, François. *Les philosophes et le corps*. Paris: Dunod, 1992, p. 387.

[10] Michel Foucault já havia mostrado suficientemente bem o papel vital do sonho no prefácio ao livro de L. Binswanger, *Le rêve et la existence*. (*Dits et écrits*. Paris: Gallimard, 1992, v. I.)

certo sentido, o mundo, contam por certo com um sentido intensivo: o corpo. O sentido é a dobra sensível *e* lingüística desdobrada infinitamente pela experiência. Ao lado da dobra do espírito (intenso) e da matéria (extensa), podemos acrescentar os domínios subjetivo e objetivo, o interior e o exterior etc. *como formas de limite*. E se o olho não faz parte do capo visível, exatamente por nos dar a ver o mundo, é porque a subjetividade é o "limite" do mundo. Cada ponta sugerida e, mais ainda, dobrada implicitamente, é parte total ou carta completa que a experiência desdobra: um em si e outro fora de si, ou seja, para mim e para fora de mim. O dualismo, que sugere em alguma medida o corpo como negativo da alma, põe o sensível numa zona de rebaixamento a ser corrigido pela razão, reconquistado pelas regras do espírito. Mas a matéria e o espírito, presentes em toda linguagem de tendência tanto fisicalista quanto espiritualista, desdobram o conceito de corpo próprio. Sinal de que a experiência se dá sob uma *gestalt* realmente ambígua, isto é, tropeça no dualismo.

*

Valéry diz: "no final do espírito está o corpo; no final do corpo, o espírito". Se estamos nos fazendo entender, o eu puro é a fórmula de Deus e por isso passa à pedra angular do idealismo. Mas o realismo morde a maçã quando toma a matéria sem a idéia de profundidade – representada pela alma ou o espírito. A "psicanálise da natureza", de que falava Merleau-Ponty no fim da vida, leva em conta exatamente isso: a estrutura que contém a matéria e o espírito, isto é, o naturado e o naturante, o visível e o invisível. Não estamos longe de *A estrutura do comportamento*, que previa três campos ou dialéticas. Trata-se da ordem física, vital e humana, em que cada ordem ganha sentido autônomo, integrado e resignificado pela ordem conseguinte. De forma que os três graus de intercâmbios – matéria, organismo e linguagem – constituem uma hierarquia de diferentes modos de integração que incorpora e reestrutura a ordem precedente. "Cada um desses graus é alma aos olhos do precedente e corpo aos olhos do seguinte. O corpo em geral é um conjunto de caminhos já traçados, de poderes já constituídos, o solo dialético adquirido sobre o qual se opera uma formalização [*mise en forme*] superior – e a alma é o sentido que então se estabelece".[11] Como podemos ver nessa passagem, o jogo dialético produz, à medida que caminha,

---

[11] Merleau-Ponty, M. *La structure du comportement*. Paris: PUF, 1942, p. 227.

bilidades novas de si mesmo, marcados pela (estrutura) matriz do corpo. "O espírito não utiliza o corpo, mas se faz através dele transferindo-se para fora do espaço físico".[12] Pois o mundo das relações físicas encontra-se largamente ampliado pelas possibilidades do organismo vivo, assim como a ordem humana ou psíquica, segundo Merleau-Ponty, ganha uma nova estrutura com o advento da linguagem. Alma aos olhos do precedente e corpo aos olhos do seguinte significa a formalização de um sentido mais abrangente e disponível, e que apenas retrospectivamente se localiza a gênese, isto é, a estrutura original que caminha da pedra para a forma ou, em outras palavras, da matéria para o espírito.[13]

Um bom argumento dessa tese vem de Félix Ravaisson (1813-1900):

> No mundo inorgânico, a reação é exatamente igual à ação, mais ainda, nessa existência toda exterior e superficial, a ação e a reação se confundem: é um só e mesmo ato em dois pontos de vista diferentes. Já na vida a ação do mundo exterior e a reação da vida ela mesma se tornam cada vez mais diferentes e parecem de mais a mais independentes uma da outra. Na vida vegetal elas ainda se parecem, encadeando-se de perto. No primeiro grau de vida animal, porém, se afastam e se diferenciam, de modo que às afecções imperceptíveis da receptividade respondem agitações mais ou menos consideráveis no espaço. Mas, se a reação é de mais a mais separada e independente da ação à qual responde, parece que é preciso um centro que lhe sirva de comum limite, onde uma chega e a outra parte, um centro regrado de mais a mais por si mesmo, à sua maneira, em seu tempo, e relação de menos a menos imediata e necessária entre a reação produzida e a ação sofrida. Não basta um meio-termo indiferente como o centro de forças oposto da alavanca; é preciso um centro que, por sua própria virtude, meça e dispense essa força.[14]

Ora, a esse centro de reação Ravaisson chama "alma", ou seja, a capacidade de tomar distância de si mesmo, e não estamos longe daquela definição de espírito bergsoniana: "força que retira de si mesma mais do que contém". As semelhanças entre Ravaisson e Bergson continuam:

> Assim, parece nascer no império da Natureza o reino do conhecimento, da previsão, e apontar o primeiro lampejo da liberdade. [...] O ser, saído em

---

[12] Idem, p. 225.

[13] Como não pensar nos seguintes versos de ***A Palavra e a Terra***, de Drummond? : "o corpo na pedra/ a pedra na vida/ a vida na forma".

[14] Citado em STAROBINSKI, Jean. Action et réaction, p. 259.

sua origem da fatalidade do mundo mecânico, se manifesta, dentro do mundo mecânico, sob a forma completa da mais livre atividade.

Entre as formas elementares da existência e a vida puramente reflexiva há uma progressão ascendente e uma via descendente em que a natureza sobe à liberdade e a liberdade retorna à natureza. A razão de citarmos essa passagem é uma só, quando a liberdade e a necessidade estão no mesmo plano e se confundem, admitem aquelas diferenças de grau e não de natureza que apontava *Matéria e memória* segundo o seguinte modelo: "[necessidade e liberdade; corpo e espírito] não são duas vias férreas que se cortariam em ângulo reto, mas trilhos que se ligam por uma curva de modo a que se passe insensivelmente de uma via à outra".[15] Como diz Ravaisson:

> Em toda coisa, a Necessidade da natureza é a cadeia sobre a qual se trama a liberdade. [...] Entre o último cantão da natureza e o mais alto ponto da liberdade reflexiva, há uma infinidade de graus que medem o desenvolvimento de uma só e igual potência [...]. É como uma espiral cujo princípio reside na profundidade da natureza, mas que acaba por se abrir sobre a consciência.

Ou seja, temos aí três vias, duas delas muito parecidas (Bergson e Ravaisson), de não-dualismo entre o corpo e o espírito. Se elas refletem, como quer Merleau-Ponty, "o duplo, o par, o emprego do diacrítico, a possibilidade de diferença, sobre o fundo da semelhança", é porque não vemos, não podemos ver, se nos lembrarmos do visível e do invisível, sem a idéia de *profundidade* – cujo papel a alma, em função do corpo, exatamente desempenha. Se Merleau-Ponty abandona o enigma do corpo e passa ao tema da natureza, é porque esta carrega o princípio que aquele refletia ou espelhava. E para traduzir essa noção de Natureza do último Merleau-Ponty, vamos concluir com uma passagem da *Doutrina das cores*, de Goethe. Considerada uma tese "fenomenológica" de *gestalt* das cores, vamos sublinhar com muita ênfase as metáforas do corpo, necessárias, segundo Merleau-Ponty, para editar o mundo segundo a (psicanálise da) Natureza":

> Os observadores fiéis da natureza, qualquer que seja a diversidade de seus pensamentos, devem convir que tudo o que nos aparece, tudo o que nos é oferecido como fenômeno, deve indicar ou um desdobramento original,

---

[15] *Matéria e memória*, p. 183.

que pode reencontrar a unidade, ou uma unidade original, capaz de se desdobrar. [...] Dividir o que está unido, unir o que está dividido, é a própria vida da natureza; eterna sístole e diástole, síncrise e diácrise, inspiração e expiração do mundo no qual vivemos, nos movemos e somos.

Os pesadelos do nada e a experiência da alegria em Bergson

Rita Paiva

O desejo da vida em si, de uma plenitude incompatível com a pequenez da vida cotidiana, é uma constante na literatura moderna. Niels Lyhne, personagem do romance do escritor dinamarquês J. P. Jacobsen, é um típico representante desse espírito de época melancólico, no qual as ilusões se desvanecem e o sentimento de vazio assola e inquieta a alma. Essa figura de ficção nos dá a ver o homem em estado de perplexidade constante, tomado de estranhamento ante a ausência de identidade entre a sua interioridade e o transcurso de sua vida. Com as expectativas de felicidade sistematicamente frustradas, Niels flerta com a miragem de uma vida inacessível, da qual parece ter sido exilado. Observa um comentador:

> [...] Niels Lyhne espera sempre que a vida finalmente chegue, de modo que não seja mais preciso poetar sobre ela, pois então o canto seria vida e a vida, canto. Esta deveria ser a redenção da temporalidade, o tempo que se transcende sem se negar: a melodia consiste na sucessão de sons, ou seja, no fluir do tempo, mas aferra a essência desse ritmo e o salva da fuga e do esquecimento. A música é o tempo que escorre, mas não se esvai, pois sempre retorna; é harmonia que não se sobrepõe à vida, mas se identifica com ela; é o devir libertado de seu perecer. [...] Entre canto e vida, entre essência e existência, duração e instante, abriu-se porém, segundo Jacobsen, uma cesura intransponível, condenando o primeiro à abstração e a segunda a uma opaca insignificância. (MAGRIS, 2000, p. 10)

A personagem de Jacobsen ilustra a experiência do homem que se aparta de sua subjetividade genuína, do indivíduo condenado ao simulacro de si, ao qual Bergson alude em sua obra. Trata-se do homem alijado do tempo, circunscrito às frivolidades do presente, no qual a vida nada é e equivale definitivamente à condenação de Sísifo. Ao sentimento do absurdo é imanente a nostalgia de uma vida mais intensa e efetiva, na qual o sujeito não atuasse como um estrangeiro em seu próprio mundo. Essa vida genuína, afinal, seria aquela em que, para falar como Bergson, preponderariam os momentos nos quais o ritmo do tempo se acelera, em que tudo se tonifica e coincidimos com nossa interioridade mais profunda, visto que nos sentimos inseridos no processo criador que constitui o ser.

Tomando como ponto de partida a angústia desta personagem, o intuito do presente texto é tematizar a argumentação bergsoniana segundo a qual tanto a vivência interna da subjetividade quanto a história do pensamento filosófico, porque governadas pela inteligência, enveredam por um sucedâneo de dilemas insolúveis. A compreensão dessas problemáticas oriundas de uma imaginação afeita à produção de fantasmas que torturam a alma dos sujeitos com o vício da negatividade, solicita o enfrentamento dos dilemas fundamentais da filosofia.

Segundo Bergson, a ausência de explicações para as questões cruciais da existência leva a consciência ao vislumbre da contingência e do acaso. Os sofrimentos decorrentes desta especulação repercutem na metafísica por ela engendrada e ecoam nas questões tematizadas pela filosofia, particularmente aquelas pertinentes à ontologia e à teoria do conhecimento. Para elucidar a natureza ilusória dessas questões, Bergson considera que os grandes sistemas filosóficos emergem a partir de certas convicções, quais sejam, a crença na unidade da natureza e na idéia de que sua totalidade pode e deve ser apreendida pela inteligência. A equalização entre a totalidade da experiência e a faculdade de conhecê-la elide qualquer possibilidade de que a inteligência derive de um processo criador ou de uma substância que a ultrapasse. Ao edificar uma ordem ancorada no instrumental do intelecto e da linguagem, o pensamento filosófico, qualquer que seja o seu registro, elege um constructo artificial no qual pretende inserir todo o existente. As resultantes dessa façanha adquirem uma positividade incontestável, e passa-se a considerar que antes desse constructo nada houve que pudesse ser conhecido, pensado, organizado. Será justamente a positividade dessa ordem intelectual que será objeto da crítica bergsoniana no último capítulo de *A evolução criadora*.

Governada pelos parâmetros do intelecto, a filosofia deixa-se, pois, conduzir por uma conjetura que permeia os grandes sistemas por ela erigidos, qual seja, a existência original do nada, do qual se desdobram o caos e a desordem. No texto mencionado, Bergson debruça-se sobre esses problemas, ressaltando o caráter fantasmático que os peculiariza. Os argumentos em defesa das ficções produzidas pelo intelecto enfatizam a existência da ordem matemática das coisas e da estabilidade como um triunfo sobre um vazio originário. Mas, afirma o autor, ao sustentar a existência do nada como precedente necessário a um universo ordenado e fixo, a consciência erige construções teóricas que derivam da transmutação da percepção em faculdade de conhecimento, transferindo para o âmbito do pensamento especulativo instrumentos que deveriam orientar o agir. Ao empenhar-se em ações quaisquer, o intelecto segue uma trajetória que vai do vazio ao pleno, de uma ausência a uma presença, ou, ainda, do irreal ao real. Procedimento pertinente no que concerne ao campo da ação, mas inadmissível quando transpõe o modo de pensar e de se expressar que acompanha o agir para realidades avessas à lógica utilitária. É a partir desta perversão que aflora a ilusão acerca do nada que, segundo o filósofo,

> deriva dos hábitos estáticos contraídos pela nossa inteligência quando ela prepara a nossa ação sobre as coisas. Tal como passamos pelo imóvel para chegar ao movente, do mesmo modo nos servimos do vazio para pensar o pleno. (Bergson, 1971, p. 271)

Mesmo que não se cogite um início para a ordem que preenche o vazio, mesmo que se suponha que o ser tenha existido desde sempre, a idéia do nada ainda subjaz a essa conjetura e atua como um substrato ou um receptáculo que o antecedeu:

> Um copo pode estar sempre cheio, nem por isso o líquido que o enche deixa de preencher um vazio. Do mesmo modo, é possível que o ser sempre tenha existido: mas o nada, que está preenchido e como que tapado por ele, não deixa, por esse fato, de lhe preexistir, se não de fato, pelo menos de direito. (Bergson, 1971, p. 271)

A correlação que se estabelece entre a crítica ao par antagônico ordem/desordem e a idéia do caos geram subsídios para compreendermos a explicação do autor para a inconsistência da idéia do nada. Conquanto a ordem se nos apresente como fato incontestável, a desordem parece habitar o âmbito do direito, o que torna inevitável o desejo de esclarecer a sua existência, que se apresenta como um mistério, um problema que deve ser resolvido:

> Mais simplesmente, logo que se empreende fundar a ordem, é porque se supõe a sua contingência, senão nas coisas, pelo menos aos olhos do espírito: não se pediria nenhuma explicação duma coisa que não se considerasse contingente. Se a ordem não se nos afigurasse uma conquista sobre alguma coisa, ou como uma adição a alguma coisa (que seria a ausência de ordem),

> nem o realismo antigo teria falado numa "matéria" à qual se acrescenta a idéia nem o idealismo moderno teria suposto uma "diversidade sensível" que o entendimento organizaria em natureza (Bergson, 1971, p. 234)

Vemos, assim, que no cerne das teorias construídas pela inteligência reside a interrogação acerca do porquê da ordem, uma vez que a toda obra construída pelo intelecto é imanente o caráter contingente em relação à ordem que lhe é inversa. A despeito disso, engajamo-nos comumente numa representação ordenada, e ela se torna para nós a realidade a ser prestigiada, aquela eleita em detrimento de todas as outras. Nos dizeres de Bergson:

> No fundo, tudo o que é real, percepcionado e até concebido nesta ausência de uma das duas ordens é a ausência da outra. Mas a segunda é-me indiferente aqui, só me interessa a primeira, e exprimo a presença da segunda em função da primeira, em vez de a exprimir por assim dizer, em função dela própria, chamando-lhe desordem. (Bergson, 1971, p. 23)

Esta, para o autor corresponde a uma decepção concernente a certa expectativa, e não designa a ausência de toda e qualquer ordenação, mas unicamente uma configuração específica que não vem ao encontro dos interesses atuais ou que não se revela útil para o intelecto em determinado momento. À idéia de desordem subjaz a noção de caos, a qual nos remete ao aparecimento aleatório e incontrolável de fatos que parecem seguir seu próprio arbítrio, esboroando a lógica da causalidade pela qual comumente as coisas nos parecem dotadas de inteligibilidade.

Ao tentar negar radicalmente uma ordem existente, que talvez nos seja insuportável, inserimo-nos de imediato numa outra idealmente pensada e ausente. Deparamo-nos aí com a incapacidade de uma consciência regida pela razão intelectual em apreender um real incomensurável com sua estrutura formal e geométrica. Esta perspectiva é imanente à origem dos problemas clássicos do conhecimento, visto que pressupõe um vazio a ser preenchido por uma configuração cuja presença nos remete necessariamente a uma ausência: "Passamos da ausência para a presença, do vazio para o pleno, em virtude da ilusão fundamental de nosso entendimento" (Bergson, 1971, p. 272). Grande equívoco, imanente a esse registro, reside no intuito do intelecto em atribuir ao ser uma natureza lógica e não psicológica.

Incapaz de apreender a duração, a metafísica só atinge a idéia do ser tomando como pressuposto necessário o nada. Ao adquirir uma natureza lógica, o ser parece bastar-se a si mesmo, de modo que a veracidade e a coerência dos argumentos que o sustentam parecem suficientes para embasar sua existência. Destarte, na perspectiva assumida pela inteligência, o caráter processual do ser é erradicado, porquanto este se configura e é definido a partir das leis que regem a conduta do intelecto, o qual se põe a refletir sobre o estofo do real. O ser passa então a coincidir com a lógica em si mesma, e a possibilidade do nada é aventada, uma vez que a ordem postulada por essa definição veio preencher o vazio que o antecedeu. Ora, a coincidência entre o princípio da vida e um axioma lógico resulta numa configuração em que o real se edifica como sistema total e fechado cuja disposição interna é geometricamente organizada. Ele se opõe, assim, a uma vacuidade originária, que, ainda que vencida pelo intelecto, permanece como um espectro a ameaçar a perenidade do constructo. Daí que os falsos problemas incrustados na origem da filosofia – sejam eles de caráter ontológico ou epistemológico – resultem na instauração de um abismo entre o pensamento e a realidade. Desse modo, a consciência empenha-se em compreender o ser a partir das categorias que ela mesma engendra e que lhes são úteis, de modo que o próprio real se lhe configure como decorrência de seus instrumentos intelectuais. Torna-se, pois, inevitável a perplexidade do intelecto ante o que escapa ao seu constructo, ou seja, ante o mistério da existência: como é possível que a ordem prevaleça e não o nada? Bergson, novamente:

> Mal comecei ainda a filosofar, e já penso nas razões por que existo; e, depois de me aperceber da solidariedade que me liga ao resto do universo, vejo que apenas transferi para mais longe a dificuldade, pois quero saber por que existe o universo; e, se atribuo o universo a um Princípio imanente ou transcendente que o suporta ou que o cria, o meu pensamento só durante alguns instantes se fixa nesse princípio; volta a surgir o mesmo problema, desta vez com toda a amplitude e generalidade: de onde vem, como compreender que qualquer coisa exista? (Bergson, 1971, p. 272)

Não obstante, o trajeto do intelecto que vai do nada ao ser jamais o apreenderá em sua verdadeira substancialidade, qual seja, a duração. Este percurso, do qual a inteligência não pode se evadir, resulta numa representação fantasmática que adquire um caráter matemático antagônico à natureza da vida.

O reconhecimento do caos ou do nada como realidades efetivamente existentes decorre não apenas da transposição das estratégias da ação para a especulação, mas, igualmente, de uma distorção substancial, qual seja, uma leitura equivocada das categorias da linguagem, visto que ela é tomada como forma definitiva de expressão, minimizando-se seu aspecto contingente e provisório. Segundo a filosofia bergsoniana, a inteligência, além de nos afastar do movimento, induz ao obscurecimento das experiências afirmativas. Efetivamente, o exercício da negação resulta na representação do nada, na desaparição do ser. Com os instrumentos que o discurso oferece, o intelecto opera suas arbitrariedades, as quais supõem a negação como um ato do espírito equiparável à afirmação; no entanto, o ato discursivo de negar nunca alude ao real percebido, mas a um juízo. Se a afirmação faz referência direta à coisa, a negação o faz de maneira oblíqua, ou referindo-se à coisa por intermédio de uma afirmação entreposta. Assim, é subliminar ao *não* a idéia de que determinado juízo deveria ser substituído por outro. A inteligência, ao supor a representação de um objeto, pode simplesmente acrescentar uma negativa ao que é afirmado para que a condição de inexistente seja a ele atribuída. Processo puramente intelectual que se respalda nos instrumentos lingüísticos e nos leva a cogitar a inexistência do que antes fora pensado como existente.

Para Bergson, a negação em si mesma não possui lastro objetivo; não há a negatividade, mas unicamente uma inteligência que, pautada por uma expectativa possível, sofre a experiência da decepção e, no intuito de superá-la, exercita sua capacidade de negar. Assim, ao propor tacitamente uma substituição, o negativismo não pode impedir que a natureza deste substituto seja puramente espiritual. O texto do autor é didático:

> Afirmando uma coisa, depois outra coisa, e assim por diante indefinidamente, [a inteligência] forma a idéia do todo: de modo semelhante, negando uma coisa e depois negando as outras coisas, em resumo, negando o Todo, chegar-se-ia à idéia de Nada. (Bergson, 1971, p. 282)[1]

---

[1] A essência da negação reside, pois, na consecução de um sistema constituído por uma afirmativa determinada e outra indeterminada, de modo que esta última esteja potencialmente contida no juízo que apresentamos sobre a primeira. Sobre o possível como uma das ilusões fundamentais, Bento Prado Jr. esclarece: "Em ambos os casos (Nada, desordem), os termos privilegiados são considerados mais primitivos à medida que exigem menos do que os termos derivados (ser, ordem). Este esquema permite transformar o par de ilusões em uma única ilusão, a ilusão da precedência do possível sobre o real. Na realidade, trata-se da mesma ilusão. Aqui também a descoberta de uma preexistência do presente no passado e do futuro no presente, de uma precedência do possível, está fundada na descoberta de que o possível é *menos* do que o real" (1989, p. 39).

A negação, enfim, não coincide com as obras de um espírito puro que percepciona algo. Entre esse algo e o espírito que o apreende interpõe-se um espírito outro, qual seja, o discurso negativo. Nessa senda, a representação do nada não concerne a uma percepção efetiva do real, vincula-se antes aos caprichos do intelecto, ao jogo no qual se exercita a propensão negativista da linguagem. O caráter subjetivo da negação aí se desvela. Por ser constituído pela mesma tessitura das categorias que o intelecto produz para esquivar-se de realidades que não pode domar, ao negativo falta a objetividade que é inerente ao que é afirmado. A suposta simetria entre a negação e a afirmação será legítima unicamente no interior da linguagem.

Ademais, o *não* que se acrescenta a um discurso assertivo, conquanto proponha substituir a afirmação negada, afirma ainda alguma coisa. Daí que a negação se plasme numa positividade de segundo grau, porquanto assevera algo concernente a uma afirmação, a qual ratifica, por sua vez, a realidade do objeto. Ao refutar a existência de algo, a negação instaura um lugar para a coisa ou para a realidade negada, mesmo que se trate de atribuir a essa coisa uma positividade circunscrita ao universo das idéias, ou seja, um caráter estritamente simbólico, isento da concretude pertinente àquela que é afirmada. Diante disso, vale ratificar que a antítese afirmação/negação se consuma por meio dos símbolos conceituais, que são produzidos pelas categorias da inteligência e pela vida social. A linguagem, em seu papel funcional, "que tem como missão básica interromper o rio de Heráclito, e nele recortar figuras de perfil nítido, permitindo a ação em geral e o comércio humano" (Prado Jr., 1989, p. 50), emerge, pois, como o grande artífice das ilusões e do universo simbólico no qual o eu, divorciado de si mesmo, apreende o mundo. As palavras estão, pois, na origem das ilusões engendradas pela inteligência.

Nesse sentido, Bergson sustenta que o caráter ilusório dos falsos problemas se revelaria se conjecturássemos a abstração completa das categorias do intelecto. A suposição de uma inteligência imaginária, destituída da capacidade de agir, implicaria o desaparecimento do pensamento, da linguagem e da sociedade e, por conseguinte, de qualquer capacidade de julgamento sobre o que quer que seja. Essa hipótese proposta por Bergson evidencia que mesmo a abolição dos instrumentos intelectuais mais sofisticados não impediria um ser primário de afirmar uma determinada realidade. Dito de outro modo, um intelecto rudimentar, peculiarizado pela ausência de categorias plenamente formadas, circunscrito à precariedade do imediato e isento de um senso temporal elementar, poderia ainda produzir uma prolixa representação perpassada pelo sentimento de perplexidade, na qual reconheceria o caráter positivo da experiência. Nesse caso, o que estaria definitivamente interditado a este ser seria a capacidade de negar, porquanto a ausência da linguagem e da capacidade de julgar obstruiria também o desenvolvimento da memória. Não haveria, assim, a decepção de uma expectativa que se desfaz ao se defrontar com uma certa realidade, que pode ser registrada mesmo para essa inteligência absolutamente passiva:

> Para que uma tal inteligência consiga chegar a negar, é preciso que ela desperte do seu torpor, que formule a decepção de uma expectativa real ou possível, que corrija um erro atual ou eventual, e que se disponha já a dar lições aos outros e a si mesma. (Bergson, 1971, p. 287)

Ao enfrentar a temática da negação como artimanha da linguagem, Bergson demonstra o caráter de "pseudo-idéia" imanente a toda negatividade, de modo que os problemas dela derivados se revelem como falsos e insolúveis. Escusado salientar que estes falsos problemas decorrem justamente dos equívocos que tradicionalmente servem de base à teoria do conhecimento e à ontologia, como pensar o instável pelo estável e crer que só por meio do imóvel pensamos a mobilidade, a crença no possível, na desordem, no caos e, sobretudo, na existência do nada. No limite, o nada resulta da conjetura e do temor da inteligência acerca do aniquilamento de sua obra, supondo-se que nada se possa imaginar que vá além de suas próprias categorias, senão o vazio. Idéia absurda, observa Bergson, porquanto nada e vazio são expressões de um estado de alma, uma afecção, uma "coloração afetiva do pensamento", destituídas de realidade. Resumem-se, enfim, a jogos de linguagem e a desvarios resultantes do "mau uso" da imaginação. Do qual se desdobra, enfim, o vazio, do qual o intelecto extrai, ancorado exclusivamente em seus próprios arbítrios, o real ao qual se julga circunscrito.[2]

---

[2] Ao evocarmos o nada, nos referimos a ele como uma experiência efetiva. Ilusão da linguagem e, sobretudo, obra da imaginação, já que, segundo Bergson, não há essa experiência. O nada é assim uma ficção resultante do exercício da imaginação, a qual assume, juntamente com a imagem, uma inequívoca ambigüidade na obra do autor. No que se refere à imaginação, é possível entrever na filosofia bergsoniana uma dissidência em relação à tradição, visto que por vezes ela figura em seus textos como caminho revelador do ser. Em *A evolução criadora*, todavia, é a imaginação como exercício de negatividade, como fonte

O fantasma do nada e os delírios da negatividade não assediam a inteligência apenas no que tange a questões que a ultrapassam; eles também se presentificam quando ela busca apreender a sua própria interioridade. Delineia-se assim a fonte primal das agruras viscerais da alma. Para Bergson, a subjetividade mais profunda é permeada por um movimento criador incessante de afetos cambiantes e heterogêneos que perfazem a duração interna, a qual constitui a própria substância do eu. Destarte, o autor refuta visceralmente a possibilidade de que o nada venha a se configurar em nossa vida interior. No entanto, em decorrência da vocação pragmática da consciência, ela finda por apreender sua realidade interna com os mesmos métodos com que apreende a exterioridade. Daí que a consciência pensante seccione sistematicamente a duração interna e cristalize seus momentos, logrando a desnaturação de si mesma com a construção de uma subjetividade fixa. Não obstante, este eu imóvel que parece se edificar sobre um vácuo interno, não implica o esboroamento da subjetividade movente. Escreve Bergson:

> É certo que me é possível interromper, por intermédio do meu pensamento, o curso da minha vida interna, supor que estou dormindo um sono sem sonhos ou que deixei de existir; no preciso instante, porém, em que formulo essa suposição, concebo-me, imagino-me velando sobre o meu sono ou sobrevivendo ao meu aniquilamento, e só renuncio a percepcionar-me no interior para me refugiar na percepção exterior de mim mesmo. (Bergson, 1971, p. 278)

Tal como ocorre com a suposição do nada na exterioridade, no âmbito da interioridade humana, o advir do sentimento da vacuidade, com o qual a consciência por vezes se atormenta, deve-se à alienação no que concerne à sua natureza temporal.

Ao considerar o nada pressuposto do real e ao extrair unicamente de si os princípios necessários para a existência da ordem – mundana ou subjetiva –, a

---

propulsora de desvarios que nos afasta da verdade. Parafraseando Bréhier, nesse momento da obra bergsoniana, é substancialmente o "mau uso" da imaginação que é privilegiado na investigação, a qual engendra um mau simbolismo (a imobilidade como pressuposto para o movimento, o nada, o possível, a negação, enfim). Nesse sentido a crítica bergsoniana às ilusões geradas pelo intelecto coincide com a crítica a uma certa apropriação que o intelecto faz das imagens ao mesclar o pensar e o imaginar. Nesse caso, a imaginação em vez de nos conduzir para fora da realidade simbólica, a ela nos ata. É a produção de imagens estanques, destituídas de dinamicidade que aí prolifera.

inteligência instaura um sistema ilusório e nele se enreda. Daí derivam as fraturas no movimento criador, as quais ocultam os indícios interiores que remetem a uma realidade outra da qual ela própria é resultado, mas que é incapaz de compreender. Uma vez inserida numa ordem geométrica, que implica a supressão da ordem vital, edifica-se um eu artificial que não consegue conter a ânsia de sentido e de justificativas para sua existência. Aflora assim a experiência do absurdo, a qual advém justamente quando a consciência, no interior do movimento que lhe dá substancialidade, se sente desvinculada de um estado psíquico pretérito que assalta o presente. A apreensão do passado aí configurada é aquela que se dá por saltos, resultando no congelamento de um intervalo da transição interna, numa coleção de instantes isolados e na negligência da duração. A passagem do tempo escapa, pois, à consciência, a qual apreende-se pelo ponto de vista da instantaneidade. Delineia-se assim a negação da substância interna e a idéia da abolição da interioridade. Contudo, atentemos: é de uma idéia que se trata, de uma representação simbólica que nada tem a ver com a realidade.

Certamente, quando se volta efetivamente para o interior de si mesma e logra emancipar-se de sua instrumentalidade, a consciência capta a transitoriedade; reconhece assim, para além do intelecto e do artifício, o inequívoco e incessante engendrar do inaudito, de imprevisibilidade. Movimento que alcança sua mais plena expressão na sucessão das notas musicais. A música, com o encadeamento contínuo da melodia, superando a segmentação de símbolos estáticos, logra a tradução do movimento temporal e criador da duração. Como conjecturado por N. Lyhne, numa existência que apreende o fluir do tempo, vida e canto se confundem. Nesses raros momentos em que deixamos de nos orientar pela vocação pragmática da inteligência e em que nos emancipamos da experiência ordenada pela linguagem, o que se desvela fora e sobretudo dentro de nós é o fluxo criador do real, no qual o presente é permanentemente renovado a partir do passado. Ora, não há vazio onde prepondera um sucedâneo de estados plenos:

> Em resumo, quer se trate de um vazio de matéria ou de um vazio de consciência, a representação do vazio é sempre uma representação plena, que [...] analisada se resolve em dois elementos positivos: a idéia, distinta ou confusa, de uma substituição, e o sentimento, experimentado ou imaginado, de um desejo ou de uma saudade. (Bergson, 1971, p. 279)

Bergson ratifica assim a sua análise segundo a qual o nada absoluto equivale a um falso problema, uma vez que a completa abolição daquilo que se apresenta, ou seja, da totalidade da matéria ou dos estados psíquicos, não tem plausibilidade.

A despeito dos momentos iluminados em que a duração interna se desvela, o que prevalece na experiência humana, em virtude da intencionalidade pragmática que caracteriza a inteligência, é o desconhecimento de si e a ruptura entre a vida e o fluxo temporal. Daí que a lucidez acerca do processo de envelhecimento e da finitude, ou seja, a certeza da dissolução do próprio eu, revela-se insuportável para uma consciência que não vislumbra significações capazes de minimizar o tormento diante da morte. Ao defrontar-se com os enigmas acerca de sua origem e do sentido de sua existência, a inteligência torna-se, como observa Jeanne Delhome:

> [...] vítima da mesma ilusão que a faz pensar como falta a ordem que a dilacera, sob o pleno ela supõe o vazio, sob o ser, o nada; tendo necessidade de um primeiro começo, ela imagina a fabricação, de uma vez por todas, de uma totalidade fechada; e é isto que ela chama criação; atrás dessa ilusão, há uma outra que faz do universo um lugar, um receptáculo material no qual estão geometricamente dispostas as coisas e os seres viventes. (1949, p. 172)

Nesse registro, Bergson argumenta que, ao plasmar o universo nas categorias da consciência reflexa, passamos a habitar um mundo fantasmático e "frio como a morte". Neste universo que vivenciamos cotidianamente, no plano objetivo e subjetivo, o sentido de todos os atos se esgotam em sua instrumentalidade. Trata-se inequivocamente do mundo operacional, o mundo da pura frivolidade, onde a felicidade, como percebe Niels Lyhne, jamais poderá aflorar. Neste universo só o atual prepondera, como se o presente recomeçasse incessantemente, e o movimento temporal fosse erradicado. Nele, pulverizam-se as perspectivas de futuro, visto que o passado cessa de invadir o presente. A subjetividade preponderante consiste no eu reificado que espelha o mundo das coisas. Neste cenário de instantâneos que se sucedem sem transição, o tempo e, coextensivamente, a vida parecem ter se ausentado. Um presente que se eterniza equivale à prevalência do homem de ação que, no seu limite, é o autômato extirpado de sua dimensão onírica. A memória, que substancializa a interioridade mais profunda, neste caso, limita-se a potencializar a percepção, viabilizando as escolhas e o agir exigido pela exterioridade, atuando como um "auxílio prestado ao espírito pela matéria". Essa reificação da espiritualidade resulta num intelecto constantemente assediado pela angústia e pelas fantasias que dilaceram a alma. Desnuda-se, assim, a fonte do sentimento de absurdo, que aos olhos dos existencialistas consiste na lucidez que nos leva a crer que estamos no mundo por motivos contingentes e que, afinal, existimos para nada.

Para evidenciar o caráter equivocado destas conjecturas, Bergson considera necessária a explicitação do paralelo entre inteligência e utilidade:

> Seria preciso mostrar-lhe que a marcha habitual do pensamento é praticamente útil, cômoda para a conversação, a cooperação, a ação, ela conduz a problemas filosóficos que são e que permanecerão insolúveis, porque estão inversamente colocados. (Bergson, 1974, p. 145)

Da conexão entre inteligência e vida prática derivam os falsos problemas, aqueles da negatividade, que dilaceram a inteligência desejosa seja de compreender a vida e a si mesma, seja de satisfazer sua nostalgia de pertencer a uma totalidade que a transcende. Os falsos problemas configuram-se, pois, como produtos da tendência inata da inteligência para a fixidez e para a espacialização, a qual pode ser superada por um esforço liberador do espírito humano, qual seja, a inversão da marcha habitual do pensamento. Isto será possível na medida em que a franja intuitiva que envolve o intelecto dilatar-se, desvendando-lhe a temporalidade da qual ela é produto. A filosofia guiada metodicamente pela intuição, em vez de pensar o ser por desvio, logra apreendê-lo de imediato, prescindindo completamente de uma representação prévia do nada. O pensamento que pode suspender o véu que nos cega não se deixa presidir pelos critérios da ação, mas unicamente pelo desprendimento e pelo desejo de ver. Desnuda-se então a natureza psicológica, e não matemática do real. Nesse sentido, é a plena continuidade entre o presente e o passado que a intuição filosófica nos desvela.

A coincidência com a duração desnuda ao homem o seu vínculo a uma ordem outra que não o constructo geométrico no qual o eu jamais encontrará sentidos capazes de substancializar sua existência. Ao apreender a vida a partir de sua interioridade, deixamos de viver na pura superficialidade do real que nos cerca e reencontramos a natureza profunda de nosso próprio eu. Desse modo, o tempo é experienciado em sua duração contínua e a vida se desvela: "[...] imediatamente o tenso se distende, o adormecido desperta, o morto ressuscita na nossa percepção galvanizada" (Bergson, 1994, p. 66). Na condição de seres pertinentes ao movimento criador, somos, pois, tomados pelo sentimento de plenitude e a idéia do nada e de seus desdobramentos se esboroam, visto que a experiência da realidade aí se delineia com tal contundência que os pesadelos da negatividade já não procedem:

> À medida que dilatamos nossa vontade, que tendemos a reabsorver nosso pensamento e que simpatizamos mais com o esforço que engendra as coisas, esses terríveis problemas recuam, diminuem, desaparecem. (Bergson, 1974, p. 141)

Ao nos reconhecermos como seres intrínsecos ao movimento criador, somos tomados pelo sentimento do absoluto, e a pertinência do nada e de seus desdobramentos se esboroam completamente, uma vez que a experiência da realidade aí se delineia com tal contundência que a idéia de incompletude ou de deficiência não mais se sustenta. Assume, assim, a sua denotação efetiva: ficção da linguagem, miragem de idéias.

Essa iluminação soberana do eu resulta na superação do sentimento de absurdidade, porque, por um lado, livra-o da ininteligibilidade acerca de sua própria gênese e, por outro, desvela a natureza fantasmagórica de suas inquietações negativas. Noutros termos, com a experiência da intuição, esquivamo-nos da vacuidade inerente às frivolidades do presente, da pura instantaneidade, porquanto tudo ao nosso redor se colore e adquire profundidade. O sentimento de pertencimento ao movimento criador invade a alma: "Aqui é preciso procurar ver para ver, e não ver para agir. Então o Absoluto revela-se muito perto de nós, e em certa medida dentro de nós" (Bergson, 1971, p. 292). É como se, por intermédio do método proposto por Bergson, o germe que dorme no coração de todo homem, qual seja, o sentimento pungente do absurdo que instaura o inferno da subjetividade, não tivesse mais por que despertar, já que se revela fictício. Nesse caso, o personagem criado por Camus, o homem lúcido e revoltado, destinado ao papel de um Sísifo feliz, é suplantado por um outro que vivencia também a felicidade, mas num registro diverso.[3] Em Bergson, esse

[3] Em *O mito de Sísifo*, ensaio escrito por Albert Camus, o destino de Sísifo – rolar uma enorme pedra montanha acima, eternamente e sem propósito – é figurado como o horizonte de todos os homens. Ou seja, viver para nada, já que o único horizonte plausível é a morte. No registro de Camus, o absurdo não está no mundo, mas no confronto entre a

sentimento não é experienciado juntamente com a assunção da dor e da revolta, mas com a plenitude propiciada pela inserção no fluxo criador. Mais explicitamente, no lugar do sofrimento de Sísifo, a subjetividade que dissipa as angústias viscerais, ao compreender o fundamento do Ser, impregna-se da mais intensa alegria. Por conseguinte, a intuição filosófica, ao violentar a inteligência e ao nos viabilizar a inserção na dimensão temporal do ser, que perfaz nossa interioridade mais oculta, da qual há muito nos evadimos, não apenas nos elucida acerca da inexistência do nada, não apenas dota de relevância e de vitalidade o pensar especulativo, faz muito mais do que isso. A generalização da simpatia com o ser nos inebria com o ímpeto criador do tempo em seu perpétuo devir, e a vida cotidiana, antes tão desprovida de sentido e amiúde propensa às investidas do tédio, ilumina-se, porque a consciência vislumbra sua pertinência ao processo incessante da criação. Decididamente, a filosofia que faz da intuição o seu método atenua a miséria do intelecto. Eis a filosofia que, além de alargar a potencialidade do pensar, nos fornece o sentimento absoluto do ser, desvendando-nos o esplendor natural da vida interna. Escreve Bergson:

> Assim, aos olhos duma filosofia que se esforça para reabsorver a inteligência na intuição, muitas dificuldades se desvanecem ou atenuam. Mas uma tal doutrina não facilita apenas a especulação. Dá-nos também mais força para agir e para viver. Porque com ela, já não nos sentimos isolados da humanidade, a humanidade já não nos parece também isolada da natureza que domina. (1971, p. 266)

É fundamental elucidar que não se trata de um retorno a um todo inerte, ou da submersão num estado de passiva contemplação. Trata-se da coincidência com a criação. Daí que a inserção no absoluto movente, que desvanece as agru-

---

consciência humana, desejosa de explicações, de lógica, de respostas, e o mundo com sua irracionalidade imanente. O pessimismo do autor não faz concessões. O homem que inventa significados para a sua vida, investindo no futuro, na esperança ou na crença em Deus, trapaceia. Viver dignamente requer o enfrentamento de nossa condição absurda. Só aquele que olha a vida de frente, que reconhece em si o desejo de sentido, ao mesmo tempo em que não fantasia e assume racionalmente a dor oriunda da impossibilidade do sentido, pode ser digno. A lucidez está em vivenciar integralmente esse sofrimento visceral, em sorver a revolta perante o absoluto vazio no qual a vida se desdobra. O homem que atinge esta clareza é como Sísifo que, com seu olhar revoltado e despojado de ilusões, logra a felicidade e a liberdade em meio à sua condição absurda.

ras existenciais do eu, opera a imersão numa mutação permanente, jamais num estado de quietude. Reencontro que reinsere o homem no círculo vital, que alija o intelecto da perplexidade diante de sua existência e que assume em Bergson, particularmente em sua última obra, conotações místicas sem que se opere, contudo, uma fusão entre sua filosofia e a religiosidade.

Em *O pensamento e o movente* (1959, p. 1391), o autor assevera que a intuição do real, uma vez estendida à amplitude geral de nossa vida, nos levaria a experienciar uma espécie de quarta dimensão, na qual prevaleceria a solidariedade entre a percepção atual e as percepções passadas, em seus detalhes e singularidades, com o necessário alargamento de nosso futuro. O real seria então vivenciado em sua dinamicidade contínua e variável, e a alegria de coincidirmos com nosso ser e, simultaneamente, com o ser que nos ultrapassa, vitalizaria nossa subjetividade, comumente empobrecida por uma apreensão exterior de si mesma. Nesse caso, não apenas pensaríamos, mas viveríamos em duração. Afinal é com a vida mesma que restabeleceríamos nosso elo, pulverizando todo e qualquer resquício de vazio que anteriormente assolara nossa alma:

> E quanto mais mergulhamos na duração real, mais nos colocamos na direção do princípio, [...], do qual nós participamos e cuja eternidade não deve ser uma eternidade da imutabilidade, mas uma eternidade da vida: como, de outro modo, poderíamos viver e nos mover nela? (Bergson, 1959, p. 1392)

A coincidência com a transitividade promove, pois, o reconhecimento de nossa condição de seres livres, para os quais os ritmos da vida se tornam intensos e a realidade se tinge de um colorido vibrante.[4]

---

[4] A angústia figura, nas correntes existencialistas, como instância fundamentante da condição humana e também como pressuposto para a superação de nossa existência absurda. Na filosofia bergsoniana, o ser pensante, ao se reconhecer como produto da criação, logra o deslindar das possibilidades de superação de sua existência aparentemente banal e sem sentido. Em tal perspectiva, não é a angústia que logra a transcendência ou a superação da condição humana como postulado pelos existencialistas, mas a alegria da autocompreensão. A elucidação da verdadeira natureza do eu torna plausível ao homem a superação do absurdo e de sua limitada e trágica condição: "Como para Heidegger, para Bergson a significação do nada se esboça e se oferece na experiência da angústia. Mas, para Bergson, esse estado afetivo não indica nenhuma transcendência, nenhuma superação possível da sua imanência psicológica. Pelo contrário, a experiência da angústia aparece como uma

Indubitavelmente, a inteligência e a linguagem constituem as esferas em que a humanidade advém. Isto não significa, como já notara Bento Prado, que não possamos jamais nos evadir dessa circunscrição. Nos momentos em que coincide com o movimento criador, o homem vislumbra a comunidade entre sua natureza subjetiva e o ser em geral, suplantando a angústia da existência. Nas palavras do comentador:

> Pensar em duração é identificar-se com a temporalidade do próprio surgimento do objeto enquanto objeto. E desta perspectiva "divina" dissipam-se as angústias ligadas à condição humana e que, no nível da consciência filosófica, assume a forma de uma interrogação pelo fundamento e pela origem do próprio ser. (PRADO JR., 1989, p. 36)

Com o vislumbre da intuição, reencontramos a substância movente e criadora do eu e nos evadimos da absurdidade. Ainda que a fusão entre duração e existência seja sempre fugaz, ela viabiliza a superação das "feridas da negatividade" e a assunção da alegria como experiência eivada de vida, na qual o fluir do tempo se confunde com o canto, com o movimento interno de uma melodia, tal como sonhado pelo personagem de Jacobsen.

Referências bibliográficas

BERGSON, Henri. *Ensaio sobre os dados imediatos da consciência*. Trad. João da Silva Gama. Lisboa: Editora 70, 1988.

_____. *A evolução criadora*. Trad. Adolfo Casais Monteiro. Rio de Janeiro: Opera Mundi, 1971.

_____. *Henri Bergson ouvres*. Paris: Presses Universitaires de France, 1959.

_____. *Matéria e memória*. Trad. Paulo Neves da Silva. São Paulo: Martins Fontes, 1990.

_____. In: *Os Pensadores*. São Paulo: Abril Cultural, 1974.

---

regressão à pura subjetividade, como perda de contato com o real. É a alegria que, como aceitação do real e colaboração em seu engendramento, desempenha o papel de uma verdadeira transcendência, indicando para além de si mesma uma superação da subjetividade. [...] poderíamos dizer que Bergson opõe a dialética da alegria às antinomias da angústias" (PRADO JR., 1968, p. 38).

Bréhier, Émile. Images plotiniennes, images bergsoniennes. In: *Les études bergsoniennes*. Paris: PUF, 1949, v. II.

Camus, Albert. *O mito de Sísifo*. Trad. Mauro Gama. Rio de Janeiro: Guanabara, 1989.

Delhome, Jeanne. Durée et vie dans la philosophie de Bergson. In: *Les études bergsoniennes*. Paris: PUF, 1949, v. II.

Dresden, S. Les idées esthétiques de Bergson. In: *Les études bergsoniennes*. Paris: Presses Universitaires de France, 1956, v. IV.

Jacobsen, Jens Peter. *Niels Lyhne*. Trad. Pedro Octávio Carneiro da Cunha. São Paulo: Cosac & Naify, 2000.

Jankélévich, Vladimir. *Henri Bergson*. Paris: Presses Universitaires de France, 1959.

Leopoldo e Silva, Franklin. *Bergson. Intuição e discurso filosófico*. São Paulo: Loyola, 1994.

Prado Jr., Bento. *Presença e campo transcendental. Consciência e negatividade na filosofia de Bergson*. São Paulo: Edusp, 1989.

Os impasses do amor: Sartre, Lacan e o problema do reconhecimento do desejo

Vladimir Safatle

O ser do eu é uma coisa.
HEGEL

Sartre e Lacan são dois contemporâneos cujas experiências intelectuais, embora obedecendo a dinâmicas próprias, muitas vezes se entrecruzaram. Elas também muitas vezes se distanciaram, embora não possamos dizer que elas simplesmente se ignoraram, principalmente se levarmos em conta a maneira atenta com que Lacan comenta longos trechos das obras de Sartre em seus seminários. De fato, há uma relação tensa entre os dois, tensão que não se deixa compreender totalmente se tentarmos enquadrá-la como caso típico dos confrontos entre fenomenologia francesa e estruturalismo. Muitos foram os que já observaram que o estruturalismo lacaniano é, em larga medida, permeado por motivos fenomenológicos centrais que se fazem sentir quando o psicanalista elabora conceitos como: desejo, angústia e, até certo ponto, sujeito. A confrontação de Lacan com o pensamento de Sartre nos permite circunscrever melhor a matriz fenomenológica de tais conceitos.

Mas a confrontação entre Sartre e Lacan tem uma função suplementar. Sabemos como o projeto sartreano foi um dos últimos grandes programas filosóficos do século XX a tentar levar a cabo uma filosofia da consciência, programa no qual uma consciência pensada não mais a partir do modelo cognitivo de auto-reflexão é capaz ainda de desempenhar um papel central na fundamentação de expectativas práticas da razão. Isto leva Sartre a criticar, desde cedo, tudo o que poderia impedir a realização do programa de reatualização de uma filosofia da consciência, seja a noção freudiana de inconsciente, seja a noção da anterioridade de estruturas intersubjetivas de reconhecimento no processo de determinação da consciência.

No entanto, por mais improvável que isso possa parecer, a crítica de Lacan a Sartre não está vinculada ao primeiro ponto, mas ao segundo. Lacan aceita, em larga medida, as estratégias fundamentais da crítica sartreana ao inconsciente. De uma certa forma, é ela que o leva a abandonar a noção de inconsciente como espaço de conteúdos mentais recalcados, de formações do imaginário[1] e a recuperá-lo apenas mais tarde, quando compreender a fecundidade da noção lévi-straussiana do inconsciente como sistema de regras, normas e estruturas socialmente partilhadas. Lacan não vê maiores problemas em submeter o problema do recalcamento a uma teoria da má-fé; teoria esta a que o psicanalista alude toda vez que fala em denegação ou desconhecimento enquanto funções do eu. Seu verdadeiro trabalho consistirá em desvincular as noções de *inconsciente* e *recalcamento*; operação que só seria possível através do auxílio de Lévi-Strauss.

Lacan critica Sartre desde cedo, entretanto, por insistir na anterioridade de estruturas de reconhecimento à gênese da consciência, consciência cuja realidade ontológica é, pelo psicanalista, esvaziada.[2] Isto ficará claro se seguirmos um dos momentos maiores da leitura lacaniana de Sartre e que diz respeito à sua apropriação da fenomenologia do olhar e dos impasses das relações amorosas, tais como são descritos em *O ser e o nada.* Mas a fim de introduzir tais questões de maneira adequada, faz-se necessário começar deste ponto que aproxima, claramente, as experiências intelectuais de Sartre e de Lacan. Ele diz respeito a uma certa "compreensão ontológica do desejo" e a uma certa crítica das funções sintéticas do eu.

A subjetivação da falta entre Sartre e Lacan

> O homem é fundamentalmente desejo de ser e a existência deste desejo não deve ser estabelecida por uma indução empírica; ela resulta de uma descrição *a priori* do ser do para-si, já que o desejo é falta e que o para-si é o ser que é para si mesmo sua própria falta de ser (*manque d'être*).[3]

---

[1] É por esta razão que Lacan afirmará: "espero que logo renunciaremos a usar a palavra inconsciente para designar o que se manifesta na consciência". LACAN. *Ecrits.* Paris: Seuil, p. 183.

[2] Lembremos do que afirma Roger Frie: "Quais são as consequências, para o conceito de intersubjetividade, uma vez que a natureza pré-reflexiva da subjetividade individual é reconhecida? O eu e o outro devem se submeter a uma separação ontológica radical." FRIE. *Subjectivity and intersubjectivity in modern philosophy and psychoanalysis.* Lanham: Rowman and Littlefield, p. 51.

[3] SARTRE. *L'être et le néant.* Paris: Gallimard, p. 610.

> O desejo é uma relação de ser com falta. Essa falta, é falta a ser, propriamente falando. Não é falta disto ou daquilo [ou seja, não é falta de um objeto empírico], porém falta a ser (*manque à être*) através do que o ser existe.[4]

A proximidade a respeito destas duas descrições do desejo é evidente. No entanto, a primeira é de Sartre, a segunda, de Lacan. Todos os dois procuram definir o desejo como a manifestação de uma falta que não seria derivada de perda empírica alguma, mas que seria, na verdade, vinculada à estrutura mesma do que funda a posição do sujeito. O desejo desconheceria toda e qualquer aderência natural a objetos empíricos determinados. Contrariamente a Freud, nem Sartre nem Lacan identificam a causa da falta, por exemplo, à perda do objeto materno produzida pela interdição vinda da Lei do incesto.[5] Eles compreendem o desejo como espaço privilegiado para a posição da estrutura do sujeito como transcendência. Proposição que certamente teria vindo de Alexandre Kojève e de seus cursos sobre a *Fenomenologia do espírito* nos anos 1930.

Sabemos como uma das operações fundamentais da leitura de Kojève consistia em costurar o ser-para-a-morte heideggeriano à *Begierde* hegeliana, a fim de afirmar que a verdade do desejo era ser "revelação de um vazio"[6], ou seja, pura negatividade que transcendia toda aderência natural e imaginária. Um estranho desejo incapaz de se satisfazer com objetos empíricos e arrancado de toda possibilidade imediata de realização fenomenal. Mas este vazio era apenas a manifestação da estrutura fundamental da transcendência da consciência. Neste sentido, basta lembrarmos de Kojève falando da negatividade do desejo

---

4 Lacan. *Séminaire II.* Paris: Seuil, p. 280.

5 Podemos seguir aqui uma afirmação de Bernard Baas: "Pois, ao mostrar que o pensamento de Lacan é trabalhado pelo procedimento do questionamento transcendental, tal interpretação permite também dar conta do sentido propriamente crítico do 'retorno a Freud', já que ele explicita como ilusão transcendental o mito no qual a psicanálise sempre ameaçou recair e contra o qual Lacan nunca cessou de se opor. Trata-se do mito da origem perdida, o mito da experiência originária de gozo, ou seja, o mito da empiricidade da Coisa". Baas. *De la chose à l'objet.* Louvain: Peeters, p. 32. É possível encontrar um exemplo do que pode dar uma leitura "realista" do desejo lacaniano nesta afirmação de Judith Butler: "Para Lacan, o sujeito vem a existência somente através do recalcamento originário dos prazeres incestuosos pré-individuais com o corpo materno (agora recalcado)". Butler. *Gender trouble.* New York: Routledge, p. 57.

6 Kojève. *Introduction à la lecture de Hegel.* Paris: Gallimard, p. 12.

como: "o ato de transcender o dado que lhe é dado e que é em si mesmo"[7]. "O ato de transcender" deve ser compreendido aqui como negação que põe a não-adequação entre a consciência e os objetos da dimensão do empírico, como apresentação de uma não-saturação da posição do sujeito no interior do campo fenomenal. Tal transcendência não põe princípio efetivo algum para além da experiência possível. O que nos explica porque devemos compreendê-la como *transcendência negativa.* É esta noção do desejo como função intencional que nos abre à transcendência negativa da posição do sujeito que encontramos tanto em Sartre quanto em Lacan.

Tal noção de transcendência negativa é claramente posta por Sartre quando afirma: "Longe da transcendência, que é 'projeção de si para além [...]', fundar o nada, é ao contrário o nada que está no próprio seio da transcendência e que a condiciona".[8] Ele é sua estrutura original, a estrutura original da consciência enquanto para-si. Conseqüentemente, a manifestação da verdade do desejo como desejo de transcendência, desejo que se confunde com a posição deste para-si que é "fundamento de toda negatividade",[9] é necessariamente a nadificação do em-si ou, como dizia Kojève, a revelação de um vazio. Daí porque Sartre insiste que a negação não deve ser compreendida apenas como uma qualidade possível do julgamento, mas principalmente como conduta pré-proposicional, como ato de um ser através do qual o nada vem ao mundo.

A autoconsciência do ato enquanto modo de manifestação de uma transcendência que encontra sua figuração adequada através do "nada", ou da negação do mundo como princípio de determinação da conduta, é aquilo que Sartre chama de *angústia.* Quando me deparo com uma tal fragilização daquilo que causa meu ato que apreendo minha conduta como um *possível* que, por ser meu possível, não se impõe de maneira obrigatória, então a consciência da minha liberdade se manifesta como angústia. É neste sentido que devemos compreender a afirmação de Sartre:

> A angústia como manifestação da liberdade diante de si significa que o homem está sempre separado de sua essência por um nada [...] Na angús-

[7] Kojève. Op. cit., p. 13.

[8] Sartre. Op. cit., p. 53.

[9] Idem, p. 402.

> tia, a liberdade se angustia diante de si mesma enquanto ela nunca é solicitada ou entravada por nada.[10]

É dessa forma que Sartre absorve um tema clássico que vincula a angústia a uma certa: "negação dos apelos do mundo" e de "desengajamento no mundo em que estava engajado".[11] Poderíamos retornar a Hegel a fim de determinar a angústia como manifestação fenomenológica da consciência da fragilização das imagens do mundo. Angústia como momento de confrontação do sujeito com aquilo que não se articula a partir de princípios de ligação derivados do Eu como unidade sintética.

Mas valeria lembrar aqui principalmente de Freud que vinculava a angústia ao perigo derivado da perda de vínculo entre a pulsão e tudo aquilo que aparece como objeto determinado, uma relação de sustentação do desejo lá onde o objeto falta e que faz o sujeito confrontar-se com o desamparo. Já em 1895, ao criar a nosografia de "neurose de angústia", Freud identifica sua causa no impedimento em elaborar psiquicamente (ou seja, em ligar através de representações) a acumulação de excitação endógena de ordem sexual. Mais tarde, algo desta perspectiva continuará através da afirmação de que, na angústia neurótica, tem-se medo da própria libido já que a reivindicação pulsional é vivenciada como perigo interno. Este esquema servirá de base para a definição da angústia como afeto vinculado á posição de um quantum de energia libidinal inutilizável, ou seja, não ligado em representações de objetos. Isto é o que permite a Freud vincular a angústia ao perigo derivado da perda de vínculo entre a pulsão e tudo aquilo que aparece como objeto determinado. Tal manifestação de uma energia libidinal livre é o que está no cerne da definição canônica que vincula a angústia a um fator traumático que não pode ser liquidado segundo as normas do princípio do prazer. Até porque: "é apenas a grandeza da soma de excitação (*Grösse der Erregungssumme*) que faz, de uma impressão, um fator traumático que paralisa a ação do princípio de prazer e que dá à situação de perigo seu sentido".[12]

Seguindo tais passos, Lacan irá afirmar:

---

[10] Idem, p. 70.

[11] Idem, p. 74.

[12] FREUD. *Gesammelte Werke.* Frankfurt: Fischer, p. 100, v. XV.

> Quando, por razões de resistência, de defesa e de outros mecanismos de anulação do objeto, o objeto desaparece, continua aquilo que pode restar, ou seja, a *Erwartung,* a direção ao seu lugar, lugar no qual ele está ausente, no qual ele não pode ser mais do que um *umbestimmte Objekt,* ou ainda, segundo Freud, do que um objeto com o qual sustentamos uma relação de *Löslichkeit.* Quando nos encontramos neste ponto, a angústia é o último modo, modo radical através do qual o sujeito continua sustentando sua relação ao desejo.[13]

Dessa forma, tanto em Sartre como em Lacan, a angústia aparece como modo de posição da estrutura de transcendência de um sujeito pensado, de maneira privilegiada, a partir de sua relação com o desejo. Mais tarde, Lacan irá modificar esta vinculação entre angústia e ausência de objeto, mas o sentido de tal posição final só pode ser compreendido a partir desta partilha inicial de perspectivas.

Vale a pena ainda insistir que este modo de encaminhamento nos leva, nos dois casos, à necessidade de uma distinção estrita entre aquilo que é da ordem da transcendência do sujeito e aquilo que é da ordem das determinações sintéticas do eu. Lembremos como Sartre insiste que a função do eu está vinculada ao um certo desconhecimento, tema caro a Lacan. Podemos falar aqui em "desconhecimento" porque o papel essencial do eu seria, para Sartre, o de mascarar à consciência sua própria espontaneidade: "Tudo se passa", dirá Sartre, "como se a consciência constituísse o Ego como uma falsa representação de si mesma, como se ela se deixasse hipnotizar por este Ego que ela mesmo constituiu, como se ela o transformasse em sua salvaguarda e sua lei".[14] Daí porque: "a angústia se caracteriza por uma obrigação perpetuamente renovada de refazer o Eu que designa o ser-livre".[15] Poderíamos mesmo dizer, com Lacan, que o Eu não é outra coisa que o sintoma resultante da defesa contra a angústia.

Este refazer perpétuo é apenas a figura de um Eu agora incapaz de se pôr, de fato, como unidade sintética *a priori*. Isso trazia como conseqüência a possibilidade de tematizarmos estados de consciência *sem eu*, ou seja, campos transcendentais totalmente pré-pessoais ou impessoais. Esta será a hipótese perseguida por Sartre e amplamente compreendida por Lacan. O psicanalista sabe que

---

[13] LACAN. *Séminaire VIII.* Paris: Seuil, p. 429.

[14] SARTRE. *La transcendance de l'Ego.* Paris: Vrin, p. 82.

[15] SARTRE. *L'être et le néant,* cit. p. 70.

> do ponto de vista existencialista, a apreensão da consciência por si mesma está, no ponto extremo, desvinculada de qualquer apreensão existencial do eu. O eu só aparece aí como experiência particular, ligada a condições objetiváveis, dentro da inspeção que se acredita ser apenas esta reflexão da consciência sobre si mesma.[16]

Neste ponto, já deve estar claro que a verdadeira diferença entre Sartre e Lacan não está nessa descrição ontológica do desejo enquanto modo privilegiado de posição da transcendência negativa do sujeito. Ela está primeiramente na articulação entre desejo e consciência. Como a posição do cogito pré-reflexivo pela psicanálise existencial de Sartre apaga o *locus* do inconsciente freudiano, o desejo poderá ser assumido pelo sujeito no final do processo analítico sob a forma de um *projeto* determinado por uma *escolha original* do para-si. Pois trata-se de "trazer à luz, sob uma forma rigorosamente objetiva, a escolha subjetiva através da qual cada pessoa se faz pessoa, ou seja, se anuncia a si mesma o que ela é".[17] Em Sartre, a *falta de ser* do desejo indica uma *liberdade absoluta*, já que o desejo como falta de ser aponta para uma ausência de determinismo nas relações de objeto que permite o advento da *livre escolha.* Este *projeto original de ser* é desejo de ser através do qual o ser se *exprime.* Princípio de expressividade tributário de um horizonte de transparência absoluta da consciência e de um certo horizonte regulador de transparência absoluta do social enquanto campo no qual a conduta se engaja. Daí a crítica lacaniana à "ilusão de autonomia" e a "auto-suficiência da consciência" na filosofia sartreana.

Mas é fato que essa transparência sartreana pede um modo muito particular de presença. Pois podemos ver neste "trazer à luz" um gênero de procedimento auto-reflexivo se aceitarmos a distinção entre consciência não-tética e consciência tética; o que nos mostraria que a *consciência de si* se fundaria em um campo pré-reflexivo impessoal e não se confundiria com o *conhecimento de si.*[18] Em Sartre, a auto-reflexão não se reduz ao modelo cognitivo de uma presença a

---

[16] Cf. Lacan. *Seminaire II*, cit., p. 77.

[17] Sartre. *L'être et le néant*, cit., p. 634.

[18] Não é difícil perceber que Sartre pensa o *conhecer* a partir do esquema heideggeriano da represetanção como a reflexividade do dispor-diante-de-si na forma de objeto. Um conhecer que é competência representacional, conhecer que determina a essência de todo ente como aquilo que é essencialmente representável, como aquilo que pode ser essencialmente disposto no espaço da representação.

si. Tal distinção permitiria a Sartre não pensar a assunção da *escolha original* pela consciência como uma *conceitualização*, mas como reconhecimento "de um gozo que seria quase-saber", já que "este projeto-para-si só poderia ser gozado".[19] Mais tarde, Sartre compreenderá este quase-saber de si que encontra sua figura em gozo que não se deixa objetivar a partir dos modelos cognitivos da intelecção ao falar da metáfora (como se ele caminhasse para uma teoria da metáfora como comunicação indireta de conteúdos afetivos pré-proposicionais). A colocação nos é ainda mais interessante por ser uma referência direta a Lacan:

> A forma mais elevada de compreensão da vivência é capaz de forjar sua própria linguagem – que sempre será inadequada, muito embora apresente muitas vezes a *estrutura metafórica* de um sonho. A compreensão de um sonho ocorre quando um homem consegue expressá-lo em uma linguagem que é, ela própria sonhada. Lacan afirma que o inconsciente é estruturado da mesma maneira que uma linguagem. Eu diria que a linguagem capaz de dar-lhe expressão tem a estrutura de um sonho. Em outras palavras, a compreensão do inconsciente, na maioria dos casos, jamais atinge a expressão *em sua forma mais explícita*.[20]

Até porque, essa compreensão não é conhecimento. Não há como deixar de notar um certo acento heideggeriano nesta reflexão sartreana sobre a linguagem metafórica, mais próxima do *poema* do que da descrição referencial. Basta lembrarmos como, em Heidegger, a linguagem na qual o homem pode ouvir o apelo do Ser é um pensamento onde *logos* e *poiesis* ainda não estão dissociados, tal como na metáfora.

Encontraremos também em Lacan um quiasma fundamental entre gozo e conceito, mas tal quiasma não o obriga a colocar o gozo como modo de abertura a um *cogito pré-reflexivo*, tal como vemos em Sartre. Como alguns comentadores notaram bem: "Contrariamente a Sartre, Lacan não oferece uma alternativa ao modelo reflexivo da consciência de si"[21] – o que, neste caso, pode ter suas vantagens. Em vez de determinar a transcendência negativa do sujeito como

---

[19] SARTRE. *L'être et le néant*, cit., p. 617. "A reflexão goza de tudo, apreende tudo. Mas este 'mistério em plena luz' vem do fato deste gozo ser privado dos meios que permitem ordinariamente a *análise* e a *conceitualização*." SARTRE. *L'être et le néant*, cit., p. 616.

[20] SARTRE. Itinerário de um pensamento. In: SADER (Org.). *Vozes do século*: entrevistas da New Left Review. São Paulo: Paz e Terra, p. 216.

[21] FRIE. *Subjectivity and intersubjectivity in modern philosophy and psychoanalysis*, cit., p. 170.

manifestação de uma consciência pré-reflexiva, o que, no limite, poderia nos levar a pensar o gozo como retorno a um gênero de imanência do afeto e da sensibilidade, Lacan preferiu uma outra via. Haverá um gozo *fora* da reflexividade do conceito, mas ele não poderá ser *posto* pela consciência como seu projeto. O que é não-idêntico deverá guardar a forma da não-identidade.

Estrutura e perversão

Podemos abordar o problema do destino da posição da transcendência do sujeito em Sartre e Lacan através de um desvio. Coloquemos a questão: como um sujeito marcado pela realidade ontológica de uma transcendência que se manifesta através da negação pode se fazer reconhecer? Este é talvez o ponto em que Lacan e Sartre se distanciam de maneira mais clara.

Há várias maneiras de introduzir tal problema, mas um dos mais profícuos talvez seja através de certos aspectos da reflexão de Lacan e Sartre a respeito de duas figuras maiores da perversão: o sadismo e o masoquismo. Se formos ao *Seminário I*, que indica um momento em que Lacan está mais próximo do universo fenomenológico, veremos como sua tese é relativamente simples; "a perversão implica a dimensão da intersubjetividade", mas de uma intersubjetividade "imaginária".[22] Nesse sentido, ela se encontra "no limite do registro do reconhecimento". A primeira pergunta que devemos colocar é: o que significa, neste contexto, "intersubjetividade imaginária"? Significa admitir que há uma dimensão de relação interpessoal que não é relação entre sujeitos, mas é uma relação na qual o outro aparece fundamentalmente na posição de objeto. A perversão seria um exemplo privilegiado de tal situação, embora ela não seja a única. Para Lacan, a grande maioria dos nossos usos ordinários da linguagem pressupõe uma intersubjetividade imaginária na qual o outro aparece como pólo de projeções narcísicas.

Mas, voltemos à perversão. Lacan a caracteriza como uma posição frágil. Tal fragilidade vem do fato de estarmos sempre diante de um sujeito a ponto de passar à condição de objeto.

> A relação intersubjetiva que subentende o desejo perverso sustenta-se apenas através da aniquilação, ou bem do desejo do outro (no sadismo) ou bem do desejo do sujeito (no masoquismo).

---

[22] Lacan. *Séminaire I.* Paris: Seuil, p. 243.

No entanto, esta aniquilação nunca é totalmente realizada. "O desejo perverso suporta-se no ideal de um objeto inanimado. Mas ele não pode contentar-se com a realização deste ideal." O gozo sádico, por exemplo, pressupõe que o outro apresente a angústia de ver-se reduzindo-se à condição de objeto. O sádico goza deste *movimento* de passagem do sujeito no objeto. Isso implica que a perversão seria uma espécie de intersubjetividade posta que é, ao mesmo tempo, *intersubjetividade negada*.

Tais considerações sobre a perversão devem ser lidas na linha direta de um impasse maior posto pelo Sartre de *Ser e tempo* e que Lacan procura resolver, a saber, a impossibilidade de relações intersubjetivas plenas devido ao fato do: "conflito ser o sentido original do ser-para-o-outro".[23] Ou seja, longe de se reduzir a um conjunto de estruturas libidinais patológicas, a perversão estaria inscrita como impasse ontológico de apresentação dos sujeitos no interior das relações intersubjetivas, relações estas que teriam no amor o estágio inicial de interações sociais visando o reconhecimento.

Havíamos visto como Sartre compreendera, tal como Lacan, o ser como desejo e o desejo como falta vinculada à determinação transcendente da posição do sujeito. Neste contexto, o que pode significar a presença do outro que procura se colocar como objeto de amor a não ser uma tentativa de anular a estrutura ontológica do desejo como falta-de-ser, como pura negatividade que determina a estrutura do ser como para-si. Sartre insiste neste ponto ao lembrar que a origem das relações concretas com o outro é comandada: "inteiramente pelas minhas atitudes em relação ao objeto que sou para o outro".[24] Ele nos fornece um exemplo claro do que tem em vista:

> Por que o amante quer ser amado? Se o amor, com efeito, fosse puro desejo de possessão física, ele poderia ser, em muitos casos, facilmente satisfeito. O herói de Proust, por exemplo, que instala sua amante em casa, que pode vê-la e possuí-la a qualquer hora do dia, deveria estar livre de inquietações. Sabemos, no entanto, que, ao contrário, ele é corroído por preocupações. É através da sua consciência que Albertine escapa a Marcel, isto mesmo quando ele está ao lado dela, ele só conhece sossego quando ele a contempla dormindo. É pois claro que o amor quer cativar "a consciência".[25]

---

[23] Sartre. *L'être et le néant*, cit., p. 404.

[24] Sartre, idem, p. 403

[25] Idem, p. 406.

Ou seja, essa liberdade negativa que determina a estrutura do ser como para-si.

O amante quer ser aquilo no qual a liberdade do outro aceita perder-se. Ele é este olhar sob o qual o outro aceita transformar-se em objeto. Pois apreender um olhar é ter a consciência de ser olhado, de ser posto como um objeto do mundo. Estar sob um olhar é reconhecer minha escravidão, experiência alienadora que me faz reconhecer o ponto que me constitui como ser para-um-outro. Por isso, Sartre pode dizer que o amante exige: "uma liberdade que, enquanto liberdade, reclama sua alienação".[26]

Dessa forma, enquanto me colocar na posição de sujeito, nunca terei diante de mim um outro olhar desejante, olhar que presentifica o outro. Terei apenas um olhar reificado, transformado em objeto narcísico no qual vejo apenas minha própria imagem. Só posso ter diante de mim um olhar à condição de me colocar como objeto. Pois:

> identifico-me totalmente a meu ser-olhado a fim de manter diante de mim a liberdade olhante (*liberté regardante*) do outro; é apenas este ser-objeto que pode servir-me de instrumento para operar a assimilação, a mim, da *outra liberdade*.[27]

Assim, o reconhecimento intersubjetivo de um ser que, em Sartre, é fundamentalmente transcendência estaria fadado ao fracasso. O olhar (da consciência) sempre reduz o outro a condição de objeto. "Jamais você me olha lá de onde te vejo, inversamente, o que olho nunca é o que quero ver", dirá Lacan.[28] Isto leva Sartre a afirmar que o amor necessariamente se confronta sempre com três princípios de sua destructibilidade: a *duperie* (ou simplesmente confusão narcísica), a perpétua insatisfação do amante e a *relatividade* de sua condição absoluta de centro de referência a partir do qual o mundo se ordena (isso devido à presença de outros). Isso quando ele não se transforma em masoquismo, "vertigem diante do abismo da subjetividade do outro", ou sadismo.

Voltaremos a esta metáfora escópica mais a frente, a fim de salientar sua natureza extremamente dependente de uma tendência da filosofia moderna em

---

[26] Idem, p. 415.

[27] Idem, p. 404.

[28] Lacan. *Séminaire XI*. Paris: Seuil, p. 95.

pensar consciência como um olhar. Por hora, vale lembrar, juntamente com Axel Honneth, como este impasse ontológico do amor irá invalidar toda possibilidade de reconhecimento intersubjetivo para Sartre. Pois a consciência precede o campo intersubjetivo e não saberia deixar-se limitar por ele.

> Como todo sujeito humano vive como um ser-para-si no estado de uma transcendência permanente de seus próprios projetos de ação, ele sente o olhar do outro como uma redução objetivante a uma só possibilidade de existência. O sujeito só pode escapar ao perigo de tal objetivação ao tentar inverter a direção do olhar fixando o outro em um projeto de existência única.[29]

A intersubjetividade quebra, assim, a transparência absoluta da consciência.

O que Lacan fará é dizer que Sartre tem razão em compreender o campo dual do amor como espaço conflitual que lembra, em vários pontos a dialética do Senhor e do Escravo, de Hegel. Ele também insistirá nesta via sartreana de desvalorização do amor como abertura ao reconhecimento intersubjetivo ao compreender o amor como uma ilusão narcísica que só pode realizar-se na perversão. Sua famosa frase: *Il n'y a pas de rapport sexuel* deve ser lida na direção da afirmação sartriana: "Minha tentativa original para apreender a subjetividade livre do outro através de sua objetividade-para-mim é o desejo sexual".[30] Ou seja, elas indicam o impasse de reconhecimento ao qual a relação sexual está normalmente submetida devido aos protocolos de objetificação do outro no interior do fantasma.

Mas Lacan segue Sartre para acrescentar que há sim uma dimensão intersubjetiva que precede as consciências e que pode resolver este impasse do reconhecimento de um ser que se coloca como pura negatividade. No entanto, para que tal dimensão possa ser compreendida, faz-se necessário um regime não narcísico de funcionamento da linguagem, ou ainda, uma linguagem não-reificada. O ponto central de Lacan é: para que exista uma auto-objetivação da consciência, este processo deve sempre seguir determinações estruturais. Ou seja, para que exista um conflito por reconhecimento (que não é simples conflito físico), faz-se necessário uma estrutura normativa aceita previamente que

---

[29] HONNETH. *La lutte pour la reconnaissance*. Paris: Cerf, p. 189.

[30] SARTRE. *L'être et le néant*, cit., p. 422.

determine as condições de reconhecimento. Como posso reconhecer que estou sendo reconhecido, ou como posso reconhecer que o reconhecimento fracassou? Para além do registro do Imaginário, faz-se necessário uma outra ordem: a ordem reguladora do Simbólico. É ao pensar nesta dimensão simbólica e estrutural que Lacan pode voltar ao problema sartreano do olhar para dizer:

> O que conta não é que o outro veja onde estou, é que ele veja aonde vou, ou seja, que ele veja onde não estou [mas onde indico que estarei através da estrutura que guia minhas ações]. *Em toda análise da relação intersubjetiva, o essencial não é o que está lá. É o que a estrutura, é o que não está lá.*

Essa idéia é fundamental. As verdadeiras relações intersubjetivas não se dão no nível da relação entre sujeito, mas da relação entre os sujeitos e a estrutura. É para lá que devemos virar nossos olhos se quisermos encontrar uma saída para o problema do reconhecimento.

Na verdade, trata-se aqui de um motivo estruturalista maior. As relações interpessoais são determinadas inconscientemente por um sistema simbólico de leis. Basta lembrarmos da afirmação de Lévi-Strauss, para quem o problema da comunicação entre os sujeito passa pela "apreensão das formas inconscientes da atividade do espírito", já que a oposição entre eu e outro poderia nos levar à incomunicabilidade se ela não pudesse "ser superada em um terreno, que é também o terreno no qual o objetivo e o subjetivo se reencontram, ou seja, no inconsciente [enquanto sistema simbólico de leis]".[31] Por exemplo, quando um homem e uma mulher se casam (ou seja, quando eles fazem uma escolha empírica de objeto), eles não têm consciência das leis de trocas matrimoniais que determinam suas escolhas. Eles reificam um objeto cujo valor viria simplesmente do lugar que ele ocupa no interior de uma estrutura articulada, ou seja, as relações com o outro teriam a tendência a esconder as mediações das estruturas simbólico-sociais que determinam a conduta. A psicanálise deveria pois levar o sujeito a compreender que o *locus da verdadeira relação intersubjetiva encontra-se no espaço de relação entre o sujeito e a estrutura que determina a conduta.*

---

[31] Lévi-Strauss, Claude. Introduction à l'oeuvre de Marcel Mauss. In: MAUSS, M. *Anthropologie et sociologie.* Paris: PUF, p. XXXI.

Uma outra crítica à fenomenologia do olhar

Muito haveria a se dizer a respeito deste uso lacaniano de certas temáticas do estruturalismo a fim de resolver um problema que não é exatamente estruturalista, mas fenomenológico, a saber, como permitir o reconhecimento de um sujeito cuja estrutura ontológica de seu ser seria marcada por uma certa transcendência negativa. Uma análise mais demorada deste ponto nos obrigaria a aprofundar a compreensão da especificidade da noção lacaniana de Lei simbólica e sua distância em relação a um conceito de Lei simbólico como estrutura normativa no seu sentido forte e, digamos, durkheimeano. Tal análise nos permitiria mostrar como Lacan pode convergir, em um mesmo movimento, uma reflexão estruturalista sobre a anterioridade da estrutura na determinação dos sujeitos e uma reflexão fenomenológica sobre a irredutibilidade da transcendência destes mesmos sujeitos.[32]

No entanto, vale a pena aqui simplesmente lembrar que este apelo a uma função de transcendência constitutiva das posições dos sujeitos será relativizado por Lacan, mas não em prol do reforço à relação entre sujeito e estrutura, como uma guinada tipicamente estruturalista nos faz esperar. Aos poucos, Lacan reconhecerá que o verdadeiro potencial de não-identidade não virá de uma certa transcendência negativa do desejo, até porque Lacan compreenderá que o desejo, longe de ser uma falta primordial, será causado por estes objetos parciais que haviam sido perdidos nos processos de socialização, de relação com a estrutura e formação do corpo próprio. Como se a formação da auto-identidade nunca deixasse de produzir um resto que insiste para além do desejo socializado. Um exemplo esclarecedor aqui talvez seja a maneira com que Lacan retoma, dez anos depois, ao comentário desta mesma "fenomenologia do olhar" apresentada por Sartre em *O ser e o nada.*

Nessa ocasião, Lacan segue novamente Sartre e insiste que o olhar é um objeto especial pois sempre elidido no interior de relações intersubjetivas. "O olhar especifica-se como sendo inapreensível", dirá Lacan.[33] Maneira de insistir, tal como Sartre, que algo fundamental do sujeito não encontra lugar no

---

[32] Neste sentido, tomo a liberdade de remeter ao terceiro capítulo do meu SAFATLE. *A paixão do negativo*: Lacan e a dialética. São Paulo: Unesp.

[33] LACAN. *Séminaire XI,* p. 79.

campo intersubjetivo. Mas, em vez de entrar novamente neste impasse vinculado a operações de uma filosofia da consciência, Lacan insiste na possibilidade disto que não encontra lugar na relação entre sujeitos poder ser posto através da confrontação entre sujeito e objeto. Para tanto, o sujeito deve ter a experiência de que "do lado das coisas [e dos sujeitos reduzidos à objetivação], há o olhar".[34] Maneira de dizer que o olhar que submete o outro à condição de objeto está implicado no objeto que ele constitui, este é seu espelho. E se este é seu espelho, então há algo do sujeito que ele reencontra quando se confronta com aquilo que ele havia submetido à condição de mero objeto. No fundo, Lacan age com quem comenta a proposição de Merleau-Ponty:

> O vidente, estando pego nisto que ele vê, é ainda ele mesmo que ele vê: há um narcisismo fundamental de toda visão; e que, pela mesma razão, a visão que ele exerce, ele a recebe também das coisas, que, como dizem vários pintores, eu me sinto olhado pelas coisas, minha atividade é identicamente passividade – o que é o sentido segundo e mais profundo do narcisismo.[35]

Ou seja, o sentido segundo e mais profundo do narcisismo é uma certa reversão que faz com que o objeto anteriormente submetido à minha imagem narcísica apareça como o ponto no qual meu olhar retorna a mim mesmo como algo que me é estranho. Esta experiência, que Freud chamou um dia de *unheimlich,* é o que Lacan chamará de angústia. A angústia não aparece mais assim à posição da transcendência da subjetividade. A angústia aparece como o processo de dissolução do princípio de identidade que me permitia determinar, de maneira segura, o que era um sujeito e o que era um objeto.[36] Ela não é apenas a fragilização das *imagens* do mundo, mas fragilização do que assegura a orientação elementar do pensar através da aplicação de operações de identificação, de diferenciação, de relação e de unidade. Uma fragilização formadora por permitir uma certa reconciliação entre consciência e objeto. Pois, nesse sentido, Lacan age como quem lembra que o reconhecimento é possível, mas à condição de que o princípio de identidade que sustentara as distinções ontológicas

---

[34] Idem, p. 100.

[35] Merleau-Ponty, Maurice. *Le visible et l'invisible.* Paris: Gallimard, p. 145.

[36] Tal reversão é ainda mais fácil para Lacan na medida em que o olhar aparece, em sua metapsicologia, como um destes objetos aos quais o sujeito estava ligado em relações de indiferenciação simbiótica antes dos processos de socialização.

entre consciência e objeto seja problematizado e deposto através da exploração do potencial disruptivo da confrontação entre sujeito e objeto, o que Sartre não parece disposto a fazer. Tal deposição permitiria à consciência descobrir, no seu interior translúcido, algo da ordem da opacidade dos objetos. Uma descoberta capaz de realizar aquilo que o próprio Sartre tematizara como sendo a impossibilidade que atravessa o desejo: este encontro da consciência na faticidade opaca do corpo, este "desvelamento do corpo do outro" que é, ao mesmo tempo, "revelação de meu próprio corpo".[37] Encontro que se realizaria quando descubro que "os ombros do outro são um meio para que eu descubra meu corpo como revelação fascinante de minha faticidade, ou seja, como carne".[38]

Referências bibliográficas

BAAS, Bernard. *De la chose à l'objet*. Louvain: Peeters, 1998.

BUTLER, Judith. *Gender trouble*. New York: Routledge, 1999.

FRIE, Roger. *Subjectivity and Intersubjectivity in modern philosophy and psychoanalysis*: a study on Sartre, Biswanger, Lacan and Habermas. Boston: Rowman and Littlefield, 1997.

FREUD, Sigmund. *Gesammelte Werke*. Frankfurt: Fischer, 1999.

HONNETH, Axel. *La lutte pour la reconnaissance*. Paris: Cerf, 2000.

KOJÈVE, Alexandre. *Introduction à la lecture de Hegel*. Paris: Gallimard, 1943.

LACAN, Jacques. *Ecrits*. Paris: Seuil, 1966.

_____. *Le séminaire XI*. Paris: Seuil, 1973.

_____. *Le séminaire I*. Paris: Seuil, 1975.

_____. *Le séminaire II*. Paris: Seuil, 1978.

_____. *Le séminaire VIII*. Paris: Seuil, 2001.

LÉVI-STRAUSS, Claude. Introduction à l'oeuvre de Marcel Mauss. In: MAUSS, M. *Anthropologie et sociologie*. Paris: PUF.

MERLEAU-PONTY, Maurice. *Le visible et l'invisible*. Paris: Gallimard, 1964.

---

[37] SARTRE. *L'être et le néant*, cit., p. 429.

[38] Idem, p. 429.

Safatle, Vladimir. *A paixão pelo negativo*: Lacan e a dialética. São Paulo: Unesp, 2006.

Sartre, Jean-Paul. *L'être et le néant*. Paris: Gallimard, 1996.

_____. Itinerário de um pensamento. In: Sader (Org.). *Vozes do século*: entrevistas da New Left Review. São Paulo: Paz e Terra, 1997.

_____. *La transcendance de l'Ego*. Paris: Vrin, 1992.

III. Pintura e Filosofia

Típica ou criação: o problema da universalidade à luz da teoria merleau-pontyana da expressão

Marcos José Müller-Granzotto

1.

A leitura do prefácio à obra *Phénoménologie de la perception* – em que, a pedido de E. Bréhier, Merleau-Ponty procurou explicitar o que, naquele escrito, se deveria entender por fenomenologia – já é suficiente para se diagnosticar uma concepção de fenomenologia que não é necessariamente aquela de Husserl. O que outros textos, sobretudo os dedicados à investigação da obra tardia de Husserl, vêm confirmar. Para Merleau-Ponty, ao se propor suspender a atitude natural e conduzi-la às bases rigorosas de uma filosofia crítica, Husserl também almejava salvaguardar aquilo que havia de verdadeiro na atitude natural, precisamente, a primordialidade da experiência de abertura a um mundo que, antes de ser objeto, era carnalidade corporal. E todo o empenho da *Phénoménologie de la perception* seria descrever essa primordialidade que, malgrado haver reconhecido, Husserl não quis tratar, senão como metabase de um processo redutivo que, em última instância, deteria o meio, sem o qual, essa metabase permaneceria no silêncio de cada vida empírica. Diferentemente de Husserl, portanto, Merleau-Ponty acreditava ser possível acolher, daquela metabase, um tipo de saber, ao qual chamou de consciência perceptiva e cuja explicitação não deveria nada à consciência de ato. Ao contrário, é a consciência de ato que, para fazer sentido, precisaria exprimir, nela mesma, o funcionamento de uma consciência primitiva. Razão pela qual, por meio disso que chamou de reflexão radical, Merleau-Ponty operaria como se fosse um psicanalista a identificar, nas contradições e falhas inerentes aos prejuízos clássicos, sobretudo quando diante do desafio de esclarecer a anomalia, a vigência de um sentido primitivo. Ou, conforme outra figura dileta de Merleau-Ponty, ele operaria tal qual arqueólogo cuja tarefa fosse redescobrir "a figura do mundo da percepção... incrustada sob os sedimentos de conhecimentos ulteriores" (1952b: 403).

Mas esse projeto de *restituição do mundo da percepção* (1952: 402), reconheceu Merleau-Ponty no texto de candidatura ao *Collège de France* em 1952, não alcançou um resultado plenamente satisfatório. Apesar de haver introduzido, na análise da relação entre o sujeito, seu corpo e o mundo, o *ponto de vista da experiência* – e que é aquele por cujo meio assumimos uma certa situação física ou histórica –, apesar de haver revelado que, deste ponto de vista, o sentido do que aparece é sempre algo que se exprime como excesso junto às relações de implicação temporal que caracterizam nossa atualidade corporal, "o estudo da percepção não pode nos ensinar mais do que uma 'má ambigüidade', a mistura (*mélange*) da finitude e da universalidade, da interioridade e da exterioridade" (1952b: 409).

De fato, conforme a *Phénoménologie de la perception,* é por causa de meu corpo e de sua capacidade para fazer convergir, no campo presente, orientações que se perderiam para sempre, que se estabelece o acesso a um mundo (MERLEAU-PONTY, 1945: 277). Mas, no entanto, é por que o mundo já carrega consigo certas orientações e um certo sentido de totalidade que meu corpo pode encontrá-los, exprimi-los, enfim, retomá-los (1945: 369 e 373). E toda a dificuldade é compreender o que permitiria, ao meu discurso e a todos os meus comportamentos, enfim, o reconhecimento daquilo que há para ser retomado. Se é plausível que seja de maneira expressiva que meus comportamentos deflagrem totalidades – entendendo-se por isso relações de implicação temporal para os dados e co-dados de minha experiência –, não é de forma alguma plausível que essas totalidades expressas correspondam a um universal ambíguo e inacabado, a meio caminho entre a minha experiência e a do outro.

De toda sorte, acrescenta Merleau-Ponty, *há no fenômeno de expressão uma* "boa ambigüidade" (1952b: 409). Pois, ainda que não possamos admitir a "universalidade lógica" daquilo que nossas experiências exprimem, isso que elas exprimem é indissociável de um certo investimento corporal que podemos retomar, refazer, compartilhar. O que assinala para uma outra maneira de se compreender não a expressão, mas a universalidade. Esta não residiria tanto no fato de que aquilo que eu exprimisse fosse igual para todos; quanto no fato de que minha operação expressiva poderia ser retomada por todos, ainda que não da mesma maneira. Tratar-se-ia de uma "universalidade estética", tal qual aquela atribuída por Kant aos juízos de gosto, no segundo momento da Analítica do Belo (1791: 59), e cuja realização não seria decorrência de conceitos, mas da experiência do julgar. Ora, a partir da compreensão da natureza estética da universalidade dos atos expressivos, Merleau-Ponty apercebeu-se de que a restituição do mundo da percepção não se deveria realizar tanto como uma investigação arqueológica, voltada para um universal que já estivesse sedimentado e que a reflexão teria de recuperar. Tal restituição deveria se realizar antes como uma investigação desse poder de retomada, a que Merleau-Ponty passou a chamar de comunidade corporal ou mundo intersubjetivo. Este não seria o desdobramento de uma causa ou *télos*, mas a possibilidade que a contingência de minha existência carnal reserva, precisamente, a de se deixar retomar de maneira mais ou menos inédita, de onde resultaria, como totalidade expressa, um sentido de conjunto tanto menos ambíguo quanto mais reeditado por esses comportamentos sintéticos, resumidos, econômicos, que são os comportamentos simbólicos, e de cuja capacidade de repetição se depreende isso que chamamos de verdade. E eis que, nos textos posteriores a 1945, tanto naqueles escritos até 1952, quanto naqueles que, apesar não escritos até aquela data, foram então anunciados por Merleau-Ponty, este se propôs uma nova tarefa, que ele próprio definiu da seguinte maneira:

> [N]os meus dois primeiros trabalhos [*Structure du comportement* e *Phénoménologie de la perception*] procurava restituir o mundo da percepção. Estes que nós preparamos pretendem mostrar como a comunicação com o outro e o pensamento retomam e ultrapassam a percepção que nos iniciou na verdade. (1952b: 402)

Entenda-se, Merleau-Ponty não estaria aqui renunciando à retomada do mundo da percepção. Tampouco estaria ele afirmando que o mundo da percepção careceria de um sentido autônomo. Apenas dizendo que esse sentido, bem como sua retomada, ele os deveria tentar por uma teoria da intersubjetividade e da verdade. Pois, é o mundo intersubjetivo o desdobramento, a retomada daquilo que a *Phénoménologie de la perception* já reconheceu como condição do acesso ao fenômeno, ao sentido, ao mundo perceptivo, a saber, a expressividade corporal. Mas, à diferença da *Phénoménologie de la perception*, essa expressividade não seria mais a maneira específica segundo a qual a consciência perceptiva se projetaria em direção ao sentido. Tampouco estaria ela, a expressividade, subordinada a um universal, a uma lei ou totalidade que o mundo doaria ao corpo. A expressividade – que cada um de meus comportamentos retoma, fundando, dessa forma, uma seqüência, uma tradição, uma cultura – seria um ato de recriação daquilo que estivesse co-dado como horizonte temporal. E é justamente o tema da recriação, da retomada, aquilo que haveria de substituir o prejuízo que determinou a *má ambigüidade* do projeto arqueológico de retomada do mundo da percepção, a saber, a presunção de que o mundo da percepção fosse um universal ao qual nossos comportamentos se ligariam de direito, por uma via expressiva.

Em 1952, neste inédito que encaminha a Martial Guéroult, e onde faz uma espécie de balanço de sua produção até aquele momento, bem como uma projeção do que ainda planejava fazer, Merleau-Ponty afirma que: os textos *La doute de Cézanne* e *Le roman et la Métaphysique* – ambos de 1945 –, assim como o texto de 1949, que tratava de filosofia da história e que se chama *Humanisme et Terreur*, todos eles "tocam" no tema da instauração do mundo intersubjetivo ou cultural. E ainda que, neles, os conceitos de consciência perceptiva e universalidade do mundo reaparecessem, já não se tratava mais de um retorno ao mundo da percepção, quanto de uma descrição da experiência criadora. Experiência essa que determina, conforme Merleau-Ponty, a maneira como nossa vida primitiva reaparece junto às nossas experiências tardias, especialmente junto às experiências simbólicas. É bem verdade que, na própria *Phénoménologie de la perception*, Merleau-Ponty fala da expressividade como uma potência para instaurar sentido no que dele carecia. Mas lá esse tema ainda é periférico, como se ele fosse tributário de um esclarecimento fenomenológico relativo a um tipo primitivo de expressividade, que é a expressividade passiva do corpo diante do mundo. De toda sorte, *La doute de* Cézanne e os demais textos escritos entre 45 e 52 promoveram uma certa transformação do ponto de vista que, entretanto, só veio a se consolidar com os projetos *La prose du monde* e *L'Origine de la vérité*, os quais Merleau-Ponty nunca chegou a concluir inteiramente. Mas, o que exatamente Merleau-Ponty entende por criação? Em que sentido essa noção dá novo *status* ao conceito fenomenológico de expressão? Até que ponto, realmente, ele muda o modelo de ligação entre o singular e o universal proposto na *Phénoménologie de la perception*?

2.

Na *Phénoménologie de la perception*, Merleau-Ponty já fala da expressão como criação. *Em todas as partes a expressão é criadora e o expresso é sempre inseparável dela* (1945: 448). Mas, ainda assim, acredita que essa criação esteja orientada a partir de um universal, que é o tecido do mundo, no caso da expressão perceptiva, ou o tecido das formas de expressão já criadas, no caso da expressão simbólica. Este universal comportaria todas as possibilidades, das quais nosso corpo seria como que uma típica. Nas palavras de Merleau-Ponty,

> existe uma lógica do mundo que meu corpo inteiro esposa e pela qual coisas intersensoriais se tornam possíveis para nós. [...] Ter um corpo é possuir uma montagem universal, uma típica de todos os desenvolvimentos perceptivos e de todas as correspondências intersensoriais para além do segmento do mundo que efetivamente percebemos. [Uma coisa, segundo esse raciocínio], não é efetivamente dada na percepção, ela é interiormente retomada por nós, reconstituída e vivida por nós enquanto é ligada a um mundo do qual trazemos conosco as estruturas fundamentais, e do qual ela é apenas uma das concreções possíveis. (1945: 377)

Ora, no texto *La doute de Cézanne*, Merleau-Ponty parece começar a se afastar dessa concepção. Ao tentar entender os questionamentos que Cézanne dirigiu ao programa que ele mesmo – Cézanne – formulou, a saber, retomada pictórica da expressividade da natureza, Merleau-Ponty compreendeu que o artista não dispunha de um universal que, de antemão, garantiria o êxito da criação. Mas, nem por isso, Cézanne estava condenado à singularidade. Pois suas obras podiam ser retomadas não só por ele, mas por quem quer que fosse. E eis que se revela, para Merleau-Ponty, esse novo tipo de universalidade, que não é decorrência da vigência de um modelo, de um arquétipo ou típica, mas algo inerente à própria estrutura da criação. Precisamente, a criação só adquire sentido *a posteriori*, quando é retomada, seja pelo próprio artista, seja pelo público. O que seria o mesmo que dizer que aquilo que a obra exprime, tal não haveria de ser senão um apelo de continuidade. E a dúvida de Cézanne, muito antes do que a admissão de um fracasso, seria então a confirmação da vocação deste artista à universalidade.

De fato, ao introduzir o problema da dúvida de Cézanne, da incerteza do gênio relativamente ao êxito de sua arte, Merleau-Ponty parece querer conduzir o leitor àquilo que a *Phénoménologie de la perception* não se cansava de sinalizar, precisamente: que é junto à nossa experiência primordial da natureza que haveríamos de encontrar o sentido de nossas interrogações. Mesmo porque, a proposta de Cézanne em pintura – como o próprio Cézanne a formulou – era a de "perceber a harmonia que se exprime nas diversas inter-relações da experiência vivida, transpondo-as para um sistema próprio, elaborando-as de acordo com uma lógica nova e original" (Cézanne, 1903: 44). Todavia, o desdobramento do texto de Merleau-Ponty não confirma esse itinerário. De certo modo, Merleau-Ponty mostra que a natureza não pode convencer Cézanne de seu êxito ou fracasso. O que, entretanto, não ratifica as opiniões de Émile Bernard e Émile Zola, para quem, ou Cézanne não foi capaz de administrar bem as influências que recebeu da história da arte, ou não foi capaz de superar as limitações impostas pela constituição esquizóide. Para Merleau-Ponty, tanto as supostas "influências", quanto a doença não impunham obstáculos para a obra de Cézanne: eram mesmo sua matéria-prima. E se nada podia responder a dúvida do pintor relativamente à sua própria obra, é porque, talvez, isso fosse constitutivo da própria obra. Talvez a obra não fosse aquilo acerca do que pudéssemos ter certeza, mas aquilo que estaria sempre a nos interrogar, aquilo que devêssemos sempre retomar. O que não só explicaria os constantes recomeços de Cézanne, quanto sua insistência na pergunta sobre o sentido de seus quadros.

Evidentemente, Merleau-Ponty não estaria sugerindo que o negócio de Cézanne não fosse a natureza. Não bastasse a obra, as cartas de Cézanne tornavam manifesto que o objetivo perseguido por Cézanne era realizar, nos quadros, aquele mesmo mistério vivido no mundo da percepção, e que se poderia descrever como a experiência de descoberta de uma totalidade visível, manifestando-se para além da singularidade das impressões sensíveis. "Busco a realização daquela parte da natureza que, entrando na nossa linha de visão, nos dá o quadro" (Cézanne, 1904: 257). Mas, como bem mostra Merleau-Ponty, a tal parte da natureza não deve ser entendida a partir daquilo que as teorias de arte, *vigentes* na época, poderiam explicar.

> Cézanne não acha que deve escolher entre a sensação e o pensamento, assim como entre o caos e a ordem. Não quer separar as coisas fixas que nos aparecem ao olhar de sua maneira fugaz de aparecer, quer pintar a matéria ao tomar forma, a ordem nascendo por uma organização espontânea. (1945b: 23)

Se Cézanne tivesse de estabelecer uma divisão entre domínios, certamente não seria entre os "sentidos" e a "inteligência". Pois, em sua prática de pintor, ele bem sabia da relação de consórcio que se exigia de ambas. A linha divisória poderia quando muito estar entre *a ordem espontânea das coisas percebidas* e a *ordem humana das idéias.* Como diz Merleau-Ponty,

> percebemos coisas, entendemo-nos a seu respeito, nelas ancoramos e é sobre este pedestal de "natureza" que construiremos ciência. [E eis aqui] o mundo primordial que Cézanne quer pintar. (Merleau-Ponty, 1945b: 23)

> [Eis por que] seus quadros dão a impressão da natureza à sua origem, enquanto que as fotografias das mesmas paisagens sugerem os trabalhos dos homens, suas comodidades, sua presença iminente. (1945b: 23)

Mas em que sentido se poderia pintar a natureza primordial? Como Cézanne haveria de consegui-lo? Cézanne não estaria aqui diante da mesma dificuldade metodológica enfrentada por Merleau-Ponty, quando este se propunha *retomar o mundo da percepção*? Sem dúvida que sim. Mas, diferentemente daquilo a que se propunha Merleau-Ponty na *Phénoménologie de la perception*, Cézanne se preocupava menos em compreender o mistério do mundo e mais em desencadeá-lo por outros meios, junto à obra pictórica. E vem daí seu emprego conjugado das noções de expressão e criação. Se a pintura quisesse realmente retomar essa zona de contato entre a percepção e a cultura, ela não poderia ser "uma imitação, nem, por outro lado, uma fabricação segundo os votos do instinto e do bom gosto" (MERLEAU-PONTY, 1945b: 30). Ao contrário, ela teria de ser uma operação criadora, não de um conceito ou substrato empírico, mas de *expressão*, entendendo-se por expressão o milagre da emergência autóctone de um sentido de conjunto entre os materiais pictóricos presentes, nossos dispositivos anatômicos e nossas vivências temporais, fossem elas simbólicas ou perceptivas. Esse sentido expresso, portanto, não seria a conseqüência de uma causa ou finalidade exterior, ele seria antes uma composição espontânea, em que cada parte se estabelecesse para outra como uma espécie de horizonte no espaço e no tempo vividos. Para Cézanne, nesse sentido, mesmo que o pintor tivesse de interferir, modificando a disposição do espaço, mesmo que tivesse de alterar as cores e as formas dos materiais, mesmo que devesse intensificar a intensidade dos movimentos, isso não deveria impedir que um sentido de conjunto se sobrepusesse às decisões do artista, independentemente de elas terem sido bem-sucedidas ou malsucedidas. O que, evidentemente, não significa desprezar a participação do artista e do modelo. Pois, mesmo que não seja eu a determinar, exclusivamente, essa ordem excedente de meus atos; mesmo que não seja eu a decidir sobre esse sentido de conjunto sobressalente, é por meio de meus atos que ela se *objetiva*, *projeta*, *fixa*, como se tratasse de um efeito involuntário, mas, nem por isso, desvinculado de minha vida (MERLEAU-PONTY, 1945b: 30).

Para ilustrar esse emprego da noção de criação como expressão, Merleau-Ponty lembra a carta em que Cézanne confessa ter desejado pintar, durante toda sua juventude, uma descrição de Balzac em *A pele de Onagro* e, segundo a qual, havia "uma toalha branca como uma camada de neve recentemente caída e da qual ascendem simetricamente os talheres coroados por pãezinhos dourados" (Merleau-Ponty, 1945b: 31). Conforme a leitura que Merleau-Ponty faz da carta do então velho Cézanne, a expressão teria escapado aos esforços do pintor porque ele teria começado por tentar apreendê-la por esforço próprio, isto é, porque ele começou por tentar construí-la, com seu pensamento, com suas faculdades, com suas habilidades. Mas ele terminou por compreender a inutilidade desses esforços, pois a expressão não é uma operação deliberada. Ela é um efeito que, ao mesmo tempo em que se apóia em nossa ação, não se reduz a ela. Daí porque disse:

> [...] sei agora que é preciso querer pintar apenas: "elevam-se simetricamente os talheres" e "pãezinhos dourados". Se eu pintar "coroados", estarei fodido, entende? Se verdadeiramente equilibro e matizo meus talheres e meus pães como na natureza, tenha certeza de que as coroas, a neve e todo o tremor aí estarão. (1945b: 21)

Ou seja, o expresso não se deixa construir, ele transparece do arranjo das coisas. Razão pela qual, assevera Merleau-Ponty, "(o) pintor que pensa e que procura a expressão começa por faltar ao mistério da aparição de alguém na natureza, renovado a cada vez que olhamos" (1945b: 27).

Ora, observa Merleau-Ponty, Cézanne sabe que, para se

> exprimir o mundo, é preciso que a composição das cores traga em si este Todo indivisível; de outra maneira, sua pintura será uma alusão às coisas e não as mostrará numa unidade imperiosa, na presença, na plenitude insuperável que é para todos nós a definição do real. (1945b: 26)

Mas isso é uma tarefa infinita. Conseqüentemente, não é algo acerca do que possamos ter certeza. De onde se segue, conclui Merleau-Ponty, que a dúvida de Cézanne não se explica, no essencial, por sua constituição nervosa, mas pela intenção de sua obra. Afinal o *sentido do que vai dizer o artista*, o sentido de conjunto que Cézanne quer exprimir

> não *está* em nenhum lugar, nem nas coisas, que ainda não são sentido, nem nele mesmo, em sua vida informulada. Invoca a passagem da razão já feita, em que se fecham os "homens cultivados", a uma razão que abrangeria as próprias origens. (1945b: 32)

Mas, para Merleau-Ponty, isso não quer dizer que a obra de Cézanne não possa jamais ser compreendida, não possa jamais valer de maneira universal. Sem dúvida, diferentemente do físico, o pintor não goza do benefício de poder medir o seu objeto a partir de um critério que permaneça disponível, ou que, pelo menos, não temos de constantemente reconstruir. "Uma nova teoria física pode se provar porque a idéia ou o sentido está ligado pelo cálculo a medidas que pertencem a um domínio já comum a todos os homens", o que não se verifica na pintura. Mas, no entanto, ressalta Merleau-Ponty, um "pintor como Cézanne, um artista, um filósofo, podem não somente criar e exprimir uma idéia, quanto despertar as experiências que a vão enraizar em outras consciências" (MERLEAU-PONTY, 1945b: 33). E é justamente aí, nessa capacidade para desencadear sua própria retomada noutras instâncias, junto a outras pessoas, que reside aquilo que pode assegurar a universalidade da obra de arte. Evidentemente, trata-se aqui de um outro emprego da noção de universalidade, cujo acento não recai tanto naquilo que a obra em cada caso exprimiria, mas naquilo que a pode restabelecer como empreendimento expressivo, precisamente, sua relatividade, seu não-acabamento. E alcançamos aqui o tema da boa ambigüidade do fenômeno da expressão.

> Se a obra é bem-sucedida [diz Merleau-Ponty], tem o estranho poder de transmitir-se por si. Seguindo as indicações do quadro ou do livro, tecendo comparações, tateando de um lado e de outro, conduzido pela confusa clareza de um estilo, o leitor ou o espectador acaba por reencontrar o que se lhe quis comunicar [muito embora talvez não seja mais do que um apelo]. O pintor só pode construir uma imagem. É preciso esperar que esta imagem se anime para os outros. Então a obra de arte terá juntado estas vidas separadas, não mais unicamente existirá numa delas como sonho tenaz ou delírio persistente, ou no espaço, qual tela colorida, vindo a indivisa habitar vários espíritos, em todo, presumivelmente, espírito possível, como uma aquisição para sempre. (1945b: 33)

3.

Ora, assim descrita, a *boa ambigüidade do fenômeno da expressão* traz à tona uma articulação original entre os conceitos de universalidade e comunidade. Mas, aos leitores da *Crítica da faculdade de julgar*, tal articulação não é tão original assim. Afinal, Kant já falava de uma certa "universalidade estética", a qual não podia ser confundida com a idéia lógica de universalidade. Ademais, ele também reconhecia o caráter eminentemente comunitário dessa noção de universalidade. Razão pela qual, devemos nos perguntar, o que realmente a noção de expressão traz de novo para o entendimento do conceito de universalidade?

Na *Analítica do belo*, como sabemos, Kant não fala de conceitos, tanto menos de objetos empíricos. Ele se ocupa de um tipo específico de juízo reflexionante, que é o juízo de gosto. Como juízo reflexionante e, portanto, juízo que trata de produzir a regra de conformidade entre o múltiplo sensível e um determinado fim transcendental estabelecido pela razão pura, o juízo de gosto é uma forma de expressão que não carece de princípio determinante, sequer de conceito. Mas, ainda assim, acredita Kant, tal juízo é universal. O que nos levaria à pergunta: como algo que não esteja investido de um conceito pode lograr um *status* universal? Kant responde a essa questão introduzindo a noção de "universalidade estética",[1] entendendo por isso a "faculdade" ou "poder" que esses juízos têm para suscitar, junto ao interlocutor, uma reação espiritual ao motivo que formulam, precisamente, o de se construir, para o múltiplo sensível, uma regra de conformidade a um fim, naquela ocasião, indeterminado. Tal reação, esclarece Kant, não é uma resposta mediada por conceitos, ou por um valor adquirido em função do hábito social. Ou, então, não se trata de uma aquisição do senso comum. Ao contrário, trata-se de um sentimento de complacência, nos termos do qual cada falante retoma, por si e de maneira espontânea, a demanda formulada pelo juízo estético do outro. Antes de Merleau-Ponty, portanto, Kant apresenta a idéia de uma universalidade produzida pelos atos de retomada que, reciprocamente, os membros de uma comunidade implementam.

Mas, devemos consentir, não há em Merleau-Ponty nada que se pareça com um interesse transcendental ou proposição fundamental da *Razão Pura*. Em Kant, são proposições desse tipo que explicam, em última instância, o que estaria a exigir um juízo de gosto, bem como sua retomada pelo interlocutor, a saber: a inclinação transcendental de todo ser racional a "gozar", nos termos de uma complacência desvinculada de todo interesse objetivo e empírico, a unidade entre o que é dado à razão e o que por ela é produzido. Para Merleau-Ponty, como esclarece o texto *Prose du Monde*, na década de 50, não há um espírito ou

[1] Para Kant, "aqui se deve notar, antes de tudo, que uma universalidade que não se baseia em conceitos de objetos (ainda que somente empíricos) não é absolutamente lógica, mas estética, isto é: não contém nenhuma quantidade objetiva no juízo, mas somente uma subjetiva, para a qual também utilizo a expressão *validade comum* (*Gemeingültigkeit*), a qual designa a validade não da referência de uma representação à faculdade de conhecimento, mas ao sentimento de prazer e desprazer para cada sujeito" (Kant, 1791: 59).

Razão a motivar o trabalho criador de cada artista.[2] E se um ato de criação tornou-se, para o próprio artista e para o público, um motivo de retomada, tal se deve à vigência, em cada caso, de uma intencionalidade primitiva, a qual não guarda nenhum parentesco com essa intencionalidade superior, que são os interesses transcendentais da Razão. Ao contrário, tal intencionalidade primitiva estaria mais próxima daquilo que Kant denominava de arte escondida da imaginação; que é aquela que não só assegura, aos conceitos do entendimento, aplicabilidade à experiência fenomênica, mas também cria a regra de unificação da experiência fenomênica, de modo que essa possa ser pensada por um conceito. Aliás, na Introdução à *Phénoménologie de la perception*, Merleau-Ponty procura inferir, da teoria kantiana do juízo estético (segundo a qual haveria uma unidade do sensível e do conceito que é ela mesma sem conceito), a tese de que: a arte escondida da imaginação (e que vigeria no âmbito dos juízos de gosto) deveria condicionar não apenas o juízo estético, mas também a atividade categorial, o conhecimento por inteiro. Dessa forma, Merleau-Ponty quereria induzir a compreensão de que, muito aquém do *eu* penso, e de seus interesses transcendentais, a atividade criadora da imaginação instituiria um sentido, tal qual uma teleologia autóctone da natureza. Tal atividade criadora não se distinguiria da constituição temporal de cada qual, ela própria a matriz do trabalho ininterrupto de retomada.

Ora, sem dúvida, alguém poderia lembrar que, na *Phénoménologie de la perception*, por ser a atividade criadora algo da ordem do "si", esta ainda precisava da caução de um universal que lhe assegurasse valor intersubjetivo. Não era este um universal transcendental, mas sensível, de onde a *má ambigüidade* de que falava Merleau-Ponty: como um sensível, que é "em si", pode ser um "para nós"? Ou, então, como algo finito, como o sensível, pode valer universalmente? Todavia, em *La doute de Cézanne*, não obstante o fato de Merleau-Ponty insistir na caracterização da expressão como um empreendimento mobilizado a partir de um "si", que é a consciência perceptiva, para poder usufruir uma vida intersubjetiva, os infinitos "si" não careceriam mais de um universal dado de antemão. Ao contrário, eles são agora descritos como criadores, os quais, não obstante o fato de não poderem prescindir de uma história que retomam, não têm nessa

---

2 Em um artigo intitulado *Juízo estético e intencionalidade operante* (Müller, 2001b) trato desta temática.

história a condição suficiente da universalidade do que exprimem. A universalidade daquilo que esses criadores exprimem é antes decorrência da ambigüidade e não-acabamento da obra de cada qual. Por outras palavras, ela é decorrência do caráter dúbio de suas obras. Pois, somente quando se apresentam como dúvida é que essas obras podem solicitar o julgamento de outrem e, conseqüentemente, valer para ele. A dubitabilidade dos atos de expressão, nesse sentido, cria a comunidade; e a universalidade é apenas uma referência à comunicabilidade gerada pela dúvida expressa. É tão-somente nesse sentido que podemos fazer uma analogia entre *La doute de Cézanne* e a *Analítica do Belo*. Em Kant,[3] o sentimento de prazer no objeto não é condição de seu ajuizamento, mas resultado deste. Da mesma forma, em Merleau-Ponty, a universalidade da obra de Cézanne não é condição para que ela possa ser retomada pelo público, mas é uma decorrência dessa retomada.

De toda sorte, a retomada não aconteceria não fosse o caráter ambíguo e não acabado dos nossos atos de expressão. E eis aqui a contribuição da teoria merleau-pontyana da expressão no esclarecimento do que seja a universalidade. É por ser ambíguo e inacabado que o expresso viabiliza a intervenção de outrem e, em conseqüência, a comunicabilidade da obra. A universalidade não se distingue dessa comunicabilidade.

4.

Se comparado à obra *Phénoménologie de la perception*, o texto *La doute de Cézanne* revela uma significativa mudança na maneira como Merleau-Ponty procurou compreender a relação entre o particular e o universal. Afinal, mais do que afirmar que a atividade criadora não responde a nenhum princípio metafísico ou transcendental, Merleau-Ponty está a dizer que tal atividade não carece de um universal dado de antemão, mas que ela é o campo de nascimento do universal. Trata-se já de um novo ponto de vista, que põe em realce o caráter constituinte da atividade criadora. Este caráter, entretanto, não implica a tese

---

[3] À questão se, no juízo de gosto, o sentimento de prazer precede o ajuizamento do objeto ou se este ajuizamento precede o prazer, Kant respondeu: "Logo, é a universal capacidade de comunicação do estado de ânimo na representação dada que, como condição subjetiva do juízo de gosto, tem de jazer como fundamento do mesmo e ter como conseqüência o prazer" (Kant, 1791: 61).

de que, por meio de nossos comportamentos, instituiríamos algo já acabado e despido de ambigüidade para o outro. Ao contrário, as totalidades que se exprimem como excesso junto à nossa atividade criadora são, antes, projetos cujo traço constitutivo é justamente o não-acabamento e a ambigüidade. Trata-se de apelos de continuidade, por meio dos quais: o outro é convidado a interagir, a retomar e refazer o que, até então, era só uma promessa. E eis então que o que estava destinado ao esquecimento e à degradação adquire um valor intersubjetivo, cuja forma extrema é que chamamos de universalidade. Não obstante o fato de que, nos textos posteriores, Merleau-Ponty paulatinamente abandona a fórmula da expressão como um excesso produzido pela consciência perceptiva, vindo a defini-la como um excesso produzido no âmbito de um campo de diferenciação, o filósofo conservou essa novidade introduzida na *Doute de Cézanne*, precisamente, a tese de que a universalidade é, antes, um apelo de continuidade expresso pela obra:

> [O] indispensável na obra de arte, o que a torna muito mais que um meio de prazer, um órgão do espírito, cujo análogo há de se encontrar em qualquer pensar filosófico ou político se for produtivo, é que contenha, melhor que idéias, *matrizes de idéias*, que nos forneça emblemas cujo sentido não cessará de se desenvolver, que, precisamente por nos instalar em um mundo do qual *não temos a chave*, nos ensine a ver e nos propicie enfim o pensamento como nenhuma obra analítica o pode fazer, pois que a análise só revela no objeto o que nele já está. (1950a: 101)

Referências bibliográficas

Cézanne, Paul. (1903) Apud Barnes, Rachel (Org.). *Os artistas falam de si próprios*: Cézanne. Trad. Maria Celeste Guerra Nogueira. Lisboa: Dinalivro, 1993.

_____. (1904) Carta Émile Bernard (23 de outubro de 1905). *Correspondência*. Trad. Antonio de Pádua Danesi. São Paulo: Martins Fontes, 1992.

Kant, Immanuel. (1791) *Crítica da faculdade de julgar*. Trad. Valério Rodhen e Antônio Marques. Rio de Janeiro: Forense Universitária, 1993.

Merleau-Ponty, M.(1942) *La Structure du comportement*. Paris: PUF, 1942.

_____. (1945a) *Phénoménologie de la perception*. Paris: Gallimard, 1945.

_____. (1945b) *Sens et non-sens*. Paris: Gallimard, 1966.

_____. (1950a) *Prose du monde*. Paris: Gallimard, 1968.

_____. (1952b) Candidature au Collège de France – Un inédit de Merleau-Ponty. *Revue de métaphysique et de morale*, (67): 401-9, 1962.

_____. (1960 a) *Signes*. Paris: Gallimard, 1960.

_____. (1960b) *L'oeil et l'esprit*. Paris: Gallimard, 1964.

_____. (1960c) *Le visible et l'invisible*. Paris: Gallimard, 1964.

MÜLLER, Marcos José. (2001) Reflexão estética e intencionalidade operante. *Manuscrito, XXIV*

(2)125-54, out. 2001.

Resumo: Neste trabalho apresento uma hipótese de leitura do texto La doute de Cézanne, e segundo a qual, conforme indicou o próprio Merleau-Ponty anos mais tarde, naquele escrito, já podemos encontrar uma alternativa teórica à má ambigüidade da relação que deveria assegurar, na *Phénoménologie de la perception*, a universalidade das vivências do corpo próprio, precisamente, a relação corpo – mundo. Tal alternativa diz respeito à noção de criação expressiva. Essa noção não suprime a ambigüidade da relação corpo – mundo, mas faz ver que a universalidade não é uma decorrência do mundo ou do corpo como típica do mundo. Ao contrário, a universalidade é agora aquilo que se exprime na ambigüidade das relações que o corpo cria junto ao mundo, a saber, apelo de continuidade. E eis por que Merleau-Ponty dirá que há, na criação expressiva, uma boa ambigüidade.

Palavras-chave: Expressão – mundo da percepção – universalidade – pintura

Abstract: In this paper I intend to show a reading hypothesis about the article La doute de Cézanne, according to which, as Merleau-Ponty pointed out years later, we can find a theorical alternative to the bad ambiguity of the relation that is supposed to guarantee, in the Phénoménologie de la perception, the universality of the experienced in life of the own body, namely, the body-world relation. This alternative has to do with the notion of expressive creation. This notion doesn't abolish the ambiguity of the body-world relation, rather it makes us realize that the universality is not a consequence of the world or the body understoods as a framework of the world. On the contrary, the universality turns out to be what expresses itself in the ambiguity of the relation that the body creates on the world, namely, the appeal of the continuity. Therefore Merleau-Ponty will say, in the creation, there is a good ambiguity.

Key-words: Expression – World of the perception – Universality - Painting

O ENIGMA DO OLHAR

Claudinei Aparecido de Freitas da Silva

1.

Em seu enlace com o programa de *reabilitação ontológica do sensível*,[1] a percepção visual se desvela, na imensa rede temática merleau-pontyana, como um fio condutor decisivo rumo ao mistério de *nós mesmos*. Como anuncia Merleau-Ponty numa de suas notas de *O visível e o invisível*, se "quisermos compreender a subjetividade, a solução deve ser buscada na própria visão"[2] e, inusitadamente, a visão expressa aqui como "enigma". À primeira vista, é de surpreender quanto ao caráter um tanto excêntrico e desconcertante dessa tese, pois em que uma ocorrência tão trivial como o olhar suscitaria algum aprofundamento ontológico, ainda mais quando se imprime nessa compreensão algo de "misterioso"? E uma vez mais, como esse evento nos permite, aceder a uma experiência inédita do "sujeito", propiciando a sua devida resolutividade teórica?

Ora, para Merleau-Ponty, o tratamento dessa intrincada questão implica revolver a tradição filosófica, para revisitar nela própria, como se cristalizaram seus conceitos fundamentais em sua relevância metafísico-epistemológica. Assim, no afã de afastar-se à experiência do mundo, o *pensamento clássico* expede para o limbo do *non sens*, as noções de "visão", "imagem", "linguagem", "corporeidade", "sensação". Oriundos de nossa experiência mundana, tais termos em nada evocam um saber de primeira grandeza compartilhado, num mesmo plano, à região da *psique* e, por isso, são sumariamente descredenciados de qualquer brio ontológico. Noutra direção, malgrado o acordo entre ciência e metafísica em curso no *grande racionalismo* do século XVII, o primado gozado pelo *cogito* (inclusive no empirismo clássico), inspira o *pequeno racionalismo* em sua expressão mais dogmática: o cientificismo. Em sua obsessão metódica, a ciência adota como *modus operandi* uma prática intervencionista, controladora e

---

[1] MERLEAU-PONTY, M. *Signes*, p. 210.

[2] MERLEAU-PONTY, M. *Le visible et l'invisible*, pp. 247-8.

pré-destinadora diante da natureza, *manipulando as coisas e renunciando habitá-las*.[3] Ao abster-se a um esclarecimento ontológico de suas premissas, ela abandona sua pátria natal: "é como se o saber ocidental afastasse de tal modo de si o Ser e o mundo que não mais está nele".[4] Nessas condições, tal *saber* recusa-se dirigir à mistura entre o mundo e nós que precede a "reflexão", pois

> [...] para *ver o mundo* [...], ela deve buscar nela mesma o segredo de nossa ligação perceptiva com ele, que mergulhe no mundo ao invés de dominá-lo, que desça em sua direção tal como ele é ao invés de ascender a uma possibilidade prévia de pensá-lo.[5]

Indiferente ao *mundo vivido*, o cientista persiste em seu *olhar absolutamente puro* eximindo-se, portanto, de adentrar aquele domínio em que intervém o *mistério originário* de sua própria ação.

O cientismo ainda permanece preso, observa Merleau-Ponty, à noção de "visibilidade" em sua função clássica, matricialmente cartesiana. "Ver", define Descartes, "não é uma propriedade do corpo, mas uma *propriedade do pensamento*",[6] já que "é a alma que vê, e não o olho, pois este não vê diretamente, mas somente por meio do cérebro".[7] E se os cegos só vêem com as mãos[8] é

---

3 MERLEAU-PONTY, M. *L'œil et l'esprit*, p. 9.

4 MERLEAU-PONTY, M. *Le visible et l'invisible*, p. 160.

5 Idem, p. 61.

6 Apud MERLEAU-PONTY, M. *Merleau-Ponty à la Sorbonne - résumé du cours: (1949-1952)*, p. 434.

7 DESCARTES, R. *La Dioptrique, Discours VI in Œuvres* AT, (VI), p. 141. Em *O mundo ou Tratado da luz*, Descartes fixa o primado representacionista do cogito perante o conhecimento produzido por nossas percepções visuais: "é igualmente nosso espírito que nos representa a idéia de luz todas as vezes que a ação que a significa toca nosso olho" (p. 4). Esse mesmo pressuposto já reaparece no § 14 da segunda meditação: "assim compreendo, somente pelo poder de julgar que reside em meu espírito, aquilo que acreditava ver com meus olhos" (DESCARTES, R. *Meditações metafísicas*, p. 97). Esse argumento cartesiano da "visão espiritual" é o contraponto paradigmático à ilusão dos sentidos, pois ele justifica a dúvida da percepção sensível. Mas não só. Malgrado não raciocinar mediante os dados corporais, a alma mediante uma espécie de geometria natural (instintiva ou instituída pela natureza) pode ainda "conhecer" e "sentir". A questão é que apesar de operar com leis naturais, a percepção não pode prescindir, conforme admite Descartes, do aparato limitado e "cego" do corpo. E, nessa imagem corrente, o papel desempenhado pela atividade cerebral é absolutamente central, uma vez que é o cérebro quem agencia o transporte

porque nessa vicissitude epistêmica, o fenômeno da luz, antes de aderir à visão, se explica mediante suas propriedades mecânicas como uma ação por contato, tal como as das coisas sobre a bengala do deficiente visual que se comunica tão-somente pela percepção táctil.[9] Sob esta ótica, a imagem retiniana não exprime as coisas vistas, "não é a metamorfose das coisas mesmas em sua visão, a dupla pertença das coisas ao grande mundo e a um pequeno mundo privado. É um pensamento que decifra estritamente os signos dados no corpo".[10] É essa demonstração que, lapidarmente, vemos aplicar-se na metáfora do espelho:[11] artificialmente ilusório, o reflexo especular é desprovido de qualquer poder de transcendência, pois

> [Um] cartesiano não *se* vê no espelho: vê um manequim, um "exterior" do qual tudo faz supor que os outros o vejam do mesmo modo, mas que, para ele próprio como para os outros, não é uma carne. Sua "imagem" no espelho é um efeito da mecânica das coisas; se nela se reconhece, se a considera "semelhante", é seu pensamento que tece essa ligação, a imagem especular nada é *dele.*[12]

Ora, se o espelho não funda uma expressividade das coisas, o que dizer então da arte? Para Descartes, a pintura se inscreve na *absoluta positividade do*

---

mecânico das imagens; ele é uma máquina disposta a obedecer a todas as ações dos espíritos, representando como que *o corpo de um homem em vigília* (DESCARTES, R. *Tratado do homem*, p. 180).

8 DESCARTES, R. *La Dioptrique, Discours I in Œuvres* AT, (VI), p. 84.

9 É notável que, no sistema cartesiano, embora dentre os demais sentidos, a visão seja considerada o mais universal e o mais nobre (Cf. DESCARTES, R. *La Dioptrique, Discours I in Œuvres* AT, (VI), p. 81), esse reconhecimento não lhe garante, em absoluto, uma primazia epistemológica. Assim, se por um lado, a percepção visual é limitada pelo estatuto metafísico do cogito, por outro lado, instaura-se um limite, no plano mesmo da percepção sensível. A visão é imperfeita quando busca imprimir as imagens das coisas, daí o seu necessário aprimoramento pelos instrumentos ópticos. Sob outro aspecto, sua inferioridade epistêmica é flagrante quando comparada ao sentido do tato, já que este é, "dentre todos os nossos sentidos, aquele que é considerado o menos enganoso e o mais seguro" (DESCARTES, R. *O mundo ou Tratado da luz*, p. 5).

10 MERLEAU-PONTY, M. *L'œil et l'esprit*, p. 41.

11 "Não é o olho que se vê a si mesmo, nem o espelho, mas antes o espírito, o qual somente conhece não só o espelho como o olho e a si mesmo" (DESCARTES, R. *Objeções e respostas: § 524*, p. 189).

12 MERLEAU-PONTY, M. *L'œil et l'esprit*, p. 39.

Ser, à medida que os ícones, os quadros são incapazes de desvelar uma universalidade e uma abertura às coisas sem conceito; e, por isso, jamais vislumbram um *poder ontológico mais amplo.*[13] O que a teoria dióptrica[14] não se dá conta – nota Merleau-Ponty – é a presença subjacente em toda expressão pictórica, de uma motivação ontológica na qual haja promiscuidade entre o vidente e o visível, aprofundando entre as coisas corporais e a alma, uma experiência do sentir. Enfim, falta aí, delinear uma ontologia do *sensível*[15] em que a "visão retome seu poder fundamental de manifestar, de mostrar mais que ela mesma".[16]

---

[13] Merleau-Ponty detecta nesse modelo cartesiano da "visão", um *realismo mitológico* (cf. *La structure du comportement*, pp. 204-8). Limitada que é pelas condições do *intuitus mentis*, a visibilidade é operação de *sobrevôo*, jamais *abertura*: A "visão não é coisa se fazendo ver – lá embaixo e em nós. A pintura não é comunicação operante com o visível, mas emprego de um código de signos ou discriminações dadas": (MERLEAU-PONTY, M. *Notes de cours: (1959-1961)*, pp. 176-7).

[14] É significativo que por ocasião de sua morte, conforme testemunha Lefort (Cf. *Préface* in *Notes de cours: (1959-1961)*, p. 7), Merleau-Ponty estivesse especialmente devotado a uma releitura de *La Dioptrique*, encontrada aberta sobre a mesa de trabalho.

[15] Ora, esse *elogio ao sensível* não insinua uma adesão implícita às teses empiristas. Como caracteriza Merleau-Ponty, "a sensorialidade é subentendida por uma relação com o mundo que *não* é uma relação sensorial, mas uma relação *total e afetiva* com as coisas [...] A psicofisiologia vive com a idéia de que se pode, em todo caso, falar de um funcionamento sensorial separado; não devemos mesmo fazer essa concessão: conforme Bachelard, toda qualidade (por exemplo: quente, frio, úmido etc.) é reveladora de um certo modo de sincronização do sujeito encarnado com o mundo. Ou, como sugere Goldstein, a cor é em si portadora de um halo afetivo" (MERLEAU-PONTY, M. *Merleau-Ponty à la Sorbonne - résumé du cours: (1949-1952)*, pp. 521-2). Não concessão, aliás, que se estende à própria fenomenologia de Husserl, à medida que "a crítica visa exatamente a um *a priori* que reúne, em uma mesma família, tanto o cartesianismo quanto o empirismo, e mesmo a fenomenologia. Pois, na recusa em dar ao sensível uma significação, todos eles se mostrarão velhos cúmplices. O empirismo será cúmplice do cartesianismo, quando introduz uma 'associação' ou 'projeção das recordações', encarregadas de explicar o surgimento de uma significação pela qual, *por si só*, o sensível não pode ser responsável. E a fenomenologia será cúmplice de ambos. Pois basta levar a sério que toda redução transcendental é necessariamente eidética, para que a facticidade seja expulsa do território da fenomenologia e para que a constituição – de maneira muito estranha – termine por dar conta apenas das estruturas essenciais do mundo e perca sua 'riqueza concreta'" (MOURA, Carlos A. R. *Racionalidade e crise*, pp. 242-3).

[16] MERLEAU-PONTY, M. *L'œil et l'esprit*, p. 59.

No entanto, o *saber clássico* substancializa o corpo ao defini-lo como objeto, desfigurando seu existir próprio. Ao tomar o corpo enquanto um absoluto exterior sem interior ou absoluto interior sem exterior, a ciência e a filosofia ignoram o "índice de facticidade" em que a ação corporal é, *por extensão*, abertura ao mundo e às coisas. É essa experiência que não se pratica quando tal doutrina esvazia de seu discurso epistêmico todo conteúdo estético, já que, para que a obra de arte se realize em sentido genuíno, é imprescindível a gestualidade corpórea[17] do pintor. Ou, como diz Merleau-Ponty, não se compreende em que medida é "oferecendo seu corpo ao mundo que o pintor transforma o mundo em pintura",[18] o mesmo mundo, no qual somos "introduzidos numa ordem de relações que a fisiologia e a biologia puras não suspeitam".[19] Daí a necessidade de "reexaminar a definição de corpo enquanto puro objeto para compreendermos como pode ser nosso vínculo vivo com a natureza",[20] pois "uma vez que a ciência e a reflexão deixam finalmente intacto o enigma do mundo bruto, somos convidados a interrogá-lo sem nada pressupor".[21]

2.

Nessa trajetória, diversamente de sua acepção clássica, é preciso reconstituir uma outra fisionomia do corpo próprio, isto é, "reencontrar o corpo operante e atual, aquele que não é uma porção do espaço, um feixe de funções, mas um trançado de visão e de movimento".[22] De sua abstrata desfiguração à expressiva transfiguração, este outro "corpo" que agora entra em cena se revela sob a forma de um enigma essencial:

---

17 "Para a tradição cartesiana, os gestos só são expressivos porque de um lado, minha organização corporal está ligada a expressões motoras que, por pura contigüidade, vêm a designar certos estados emocionais e que, de outro lado, a acumulação em nós de certas condutas é um fenômeno social. Essa tradição é contrária a dar um valor expressivo aos gestos, porque então isso seria admitir um laço interno entre o movimento de meu corpo e o psiquismo; isso seria derrubar as fronteiras entre a alma e o corpo" (MERLEAU-PONTY, M. *Merleau-Ponty à la Sobbonne – résumé du cours: (1949-1952)*, p. 553).

18 MERLEAU-PONTY, M. *L'œil et l'esprit*, p. 16.

19 MERLEAU-PONTY, M. *Signes*, p. 85.

20 MERLEAU-PONTY, M. *Le visible et l'invisible*, p. 47.

21 Idem, p. 207.

22 MERLEAU-PONTY, M. *L'œil et l'esprit*, p. 16.

> [...] o enigma é que meu corpo é, simultaneamente, vidente e visível. Ele que olha todas as coisas, também pode se olhar e reconhecer naquilo que vê o "outro lado" de sua potência vidente. Ele se vê vendo, toca-se tocando, é visível e sensível para si mesmo. Ele é um si não por transparência como o pensamento que só pode pensar assimilando o pensado, constituindo-o, transformando-o em pensamento. Mas é um si por confusão, narcisismo, inerência daquele que vê naquilo que vê, daquele que toca naquilo que toca, do senciente ao sentido. É, portanto, um si tomado entre as coisas, o qual possui uma face e um dorso, um passado e um porvir [...] Visível e móvel, meu corpo conta-se entre as coisas, é uma delas, preso no tecido do mundo e dotado da coesão de uma coisa. Mas, porque vê e se move, meu corpo mantém as coisas circulando ao seu redor, pois elas constituem um anexo ou um prolongamento dele mesmo, estão incrustadas em sua carne, fazendo parte de sua definição plena pois o mundo é feito do mesmo forro que o corpo.[23]

Ora, em *Le philosophe et son ombre* essa metamorfose reaparece numa extensão radical: primeiramente, há uma

> [...] relação de meu corpo consigo mesmo que o transforma no *vinculum* do eu com as coisas. Quando minha mão direita toca a esquerda, sinto-a como uma "coisa física", mas no mesmo instante, se eu quiser, um acontecimento extraordinário se produz: eis que minha mão esquerda também se põe a sentir a mão direita [...] Dessa maneira, porque eu me toco tocando, meu corpo efetua "uma espécie de reflexão". Nele e por ele não há somente relação em sentido único daquele que sente com aquilo que ele sente. A relação se inverte: a mão tocada torna-se tocante, e sou obrigado a dizer que o tato aqui está espalhado pelo corpo, que o corpo é "coisa senciente", "sujeito-objeto".[24]

Ao mesmo tempo, há uma amplificação do mesmo paradoxo:

> Se, ao apertar a mão de outro homem, tenho a evidência de seu ser-aí, é porque ela se coloca no lugar de minha mão esquerda: meu corpo se anexa ao corpo do outro nesta "espécie de reflexão" da qual ele é paradoxalmente a sede. Minhas duas mãos são "co-presentes" ou 'coexistem" porque são as mãos de um só corpo: o outro aparece por extensão dessa co-presença. Ele e eu somos como os órgãos de uma só intercorporeidade.[25]

---

[23] Merleau-Ponty, M. *L'œil et l'esprit*, pp. 18-9.

[24] Merleau-Ponty, M. *Signes*, p. 210.

[25] Idem, pp. 212-3.

Tais descrições articulam, pelo menos, dois temas substanciais. O primeiro deles problematiza a natureza do corpo. O segundo, que radicaliza o anterior, *traz à baila* o advento da alteridade. Longe de se definir na ordem de uma "coisa" ou "idéia", mas como *mensurador de todas as coisas*,[26] o corpo se difunde tacitamente ao mundo, expandindo-se, prefigurando, sem limites, um comportamento intersubjetivo: participamos de uma só *comunidade originária*, habitamos uma *residência comum*, desde onde meu corpo faz despertar os *corpos associados*, "os outros".[27] Ora, se a *corporeidade* se desliza para um *meio* que ela não ocupa sozinha, é porque se encontra co-presente, aclimatada às próprias coisas e ao *mundo sensível* que aparece, iminentemente, como sendo *esse lugar* aberto gratuitamente ao corpo e que, portanto, é a sede do "paradoxo, do enigma, do mistério que é nuclear em cada um daqueles fenômenos, mistério que se encontra em sua própria identificação enquanto sensível".[28] Ora, é nessa trama paradoxal e plástica que o "corpo" reconquista sua cidadania ontológica: enquanto – "uma variante muito remarcável" do ser carnal, "um protótipo do Ser" –, ele é habitante honorário do mundo, em virtude de seu "*vinculum* intrínseco com o ser bruto".[29] Por meio de tal vínculo o corpo passa a gozar de um privilégio: se, por um lado, ele revela aquilo que sempre fora apanágio do objeto, a visibilidade, noutro aspecto, mais radical ainda, *graças a* ele há uma transformação profunda da noção de "reflexão": esta que outrora fora atributo inerente à *psique* é deslocada à experiência do corpo.[30] E coesa agora a ele, figura-se na "camada do sensível, na qual deixamo-nos cativar por seus enigmas".[31] Mas, qual o estatuto ontológico dessa camada? Como ela subverte decisivamente nossa idéia de racionalidade?

---

26 MERLEAU-PONTY, M. *La nature*, p. 279.

27 "Os outros em seu aparecimento na carne do mundo [...] antes de serem e para serem submetidos às minhas condições de possibilidade, e reconstruídos à minha imagem, é preciso que estejam lá como relevos, desvios, variantes de uma única Visão da qual também participo" (MERLEAU-PONTY, M. *Signes*, p. 22).

28 ORLANDI, Luís B. L. *A voz do intervalo*, p. 131.

29 MERLEAU-PONTY, M. *Signes*, p. 215.

30 "(porque toda reflexão tem por modelo a mão palpante através da mão palpada, generalidade aberta, prolongamento do volante do corpo), portanto a reflexão não é identificação consigo (pensamento de ver ou de sentir), mas não-diferença consigo = identificação silenciosa ou cega" (MERLEAU-PONTY, M. *Le visible et l'invisible*, p. 257).

31 MERLEAU-PONTY, M. *Signes*, p. 212.

Ampliada dimensionalmente, a *nova ontologia* em curso lança o propósito de "alargar nossa razão para torná-la capaz de compreender aquilo que em nós e nos outros precede e excede a razão",[32] *abrindo nosso pensamento sem dilacerá-lo*.[33] Abre-se, a partir de então, uma *zona fundamental* em que se transformam as relações entre o corpo e o mundo. O *Ser* não se conceitua positivamente, mas "é *o que exige de nós criação* para que dele – como criação – tenhamos experiência".[34] Assim, desinstaladas de todo racionalismo ou empirismo absolutos, as noções de "ser" e "experiência" exprimem uma fecundidade ontológica cujo conceito operatório é a idéia de *criação* (*Gebilde*). Merleau-Ponty explica que se trata de uma "criação que é invocada e engendrada pelo *Lebenswelt* como historicidade operante, latente, que a prolonga e dela dá testemunho".[35] Ora, essa restauração conceitual mediada pela idéia de "criação" assume um duplo interesse: de um lado, é preciso desconstruir uma definição de "ser" absolutamente prosaica, *positiva*, *direta*.[36] Trata-se aí de um *Ser* que se deflagra no "coração das coisas" e que *fala em nós*, um *Ser polimorfo* que só acedemos alusivamente, deflagrado num "único Espaço que separa e reúne, que sustenta toda

---

32 Idem, p. 154.

33 Merleau-Ponty, M. *L'œil et l'esprit*, p. 56.

34 Merleau-Ponty, M. *Le visible et l'invisible*, p. 251.

35 Idem, p. 228. "Por que criação?", problematiza Chaui, "Porque entre a realidade dada como um fato, instituída, e a essência secreta que a sustenta por dentro há o momento instituinte no qual o Ser vem a ser: para que o Ser do visível venha à visibilidade, solicita o trabalho do pintor; para que o Ser da linguagem venha à expressão, pede o trabalho do escritor; para que o Ser do pensamento venha à inteligibilidade, exige o trabalho do filósofo [...] o pintor desvenda o invisível, o escritor quebra o silêncio, o pensador interroga o impensado [...] É isso a criação, fazendo vir ao Ser aquilo que sem ela nos privaria de experimentá-lo" (Chaui, Marilena. *Experiência do pensamento:* ensaios sobre a obra de Merleau-Ponty, pp. 151-3).

36 Reconhecendo o esforço de Heidegger ao recuperar uma maneira absolutamente nova de pensar a experiência do ser para além da metafísica tradicional, Merleau-Ponty declara que a "palavra ser não é como as outras, um signo pelo qual se pode fazer corresponder uma 'representação' ou um objeto: seu sentido não se distingue de sua operação, para ele é o Ser que se pronuncia em nós antes que discorremos no Ser" (Merleau-Ponty, M. *Résumés de cours: Collège de France: (1952-1960)*, p. 155). A *nova ontologia* prima por uma outra atitude: a "filosofia enquanto produto do Ser e não como 'concepção' do ser [...] possibilidade da filosofia como filosofia indireta, filosofia não positiva, filosofia não objetiva" (Merleau-Ponty, M. *Notes de cours: (1959-1961)*, p. 123).

coesão",[37] desde onde, "toda carne, e mesmo a do mundo, irradia-se fora de si mesma".[38] Foco de irradiação que incide dentro e fora, o sensível traduz a experiência laboriosa da *Carne*, em seu embrionário processo de deiscência. Prenhe de transcendência, o *Ser* é o que exige nossa criação a fim de experimentá-lo, impelindo a reflexão regressar ao seu *berço natal*, desde onde, há *parto perpétuo*. É nesse sentido que a noção de "criação" radicaliza a própria idéia de experiência ontológica: o Ser nos abre para a *Experiência* (*Erfahrung*) como potência dialética[39] na qual, originariamente, se opera o elo inextinguível entre o *em si* e o *para si*. "É, portanto, à experiência que pertence o poder ontológico último",[40] já que ela *é*, talvez, "essa reviravolta que nos instala bem longe de *nós*, no outro, nas coisas [...] no ponto onde, por uma espécie de *quiasma*, tornamo-nos os outros e tornamo-nos mundo".[41] Sendo, portanto, *Abertura* (*Offenheit*) para o que *não somos*, "a experiência é o ponto máximo de proximidade e de distância, de inerência e diferenciação, de unidade e pluralidade em que o Mesmo se faz Outro no interior de si mesmo".[42] Ela é, portanto, esse tecido carnal do tempo em que a essência figura sua solidez,[43] elidindo qualquer contradição entre elas. Sendo o que "põe em evidência o que há de original na nossa relação com o ser",[44] a experiência desencadeia o *logos* corporal propagado junto ao mundo, desatando a linhagem clássica da idéia de "espírito" para rememorar o exercício de um *Espírito selvagem* atuante entre as coisas. Não mais "espiritualismo, mas filosofia da carne e do intercorporal como direito e avesso do mesmo Ser".[45]

---

37 MERLEAU-PONTY, M. *L'œil et l'esprit*, pp. 84-5.

38 Idem, p. 81.

39 Retomando Hegel, Merleau-Ponty restitui a "experiência como a assunção efetiva de um ser, sendo apenas capaz de dar lugar a uma dialética porque ela só é abertura a alguma coisa que pode se revelar, que possui profundidades, uma latência que, portanto pode dar lugar ao *ek-stase* de onde surgirá uma *nova* verdade" (MERLEAU-PONTY, M. *Notes de cours: (1959-1961)*, p. 292).

40 MERLEAU-PONTY, M. *Le visible et l'invisible*, p. 148.

41 MERLEAU-PONTY, M. *Le visible et l'invisible*, p. 212.

42 CHAUI, Marilena. *Experiência do pensamento:* ensaios sobre a obra de Merleau-Ponty, p. 164.

43 MERLEAU-PONTY, M. *Le visible et l'invisible*, p. 150.

44 MERLEAU-PONTY, M. *Merleau-Ponty à la Sorbonne - résumé du cours: (1949-1952)*, p. 540.

45 MERLEAU-PONTY, M. *Notes de cours: (1959-1961)*, p. 202.

3.

Ora – anuncia Merleau-Ponty – "uma vez dado esse estranho sistema de trocas, todos os problemas da pintura aí se encontram. Eles ilustram o enigma do corpo e ela os justifica".[46] Mas, afinal, como a criação estética ilustra o mistério do mundo?

À *Dióptrica*, mais uma vez. Merleau-Ponty insiste no limite tenso dessa empresa, ao erigir uma noção de arte regrada sob o cânon de um "mundo projetivo", *partes extra partes*. Suprimindo este ideal de uma *visão do mundo exercida de fora*,[47] é preciso entrever um "mundo estético" a "ser descrito como espaço de transcendência, espaço de incompossibilidades, de eclosão, de deiscência e não como espaço objetivo-imanente".[48] Trata-se de uma *espacialidade*[49] que *escapa a nossas tentativas de sobrevôo*, pois o "universal não existe acima, mas abaixo, não está diante, mas atrás de nós [...] Como a pintura sem coisas identificáveis, sem a *pele* das coisas, mas que fornecem a sua *carne* de coisas".[50] Nesse prisma, a visão não é "operação de pensamento que ergueria diante do espírito um quadro ou uma representação do mundo";[51] tampouco se reduz ela, numa incidência luminosa junto ao olho, pois "não é o olho que vê. Tampouco é a alma. É o corpo como totalidade aberta",[52] cuja "carne nos faz compreender a carne do mundo".[53] Pois a visão, prodigiosamente, "faz o que a reflexão jamais compreenderá: que o combate às vezes acabe sem vencedor, e o pensamento, daí em diante, sem titular".[54] Imerso no sensível, o olhar inaugura "a abertura de nossa carne imediatamente preenchida pela carne universal do

---

[46] MERLEAU-PONTY, M. *L'œil et l'esprit*, p. 21.

[47] MERLEAU-PONTY, M. *Le visible et l'invisible*, p. 280.

[48] Idem, pp. 269-70.

[49] "O espaço não é mais aquele de que fala a *Dióptrica*, rede de relações entre objetos, tal como o veria uma terceira testemunha de minha visão, ou um geômetra que a reconstituísse e a sobrevoasse, é um espaço contado a partir de mim como ponto ou grau zero da espacialidade. Eu não vejo segundo seu envoltório exterior, vivo-o por dentro, estou englobado nele" (MERLEAU-PONTY, M. *L'œil et l'esprit*, pp. 58-9).

[50] MERLEAU-PONTY, M. *Le visible et l'invisible*, p. 272.

[51] MERLEAU-PONTY, M. *L'œil et l'esprit*, p. 17.

[52] MERLEAU-PONTY, M. *La nature*, p. 280.

[53] Idem, p. 280.

[54] MERLEAU-PONTY, M. *Signes*, p. 24.

mundo",[55] abrindo portanto um campo de transcendência, evocando "todo o enigma que está no sensível, nessa 'tele-visão' que no mais privado de nossa vida nos torna simultâneos com os outros e com o mundo".[56] Assim, "ver é, por princípio, ver mais do que se vê, é ter acesso a um ser de latência. O invisível é o relevo e a profundidade do visível, e, assim como ele, o visível não comporta positividade pura",[57] é "o encontro, como numa encruzilhada, de todos os aspectos do Ser".[58]

Ora, é jamais se expressando como uma mimese, que também a visão especular *nos devolve* nosso ser total, em *carne e osso*[59] e, nessa circunscrição, a pintura opera uma idealidade, *por desvio*: "a tela, as cores, porque foram escolhidas e compostas segundo um certo segredo, deixam de estar, para nosso olhar, ali onde estão, abrem um buraco no pleno do mundo, tornam-se, como as fontes e as florestas, o lugar de aparição dos Espíritos, estão ali apenas como o mínimo de matéria de que um sentido precisava para se manifestar".[60] Nessa perspectiva, a "profundidade, cor, forma, linha, movimento, contorno, fisionomia

---

55 Idem, p. 23.

56 Idem, p. 24 (*Préface*).

57 Idem, p. 29. "É preciso redescobrir, sob a profundidade enquanto relação entre coisas ou mesmo entre planos, que é a profundidade objetivada, destacada da experiência e transformada em largura, uma *profundidade primordial* que dá seu sentido àquela e que é a espessura de um *medium* sem coisa" (MERLEAU-PONTY, M. *Phénoménologie de la perception*, pp. 307-8) [grifo nosso].

58 MERLEAU-PONTY, M. *L'œil et l'esprit*, p. 86.

59 Ora, a "carne é *fenômeno de espelho* e o espelho é extensão da minha relação com meu corpo [...] Tocar-se, ver-se é obter de si determinado extrato especular" (MERLEAU-PONTY, M. *Le visible et l'invisible*, p. 309), de modo que nesse intercurso, não há espectro irreal, mas uma potência inexaurível que "figura e amplifica a estrutura metafísica de nossa carne. O espelho aparece porque sou vidente-visível, porque há uma reflexividade do sensível, que ele traduz e duplica [...]. O fantasma do espelho puxa para fora minha carne, e ao mesmo tempo todo o invisível de meu corpo pode investir os outros corpos que vejo. Doravante meu corpo pode comportar segmentos tomados do corpo dos outros assim como minha substância passa para eles, o homem é espelho para o homem. Quanto ao espelho, ele é o instrumento de uma universal magia que transforma as coisas em espetáculos, os espetáculos em coisas, eu em outrem e outrem em mim. Com freqüência os pintores sonharam sobre os espelhos porque, sob esse 'truque mecânico' como sob o da perspectiva, reconheciam a metamorfose do vidente e do visível, que é a definição da nossa carne e a da vocação deles" (MERLEAU-PONTY, M. *L'œil et l'esprit*, pp. 33-4).

60 MERLEAU-PONTY, M. *La prose du monde*, pp. 66-7.

são ramos do Ser",[61] desvelam um "sistema de equivalências, um *logos* das linhas, das luzes, das cores, dos relevos, das massas, uma apresentação sem conceito do Ser universal".[62] Não perscrutando o exterior do movimento, mas suas cifras secretas, a pintura não se lança fora do tempo, mas se radica na carne própria das coisas. Eis por que o pintor "não pode consentir que nossa abertura ao mundo seja ilusória ou indireta, que o que vemos não seja o mundo mesmo".[63] Ele aprofunda uma *intimidade prática* com o espaço, despertando um Ser pleno como excesso da insularidade do espírito e cenário de uma dialética do visível e do invisível.[64] Não por acaso, se a "pintura jamais celebra outro enigma senão o da visibilidade"[65] é porque "há uma espécie de loucura da visão que faz com que, ao mesmo tempo, eu caminhe por ela em direção ao próprio mundo e, entretanto, com toda a evidência, as partes desse mundo não coexistem sem mim".[66] *Loucura* de um miraculoso poder visionário ou o despertar de um "delírio levado à sua última potência que é a visão mesma, pois ver é *ter à distância*, e a pintura estende essa bizarra posse a todos os aspectos do Ser, que devem de algum modo se fazer visíveis para entrar nela".[67] No entanto, "essa distância torna-se uma estranha proximidade assim que se reencontra o ser do sensível, pois o sensível é precisamente aquilo que, sem sair de seu lugar, pode assediar mais de um corpo".[68] É que a "visão do pintor não é mais o olhar posto sobre um *fora*, relação meramente 'físico-óptica' com o mundo. O mundo não está mais diante dele por representação: é antes o pintor que nasce nas coisas

---

[61] Merleau-Ponty, M. *L'œil et l'esprit*, p. 88.

[62] Idem, p. 71.

[63] Idem, p. 83.

[64] Merleau-Ponty, M. *Notes de cours: (1959-1961)*, p. 392. Sobre esse exercício dialético entre o visível e o invisível, oportunamente nas páginas finais de seu recente livro – *O jogo do belo e do feio*, pp. 192ss – Giannotti comenta na clássica tela *A ceia em Emaús*, de Rembrandt, o momento simbólico de um jogo entre a visibilidade e invisibilidade do rosto de Cristo, narrado pelo evangelista Lucas. O pintor busca captar essa expressão fisionômica no instante mesmo de sua transfiguração, conforme as próprias palavras de Jesus: "Porque viste creste. Felizes foram o que não viram e creram".

[65] Merleau-Ponty, M. *L'œil et l'esprit*, p. 26.

[66] Merleau-Ponty, M. *Le visible et l'invisible*, p. 106.

[67] Merleau-Ponty, M. *L'œil et l'esprit*, pp. 26-7.

[68] Merleau-Ponty, M. *Signes*, pp. 22-3.

como por concentração e vinda a si do visível".[69] Assim, se dissolve toda nuance de dualismo:

> O pintor no trabalho nada sabe da antítese do homem e do mundo, da significação e do absurdo, do estilo e da 'representação': está muito ocupado em exprimir suas relações com o mundo para orgulhar-se de um estilo que nasce como que a sua revelia.[70]

Ora, se *Le doute de Cézanne* sublinhará a persistente restrição cezanniana em *aplicar à obra dicotomias*, é porque o olhar artístico

> quer pintar a matéria ao tomar forma, a ordem nascendo por uma organização espontânea [...]. É este mundo primordial que Cézanne quer pintar e eis porque seus quadros dão a impressão da natureza à sua origem.[71]

Nesse contexto, sua *visão* é a de um *nascimento continuado*, pois *essa filosofia por fazer é a que, permanentemente, o anima*[72] impelindo-o a ascender a uma "visão que vai até as raízes, aquém da humanidade constituída",[73] instaurando uma maneira de ver sem jamais ter visto, em que *reaprendemos a ver de novo*.[74] É a esse "espírito bruto enquanto natureza selvagem"[75] que o sensível vem responder, cuja *paisagem* impregna seu próprio *odor no quadro*.[76] E o seu retorno traduz, acima de tudo, uma descida ao "mistério do ser, às raízes do enigma",[77] levando o pintor a *redescobrir* através de seu próprio trabalho o *enorme drama da consciência*,[78] pois ele *pensa*, *reflete*, *sofre*, *duvida*.[79] Tudo se passa como se houvesse uma "cons-

---

69 MERLEAU-PONTY, M. *L'œil et l'esprit*, p. 69.

70 MERLEAU-PONTY, M. *Signes*, p. 67.

71 MERLEAU-PONTY, M. *Sens et non-sens*, p. 18.

72 MERLEAU-PONTY, M. *L'œil et l'esprit*, p. 60.

73 MERLEAU-PONTY, M. *Sens et non-sens*, p. 22.

74 MERLEAU-PONTY, M. *Phénoménologie de la perception*, p. xvi.

75 MERLEAU-PONTY, M. *La nature*, p. 282.

76 GASQUET, J. *Cézanne*, p. 81.

77 Idem, p. 153.

78 Idem, p. 83.

79 Idem, p. 82. Como comenta Duarte, "se a natureza era seu ideal e o ceticismo lhe ensina, pelo trabalho, o quanto é ilusório e inútil o esforço de capturá-la, ele a reinventa como novo espaço na pintura [...] A natureza, que Cézanne constantemente reclama como seu único modelo, a quem deve fidelidade absoluta, ele bem sabe que jamais será passível de

ciência do mundo que se perpetua nas telas";[80] uma subjetividade desprendida de si, não mais autônoma, onisciente. Uma imensa torrente que exige do artista que ele seja *coração e sangue*, um "eu" consagrado ao mundo, migrante *em toda e nenhuma parte*. Isso porque – explicava Cézanne a Gasquet – "a paisagem se reflete, se humaniza, se pensa em mim. Eu a objetivo, a projeto, a fixo sobre a minha tela".[81]

Aflora em Cézanne "o mistério geológico que se acrescenta ao tormento misterioso de amar a terra e os elementos para eles mesmos".[82] Vocação telúrica a que toda pintura se destina, uma vez que o artista redescobre que "pintar conforme a natureza, não é copiar o objetivo, mas realizar as sensações".[83] A projeção em *perspectiva planimétrica* deixa de ser o primeiro plano de sua pesquisa,[84] pois tão logo se apercebe desse limite, rejeita-o como suporte estético, já que seus estudos avançam obliquamente em direção ao *novo* e à *estranheza*. É por que ele não foge de

---

redução às pinceladas, cores e formas" (DUARTE, Paulo Sérgio. A dúvida depois de Cézanne. *Arte e pensamento*, p. 312).

80 GASQUET, J. *Cézanne*, p. 153.

81 Idem, p. 132.

82 Idem, p. 82.

83 Idem, p. 26.

84 A ausência de um porto seguro a partir do qual velejariam os próprios utensílios pictóricos, em nada compromete a eficácia da obra, reservando-se, portanto, da exigência guardiã de um conceito acadêmico. Ele não se prostra com os olhos medusados à tradição estética, sob o risco de petrificar sua obra, numa compacta linha de investigação. Intempestivamente autocrítico, o pintor desconstrói o mito de uma essência pictórica, da crença numa ação demiúrgica *ex machina* à natureza. Ele busca efetivar em seus quadros aquele mesmo mistério vivido no mundo da percepção, retomando aquela inspiração, por assim dizer, heraclitiana, de que *tudo flui, tudo muda*. Tarefa ousada, sem dúvida, mas devotada em compreender um domínio do subjetivo sempre em devir, carente de explicitação. Desafiando as teorias estéticas vigentes, o pintor acerca-se de sua obra não como um fim em si mesma, mero produto escolar, mas busca compreendê-la como construção, devir contínuo. É esse estado de privação, esse "desarmamento" conceitual, essa indigência angustiadamente vivida pelo artista que impede a sua própria obra se reduzir a um ato solitário: embora gestada por ele, ela não lhe pertence em sentido absoluto, pois "o sentido da obra só é formulável por ela mesma; nem o pensamento que a faz nem o pensamento que a recebe são senhores de si [...] É como um passo na bruma, sobre o qual ninguém pode dizer se levará a alguma parte, [...] já que a expressão, portanto, nunca está acabada" (MERLEAU-PONTY, M. *Sens et non-sens*, p. 8). De certa maneira, ele perde "seus direitos autorais" visto que, antes, corporalmente, confunde-se em seu próprio contexto de ação,

foge de travar esse *corpo-a-corpo* com as coisas, esse *vaivém* interativo com o mundo, a ponto de os "objetos da pintura moderna 'sangrarem', espalharem sob nossos olhos sua substância, interrogando diretamente nosso olhar, pondo à prova o pacto de coexistência que fizemos com o mundo por todo o nosso corpo".[85]

Assim, o artista manobra a sua obra como matéria-prima de *interrogação aberta*, pois habita o *Ser* em toda parte.[86] Um novo laço entre ele e o mundo assume amplitude ontológica: há "abertura do quadro ao Ser",[87] diante da "descoberta de um mundo visível que produz sobre-significação e não non-sens".[88] É essa "comunicação com o Ser pela visão" – acredita Merleau-Ponty – que torna possível uma "ontologia da pintura",[89] instituindo-se nessa direção uma

---

mesclando-se com as coisas, sem subsumi-las contemplativamente. Condição na qual, o "espectador" não é um *observador imparcial*, pois aquele que olha o "quadro" não deixa de reconstruí-lo infinitamente. Há aí, como diz Merleau-Ponty, uma *operação de retomada*: "A pintura já não entra só pelos olhos, o espectador deve colaborar com ela; o quadro só indica um movimento. É preciso ultrapassar o quadro em direção a um sentido que não está contido objetivamente nele" (MERLEAU-PONTY, M. *Merleau-Ponty à la Sorbonne - résumé du cours:(1949-1952)*, p. 519). *Redescobre-se*, então, que sinergicamente certas obras contém muitas outras: "O que o pintor põe no quadro não é o si-mesmo imediato, o próprio matiz do sentir, mas seu *estilo* que conquista tanto por seus experimentos quanto também pela pintura dos outros e no mundo [...] ele não é mais capaz de *ver* os seus quadros [...] É nos outros que a expressão adquire relevo e se torna verdadeiramente significação [...] a obra não é feita longe das coisas e em algum laboratório íntimo, cuja chave só o pintor e mais ninguém possuiria" (MERLEAU-PONTY, M. *Signes*, pp. 65-6 e 68). Donde o caráter arbitrário e supérfluo de toda demarcação entre "o que pertence a ele e o que pertence às coisas, o que essa nova obra acrescenta às antigas, o que absorveu dos outros e o que é seu" (Idem, p. 73).

85 MERLEAU-PONTY, M. *La prose du monde*, p. 211.

86 "A pintura é segregação do Ser onde somos primordialmente e não construção de 'raios do Ser' que daí produziriam ilusão ou analogia [...] Há interrogação do olhar à coisa. Ele próprio interpela como ela se faz coisa e o mundo se torna mundo" (MERLEAU-PONTY, M. *Notes de cours:(1959-1961)*, pp. 169-70). Por isso, a interrogação fundamental à qual a pintura visa é *essa gênese secreta e febril das coisas em nosso corpo*, questão que em nossa inocência, *não fazemos, mas que se faz em nós* (MERLEAU-PONTY, M. *L'œil et l'esprit*, p. 30).

87 MERLEAU-PONTY, M. *Notes de cours:(1959-1961)*, p. 179.

88 Idem, p. 191.

89 MERLEAU-PONTY, M. *Notes de cours:(1959-1961)*, pp. 180 e 182. A "pintura emerge como uma espécie de filosofia: retomada da gênese, filosofia toda em ato" (Idem, p. 58). Como diria ainda Klee, "sem expressamente almejar, o artista é filósofo [...]. Ao invés de uma

nova ordem do *sensível* que, imaginariamente "não oferece ao espírito uma ocasião de repensar as relações constitutivas das coisas, mas sim ao olhar, para que as espose".[90] Nesse horizonte, a arte exprime valor universal ao desentranhar, sob o fulgor da composição cromática, um *Todo indivisível*, um *Ser de abismo*, uma adesão anônima à nossa experiência de *ver* sem ceder à cisão de princípio com o mundo do qual ela propõe explicitar. Se a obra revela-se, sobretudo, como "potência aberta e indefinida de significar",[91] é porque o artista, em sua *obstinada força de ver e de pintar* secreta uma nova *ciência* e *ontologia*, à maneira de Van Gogh que queria "ir mais longe", excedendo, ele próprio, o registro material de sua obra. Diferentemente do cientista,[92] o pintor é aquele que *insiste nas próprias coisas*, acasalando-se nelas. Forte ou fraco na vida, *rumina* o mundo, buscando extrair neste sua essência laboriosa.

Aqui, então, espaço e conteúdo se mesclam, onde o pintor nasce nas coisas e, vice-versa, porque entre ele e o mundo há *fraternidade*, alquimia profunda, quiasma. Esquecer "nossa proto-história de seres carnais co-presentes a um só mundo"[93] é "esquecer que o sensível é *o ser à distância*, atestado fulgurante, aqui e agora, de uma riqueza inesgotável. Seria esquecer que as coisas estão apenas entreabertas diante de nós, reveladas e escondidas".[94] Nessa paisagem deleitosa, se entremostra nossa *unidade viva* com o mundo, em que se "concentra o mistério de sua visibilidade esparsa, pois aqui não se trata de um paradoxo do homem, mas de um paradoxo do Ser".[95] Assim, fazer tal experiência pressupõe a "recusa metódica das explicações, porque estas destroem a mistura de que somos feitos, e nos tornam incompreensíveis a nós mesmos",[96]

---

imagem acabada da natureza, ele aperfeiçoa o seu quadro essencial da criação: a gênese, ele inverte o sentido dessa atividade criadora do universo, conferindo assim duração à gênese" (Grohmann, W. *Paul Klee*, p. 182).

90 Merleau-Ponty, M. *L'œil et l'esprit*, p. 24.

91 Merleau-Ponty, M. *Phénoménologie de la perception*, p. 226.

92 É sob este aspecto que se pode medir o *leitmotiv* do apreço ao trabalho do artista *contra* ao do cientista, pois freqüentemente, aquele mais que este, é capaz de *olhar sobre todas as coisas sem nenhum dever de apreciação* (Cf. Merleau-Ponty, M. *L'œil et l'esprit*, p. 14).

93 Merleau-Ponty, M. *Signes*, p. 227.

94 Idem, p. 212.

95 Merleau-Ponty, M. *Le visible et l'invisible*, p. 180.

96 Merleau-Ponty, M. *Signes*, p. 306.

já que ao *admirar-se* do mundo o artista redescobre o interior da natureza, abeberando sua essência, apreendendo o eterno na sua transitoriedade. Tal é, pois, o estado de êxtase experimentado na criação artística: "o pintor vive na fascinação. Suas ações mais próprias – os gestos, os traços de que só ele é capaz, e que serão revelação para os outros, porque não têm as mesmas carências que ele –, parecem-lhe emanar das próprias coisas, como o desenho das constelações. Entre ele e o visível, os papéis inevitavelmente se invertem. Por isso tantos pintores disseram que as coisas os olham".[97] Esse fascínio só ocorre porque deixamo-nos, esposar pelas coisas visíveis: "sendo a visão essa palpação pelo olhar, é preciso que também ela se inscreva na ordem do ser que nos desvela, é preciso que aquele que olha não seja, ele próprio, estranho ao mundo que olha".[98] Em sua "bárbara convicção de ir às próprias coisas",[99] a pintura aspira essa visão selvagem do mundo, perspectivada em nossa familiaridade com as coisas. O que importa "é o que está entre um e outro e o que faz o entre dois";[100] ou seja, o *mistério da encarnação* em que, de mútuos direitos, o "eu" e o "outro" se revestem.

Como se sabe, era precisamente esse *mistério da expressão* celebrado entre o corpo e a obra de arte,[101] prefigurado desde 1945, que anos mais tarde retornaria à cena ontológica numa projeção ainda mais radical: emaranhado em suas relações com o mundo mediante seu investimento corpóreo, o pintor traz à tona a experiência selvagem do enigma de um *Mundo primordial* a ser traduzido.

---

[97] MERLEAU-PONTY, M. *L'œil et l'esprit*, p. 31.

[98] MERLEAU-PONTY, M. *Le visible et l'invisible*, p. 177.

[99] Idem, p. 51.

[100] Idem, p. 181.

[101] MERLEAU-PONTY, M. *Phénoménologie de la perception*, p. 176. Enquanto *nosso ancoradouro num mundo* ou nosso *meio geral de ter um mundo*, o *corpo é eminentemente um espaço expressivo* [...] *o próprio movimento de expressão* (Idem, pp. 169 e 171). Como avalia Müller: "O algo expresso pela natureza é justamente essa totalidade almejada. Ele é o que, mediante nosso corpo, conseguimos alcançar para além do que o dado encerra em um determinado 'ponto' de nossa experiência empírica. Trata-se de um excedente sensível para o qual nos dirigimos, ou que instituímos, no caso dos comportamentos simbólicos" (MÜLLER, Marcos José. *Merleau-Ponty, acerca da expressão*, pp. 233-4).

4.

Se a reflexão merleau-pontyana sobre a pintura nos coloca nesta dimensão pré-reflexiva, é porque

> fazer metafísica não é entrar num mundo de conhecimento separado, nem repetir fórmulas estéreis [...] é ter a experiência plena dos paradoxos que indicam, é verificar sempre de novo o funcionamento discordante da intersubjetividade humana, é procurar pensar até o fim os mesmos fenômenos investidos pela ciência, restituindo-lhes somente sua transcendência e estranheza originárias.[102]

Trata-se, essencialmente, de um retorno ao patrimônio de nossa experiência, à *redescoberta* do

> sensível como forma universal do ser bruto: de um sensível que não é feito somente de coisas, mas que é feito também de tudo que nelas se desenha, mesmo no oco dos intervalos, tudo que nelas deixa vestígio, tudo que nelas figura, mesmo a título de distância e como uma certa ausência.[103]

É precisamente essa indivisão primordial do senciente e do sentido que Cézanne *redescobre* a ponto de confessar a Gasquet que sua obra se define pela tentativa de *lhe traduzir o mistério, aquilo que se enreda nas raízes mesmas do ser, na fonte impalpável das sensações.*[104] Mistério da deflagração do ser originário, cuja retomada não é uma ilusão nostálgica da infância natal, mas reencontro a uma *percepção primordial.* Aqui, desde logo – explica Merleau-Ponty – "não se trata de alguma coisa que se apresenta mediante as sensações, mas que está além, cravada à raiz, à fonte, de certa forma oculta-revelada".[105] A profundidade como essa *infra-estrutura das sensações*, que "primordialmente constitui um campo, um fundo e um tipo de relevo sobre esse fundo",[106] já que a "superfície do visível em toda a sua extensão, está forrada por uma reserva invisível",[107] enquanto dimensão por excelência do "oculto" e do "simultâneo":

---

[102] MERLEAU-PONTY, M. *Sens et non-sens*, p. 119.
[103] MERLEAU-PONTY, M. *Signes*, p. 217.
[104] GASQUET, J. *Cézanne*, p. 134.
[105] MERLEAU-PONTY, M. *Notes de cours: (1959-1961)*, p. 167.
[106] Idem, p. 219.
[107] MERLEAU-PONTY, M. *Le visible et l'invisible*, p. 199.

> [...] sem ela, não existiria um mundo ou o Ser, mas tão-somente, uma zona móvel de nitidez que não poderia apresentar-se aqui sem abandonar todo o resto [...], sendo através dela que as coisas coexistem cada vez mais intimamente, deslizam umas nas outras e se integram. É, portanto, ela quem faz com que as coisas tenham uma carne [...]. O olhar não vence a profundidade, contorna-a.[108]

Por que a *profundidade* é invencível? Porque ela é fonte inesgotável, o domínio inalienável de um *Ser sem restrição* do qual participo, desde onde a imbricação das coisas umas nas outras se deve *porque elas estão fora uma da outra*.[109] Ela não é ausência absoluta, mas presença latente que alimenta a superfície do visível em sua abertura a outras visões. Ela é esse *meio* de coexistência que atrai o olhar do artista,

> não podendo ser o intervalo sem mistério que eu veria de um avião entre as árvores próximas e distantes. Nem tampouco a escamoteação das coisas umas pelas outras que um desenho em perspectiva me representa vivamente: essas duas visões são muito explícitas e não suscitam questão alguma [...] A profundidade assim compreendida é antes a experiência da reversibilidade das dimensões, de uma "localidade" global onde tudo é ao mesmo tempo [...] Quando Cézanne busca a profundidade, é essa deflagração do Ser que ele busca.[110]

Isto é, esse *Ser das profundidades*,[111] *habitat das coisas mesmas*, pois a pintura para além de seu artifício técnico é arqueologia, promiscuidade, fecundação.

É essa *razão antes da razão*, essa hábil ação de *ver e de dar a ver*, esse *momento fecundo que dá forma à experiência* que revela *um mundo a pintar*. Mundo-enigma, ser de abismo que o olhar passeia desinteressadamente. Como atesta Merleau-Ponty, "viver na pintura é ainda respirar este mundo",[112] assumir a grandeza desse *destino corporal* em que o gesto e o pincel prescrevem uma *afinidade de princípio* que envida o mistério da criação como "perpétuo recurso" que "exige, ressuscitando um novo esforço de expressão com cada pintor".[113] Eis o enigma da gestação expressiva:

---

[108] Idem, pp. 272-3.

[109] MERLEAU-PONTY, M. *L'œil et l'esprit*, p. 46.

[110] MERLEAU-PONTY, M. *L'œil et l'esprit*, pp. 64-5.

[111] MERLEAU-PONTY, M. *Le visible et l'invisible*, p. 179.

[112] MERLEAU-PONTY, M. *La prose du monde*, p. 106.

[113] MERLEAU-PONTY, M. *Le visible et l'invisible*, p. 223.

> Meu olhar em direção ao objetivo já possui, ele também, seus prodígios: pois ele também se instala com autoridade no ser e nele se conduz como num país conquistado [...] Para o cúmulo do paradoxo, tampouco se pode dizer aqui que o espírito substitui o corpo e antecipa o que iremos ver: não, são nossos próprios olhares, é sua sinergia, é sua exploração ou sua prospecção que focalizam o objeto iminente.[114]

Por uma *maestria secreta* e mediante um movimento de *deformação coerente*,[115] conforme esta bela expressão de Malraux, Merleau-Ponty traz à tona a "problemática propriamente filosófica, do visível e do invisível",[116] ou ainda, do dizível e do indizível germinada numa obra, seja ela pictórica, poética ou musical, precisamente porque se inscreve na carne da contingência, cuja estrutura é o próprio acontecimento.

É esse *elogio do sensível* perfilhado em *novas bases ontológicas* que prefigura um "enigma, sem termos certeza de que ele próprio contém uma resposta".[117] Mas, guardemo-nos: esse enigma não aventa nenhum ocultismo esotérico, pois não se trata de algo irrevelável ou indecifrável, mas o que enuncia um *mistério familiar* harmonizado à experiência do "Ser de que minha visão faz parte, uma visibilidade mais velha que minhas operações ou atos".[118] Posto isto, o enigma da pintura é que ela "confunde todas as nossas categorias ao desdobrar seu universo onírico de essências carnais, de sumelhanças eficazes, de significações mudas".[119] Mistério central que, astuciosamente, a obra produz; ela vivifica-o, no momento em que o pintor se reconhece, por meio de seu gesto, co-presente ao mundo. Mas também quando convida-nos a recriá-la, pelo olhar, numa significação infindável. Como *eliminar* o enigma da visão? Impossível *eliminá-lo*,

---

[114] MERLEAU-PONTY, M. *La prose du monde*, pp. 109-10.

[115] MALRAUX, Andre. La création artistique. *Psychologie de l'art*, p. 152. "Para que a deformação seja coerente, é preciso que se recorte de uma paisagem à outra, da paisagem aos homens e seu discurso: do discurso de um ao discurso do outro [...] O universo é definido não exatamente por *aquilo que se vê*, nem por *aquilo que se diz*, mas pelo que não se vê, pelo que não se diz; isto é: pela diferença entre um e outro" (MERLEAU-PONTY, M. *Notes de cours: (1959-1961)*, p. 218).

[116] MERLEAU-PONTY, M. *La nature*, p. 270.

[117] MERLEAU-PONTY, M. *La prose du monde*, p. 137.

[118] MERLEAU-PONTY, M. *Le visible et l'invisible*, pp. 164-5.

[119] MERLEAU-PONTY, M. *L'œil et l'esprit*, p. 35.

pois ele é transferido do "pensamento de ver" à visão *em ato* das coisas umas pelas outras:

> [...] o que constitui enigma é a ligação delas, é o que está entre elas – é que eu vejo as coisas cada uma em seu lugar precisamente porque elas se eclipsam uma à outra –, é que elas sejam rivais diante de meu olhar precisamente por estar cada uma em seu lugar. É sua exterioridade conhecida em seu envoltório, e sua dependência mútua em sua autonomia.[120]

Aí, para além de Sartre, *o visível do outro não é o meu invisível e o meu visível não é o invisível do outro*, pois "o Ser é esta estranha imbricação que faz com que meu visível, se bem que não seja sobreponível ao outro, abra para ele, e que ambos abram para o mesmo mundo sensível".[121]

Referências bibliográficas

CHAUÍ, Marilena S. *Experiência do pensamento*: ensaios sobre a obra de Merleau-Ponty. São Paulo: Martins Fontes, 2002. (Coleção Tópicos)

DESCARTES, R. *La Dioptrique (VI)* in edição Adam et Tannery. Paris: Vrin, 1996.

_____. *Obras escolhidas*. Tradução de J. Guinsburg e Bento Prado Júnior. 2. ed. São Paulo: Abril Cultural, 1979. (Coleção Os Pensadores)

_____. Tratado do homem. *Descartes e sua concepção de homem*. Tradução de Jordino Marques. São Paulo: Loyola, 1993, pp. 139-219. (Coleção Filosofia, 25)

_____. *O mundo. Tratado da luz*. Tradução (a ser publicada) de César Augusto Battisti. Campinas: Edunicamp.

DUARTE, Paulo Sérgio. A dúvida depois de Cézanne. *Arte e pensamento*. São Paulo: Companhia das Letras, 1994, pp. 299-318.GASQUET, Joachim. *Cézanne*. Paris: Cynara/Bernheim-Jeune, 1988.

GIANNOTTI, J. A. *O jogo do belo e do feio*. São Paulo: Companhia das Letras, 2005.

GROHMANN, W. *Paul Klee*. Trad. J. Descoullayes et J. Phillipon. Paris: Flinker, 1954.MALRAUX, Andre. *Psychologie de l' art*. Genebra: Skira, 1947. MERLEAU-PONTY, M. *Phénoménologie de la perception*. Paris: Gallimard, 1945.

---

[120] Idem, pp. 64-5.

[121] MERLEAU-PONTY, M. *Le visible et l' invisible*, p. 269.

______. *Sens et non-sens*. Paris: Nagel, 1956.

______. *Signes*. Paris: Gallimard, 1960.

______. *Le visible et l'invisible*. Paris: Gallimard, 1964.

______. *Résumés de cours: Collège de France (1952-1960)*. Paris: Gallimard, 1968.

______. *La prose du monde*. Paris: Gallimard, 1969.

______. *L'œil et l'esprit*. Paris: Gallimard, 1985.

______. *Merleau-Ponty à la Sorbonne: résumé du cours (1949-1952)*. Paris: Cynara, 1988.

______. *La nature*. Paris: Seuil, 1995.

______. *Notes de cours: (1959-1961)*. Paris: Gallimard, 1996.MOURA, Carlos A. Ribeiro de. *Racionalidade e crise*: estudos de História da Filosofia Moderna e Contemporânea. São Paulo: Discurso Editorial/Editora da UFPR, 2001. MÜLLER, Marcos J. *Merleau-Ponty, acerca da expressão*. Porto Alegre: Edipucrs, 2001.ORLANDI, Luís B. L. *A voz do intervalo*. São Paulo: Ática, 1980.

Estética e fenomenologia em *A dúvida de Cézanne*

Luiz Henrique Alves de Souza

O texto a seguir concentra-se no ensaio *A dúvida de Cézanne*, de Merleau-Ponty. Porém, ele não pretende ser uma abordagem da obra de Merleau-Ponty, nem mesmo da estética de Merleau-Ponty. Também não pretende ser um estudo da arte de Cézanne. Trata-se de descrever uma caracterização que Merleau-Ponty faz da obra de Cézanne, caracterização esta que revela um Cézanne fenomenólogo.[1] Buscaremos estabelecer um paralelo entre as descrições de Cézanne por Merleau-Ponty e algumas teses husserlianas, ou seja, mostrar porque estas descrições o aproximam da fenomenologia.[2]

Em *A dúvida de Cézanne* Merleau-Ponty procura rejeitar a idéia de que a pintura de Cézanne, ao tentar aproximar-se diretamente da natureza, seria apenas reflexo da alienação da humanidade do autor causada por distúrbios psicológicos.

Merleau-Ponty procura dar outro significado para a volta à natureza proposta por Cézanne. A intenção primordial de Cézanne, segundo Merleau-Ponty, seria compartilhar o seu olhar, a sua percepção de natureza. Assim, sua pintura teria por intenção a tentativa de expressar sua vida perceptiva.

A tentativa de expressão da vida perceptiva por Cézanne começa com a possibilidade de efetuar um estudo preciso das aparências através da adoção do método impressionista. "O impressionismo queria restituir na pintura a própria maneira pela qual os objetos atingem a visão e atuam os sentidos."[3] Mas logo Cézanne abandona os impressionistas. Não era por meio da representação de sensações que Cézanne iria expressar sua vida perceptiva, pois na medida em que as impressões eram realçadas, o objeto percebido desaparecia. Merleau-

---

1 Não emitiremos um juízo sobre essa caracterização, mas salientaremos alguns de seus pontos para buscar na fenomenologia uma correspondência.

2 Deixaremos de lado o tema da liberdade, talvez o mais explícito em *A dúvida de Cézanne*, para nos concentrar nas ligações implícitas que Merleau-Ponty faz entre a obra de Cézanne e a fenomenologia.

3 Merleau-Ponty, M. *A dúvida de Cézanne*. São Paulo: Abril Cultural, 1980, p. 115. (Coleção Os Pensadores)

Ponty destaca: "Cézanne não se contenta em representar essa atmosfera de sensações, mas sim, procura reencontrar o objeto por traz dessa atmosfera".[4]

Assim, se Cézanne evita os contornos que delimitam precisamente os objetos na pintura clássica, não é porque ele acredita que esses objetos devem ser perdidos em uma atmosfera de sensações.[5]

> A supressão dos contornos precisos em certos casos, a prioridade da cor sobre o desenho não terão evidentemente o mesmo sentido em Cézanne e no impressionismo. O objeto não fica mais coberto de reflexos, perdido em seu intercambio com o ar e com os outros objetos, é como que iluminado surdamente do interior, emana a luz e disso resulta um impressão de solidez e materialidade.[6]

Para Merleau-Ponty, Cézanne procura uma alternativa entre a tradição que representa o mundo de modo geométrico e o impressionismo que resume o objeto às impressões sensíveis. Mas que alternativa é essa? Merleau-Ponty responde: Cézanne procura a relação originária do homem com a natureza, uma visão que está além dos procedimentos abstratos que decompõe essa relação.

O retorno à percepção original é, assim, a superação da dicotomia inteligência-sentidos, que constrói, por um lado, em um esforço analítico, um mundo geometrizado e, por outro, resume o mundo às sensações.

> Cézanne não acha que deve escolher entre a sensação e o pensamento, assim como entre o caos e a ordem. Não quer separar as coisas fixas que nos aparecem ao olhar de sua maneira fugaz de aparecer, quer pintar a matéria ao tomar forma, a ordem nascendo por uma organização espontânea. Para ele a linha divisória não está entre os "sentidos" e a "inteligência", mas entre a ordem espontânea das coisas percebidas e a ordem humana das idéias e das ciências.[7]

O retorno à natureza é o retorno a essa ordem espontânea, a uma ordem anterior às construções que decompõem a percepção.[8] É evitando na obra de

---

[4] Cézanne não quer abandonar as sensações: estas sustentam a percepção, mas o mundo não se resume a elas. Merleau-Ponty, op. cit.

[5] Assim, sua pintura não será uma alusão às coisas, mas a busca da plenitude do objeto.

[6] *A dúvida de Cézanne*, cit., p. 115.

[7] Idem, p. 116.

[8] A experiência primordial não traz essas distinções: abstratamente é que decompomos pensamento e sentidos.

arte destacar o olho em detrimento do espírito ou do espírito em detrimento do olho que será possível para ele a representação da percepção original do mundo. "A perspectiva vivida, a de nossa percepção, não é a perspectiva geométrica ou fotográfica: na percepção, os objetos próximos parecem menores, os distantes maiores".[9] As deformações da perspectiva, assim, não são visíveis por si mesmas na percepção original.[10]

> Dizer que um círculo visto obliquamente torna-se uma elipse é substituir a percepção efetiva pelo esquema do que deveríamos ver se fôssemos aparelhos fotográficos: de fato, vemos uma forma que oscila em torno na elipse sem ser uma elipse.[11]

A constituição da técnica em Cézanne é guiada por esse esforço de restabelecer a percepção natural. Por exemplo, no caso dos contornos dos objetos, Cézanne procura uma opção que não faça deste algo desligado do resto do mundo, tal como procede a visão analítica, mas que também não dilua esse objeto por trás das impressões. "O contorno dos objetos concebido como uma linha que os delimita não pertence ao mundo visível, mas à geometria." Porém Merleau-Ponty continua:

> Não marcar nenhum contorno seria tirar a identidade dos objetos. [...] É por isso que Cézanne vai seguir por uma modulação colorida a intumescência do objeto e marcará em traços azuis vários contornos. O olhar dançando de um a outro capta um contorno nascendo entre todos eles como na percepção.[12]

Do mesmo modo, Cézanne procura superar a dicotomia entre o desenho e a cor. O privilégio do desenho é resultado de uma concepção da percepção que faz do aparecimento da natureza uma coisa acabada. Mas a abolição do desenho pela adoção de uma técnica que apenas sugere sensações de forma pela cor não é a atitude de Cézanne. Merleau-Ponty cita Cézanne: "O desenho e a cor não são mais distintos, pintando, desenha-se; mais a cor se harmoniza, mais o desenho se precisa".[13] Assim, contrariando os impressionistas, Cézanne desenha objetos.

---

9 *A dúvida de Cézanne*, cit., p. 117.

10 Idem.

11 Idem.

12 Idem.

13 Idem, p. 118.

É a materialidade desses objetos que permitem a unidade das sensações. "A coisa vivida não é reencontrada ou construída a partir dos dados dos sentidos, mas de pronto se oferece como o centro de onde se irradiam."[14] Assim a forma é restabelecida ao objeto, mas não mais a forma geométrica ou a forma artificial da ciência.

Cézanne não negava que as características que a ciência confere aos objetos façam parte destes. Elas também fazem parte, mas não os esgotam: combinam-se com as outras formas de aparição desses objetos.

> [Cézanne] informava-se sobre as estruturas geológicas da paisagem. Estas relações abstratas deveriam operar no ato do pintor mas regulada com o mundo visível. [...] Era necessário ligar uma às outras todas as vistas parciais que o olhar tomava.[15]

Essa superação da ciência e das impressões conduz sua relação com o objeto. Este está lá, captado em uma intuição, que é ao mesmo tempo olhar e espírito, que não descarta nada nesse objeto. No entanto, isso não significa que desejasse fazer uma cópia desse objeto. Fazer a cópia significa limitar-se a uma dessas aparências e assim perder a estranheza que o surgimento desse objeto causa no artista. Implicaria determinar uma linguagem que, desconsiderando o caráter da experiência perceptiva, escolhe arbitrariamente as relações que serão enfatizadas nessa experiência. Mas aí já não mais temos a representação do objeto, mas da linguagem escolhida pelo autor. É isso que Cézanne procura evitar. É claro que Cézanne confere algumas significações determinadas a seu objeto. Não é possível um olhar acima do mundo. No entanto, Cézanne traz em seus quadros significados ainda em formação, faz das diversas imagens pintadas objetos ainda não-consumados. Mas não é essa a experiência primeira que temos do mundo: ele não está a ser revelado cada vez mais? Assim, se Cézanne, ao contrário dos impressionistas, quer recuperar seu objeto, ele não o define de uma vez por todas. Cézanne, segundo Merleau-Ponty, pinta a mutação da significação do objeto.

> O sentido que Cézanne dará em seus quadros às coisas e aos rostos propunha-se-lhe no próprio mundo que lhe aparecia, nada mais fez que o liberar,

---

[14] Idem.

[15] Idem, p. 119.

> são as próprias coisas e os próprios rostos tais quais via que pedia para assim serem pintados e Cézanne não disse mais do que queriam dizer.[16]

Essas análises efetuadas por Merleau-Ponty caracterizam a obra de Cézanne como um olhar fenomenológico. Mas em que pontos pode-se estabelecer um paralelo entre o esforço artístico de Cézanne e as teses da fenomenologia?

Em primeiro lugar, podemos lembrar das distinções efetuadas por Husserl entre o objeto percebido e os momentos vividos da percepção. Nas *Investigações lógicas*, Husserl delimita os genuínos componentes da aparição, ou seja, as sensações presentantes, das propriedades dos objetos. O que é percebido, afirma Husserl, é o objeto com suas propriedades e não o complexo de sensações vividas.

> Não é lícito confundir a sensação de cor com a coloração corpórea que aparece, a sensação de forma com a forma corpórea, etc.[17]

Como quer que seja resolvida a questão da existência ou da não-existência das coisas fenomenais externas, é indubitável que a realidade de cada uma das coisas percebidas não pode ser compreendida como a realidade de um complexo de sensações percebidas na consciência que percebe.[18]

Na percepção, a consciência está voltada para um objeto que lhe é transcendente. Sem dúvida, esse visar serve-se dos conteúdos materiais (sensações) para alcançar seu objeto, mas o visar ele mesmo, não está voltado para as sensações. Por exemplo, vemos uma árvore que ora está imóvel, ora balança ao vento, e que, devido à mudança da posição do sol, oferece uma gama de sensações de cor. Uma série de sensações diferentes é vivida. Porém, nós atribuímos todas essas modificações à árvore, como se fossem suas alterações. Se é verdade que a árvore não está contida realmente na percepção, no entanto, é seu visar que unifica (e que oferece sentido) a essas sensações vividas. Com a redução fenomenológica isso não se altera:

> A cor do tronco da árvore, enquanto aquilo que surge à consciência perceptiva, é exatamente a mesma a aquela que atribuímos a árvore real antes da redução fenomenológica. Essa cor posta entre parêntese pertence à árvore. Isso que aparece é uma só e mesma cor noemática que, na unidade

---

16 Idem, p. 122.

17 HUSSERL, Edmund. *Investigações lógicas*. São Paulo: Abril Cultural, 1985, p. 175.

18 Idem, p. 176.

> contínua de uma consciência perceptiva em mudança, surge à consciência como cor idêntica e em si mesma invariável em uma multiplicidade contínua de cores sensuais.[19]

A tese resumidamente é: a cor pertence à árvore, ao mundo e não ao homem.

Enquanto a cor pertence ao objeto, a sensação é um conteúdo imanente.

> Quando um objeto externo é percebido (a casa), as sensações presentantes nesta percepção são vividas, mas não são percebidas. Não é por nos enganarmos sobre a existência da casa que nós já estaríamos nos enganando sobre a existência dos conteúdos sensíveis vividos, mesmo porque sobre estes nós não julgamos, ou seja, nós não percebemos nessa percepção.[20]

Assim, a esfera objetiva de que a consciência é consciência não se confunde com nenhum conteúdo sensível da consciência.

As determinações efetuadas por conta da percepção, ou de outro modo intencional, são conferidas ao objeto e não aos conteúdos imanentes da consciência. Uma frase de Lévinas ilustra essa tese: "A beleza da obra de arte não é um simples sentimento subjetivo provocado pelo surgimento de tal ou tal propriedade dessa obra; que por si mesma está além do belo e do feio". Lévinas conclui: "O objeto estético é ele mesmo belo".[21]

Sem dúvida, as sensações podem ser tornadas objetos.

> Se prestarmos atenção a esses conteúdos – e ninguém poderá negar (dentro de certos limites) essa nossa capacidade –, se fizermos abstração daquilo que tanto agora como habitualmente visamos por meio deles e se os considerarmos simplesmente como aquilo que eles são, então certamente os perceberemos, porém nesse momento não perceberemos o objeto externo por meio deles.[22]

Porém, não era esta a intenção de Cézanne. Seu objetivo era efetuar um retorno à natureza. Mas Merleau-Ponty alerta: essa fidelidade de Cézanne à

---

19 HUSSERL, Edmund. *Idées directrices pour une phénoménologie.* Paris: Gallimard. § 97, p. 337.

20 *Investigações lógicas,* cit., p. 177.

21 LÉVINAS, E. *Théorie de l'intuition dans la phénoménologie de Husserl.* Paris: Librairie Philosophique J. Vrin, 1984.

22 *Investigações lógicas,* cit., p. 177.

natureza, às coisas, não significa uma fidelidade ao naturalismo. Trata-se antes de um retorno à estranheza do objeto, de confrontar a natureza com as ciências que dela vieram, ou melhor, confrontar a percepção original do mundo com as teses que o explicam: a fidelidade aos fenômenos é o retorno à percepção primeira. Trata-se assim de constituir uma ciência intuitiva. "O pintor retoma e converte justamente em objeto visível o que sem ele permaneceria encerrado na vida separada de cada consciência: a vibração das aparências que é o berço das coisas."[23] Desse modo, Cézanne procura uma suspensão dos valores expressivos, uma suspensão que libera as coisas.

> O artista segundo Balzac ou Cézanne não se contenta em ser um animal cultivado, assume a cultura desde o começo e a funda de novo, fala como o primeiro homem falou e pinta como se nunca houvesse pintado.[24]

Novamente se estabelece o paralelo entre a obra de Cézanne e as descrições da fenomenologia. A "volta às coisas mesmas", propagada por Husserl, era o abandono das teses sobre a existência do que aparece e o retorno ao próprio aparecer. O aparecer exige uma síntese das facetas e exige um perene inacabamento do mundo. O retorno à natureza de Cézanne não é a adoção de nenhuma tese específica sobre esta, mas o constante esforço de reconstituir uma natureza que não é determinada absolutamente por nenhuma ciência ou tradição.[25]

A volta à natureza é a compreensão de que o aparecer no mundo está além de qualquer tese que procure explicar esse mundo. Assim, a volta à natureza, longe de caracterizar-se como uma "atitude natural" é, ao contrário, a tentativa de "suspender" essa "atitude natural". Nesse sentido, o retorno à natureza tentado por Cézanne é a recusa do dogmatismo, da ausência de interrogação e de uma certa ingenuidade[26] que "humaniza" o aparecer da coisa.

---

[23] *A dúvida de Cézanne*, cit., p. 120.

[24] Idem.

[25] Há o reconhecimento de que objeto, o mundo, não pode ser determinado absolutamente por nenhum olhar, por nenhuma tradição. Porém, cada olhar, cada tentativa de direcionar-se ao mundo remete a um horizonte fenomenal, horizonte este que, sem dúvida, comporta uma tradição representativa. No entanto, esse horizonte permanece sempre aberto a novas determinações.

[26] A atitude natural é uma crença que "ingenuamente" não se coloca como tal.

> Vivemos em meio aos objetos construídos pelos homens, entre utensílios, casas, ruas, cidades e na maior parte do tempo só os vemos através das ações humanas de que podem ser os pontos de aplicações. Habituamo-nos a pensar que tudo isso existe necessariamente e é inabalável. A pintura de Cézanne suspende estes hábitos e revela o fundo de natureza inumana sobre o qual se instala o homem.[27]

O retorno à natureza é a suspensão da crença nas determinações que o homem confere aos dados originais.

Podemos agora questionar Cézanne e Husserl: pode haver uma intuição totalmente reduzida, um recuo para além de todas essas determinações culturais?

Mas talvez não se trate exatamente disso em Cézanne ou em Husserl. O recuo efetuado na redução não é o ultrapassamento definitivo do mundo por uma consciência. Talvez seja antes a tentativa de tematizar isso que permanece inquestionado na posição do mundo: como todas essas determinações (culturais etc.) que constituem o objeto podem ser sintetizadas em algo?

---

[27] *A dúvida de Cézanne*, cit., p. 118.

IV. Arte e Sociedade

Engajamento e empenho na literatura brasileira

Fernando C. Gil

Talvez se tenha algum rendimento crítico se analisarmos a questão do engajamento a partir da literatura brasileira. Mais especificamente ainda se o exame do problema se configurar do ponto de vista formativo da literatura brasileira e de seus desdobramentos. Como se sabe, analisar do ponto de vista formativo significa compreendê-la como um sistema. Quem sabe, o único sistema, na esfera cultural e intelectual da sociedade brasileira, que tenha se formado de modo orgânico e complexo, considerando as suas condições discursivas e materiais de produção e circulação. Apenas para dar um exemplo bastante esquemático: o leitor brasileiro das primeiras décadas da segunda metade do século XIX podia se deliciar com as peripécias amorosas dos romances de Alencar ou se emocionar com os valorosos índios dos poemas de Gonçalves Dias, mas certamente não havia por aqui ainda um Alencar da reflexão filosófica ou um Gonçalves Dias que descortinasse os nós da experiência social brasileira. A esfera literária, pelo menos até o final do século XIX, foi o campo para onde convergiu boa dose das preocupações e dilemas da vida mental brasileira na medida em que não havia possibilidade material, institucional e cultural para o aparecimento e o desenvolvimento de outras formas de conhecimento. O discurso literário acabou por incorporar em si e para si, no período que Antonio Candido chamou de momentos decisivos da formação da literatura brasileira, que vai da segunda metade do século XVIII até aos anos 70 do XIX, visões, atitudes e linguagens que, podemos dizer hoje em dia, um tanto anacronicamente, claro, não dizem respeito somente à especificidade do campo literário.

A noção de que a literatura constituiu uma espécie de macrodiscurso nos permite examinar, a partir dela, certo andamento da experiência mental brasileira. Com relação ao tema deste encontro, o do engajamento, pode-se dizer que a literatura brasileira revela que os nossos escritores assumiram uma posição engajada desde o início de nossa formação literária. Parece claro que utilizo a idéia de engajamento aqui de modo muito livre e inespecífico. Mais precisamente, estou pensando no caráter que a literatura brasileira teve em relação à consciência de sua função histórica de que nos fala Antonio Candido no seu livro a *Formação da literatura brasileira*. Isto é, uma literatura que é toda "voltada, no intuito dos escritores ou na opinião dos críticos, para construção duma cultura válida no país. Quem escreve, contribui e se inscreve num processo histórico de elaboração nacional". Esta literatura interessada, empenhada, para usar ainda os termos do autor, "é marcada pelo compromisso com a vida nacional no seu conjunto".[1]

Neste ponto seria oportuno fazer uma diferenciação entre uma atitude intelectual empenhada e uma atitude intelectual engajada, tendo em vista o desdobramento da argumentação apresentada. Simplificadamente, diria que a posição engajada é plena e conscientemente partidária e ideológica, seja no plano discursivo, seja no plano da ação; sob este aspecto, ela tem um discursivo e uma ação que direta e estrategicamente visam às instâncias de poder/dominação das mais diversas esferas sociais, e, por conseqüência, visam também à transformação dessas instâncias. Já a atitude empenhada expressa uma relação mais difusa com relação ao poder na medida em que se trata de uma prática predominantemente discursiva, ainda que não só. Constitui-se sobretudo como discurso simbólico, literário. Não se articula em seu bojo um discurso reflexivo ou ideológico que se instrumentalize em razão do poder ou de uma perspectiva de classe em função do poder. Em suma, há uma razão ou uma lógica de ordem política explícita que se faz presente na postura do escritor engajado, que não existe necessariamente na do escritor empenhado.

As formas de manifestação da literatura empenhada em nosso contexto cultural são muito diversas, e esta diversidade se liga tanto às relações históricas e estéticas específicas de cada momento, como também à particularidade da posição social do artista na sociedade. Gostaria de me deter em algumas formas dessa literatura empenhada para poder definir e caracterizar melhor a sua natureza e ao mesmo tempo a sua diversidade. Inicio com o tema do indianista no romantismo brasileiro, que é um dos instantes fortes dessa literatura empenhada. Para tanto, transcrevo as três estrofes iniciais de I-Juca Pirama, do livro *Últimos cantos*, de Gonçalves Dias:

---

[1] CANDIDO, Antonio. *Formação da literatura brasileira.* 5. ed. Belo Horizonte: Itatiaia; São Paulo: Editora da Universidade de São Paulo, 1975, v. 1, p. 18. Sobre as noções de sistema literário e literatura empenhada, ver os dois primeiros capítulos da Introdução desta obra.

No meio das tabas de amenos verdores,
Cercados de troncos – cobertos de flores,
Alteiam-se os tetos d'altiva nação;
São muitos seus filhos, nos ânimos fortes,
Temíveis na guerra, que em tensas coortes,
Assombram das matas a imensa extensão.

São rudos, severos, sedentos de glória,
Já prélios incitam, já cantam vitória,
Já meigos atendem à voz do cantor:
São todos Timbiras, guerreiros valentes!
Seu nome lá voa na boca das gentes,
Condão de prodígios, de glória e terror!

As tribos vizinhas, sem forças, sem brio,
As armas quebrando, lançando-as ao rio
O incenso aspiraram dos seus maracás:
Medrosos das guerras que os fortes acendem,
Custosos tributos ignavos lá rendem,
Aos duros guerreiros sujeitos na paz.[2]

Como se sabe, a altiva nação com os seus filhos e guerreiros valentes, representados pelos índios, no caso aqui os Timbiras, é a grande metáfora com que os nossos escritores românticos vão tentar revestir a nação de algum tipo de identidade nacional, após a Independência e a formação do Estado brasileiro. Ainda que a presença do índio na literatura brasileira venha de antes, do arcadismo, é somente no romantismo que se configurará como uma tendência literária e ideológica marcante na medida em que a sua linguagem surge para se contrapor e negar os valores coloniais, os elementos de nossa vida relacionados à antiga Metrópole portuguesa. O indianismo surge como grau zero da formação da consciência das elites locais que, procurando na particularidade da terra aquilo que supostamente nos diferenciava como brasileiro, inventaram que somos brasileiros desde sempre pela representação do índio na literatura brasileira.

Uma atitude aparentemente muito diferente dessa, ainda no romantismo mas alguns anos adiante, será a de Castro Alves. A poesia social e abolicionista de Castro Alves substituiu o índio pelo negro em nossa literatura. No movi-

2 DIAS, Gonçalves. *Poesia e prosa completas*. Org. Alexei Bueno. Rio de Janeiro: Nova Aguilar, 1998, p. 379.

mento antiescravista que se empreendeu a partir do anos 70 do século XIX, a poesia do autor de Navio Negreiro serviu de espécie de carta de alforria literária, permitindo com isso que o negro tivesse presença efetiva na literatura brasileira a partir de então. O tom declamatório, a intenção libertária do poema e o aspecto idealizador da figura do negro podem ser percebidos nestas estrofes da quinta parte de Navio Negreiro:

> Senhor Deus dos desgraçados!
> Dizei-me vós, Senhor Deus!
> Se é loucura... se é verdade
> Tanto horror perante os céus...
> Ó mar! Por que não apagas
> Co'a esponja de tuas vagas
> De teu manto este borrão?...
> Astros! noite! tempestades!
> Rolai das imensidades!
> Varrei os mares, tufão!
>
> Quem são estes desgraçados,
> Que não encontram em vós,
> Mais que o rir calmo da turba
> Que excita a fúria do algoz?
> Quem são?... Se a estrela se cala,
> Se a vaga à pressa resvala
> Como um cúmplice fugaz,
> Perante a noite confusa...
> Dize-o tu, severa musa,
> Musa libérrima, audaz!
>
> São os filhos do deserto
> Onde a terra esposa a luz.
> Onde voa em campo aberto
> A tribo dos homens nus...
> São os guerreiros ousados,
> Que com os tigres mosqueados
> Combatem na solidão...
> Homens simples, fortes, bravos...
> Hoje míseros escravos
> Sem luz, sem ar, sem razão...
>
> São mulheres desgraçadas
> Como Agar foi também,
> Que sedentas, alquebradas,
> De longe... bem longe vêm...
> Trazendo com tíbios passos,

Filhos e algemas nos braços,
N'alma – lágrimas de fel.
Como Agar sofrendo
Que nem o leite do pranto
Têm que dar para Ismael...[3]

Do ponto de vista da sociedade brasileira da segunda metade do século XIX, não parece haver dúvida com relação ao caráter libertário e humanitário da poesia de Castro Alves comparado ao projeto literário indianista, que, como já disse, é expressão de uma consciência de elite em formação a que muitos dos nossos escritores davam voz. Parece evidente que a poesia de Castro Alves enuncia com todas as letras o horror que significou o estatuto da escravidão e o repele poética e ideologicamente. Entretanto, e é isso que gostaria de destacar, a sua poesia não consegue criar, por assim dizer, uma visão *de dentro* do problema. Melhor seria dizer que ele não formula uma estratégia discursiva orientado pela burguesia, seja lá o que isso significasse no Brasil do século XIX, a ponto de configurar uma estética de valores antiburguesa. O sentimento anti-escravista na poesia de Castro Alves, a meu ver, corresponde à percepção muito mais genérica e difusa de que a escravidão parece ser um modo de relação social muito pouco digno e humano para um país jovem que pretende ingressar no concerto das nações modernas, ou como o poeta baiano diz noutros versos, "Talhado para as grandezas,/P'ra crescer, criar, subir, /O Novo Mundo nos músculos/ Sente a seiva do porvir" (Livro e a América).

Sob este aspecto, tanto a atitude de Gonçalves Dias quanto a de Castro Alves se situam no âmbito das providências que nossos escritores percebiam urgentes para o melhoramento geral do país. No caso de Gonçalves Dias, a liberação da herança dos valores coloniais, no que estes poderiam ser liberados do ponto de vista da classe dominante, e com a conseqüente aspiração de uma suposta identidade nacional; já no de Castro Alves, o desejo de eliminação de uma forma de trabalho já tida nessa altura como degradante.

Assim, mesmo no que poderia ser considerado literatura social, o que se tem é ainda aquela intenção de querer construir o país fazendo literatura, carac-

---

[3] ALVES, Castro. *Castro Alves*. Org. Marisa Lajolo e Samira Campedelli. 2.ed. São Paulo: Nova Cultural, 1988, p. 104-5. (Literatura comentada)

terística da atitude empenhada, anteriormente mencionada. A *visão do país* que se fazia necessário criar através do discurso literário tende a dissolver em si os embates sociais de classe que a forma literária pudesse incorporar em si nas suas mais variadas maneiras. Tudo isso não somente porque a sociedade brasileira se fazia, nesse período, fortemente hierarquizada, mas também, e por conseqüência, porque a divisão do trabalho intelectual era muito pouco especializada, incapaz, por exemplo, de formular um ponto de vista, letrado, socialmente radical.

Bem entendido, não que não houvesse pensamento radical, mas os escritores e intelectuais que procuraram formular um ponto de vista mais radical, como demonstra Antonio Candido, "não se integram em sistemas, pois aqui nunca floresceu em escala apreciável um corpo de doutrina politicamente avançada, ao contrário do que se deu em países como o Uruguai, o Peru, o México e Cuba". O pensamento radical, como diz ainda Candido, se opõe aos interesses das classes dominantes, mas não representa os interesses finais do trabalhador. Como no caso de Castro Alves, de Euclides da Cunha ou mesmo de um Lima Barreto, todos eles pensam

> os problemas na escala da nação, como um todo, preconizando soluções para a nação, como um todo. Deste modo, passa por cima do antagonismo entre as classes; ou por outra, não localiza devidamente os interesses próprios das classes subalternas, e assim não vê a realidade à luz da tensão entre elas e as dominantes.[4]

Quero crer que apenas por volta de 1930, quando a sociedade brasileira se torna mais urbanizada, social e economicamente mais complexa e politicamente mais diversificada, é que a noção de engajamento começa a fazer parte também da cultura letrada propriamente. Tal noção pressupõe em algum grau aquela *consciência catastrófica do atraso*, de que nos fala ainda Antonio Candido no ensaio Literatura e Subdesenvolvimento. Segundo Candido, tal visão resulta

> pessimista quanto ao presente e problemática quanto ao futuro [...] Desprovida de euforia, é (um ponto de vista) agônico e leva à decisão de lutar, pois o traumatismo causado na consciência pela verificação de quanto o atraso é catastrófico suscita reformulações políticas.[5]

---

[4] CANDIDO, Antonio. Radicalismos. *Vários escritos*. 3.ed. São Paulo: Duas Cidades, 1995, p. 266.

[5] CANDIDO, Antonio. *Educação pela noite*. São Paulo: Ática, 1987, p. 142.

É nesse instante, parece-me, que a literatura pode ser instrumentalizada objetivamente para o poder e em função dele. Em outras palavras, a literatura pode se tornar, antes de tudo, veículo de propaganda. Implicado nessa possibilidade parece estar o fato de que no Brasil dos anos 30 o campo literário, também ele, se diversifica. O leque de escolhas e opções ou de inevitabilidades estéticas e ideológicas se ampliam. Este leque vai do "primado da doutrinação" (Theodor W. Adorno) à reivindicação da autonomia da literatura, passando, claro, por certo "matizamento" dessas tendências.

Neste sentido, se não estou enganado, penso que a noção de literatura empenhada, nos termos definidos por Antonio Candido, tende, não a desaparecer, mas a deixar de ser o eixo dominante do horizonte literário de nossos escritores. Digamos que na relação entre o escritor e a nação se interpuseram, a partir de então, outras articulações mediadoras, direta ou indiretamente, como a noção de classe social ou a consciência da produção artística como forma específica de trabalho. Assim, a autodefinição nacional através do discurso literário, se não deixou de ser uma urgência para a consciência, e creio que não deixou de ser de fato, ela, no mínimo, passou a ser colocada em perspectiva bastante diversa.

Impasses de um intelectual engajado – o caso de Lima Barreto

Cássio Tavares

O título desta apresentação sugere que há uma luta, que Lima Barreto (1881-1922) toma partido nessa luta, e que participa dela sobretudo no campo do pensamento. Vou direto ao ponto: trata-se da luta de classes. E como esse autor que nos ocupará nesta oportunidade, embora ficcionista relevante, é pouco conhecido como articulista, quero começar dando uma amostra da radicalidade de suas intervenções no debate político. Tomo, a esse título, algumas afirmações do autor sobre a propriedade privada, colhidas sem qualquer intenção sistemática. O resumo não escapará de ser brutal, mas vale como ilustração.

1. Para Lima Barreto a idéia de propriedade privada modela as nossas relações sociais desde os tempos da colônia, de modo a nos inscrever na mesma civilização que vigora na Europa – como lá, aqui prevalece desde o século XVI o "regímen burguês-capitalista"; aliás, para o autor, o determinante em relação ao caráter de nossa sociedade é o espírito europeu que importamos, fundado em idéias como *propriedade privada*, *pátria* e *Deus*.[1] O modo de produção escravista parece ser para ele apenas uma atrocidade adicional.
2. É por ter assimilado visceralmente a idéia de propriedade privada como instituto legítimo, argumenta Lima Barreto, que gente que havia tido, na geração anterior à sua, razões de sobra para ser abolicionista (muitos até de ascendência negra), ou não o era ou condicionava a abolição à indenização dos senhores de escravos: "tinham como artigo de fé que a propriedade é inviolável e sagrada; e, desde que o escravo era uma propriedade, logo...".[2]

---

[1] Barreto, Lima. Palavras de um *snob* anarquista. In: Rezende, Beatriz; Valença, Rachel (Orgs.). *Toda crônica*. Rio de Janeiro: Agir, 2004, v. 1, pp. 110-4. Originalmente publicado no jornal *A voz do trabalhador*, em 15/05/1913.

[2] Barreto, Lima. No ajuste de contas... In: Rezende, Beatriz; Valença, Rachel (Orgs.). *Toda crônica*, cit., pp. 336-43. Originalmente publicado na revista *A.B.C.*, em 11/05/1918.

3. Lima Barreto considera inaceitável a situação fundiária no Brasil, onde um indivíduo "que não sabe plantar um pé de couve" sequer, morando num casarão "no Flamengo ou em São Clemente", pode ter a propriedade de quarenta ou sessenta fazendas nos estados próximos, muitas das quais ele nem conhece nem as visitou, enquanto, nos lugares em que estão tais latifúndios, há centenas de pessoas que não têm um palmo de terra para fincar quatro paus e erguer um rancho de sapê, cultivando nos fundos uma quadra de aipim e batata-doce.[3]
4. E são, para o autor, no mínimo igualmente nefastos os títulos e demais modalidades do capital financeiro, que possibilitam que certas pessoas vivam de renda, sugando a riqueza da sociedade sem lhe dar nenhuma contribuição real.[4] Aliás, "a fortuna deixou de ser", diz ele, "essencialmente baseada na propriedade territorial e se transformou no atroz onzenarismo burguês dos títulos e apólices".[5]

E como Lima Barreto sugere que reajamos a esse quadro de coisas? O autor nos oferece uma resposta num artigo de 1917, em que atribui a carestia a uma subordinação do aparelho de Estado ao capital. O Estado, portanto, nada republicano, labora para municiar os seus controladores na esfola dos "seus patrícios". A partir dessa referência à pátria, assim continua o autor:

> A pátria é um laço moral, dizem; mas, quando os Zés Bezerras, os Pereiras Limas e outros rompem esses laços, de forma tão bucaneira, como acabo de mostrar no caso do açúcar, de que modo posso respeitá-los, a eles, nas suas vidas e nos seus haveres? Creio que me acho desobrigado de toda e qualquer prisão moral com semelhantes patifes.
> Em presença deles, devo proceder como em presença do salteador que me toma os passos, em lugar ermo, e me exige os níqueis que tenho no bolso. Só há um remédio, se não quero ficar sem os magros cobres: é matá-lo.
> Não há necessidade, entretanto, de o fazer, na parte relativa a esses cínicos do açúcar e outros. Semelhante gente não se incomoda em morrer: incomoda-se em perder dinheiro ou em deixar de ganhá-lo. É tocar-lhes na bolsa, que eles choram que nem bezerros desmamados.

---

[3] Idem, p. 338.

[4] Idem, p. 339-40.

[5] BARRETO, Lima. Palavras de um *snob* anarquista, cit., p. 112.

> O povo até agora tem esperado por leis repressivas de tão escandaloso estanco, que é presidido por um ministro de Estado. Elas não virão, fique certo; mas ainda há um remédio: é a violência.
> Só com a violência os oprimidos têm podido se libertar de uma minoria opressora, ávida e cínica; e, ainda, infelizmente, não se fechou o ciclo das violências.
> [...]
> Não há outra esperança, pois eles dominam todo o mecanismo legal – o Congresso, os juízes, os tribunais – e tudo isto só fará o que eles quiserem, e seria vão socorrermo-nos desse aparelho.
> [...]
> Meditem que eles mesmos ou os seus prepostos são os fabricantes das leis e, à sombra delas, estão organizando esse torpe saque à miséria dos pobres e à mediania dos remediados, sem dó nem piedade, sem freio moral, religioso, filantrópico, patriótico, cavalheiresco ou outro de qualquer natureza; e digam se podemos nós outros, que sofremos as agruras da sua crueldade gananciosa, da sua avidez cínica, da sua imunda traficância, ter em relação a eles qualquer prisão por laços morais, religiosos, patrióticos, cavalheirescos ou outro qualquer?
> Todos eles estão rompidos, todos eles não existem mais, e toda e qualquer violência, sobre eles ou sobre suas propriedades, é justa e legítima.
> É, porém, preferível sobre os teres e haveres deles, antes do que sobre as suas pessoas, pois só assim esses Shylocks chorarão como bezerros ou bezerros desmamados.[6]

Pois bem, o que seria de se esperar de alguém que propõe coisas assim? E isso logo em seguida à greve geral que sacudiu o Brasil em 1917! Pois é: lenha na fogueira. Mas o fato é que a trajetória de Lima Barreto foi apenas a do intelectual que advogava uma causa, não mais: ele jamais tomou parte direta de qualquer ação popular organizada e, além disso, optou pela literatura como campo privilegiado de atuação. Esse é o nó. Esse é o desencaixe aparente do autor, em que é possível ver a coexistência algo antinômica de isolamento e militância.

É curioso notar que grande parte dos artigos inflamatórios de Lima Barreto foi publicada sob pseudônimo, enquanto os textos ficcionais vinham assinados com o próprio nome. Isso não seria, em princípio, de se estranhar, já que sob a

---

6 BARRETO, Lima. Sobre a carestia... In: REZENDE, Beatriz; VALENÇA, Rachel (Orgs.). *Toda crônica*, cit., pp. 285-7. Originalmente publicado na revista *O debate*, em 15/09/1917.

proteção do pseudônimo o autor se sentiria mais à vontade para radicalizar o seu discurso (é o Zorro que se ocupa das iniqüidades da vida social, Don Diego só se interessa pela alta cultura). Esse argumento é consistente com as informações disponíveis sobre a conduta do autor. Ocorre que isso não é tudo. Para começar, sua literatura, não sendo amena, não lhe proporciona o melhor dos álibis. Além disso, alguns de seus escritos inflamatórios mais incisivos têm pseudônimos que não disfarçam efetivamente a autoria, como o de Isaías Caminha, protagonista de um romance de Lima Barreto normalmente visto como autobiográfico. E, para completar, o autor valoriza a literatura acima de seus outros escritos: é nela, sua aspiração última, que ele investe o principal de seus esforços; é através dela que ele espera dar a sua grande contribuição a seu povo, obtendo dele um dia, em retorno, a glória, o reconhecimento, a canonização – tanto que mais de uma vez, embora sem grandes ilusões, se candidatou à Academia Brasileira de Letras.

Esse é, enfim, o nó, e interessa ver como ele se arma e o que ele traciona. Nem é preciso esforço para perceber a contradição entre o empenho em transformar estruturalmente e para todos a sociedade e o esforço de obter dela, tal e qual ela é, uma recompensa para si. A simples opção por uma atuação exclusiva no campo das idéias em si mesma já ostenta suas contradições. Estas têm a ver, em parte, com a relação entre engajamento e subsistência: Lima Barreto era contra o envolvimento do Brasil na Primeira Guerra, mas vacilou antes de se manifestar abertamente porque era funcionário justamente do Ministério da Guerra. É difícil combater as relações sociais que fundamentam uma ordem institucional da qual se depende – todo intelectual de esquerda tem de se haver com esta circunstância. E na verdade a dependência material é apenas a face infra-estrutural do problema, que envolve também compromissos tácitos aos quais a vida mental é extremamente porosa. O caso (mencionado no começo) dos abolicionistas gorados pela suposição da violação de algum direito de proprietário basta como exemplo.

A literatura é particularmente suscetível a esse tipo de descaminho, e não só no momento de sua apreciação, mas também no de sua produção. Aliás, a aspiração ao reconhecimento pelo *establishment* – que não é, para Lima Barreto, uma questão da ordem da subsistência – o torna exemplar hoje em relação à situação de quem sonha mudar o mundo, mas deseja com igual fervor uma carreira acadêmica (ou qualquer outra posição "oficial" na *intelligentsia* nacional): tal é o caldo ideológico do intelectual engajado.

Pois bem, no tempo de Lima Barreto, esse *establishment* a que ele aspirava estava comprometido até os bigodes, na ponta produtiva como na consumidora, com o projeto de modernização que durante a *Belle Epoque* as elites nacionais se empenhavam em executar. Fala desse comprometimento a notória definição de literatura de Afrânio Peixoto: *o sorriso da sociedade* – definição que devia provocar arrepios de aflição no Lima Barreto. Evidência da diferença insuperável entre esse autor e o espírito da *Belle Epoque* pode ser encontrada nesta passagem, em que Brito Broca comenta o romance de estréia de Afrânio Peixoto.

> Embora parte d'*A Esfinge* transcorresse no interior da Bahia, o essencial do romance consistia nos quadros do ambiente mundano do Rio, nessa época em que a Capital se modernizava e procurava em tudo imitar Paris. Era exatamente a imagem do "sorriso da sociedade" que Afrânio Peixoto – ele próprio homem elegantíssimo e freqüentador das rodas superfinas – oferecia a esta sociedade que sorria.
> Compreende-se pois o amargor de Lima Barreto ante o sucesso d'*A Esfinge*, no momento em que a crítica e o público se desinteressavam de *Recordações do escrivão Isaías Caminha*, no qual o mestiço pobre e revoltado procurava justamente vingar-se dessa sociedade.[7]

Nem vou argumentar sobre o fato de que ver a obra de Lima Barreto como vingança do "mestiço pobre e revoltado" é não entendê-la, ainda que o autor fosse mestiço, pobre, revoltado e apreciasse o potencial de retaliação de seus escritos. O que me importa aqui é que o contraste proposto por Broca, sem que nada no seu texto, até então, evocasse imediatamente Lima Barreto, evidencia quão perfeito antípoda deste era Afrânio Peixoto. E além disso, os termos em que o contraste é posto já sugere, entre a "sociedade" e Lima Barreto, uma polarização que exclui qualquer possibilidade de consagração da obra deste.

Com efeito, um dos aspectos do isolamento de Lima Barreto é sua aspiração a interlocutores impossíveis. Porque ele almejava o *establishment* literário, mas para este o projeto estético barretiano era inaceitável. Depois falarei brevemente sobre que projeto é esse, embora não seja possível entrar aqui nos detalhes de sua realização técnica; por ora adianto apenas que as estratégias associadas implicam um combate sem descanso no interior do próprio campo ficcional –

---

7 BROCA, Brito. *A vida literária no Brasil – 1900.* 3.ed. Rio de Janeiro: José Olympio, 1975, p. 149.

adiante essa idéia ficará mais clara. Em todo caso, retomando o fio, a procura ativa de interlocutores impossíveis encontra resposta no ostracismo. É a reação do *establishment* literário à hostilidade percebida no projeto barretiano: é eloqüente, de um lado, o silêncio da crítica da época em relação à sua obra (excetuando-se talvez apenas o *Policarpo Quaresma*, lido em chave amena), e, de outro lado, o desinteresse generalizado dos editores de então (excetuando-se, por período breve, Monteiro Lobato).

E isso não é tudo. A própria aspiração a interlocutores impossíveis é o reverso complementar de uma impossibilidade de interlocutores adequados, implicando uma forma de isolamento, esta sim, inescapável. E isso requer explicação, porque aqui eu estou dizendo implicitamente que de algum modo os anarquistas da greve geral não satisfaziam inteiramente as necessidades de interlocução de Lima Barreto.

O Brasil passava por um profundo reordenamento de sua estrutura social, que afetava até a relação de produção de base, que deixara, já havia algum tempo, de ser formalmente escravista e, como nossos ex-escravos não eram nem cultural nem tecnicamente adaptados ao novo sistema de trabalho, agora importávamos trabalhadores europeus – é significativo que no ano mesmo da Abolição 200 mil imigrantes italianos desembarcaram no país. O estímulo à imigração advinha de um esforço consciente de formar aqui uma classe trabalhadora nos moldes europeus. O que a nossa elite não previu foi que isso significaria também luta de classe em moldes europeus (que eles enfrentariam depois, com sucesso relativo, através de uma política de deportações).

Pois bem, é no contexto dessa modernização que se inscrevem os anarquistas. O problema é que seu horizonte é estreito demais para Lima Barreto, que por sua origem era sensível ao resíduo social do processo, aos enjeitados da nova ordem produtiva, que, não encontrando lugar nem no novo campo nem na nova cidade, foram se amontoar no subúrbio, para constituir enfim o que se conheceria depois como *favela*. Lima Barreto se interessa, mais que pelas condições específicas de existência dos operários em sentido estrito, pelas gerais dessa escória dos novos modos de acumulação – lavadeiras, engraxates, desocupados, vendedores ambulantes, prostitutas – e suas imediações, incluindo o baixo funcionalismo público. Essa preocupação com o resíduo social da modernização aparece freqüentemente nos escritos do autor, como nesse comentário de viagem:

O progresso, [...] *graças à sua capacidade de criar profissões miseráveis, introduziu nos trens o lustrador de botinas dos graúdos no meu estofo que conseguem viajar na primeira classe.*
O Senhor Mário de Alencar, cujo fino talento tanta admiração me causa, já resolveu, com grande simplicidade de meios e palavras, a questão social; e, em certa ocasião ao meio de uma grave sessão da Academia Brasileira, [...] *foi ele que me observou o seguinte:*
– Se o progresso traz miséria, em compensação faz nascer outras profissões. Veja você só os *manicures*, os *pedicures*, os engraxates, os motorneiros, os *chauffeurs*, os massagistas, os tripeiros etc. etc. Porventura existiam essas profissões antigamente? Não há motivo para maldizer o estado atual da sociedade; ela fabrica necessidades para criar trabalho e profissões.
Lembrei-me dessa frase do meu conspícuo amigo e confrade Mário de Alencar, quando, [...] *passando instantes em uma estação, vi agachada a meus pés, uma pobre criança que me lustrava, sem aviso algum, e com pressa e medo, naturalmente das autoridades do trem, as minhas modestas botinas.*
Dei-lhe um cruzado e bendisse, com o Senhor Mário de Alencar, a organização da atual sociedade que me fazia tão rico e àquela criança tão miserável e pobre.
O trem partiu e os meus companheiros de viagem voltaram a tomar assento e a discutir política que, segundo Bossuet, é a arte de dar felicidade aos povos e tornar a vida cômoda.[8]

Enfim, enquanto o autor tem sua origem nas classes subalternas do antigo modelo, apoiado na escravidão e no favor, a demanda por organização popular surge com a "modernização" do operariado. Isso quer dizer que para Lima Barreto o não tomar parte direta é mais que opção, é condição. Essa condição é a de um desenraizamento constitutivo, já que as classes de sua formação vão perdendo base material. Sem possibilidade de se identificar com os seus antepassados escravos, ele entretanto não é capaz de se desvencilhar inteiramente dessa herança para aproveitar confortavelmente as modestas benesses de que desfruta, mas a que só muito poucos de sua origem têm acesso. Pode-se perceber esse desenraizamento no seguinte comentário de Lima Barreto, registrado no seu diário, relativo a uma visita a um amigo em São Gonçalo:

Tomei o *trainway*. Fui vendo o caminho. A linha é construída sobre a velha estrada de rodagem. Em breve, deixamos toda a atmosfera urbana, para ver a rural. Há casas novas, os *chalets*, mas há também as velhas casas de colunas

[8] Barreto, Lima. Até Mirassol II. In: Rezende, Beatriz; Valença, Rachel (Orgs.). *Toda crônica*, cit., v. 2, pp. 285-7. Originalmente publicado na revista *Careta*, em 30/04/1921.

> heterodoxas e varanda de parapeito, a lembrar a escravatura e o sistema da antiga lavoura. Corre o caminho por entre colinas, há pouca mata, laranjeiras muitas, algumas mangueiras.
> Eu, olhando aquelas casas e aqueles caminhos, lembrei-me da minha vida, dos meus avós escravos e, não sei como, lembrei-me de algumas frases ouvidas no meu âmbito familiar, que me davam vagas notícias das origens da minha avó materna, Geraldina. Era de São Gonçalo, de Cubandê, onde eram lavradores os Pereiras de Carvalho, de quem era ela cria.
> Lembrando-me disso, eu olhei as árvores da estrada com mais simpatia. Eram muito novas; nenhuma delas viu minha avó passar, caminho da corte, quando os seus senhores vieram estabelecer-se na cidade. Isso devia ter sido por 1840, ou antes, e nenhuma delas tinha a venerável idade de setenta anos. Entretanto, eu não pude deixar de procurar nos traços de um molequinho que me cortou o caminho, algumas vagas semelhanças com os meus. Quem sabe se eu não tinha parentes, quem sabe se não havia gente do meu sangue naqueles párias que passavam cheios de melancolia, passivos e indiferentes, como fragmentos de uma poderosa nau que as grandes forças da natureza desfizeram e cujos pedaços vão pelo oceano afora, sem consciência do seu destino e de sua força interior.
> Entretanto, embora enchesse-me de tristeza o seu estado, eu não pude deixar de lembrar-me, sem orgulho algum, que o meu sangue, parente do seu, depois de volta de três quartos de século, voltava àquelas paragens radiante de mocidade, saturado de noções superiores, sonhando grandes destinos, para ser recebido em casa de pessoas que, se não foram senhores dele, durante algum tempo, tinha-o sido de outrem da mesma origem que o meu.[9]

Não vou interpretar a passagem, a não ser para dizer que a "ousadia" de Lima Barreto em sonhar grandes destinos não deve ser motivo para um julgamento moral contra ele: ela é legítima. É a auto-estima e o senso de dignidade que leva o oprimido a reivindicar os benefícios materiais e imateriais que a vida em sociedade é capaz de proporcionar. E de qualquer modo, se a visão daquela nau extinta entristece Lima Barreto, o que o tortura é antes a sua própria excepcionalidade entre os destroços dela. Um pouco adiante, no mesmo comentário de viagem, o autor constata, no mesmo tom: "a grande família de cuja escravatura saíra a minha avó tinha se extinguido" e deles "só restavam um punhado

[9] BARRETO, Lima. Diário íntimo. *Um longo sonho de futuro*: diários, cartas, entrevistas e confissões dispersas. 2. ed. Rio de Janeiro: Graphia, 1998, pp. 5-150.

de mulatos, muitos, trinta ou mais, de várias condições, e eu era o que mais prometia e mais ambições tinha".[10]

Pois bem, se os impasses do intelectual engajado podem ser superados quando ele se integra organicamente à ação coletiva organizada (porque aí sua atividade intelectual se desenvolve e frutifica no interior do *movimento* de que é parte, prescindindo de qualquer legitimação fora dele) – enfim, se esses impasses podem ser assim superados, essa possibilidade não existe para Lima Barreto. Porque de um lado o horizonte do movimento operário não tem a amplitude exigida pela realidade que o autor tem em vista, e, do outro lado, os enjeitados dos subúrbios não têm a menor condição de suster um movimento organizado:[11] eles são apenas fragmentos de nau desfeita, sem qualquer consciência de seu destino e força potenciais. Ora, mas é justamente essa consciência que distingue e isola Lima Barreto.

De certa forma, então, pode-se dizer que Lima Barreto é condenado à mediação da literatura tanto quanto a escolhe. Pois assim lhe é possível existir nesse lugar utópico – sem lugar – entre a interlocução impossível e a impossibilidade de interlocução, e ali travar sua batalha de Quixote irredimível contra gigantes malignos que, em vez de simples moinhos, são gigantes mesmo – reais e fontes de graves conseqüências objetivas. Com efeito, a prática do autor faz a sua militância deslocar-se para o campo ficcional, mas carregando para o interior dele o campo objetivo e suas lutas. Ali essa militância perde muito de sua eficácia, pois recua da luta real à distância de uma mediação, assumindo uma condição mais potencial que efetiva; mas ganha a possibilidade de sobreviver a um tempo em que a luta não se coloca para esse sujeito histórico que ele representa. Isso porque ela – a militância barretiana – se torna, por meio dessa mediação, objetivável enquanto potencial na forma de textos capazes de subsistir na meia-obscuridade, à espera de ser resgatado por alguém – quem sabe nós –, apto e disposto a mobilizá-la na sua plenitude.

---

10 Idem, p. 86.

11 Mesmo no caso da famosa Revolta da Vacina, de 1904, a participação da população pobre não ligada aos operários foi espontânea, tributária e comparativamente pequena – sem qualquer ímpeto organizativo capaz de se expandir ou perdurar. Basta ver os números: mais de dois terços dos signatários das petições contra a vacina obrigatória eram operários; também o eram 71% dos feridos e 86% dos mortos (Carvalho, José Murilo de. Abaixo a vacina! *Nossa história* [Vera Cruz / Biblioteca Nacional], ano 2, n. 13, nov./2004, pp. 74-9).

Aliás, é notável que quando o autor usa em seus artigos nomes de personagens suas como pseudônimo, ele ficcionaliza a autoria e, em certa medida, a própria intervenção. Esse esfumaçamento se observa também nos diários do autor, em que se registram tanto experiências pessoais quanto esboços visando narrativas ficcionais por fazer. Em alguns momentos isso chega a confundir os seus críticos: Fábio Lucas chega a chamar de "diário",[12] embora entre aspas, o romance inacabado *Cemitério do vivos*, sobre o qual comenta:

> Lima Barreto deixou notável manifestação de justiça à mulher, *especialmente àquela com a qual se junta mentalmente.* Como está no Capítulo II acima referido: "Foi depois da morte de Efigênia que o meu pensamento fez-me viver uma vida desnorteada, que me levou duas vezes ao manicômio".[13]

A confusão é favorecida pelo fato de o material do romance ser autobiográfico (como aliás também o é o do *Recordações do escrivão Isaías Caminha*) e de se originar nas anotações do *Diário do hospício* do autor (também incluído nesta edição do romance prefaciado por Fábio Lucas). Aliás, entrega o ouro, já na capa, a descrição aposta entre colchetes ao título do romance: "Memórias".

A crítica, a verdade é essa, não está em geral *ideologicamente* preparada para lidar com o esfumaçamento barretiano do corte entre realidade e ficção – enfatizo o advérbio porque ela não parece ter dificuldades em lidar com transgressões dessa fronteira por autores como Borges ou Piglia, para citar apenas dois exemplos. O que há de específico no turvamento barretiano da divisa entre a realidade e a ficção tem sua origem naquele ímpeto militante deslocado de que eu falava, que põe em jogo no interior da obra ficcional – sem as mediações usuais – a luta real que se trava fora, inclusive naquilo em que o próprio autor se enreda nela. Daí que a biografia do autor se misture no pote – isso que a crítica amiúde considera uma espécie de equívoco devido à constituição psicológica problemática do autor decorre, na verdade, de uma concepção estética a que ele adere de modo consistente ao longo de sua obra.

Aqui é útil uma comparação com a literatura chamada engajada dos anos trinta. Ninguém duvida da intenção de um *São Bernardo*. No entanto, embora o enredo seja exemplar em relação a mazelas sociais reais e importantes, tudo

---

[12] LUCAS, Fábio. Confissões e fundamentos de Lima Barreto. BARRETO, Lima. *Cemitério dos vivos [Memórias]*. São Paulo: Planeta, 2004, pp. 7-16.

[13] Idem, p. 15; grifos meus.

nele é ficcional – cada manifestação do autor implícito incluída. A palavra chave aí é "exemplar": há a construção de uma realidade outra, autocontida e inteiramente à parte, que se relaciona com a nossa objetiva por nexos analógicos, mas não de identidade. No caso de Lima Barreto os nexos analógicos permanecem, mas os de identidade são fundamentais: não se trata de uma realidade inteiramente outra, mesmo exemplar, mas da própria realidade, em que se inserem personagens e acontecimentos ficcionais, ou, dizendo melhor, de uma fusão parcial de duas realidades, a objetiva e a ficcional. E não basta aparecer em pessoa o Barão do Rio Branco, mas ele tem de ser combatido do mesmo combate que se faz necessário no mundo real. Não importam os meios ficcionais mobilizados para isso, a luta contra o que há de nefasto em figuras como o Barão ou Rui Barbosa, instituições como o Exército ou o Congresso, assim como costumes, comportamentos, concepções, leis..., precisa ser travada no interior da obra como precisaria ser fora dela. Porque essa luta travada na obra, que pode ser observada em qualquer dos romances de Lima Barreto, não é apenas índice de uma luta real, mas é a própria luta, tão real quanto possível, dadas as condições, e que devia ser lutada em todos os campos, mas encontrou poucos.

Parece-me conveniente falar um pouco agora sobre o projeto estético barretiano ou, antes, sobre os seus fundamentos, que seriam dois: (1) a sinceridade e (2) o empenho em favor de uma reforma social que possibilitasse aos homens viver em harmonia.[14] Eu diria antes franqueza do que sinceridade – uma franqueza nada diferente daquela com que, na vida real, o autor admitia esperar da literatura não menos que a glória. Em todo caso, me parece interessante o efeito dos dois fundamentos quando associados. Porque a sinceridade, por si mesma, tenderia a produzir uma literatura confessional, de auto-expressão, que correria o risco de cair no sentimentalismo autocomplacente de certos românticos. O empenho reformista, por seu lado, sozinho, correria o risco de desaguar em idealismo edificante ou em moralismo paternalista. Entretanto, juntos, os dois estabelecem uma dinâmica pela qual o compromisso com a "verdade" implicado na sinceridade/franqueza obriga o empenho na promoção da harmonia a acertar as contas com a desarmonia real, enquanto o compromisso com a reforma social obriga a sinceridade/franqueza a se voltar para problemas

---

[14] CANDIDO, Antonio. Os olhos, a barca e o espelho. *Educação pela noite e outros ensaios*. 2. ed. São Paulo: Ática, 1989.

de relevância coletiva. E com isso a autocomplacência e o idealismo se tornam ameaças menores.

Na verdade, voltando ao raciocínio anterior, a relação vai mais fundo: o compromisso com a "verdade" extraliterária, radical a ponto de descaracterizar parcialmente o campo ficcional, é exigência do empenho reformista. Porque, não havendo outra luta possível a esse sujeito histórico encarnado no autor, essa pequena luta ficcionalizada, que traz personagens e fatos reais para combatê-los no interior do entrecho,[15] é a grande luta – é toda a luta. Lima Barreto trava um combate sem descanso no interior do próprio campo ficcional, em que por necessidade estratégica a realidade extraliterária por vezes aparece sem as máscaras literárias usuais. Que fique claro, de minha perspectiva benjaminiana isso não constitui uma deficiência estética, mas uma vantagem estética. Mesmo com as associadas limitações imediatas da militância, que são limitações do sujeito histórico: o homem não as pôde superar na sua vida, mas o autor soube, apesar delas, dar um alento libertário à sua obra ficcional.

Com isso creio ter concluído o meu argumento. Mesmo assim, eu gostaria de fazer um último comentário, a título de esclarecimento. Isso que descrevi há pouco como o "desenraizamento constitutivo" de Lima Barreto transparece em sua obra, mas tem sido, com certa freqüência, interpretado pela crítica como um problema *subjetivo* de identidade. Quero esclarecer que o problema de identidade, nesse caso, é *objetivo*. Para explicar o que acabo de dizer, valho-me de uma conhecida passagem do *Macunaíma*, de Mário de Andrade: aquela em que o protagonista, nascido negro, torna-se branco.

Isso acontece quando ele se banha em certa água milagrosa, que lava inteiramente o seu negrume. Ocorre que Macunaíma não está sozinho, e a água,

---

15 Só para não passar sem um exemplo, no capítulo X do *Isaías Caminha*, Lima Barreto trata da aprovação de uma lei proibindo que pedestres andassem descalços na cidade do Rio. Esse dispositivo legal colaboraria com a reurbanização para dar à cidade um ar mais civilizado, até mais europeu; sua eficácia advinha, evidentemente, do fato de que a ameaça de multa ou detenção significava a expulsão dos pobres e sua contenção nos subúrbios. O fato é que houve realmente um grande esforço legislativo para "modernizar" a cidade à revelia de seu atraso, com leis que proibiam coisas como, por exemplo, a tradicional venda de leite direto da vaca, conduzida, esta, de porta em porta. Estava claro para Lima Barreto o caráter nefasto dessa modernização de elite, e a literatura era o seu campo preferencial de combate.

que não é muita, já se espalhou um pouco e se sujou um pouco, durante o seu banho. Então os irmãos de Macunaíma vão se banhando sucessivamente, cada qual encontrando menos água e água mais suja, de modo que, no final, em conjunto eles tinham todos os diferentes matizes de pele do povo brasileiro. Pois bem, a genialidade dessa alegoria está no fato de que ela põe na origem da diferença entre nós o problema material de uma distribuição iníqua de benefícios: é da apropriação individual daquilo que é escasso que surge a não-identidade entre Macunaíma e seus irmãos.

Estou convencido de que tem a ver com isso o "problema" de identidade de Lima Barreto: um problema objetivo, decorrente de seu desencaixe no sistema de classes em transição, que implica inclusive a questão étnica e que no fundo se relaciona também com aquele lugar nebuloso, bem brasileiro, onde o antigo e o moderno se encontram, se chocam e convivem. Esse lugar incômodo, em que objetivamente a própria identidade vacila, é o chão histórico da militância de Lima Barreto, e é dele que parecem brotar tanto os achados quanto os problemas de sua obra: essa mesma circunstância constitutiva que parece conduzir o autor a certa utopia da reconciliação chamuscada de idealismo também lhe confere uma extraordinária sensibilidade para as contradições objetivas da vida nacional (inclusive as que se manifestam nele próprio), que ele trabalha empenhadamente, não importando que se exponha no processo.

A ÉTICA DESVELADA PELA ESTÉTICA: OS PRIMEIROS CONTOS DE SARTRE E MALRAUX

Thana Mara de Souza

A partir de uma análise das obras iniciais de Sartre e Malraux – a qual não será possível reproduzir aqui – mostraremos como o imperativo estético que cada autor assumiu implica uma determinada atitude ética, e de que modo essa relação pode e deve ser feita. Faremos isso começando pelo que há de mais externo à obra para então adentrar nas formas e temas narrados.

Em relação às influências sofridas, pretendemos apenas indicar de que lugar cada autor pensa partir, como um modo inicial (mas também superficial) de adentrar a obra de cada um, já que as influências, se podem nos ajudar em um primeiro momento, não devem limitar nossa análise.

Malraux, em seu primeiro conto, *Lunes en Papier*, faz uma dedicatória a Max Jacob, pintor e poeta amigo de Picasso, ligado ao cubismo literário, a arte de decompor a realidade de acordo com perspectivas distintas e muitas vezes simultâneas. Embora haja a relativização dos fatos e imagens, embora as perspectivas possam se misturar em um mesmo plano, não estamos ainda na associação livre dos sonhos surrealistas. Para Jacob, como para Picasso, há uma necessidade fundamental na arte: a fantasia deve ser aliada ao rigor, à ordem. Assim, podemos começar a entender o sentido que o fantástico terá nos primeiros contos de Malraux.

Já Sartre começa seus escritos exatamente do lado oposto. No conto *La semence et le scaphandre,* ele cita a influência que o personagem Tailleur (seu *alter ego*) sofreu: a do realismo, do escritor Mirbeau, que exerceu sua atividade literária (romance e teatro) com a de jornalista e crítico de arte. Escritor anarquista, fez questão de manifestar essa posição em seus escritos literários, assim como sua crítica direta e mordaz em relação ao clero, às forças armadas e à burguesia. E é esse escritor que o jovem Sartre admira, e o segue talvez em seu realismo ingênuo e em suas ardorosas críticas à sociedade burguesa, nada mais contrário do que o fantástico apresentado por Malraux.

Nossos autores mostram influências de personagens opostas, o que já nos começa a indicar que se Malraux parece pensar que a arte é um fantástico que, embora ligado ao real, deve tematizar a separação em relação a este, Sartre parece pensar, por sua vez, que a obra de arte está muito próxima do real e que sua função é justamente criticá-lo por meio da ironia. Mas não basta essa breve referência às influências sofridas por ambos os autores para compreender suas teorias estéticas. É necessário analisar suas obras.

A forma de seus textos se assemelha às influências que escolheram sofrer. Como já dissemos aqui, o imaginário que Malraux nos apresenta é um irreal fantástico ligado a uma certa ordem. Pelo menos em seus dois primeiros contos Malraux está muito preso à influência de Max Jacob, e é só no terceiro conto (*La tentation de l'Occident*) que o escritor será menos fantástico, recorrerá aos cenários e personagens reais. Se o fantástico impera em seu primeiro conto, ele vai, aos poucos, cedendo lugar para o real, para uma ficção que não pareça totalmente desvinculada dos acontecimentos reais.

Para Sartre o caminho é exatamente o inverso: partindo do realismo grotesco e ingênuo de Mirbeau, sua ficção não se distingue muito de um diário, de um relato do que realmente lhe aconteceu. Mas ele vai, aos poucos, se distanciando desse realismo um tanto grosseiro. Embora se possa achar *alter egos* em quase todas as suas obras de ficção, e seus temas continuem muito próximos do real, o imaginário se desvincula dessa vivência ocorrida, do "retrato fiel e verdadeiro do real". Sartre aos poucos sai desse real retratado para um imaginário, para algo que se aproxima mais da ficção que do diário.

Em relação à forma e estrutura das obras podemos dizer então que os dois autores partem de posições antagônicas e aos poucos vão se encontrando, abandonando suas influências e partindo um em direção ao outro, com Malraux adotando cada vez mais cenários e temas reais e com Sartre permitindo que o imaginário faça realmente parte de suas ficções.

Mas se a forma aparece inicialmente de forma antagônica e extrema em Malraux e Sartre, o mesmo não se pode dizer em relação aos temas narrados. Aqui parece haver uma semelhança grande entre eles, mas uma semelhança que revela uma distinção radical, a qual pensamos que permanecerá mesmo nas obras principais.

A *aventura* é, em boa parte, o tema dos contos de Malraux e Sartre. Seja de modo mais fantástico ou mais real, aventura grande ou pequena, de seres imaginários ou de homens comuns, é ela que vemos em todos os contos analisados. Em Malraux ela está presente nos Pecados que desejam matar a Morte (*Lunes en Papier*), no músico Pompier que enfeitiça e aprisiona a serpente Clave de Sol (Écrit pour un idole à trompe), e mesmo nos dois jovens que viajam, um para a Europa e outro para a China (*La Tentation de L'Occident*).

O mesmo se dá em Sartre: embora suas aventuras sejam mais cotidianas e menores, elas estão sempre presentes: os jovens que desejam fundam uma revista (*La semence et le scaphandre*), o professor e sua família que busca o reconhecimento em volta a uma sociedade que mal espera para revelar sua realidade e crueldade (*Jésus la Chouette*), outro professor que deseja encontrar o mórbido e por isso começa a namorar uma tuberculosa (*L'ange du morbide*) e até mesmo Er, saído de Platão para nossos dias, que relata sua grande aventura com os deuses...

Em ambos os autores, os personagens sempre estão em busca de algo (seja a morte da Morte ou o lançamento de uma revista), empreendem lutas, viagens e discussões para alcançá-lo, e sempre se frustram (quer vençam ou percam, a frustração está sempre presente nos contos). E embora ambos retratem as aventuras de seus personagens, eles o fazem, no entanto, de maneira diversa.

Para Malraux a aventura parece ser uma necessidade séria, que deve ser respeitada e empreendida, mesmo que haja frustração; enquanto para Sartre a aventura parece ser também uma necessidade, mas uma necessidade da qual é preciso zombar, a qual é necessário criticar e ridicularizar. A aventura, necessária para ambos, é, no entanto, estimada por Malraux e ironizada por Sartre.

E se dissemos que a aventura é sempre frustrada, ela não o é, porém, da mesma maneira. Nos contos de Malraux os personagens principais sempre vencem o desafio que se propõem, os adversários que enfrentam. Mas a vitória sempre presente em Malraux é uma vitória amarga, ou efêmera ou que nem mesmo se reconhece como vitória: é o caso, por exemplo, dos Pecados que, após terem matado a Morte (o grande objetivo deles), começam a chorar porque já nem sabem mais por que a mataram. E se por um lado a vitória perde sua significação, passa a ser acompanhada de paralisia e choro, a derrota também já não significa muita coisa: todos os adversários derrotados não sofrem por isso, eles ficam indiferentes (como a Morte, que sabendo que está sendo morta no banho de ácido preparado pelos Pecados, continua na banheira) ou até mesmo dormem, como se nem percebessem que perderam. Os personagens de Malraux sempre realizam aventuras, vencem-nas, mas a vitória traz consigo a frustração, a apatia.

Já em Sartre a aventura não leva sempre à vitória, e nem a perda ou a vitória causam uma total apatia. É certo que seja o professor que alcança seu objetivo de reconciliar-se com o mórbido por meio de um namoro com uma tuberculosa (L'ange du morbide), seja Frédéric que não consegue conquistar Cosima nem mesmo lançar seu livro com o mestre Organte (Une défaite), sempre há frustração. Mas em nenhum deles há uma paralisia total, um choro que chega a tornar a vitória e a derrota insignificantes. Eles não se satisfazem com a vitória ou a derrota, e nisso há semelhança entre Malraux e Sartre, mas também não tornam a aventura destituída de sentido. Quer vençam ou percam, os personagens de Sartre sempre agem depois de um período de apatia.

Os personagens de Sartre fazem a aventura e sempre se frustram, seja na vitória ou na derrota, mas não importa: diante dessa frustração é preciso agir, é preciso fazer algo, nem que seja renunciar ao desejo anterior e adotar uma vida burguesa comum, ou então esperar um tempo e lançar-se novamente no desejo de escrever.

E é isso que não vemos em Malraux: seus personagens sempre vencem e se frustram com a vitória, o fim do conto será sempre a frustração e a apatia, o choro, a inação. Seus contos terminam sempre de modo pessimista, de modo a enfatizar a frustração e a inação; enquanto nos contos de Sartre há um certo otimismo, não derivado de um ingênuo discurso, mas da possibilidade e mesmo necessidade de agir, malgrado a frustração, ou justamente por causa dela.

E o modo como cada escritor descreve o fracasso de suas aventuras se relaciona diretamente com a maneira com que descrevem os valores em seus contos, e é essa relação que mostraremos a seguir.

Em todos os contos de Malraux há a constatação de que Deus morreu ou foi substituído sem nem mesmo perceber – e desde que Deus perdeu seu lugar, todos os atos extravagantes são possíveis e mais, todos os atos se equivalem. Em um mundo em que Deus está morto, ou pior, caducou, a moral deixa de ter sentido. E em seu último conto, anterior ao primeiro romance considerado pela crítica (La Tentation de L'Occident), Malraux é ainda mais claro nessa descrição: um chinês diz que o homem europeu desejava conhecer sua imagem e para isso chegou a matar Deus; mas quando finalmente vê sua imagem, se horroriza e percebe que não é possível conviver com ela. Temos então um homem que se busca, mata Deus, relativiza totalmente as noções e valores, mas não consegue viver desse modo. Vivemos em um mundo caótico, no qual não é mais possível encontrar apoio nem referência. E se é esse o diagnóstico apresentado por Malraux, como a vitória poderia ser considerada com alegria e como significativa? A vitória e a derrota nesse mundo em que tudo perde seu valor só podem encontrar-se de modo indiferenciado. Não há valor na vitória nem na derrota, mesmo porque vivemos no mundo da falta de valores. É por isso que os personagens de Malraux dormem indiferentes quando perdem e choram paralisados quando vencem: no mundo sem valores não se pode dar valor à vitória ou à perda.

E se o mundo no qual Malraux e Sartre vivem é o mesmo, eles não o vêem, porém, do mesmo modo. Para Sartre não há essa questão metafísica da perda dos valores e da insignificância total dos atos humanos. Nos contos de Sartre temos acontecimentos mais cotidianos nos quais não cabe esse diagnóstico geral do "homem ocidental europeu". Em seus contos, a vitória ou derrota da aventura não leva os personagens a uma apatia total, a uma insignificância de seus atos – esses são válidos ao menos pela experiência. E no único conto em que a questão dos valores e da moral é tratada diretamente, em *Er, l'arménien*, é para mostrar que a moral está presente na vida do homem como uma tábua de valores que deve ser quebrada. E se é certo que quebrar essa moral constituída leva à angústia, é só ela que possibilitará ao homem ver que, no fundo, toda moral é inventada, criada tal como uma obra de arte. E se é assim, o homem não deve se tornar apático nem deixar de agir perante a constatação de que não há valores definidos – ao contrário, essa constatação deve ser vista como um estímulo à ação humana, já que é só ela que justifica e dá sentido à existência de cada homem. É por isso que os personagens sartrianos não são paralisados pela vitória vã ou pela derrota – em todos os contos aqui vistos, há pelo menos uma indicação de que eles voltam a agir, seja para negar a busca anterior, seja para continuá-la.

Assim, se a constatação é a mesma – há no mundo uma falta de valores, o abandono de uma moral constituída –, Malraux vê nela a explicação do desespero e insignificância dos atos humanos, os quais devem ser seriamente combatidos por meio de uma busca pela nova noção de homem; e Sartre vê nessa descrição também a explicação de um desespero, mas de um desespero libertador, que mostra ao homem que é ele – e apenas ele – quem deve criar sua moral (não como regras de valores, mas como exercício ético que não deve findar-se, acomodar-se). E é diante dessa constatação atual do mundo caótico e desordenado que ambos pensam o papel da arte.

Para Malraux é necessário sair do caos e encontrar uma nova noção de homem. Como porém encontrar essa noção se estamos inseridos nesse mundo caótico? Apenas enfrentando esse real, negando a desordem, é que se pode pensar na construção de um novo mundo no qual uma nova moral e uma nova noção de homem possam ser encontradas. E quem tem o poder de se contrapor ao real dessa forma é, para Malraux, justamente a arte. É necessário enfatizar que a arte, o reino do fantástico, arma dos personagens dos contos para vencer suas aventuras, está sempre ligada a uma certa Ordem, Harmonia (são, por exemplo, os matemáticos que julgam o melhor músico, aquele que vai aprisionar a Clave de Sol) – a arte despojada de regras não tem, nos contos, nenhum efeito.

A função dessa arte é justamente a de enfrentar o mundo real, de lutar contra ele e indicar, através do fantástico ordenado, a nova noção de homem. Só fugindo do real por meio de um imaginário que nos traz ordem e regra é que podemos sair do caos institucionalizado e buscar uma nova noção de homem.

E se Malraux vê na arte a resposta para sua descrição do mundo sem valores, Sartre também dota-a de uma grande importância, embora de modo distinto. O filósofo não chega a colocar a obra de arte como salvação, mas dá a ela o poder de desvelar e criticar a sociedade na qual vive. Por meio do realismo um tanto grosseiro de seus contos iniciais (e mesmo depois, quando esse realismo ingênuo será abandonado), a arte reflete o mundo real com seus desejos burgueses de orgulho, satisfação e plenitude, de modo não só a possibilitar que os leitores se vejam nesse reflexo, mas também de que possam (e devam) refletir sobre isso. Mesmo para o jovem Sartre a arte não se encontra no mundo totalmente irreal, abstrato e fantástico. Como o conto Er, l'arménien nos mostra, a arte é vista como uma mistura de rosas e excremento, luxúria e dor, não se restringe ao real por ser rosa e luxúria, mas está mergulhada no real, em seu excremento e sua dor. A arte, para os jovens Sartre e Nizan, segundo comentários de Contat e Rybalka na edição do livro Écrits de Jeunesse, deve mostrar o homem atormentado pelo Mal, mergulhado na lama – e essa revelação é feita não porque a arte e o artista estão totalmente fora dessa lama, mas porque estão ao mesmo tempo fora e mergulhados nela (é a luxúria, mas também a dor). A arte exerce os papéis fundamentais de desvelamento e crítica, mostrando ao homem que é ele quem cria, seja a arte, seja a moral, seja ele mesmo, e não a partir de noções abstratas mas da própria lama, das próprias ações que faz – e que por isso não se pode deixar de agir, de construir-se.

De todo modo, a arte, tanto para Malraux quanto para Sartre, é essencialmente crítica. A obra de arte, para ambos, tem o papel de criticar o real ou de possibilitar sua crítica. Seja por meio de um fantástico um pouco grosseiro, seja por meio de um realismo também ingênuo, tanto Sartre como Malraux pensam que a arte é fundamental para que uma crítica seja possível e efetiva. Assim, arte e crítica parecem ser indissociáveis.

Mas a maneira como cada autor pensa e exerce essa crítica por meio da arte nos leva diretamente a uma atitude ética. Pensar e exercer a estética como crítica é não desvinculá-la totalmente de uma ética. Não estamos falando aqui de uma ética panfletária, de uma arte que estaria a serviço de algum partido ou concepção político-religiosa, mas de uma atitude frente às questões de seu tempo. Pensar na arte como desvelamento e/ou confronto em relação ao real é exigir um posicionamento, uma atitude com relação ao mundo e aos acontecimentos. E é por isso que pensamos que a teoria estética revelada por Malraux e Sartre não só deixa ver como exige uma atitude ética, a qual estará de acordo com o modo como cada um enxerga e exerce sua literatura (não pretendemos aqui determinar se a estética determina a ética ou se é o contrário. Longe de uma análise determinista e psicológica da relação entre elas, desejamos apenas atentar para o fato de que há uma concordância entre o modo como cada um exerce e concebe sua estética e o modo como eles concebem e exercem suas atitudes).

E se a concepção estética como crítica é comum a ambos, o que nos possibilitou fazer a relação entre o imperativo estético e o imperativo ético, não é verdade, porém, que Malraux e Sartre vêem essa crítica do mesmo modo, e é essa divergência entre os autores que os levará a manter também uma distinção fundamental no plano das atitudes em relação aos fatos de suas épocas.

Para Malraux, a crítica pela arte é essencial, mas deve ser feita de modo indireto, abstrato (ao menos nessa primeira fase dos contos), por meio do farfelu, do reino do fantástico, e tem como objetivo enfrentar o caos do mundo contemporâneo e assim possibilitar a busca de uma nova noção de homem, de novos valores que possam guiar e confortar o homem. A arte é crítica ao real, mas uma crítica que tem um objetivo sério, um fim além dela mesma, que é a construção de uma nova moral. A arte visa, portanto, a um fim, a uma reconstrução de uma moral, da ordem – e é justamente essa finalidade que permeia e permite explicar as atitudes éticas de Malraux, como a de dirigir um jornal na Indochina indicando uma convivência entre franceses e indochineses, buscando a ordem. Do mesmo modo que a arte busca através do irreal fantástico criticar o real a fim de encontrar a moral perdida, as atitudes de Malraux tenderão a buscar também a ordem esquecida, uma nova noção de homem que possibilite reconstruir a civilização.

Nada mais distante das pretensões de Sartre. Embora este também conceba a arte como essencialmente crítica, e portanto ética, sua concepção de crítica se distingue radicalmente da de Malraux. A crítica para o filósofo francês não tem por objetivo a construção de algo ou a busca de novas noções e conceitos; não vemos em Sartre essa questão metafísica de estabelecer concepções. A crítica que sua arte exerce é muito mais direta e ácida que a de Malraux e não poupa nem mesmo a si, seus personagens alter egos. E ao menos nesses contos não há nenhuma finalidade buscada por meio dessa crítica: Sartre pensa na crítica como finalidade em si mesma, como aquilo que permite ao criticado se ver "atormentado pelo Mal" e a partir disso, ter de lidar conscientemente com a situação, sem desculpas. A arte é crítica porque desvela as ações humanas aos próprios homens, que a partir de então não podem fingir que ignoram seus atos; e é por ser desvelamento que a crítica deve ser exercida. A preocupação de Sartre é mais concreta e existencial que a de Malraux, já que não pretende buscar uma nova concepção metafísica do que seria o homem, mas justamente o contrário, mostrar o homem como aquele que inventa a cada ato e sem nunca cessar, uma arte, uma moral e a si próprio.

A ordem e uma nova noção de homem não são buscadas por Sartre, para quem essa busca, mesmo que seja necessária, deve ser ridicularizada. A crítica exercida por Malraux, na medida em que visa encontrar uma nova moral, seria também criticada por Sartre.

E é por isso que, se podemos pensar em Malraux como o diretor de um jornal que defende a conciliação e convivência pacífica entre colonizador e colonizado e posteriormente até como ministro do general De Gaulle, sem com isso ferir a concepção da arte como crítica, essa posição seria inadmissível para Sartre.

Para este, conceber a arte como crítica é concebê-la como negatividade, como destruição e incômodo, nunca como procura por uma ordem e noção de homem, de humanidade. E é essa concepção que veremos predominar em suas ações diante dos acontecimentos de seu tempo, o homem que denuncia e chega a defender a violência, sem pensar que a ordem, muitas vezes artificialmente imposta, é necessariamente melhor que a desordem.

Como ambos pensam em exercer uma arte que pode ser designada como crítica, podemos relacioná-la com suas atitudes. Na medida em que a obra de arte tem como função desvelar o real, seja mostrando-o ou fugindo dele, seu autor está necessariamente engajado em uma certa concepção do que seria a ética, de como os homens devem relacionar-se com seu mundo e entre si – e pensamos ter mostrado que o modo como Malraux e Sartre concebem essa relação na e pela arte reflete (ou é refletora das) as atitudes que ambos mantêm em relação aos acontecimentos que vivenciam.

Assim, enquanto pensar, como Malraux, que a arte é crítica porque deseja combater o mundo caótico e criar, em contrapartida, uma nova moral, nos leva a melhor compreender seu posicionamento frente às guerras na Indochina (nos restringiremos ao período aqui analisado) como uma tentativa de estabelecer a ordem; de modo semelhante mas oposto, pensar, como Sartre, na arte crítica por desvelar cruelmente e cruamente as ações dos homens aos homens sem nenhuma perspectiva metafísica de estabelecimento de uma nova noção de homem, nos leva a compreender melhor sua posição sempre denuncista e negativamente crítica.

Se, por um lado, Malraux e Sartre permitem e exigem que façamos a relação intrínseca entre estética e ética, já que a arte é crítica do mundo, a concepção distinta de cada um dessa crítica nos permite entender como as atitudes que ambos exercem em seu tempo parecem às vezes tão semelhantes (quando envolvem questões mais gerais de crítica) e outras vezes tão opostas (quando estão em jogo questões de reconstrução positiva da ordem e dos conceitos).

Referências bibliográficas

GOLDMANN, Lucien. *Sociologia do Romance.* Rio de Janeiro: Paz e Terra, 1976.

HARRIS, G. *L'éthique comme fonction de l'esthétique.* Paris: Lettres Modernes, Minard, 1972.

______. *De l'Indochine au RPF*: une continuité politique (les romans d'André Malraux). Toronto: Les Éditions Paratexte, 1990.

MALRAUX. Lunes en Papier. *Oeuvres Complètes*. Paris: Gallimard, 1989. Bibliothèque de la Pléiade.

______. Écrit pour une idole à trompe. *Oeuvres Complètes*. Paris: Gallimard, 1989. Bibliothèque de la Pléiade.

______. La tentation de l'Occident. *Oeuvres Complètes*. Paris: Gallimard, 1989. Bibliothèque de la Pléiade.

SARTRE, J.-P. L'ange du morbide. *Écrits de Jeunesse*. Édition établie par Michel Contat e Michel Rybalka. Paris: Gallimard, 1990.

______. Jésus la Chouette - professeur de province. *Écrits de Jeunesse*. Édition établie par Michel Contat e Michel Rybalka. Paris: Gallimard, 1990.

______. La semence et le scaphandre. *Écrits de Jeunesse*. Édition établie par Michel Contat e Michel Rybalka. Paris: Gallimard, 1990.

______. Une défaite. *Écrits de Jeunesse*. Édition établie par Michel Contat e Michel Rybalka. Paris: Gallimard, 1990.

______. Er l'arménien. *Écrits de Jeunesse*. Édition établie par Michel Contat e Michel Rybalka. Paris: Gallimard, 1990.

TODOROV, Tzvetan. *Les genres du discours*. Paris: Éditions du Seuil, 1978.

VANDEGANS, André. *La jeunesse littéraire d'André Malraux*. Jean-Jacques Pauvert, Éditeur, 1964.

VIANSSON-PONTÉ, P. *Histoire de la République gaullienne I*. Librairie Arthème Fayard, 1970.

WINOCK, Michel. *Le siècle des intellectuels*. Paris: Éditions du Seuil, 1997.

______. Histoire de l'art IV - du réalisme à nos jours. *Encyclopédie de la Pléiade*. Paris: Gallimard, 1969.

A EMERGÊNCIA DA TEMÁTICA SOCIAL NO CLUBE DOS ARTISTAS MODERNOS

Marcelo Mari

Com a Revolução de 1930, a pressão dos acontecimentos políticos e sociais se fez sentir de tal forma no ambiente artístico e cultural do Brasil que artistas, escritores e intelectuais começaram a participar mais ativamente da política.[1] De fato, a acirrada disputa pelo poder, entre as oligarquias e o tenentismo, repercutiu na agitação criativa que ora tentou formular novo rumo para o país ora tentou encontrar novas expressões artísticas mais condizentes com a circunstância vivida. Embora as preferências e as posições, adotadas pelos artistas estivessem longe do amplo consenso, todos eles tencionaram encontrar uma solução definitiva para o lapso existente e corrosivo entre arte e sociedade. Com a necessidade de se posicionar diante dos problemas de seu tempo, os artistas modernos se afastaram das polêmicas eminentemente artísticas da década de 20 e substituíram-nas pela ascendência da temática social. A política passava a ter maior relevância do que a discussão centrada sobre a legitimidade de um estatuto próprio para as artes ou, como diria Mário Pedrosa, as polêmicas deixavam de ser artísticas para se tornarem políticas.[2]

---

1 Walter Zanini restitui à efervescência cultural da década de 1930 sua significação como elo fundamental entre as atividades da Semana de 1922 e o cenário artístico e cultural do Brasil no Pós-Guerra: "O processo de abertura cultural desencadeado nas décadas de 1910 e 1920 teria continuidsade nos anos de 1930, sendo uma de suas evidências maiores a publicação de obras fundamentais sobre a sociedade brasileira, assinadas pelo modernista Sérgio Buarque de Holanda, pelo regionalista, 'modernista a seu modo', Gilberto Freire e Caio Prado Júnior. As restrições à liberdade de pensamento, impostas no período de 1937-45, prejudicaram, em certas áreas mais que em outras, esse desenvolvimento, mas não conseguiram sustá-lo. Na verdade, o poder não se furtava, às vezes, a assimilar, com oportunismo, os princípios do Modernismo". ZANINI, W. *A arte no Brasil nas décadas de 1930-40 – o grupo Santa Helena*. São Paulo: Nobel & Editora da Universidade de São Paulo, 1991, pp. 22-3.

2 Cf. PEDROSA, M. Entre a Semana e as Bienais. In: AMARAL, Aracy (Org.). *Mundo, homem, arte em crise*. São Paulo: Perspectiva, 1986, p. 278. Paulo Mendes de Almeida, que viveu as transformações da época, disse: "Logo após a vitória da revolução de 1930, instalou-se

No caso de São Paulo, a falta de apoio governamental e a crise no mercado de arte levaram os artistas a se organizar em associações nos idos de 1930. Essas associações visavam criar espaços para a promoção da arte moderna. Em 23 e 24 de novembro de 1932 surgem, respectivamente, a Sociedade Pró-Arte Moderna (SPAM) e o Clube dos Artistas Modernos (CAM). Essas associações cumpriram seus objetivos imediatos de oferecer oportunidade de trabalho para os artistas e de difundir a arte moderna para um público que a desconhecia quase completamente. Porém, elas serviram também como instâncias para o aprofundamento de outras questões mais urgentes. Com mais projeção do que as poucas associações não institucionais de artistas, existentes no Rio de Janeiro, as de São Paulo contribuíram para a continuidade das pesquisas modernas em arte e mais ainda para a fomentação de debates sobre temas emergentes da sociedade brasileira – nesse aspecto, o CAM teve muito mais importância do que a SPAM. Se antes o vínculo entre arte e circunstância social parecia frouxo, a partir do surgimento das associações de artistas para promoção da arte moderna completou-se o irremediável esforço de pensar os problemas da arte em sua conexão com os acontecimentos sociais e políticos que ocorriam no Brasil e no mundo.

A debilidade da academia, e o fato de as grandes produções artísticas dependerem com exclusividade de iniciativas particulares, tornou possível uma maior liberdade de expressão, inclusive política, para os artistas de São Paulo. Dessa forma, a luta que primeiro foi direcionada ali contra as forças da reação no campo artístico em 1922 encontrou na política seu último campo de batalha em 1930. Mário Pedrosa comenta:

> As idéias políticas revolucionárias vieram à tona com a crise das instituições e a crise econômica do café, que deram por um momento, sobretudo

---

no país generalizado estado de ebulição. Passados os primeiros momentos de euforia dos vencedores, e de desalento dos vencidos, entrou a Nação num período de sobressaltos, dela se apoderando uma sensação de instabilidade, com as modificações sucessivas dos quadros de governo, e a possibilidade sempre presente de novos pronunciamentos militares. Em São Paulo, sobretudo, vivemos dias de permanente inquietação, que em pouco nos conduziriam à trama das conspirações de que viria a irromper a Revolução Constitucionalista de 1932". ALMEIDA, P. M. de. *De Anita ao Museu*. São Paulo: Perspectiva, 1976, p. 41.

> em São Paulo, ligeiros sintomas de vacância de poder. Oswald de Andrade, numa profissão de fé comunista, rompeu com a própria classe, a aristocracia do café, vencida e decadente, convertido por um momento à ideologia do Partido Comunista de então e à revolução proletária. Ao lado e em oposição à Sociedade Paulista de Arte Moderna, fundada por antigos promotores da Semana, já agora acusados de grã-finos, aristocratas e reacionários, lança-se o Clube de Arte Moderna, Flávio de Carvalho, seu organizador e animador, intelectual de alta têmpera, artista de múltiplas possibilidades, rico e desabusado, [...] enche o meio paulistano com os ecos de suas atividades e seus desafios. [...] O ambiente de alta tensão social e de crise institucional não permitia mais as explosões puramente estéticas ou culturais da Semana.[3]

A Sociedade Pró-Arte Moderna foi resultado do esforço conjunto de interessados em arte e de artistas, ligados à geração da Semana de 1922, para retomar as atividades culturais e produzir arte moderna no tempo em que a crise política e institucional assolava o Estado de São Paulo. A reunião de inauguração da SPAM ocorreu na Casa de Gregori Warchavchik, no dia 23 de novembro, e dela participaram Paulo Mendes de Almeida, Paulo Prado, Olívia Guedes Penteado, Anita Malfatti, Tarsila do Amaral, Lasar Segall, entre outros. Enquanto o último tornou-se responsável pela organização e execução dos projetos da SPAM, Tarsila do Amaral logo se desligou da associação e participou depois mais ativamente no CAM. Nos mais variados campos da cultura, a SPAM visava atuar. Como diria Paulo Mendes de Almeida:

> O programa da SPAM era vasto. Propunha-se a "estreitar as relações entre os artistas e as pessoas que se interessam pela arte em todas as suas manifestações", promover exposições, concertos, conferências, reuniões literárias, organizar anualmente o "mês da arte" e instalar uma sede social, "com salões de festas e exposições, uma sala de leitura, ateliê para artistas, etc.", reclamando para tanto, "à colaboração de todos os artistas e amigos da arte". E a verdade manda dizer que, embora, com duração efêmera, quase tudo isso conseguiu ela fazer.[4]

Por serem os sócios da SPAM, em sua maioria, gente da alta sociedade ou artistas e intelectuais já reconhecidos no ambiente artístico paulista não houve entre eles o interesse direto, como no CAM, pelos temas políticos. Tudo se

---

[3] PEDROSA, M. Entre a Semana e as Bienais, cit., pp. 277-8.

[4] ALMEIDA, P. M. de. Op. cit., p. 42.

resolvia à sombra das manifestações artísticas modernas, que naquele contexto bastavam para causar grande celeuma e reações indignadas por parte de moralistas, da imprensa conservadora e sobretudo dos integralistas. Em seu breve período de existência a Sociedade produziu duas exposições: a primeira, em 28 de abril de 1933, trazia peças das coleções particulares de Olívia Guedes Penteado, Samuel Ribeiro, Paulo Prado, Mário de Andrade e Tarsila do Amaral. Nela se podia ver Picasso, Léger, Brancusi, Lipchitz, De Chirico, Le Corbusier, entre outros artistas importantes e também nomes de peso da cena paulista, tais como Anita Malfatti, Victor Brecheret, Lasar Segall, Antonio Gomide, Hugo Adami, Tarsila do Amaral. A segunda exposição ocorreu no final de 1933 e dela participaram artistas residentes no Rio de Janeiro, entre eles Guignard, Di Cavalcanti e Portinari. Essas exposições causaram menos contenda entre setores conservadores e a SPAM – mesmo assim Paulo Mendes de Almeida registra um atentado contra a Iª exposição de arte moderna da SPAM – do que seus bailes vanguardistas[5] e o fato de Lasar Segall encabeçar a comissão executiva da Sociedade.

Os bailes da SPAM foram os alvos de crítica escolhidos tanto pela polícia do Governo Provisório como pelos setores conservadores da sociedade civil. De um lado, sem conseqüências mais graves, ocorreu a intervenção da polícia no primeiro baile da SPAM, em 1933. Muitas pessoas ali reunidas quiseram manifestar, em tom festivo, sua opinião sobre a Revolução Constitucionalista com uma marchinha de crítica ao Governo Provisório. Porém, relata Paulo Mendes de Almeida: "a tropa que policiava as imediações, e que era tropa da ditadura vitoriosa, não gostou dessa versão. E o baile acabou, para não acabar pior, com

---

[5] Os bailes da SPAM foram organizados com a única finalidade de arrecadar fundos para a associação, mas se tornaram um dos grandes eventos da cena paulista. Neles se via o trabalho coletivo de artistas na decoração do salão de festas, a apresentação de composições de Camargo Guarnieri e os balés de Chinita Ulmann. Paulo Mendes de Almeida diz: "seus organizadores se obstinaram em dar-lhe (ao baile "Carnaval na Cidade de SPAM" em fevereiro de 1933) o cunho de uma realização artística. E sob esse aspecto, efetivamente, conseguiram fazer alguma coisa que jamais fora vista em São Paulo. Sem forçar a expressão, de um baile de Carnaval conseguiu-se fazer verdadeira obra de arte". ALMEIDA, P. M. de. Op. cit., p. 45 (parênteses nossos). Com o dinheiro arrecadado no evento é que se pode estruturar a associação de artistas e construir sua nova sede no palacete Campinas ao lado da Praça da República. Como os gastos com a nova sede da SPAM tinham exaurido os recursos financeiros da associação, organizou-se novo baile de carnaval. À maneira das inovações artísticas do primeiro, o segundo baile foi denominado "Expedição às matas virgens da Spamolândia".

os convidados saindo entre alas de baionetas [...]".[6] De outro lado, o segundo baile – realizado no início de 1934 – provocou reações indignadas dos setores conservadores, não tanto pelas quebras de decoro cometidas por um ou outro convidado em tempos de Carnaval, mas pelo simbolismo iconoclasta que a SPAM possuía como associação de artistas modernos contra os valores da religião, do civismo e dos bons costumes. Assim, o integralista José Bonifácio de Souza Amaral, que já condenara publicamente o Teatro da Experiência de Flávio Carvalho no CAM, escreveria um artigo na Secção Livre do *Diário Popular* para denunciar as atividades subversivas dos membros da SPAM.

Diz Paulo Mendes de Almeida:

> [Em 21 de fevereiro de 1934], José Bonifácio publicou uma tremenda objurgatória contra a Sociedade, a que deu o título de "Os fins secretos da Spamolândia". Insultos não escassearam nesse artigo, inspirado, segundo seu autor, em sua crença em Deus, na Pátria, na Família e na suprema força da Moral Cristã. Para ele, a SPAM era um conglomerado de "estrangeiros de nacionalidade um pouco incerta, outros neo-brasileiros desafetos de nossas tradições, e outros ainda, embora pertencentes ao tronco racial mais antigo" – todos empenhados num programa de dissolução dos costumes. E terminava com um apelo às autoridades: "No meu entender, a polícia de São Paulo devia fechar a SPAM com mais razões do que teve para fechar o Teatro da Experiência. [...] Naquele arrazoado havia, evidentemente, injustiça e paixão. A resposta que se deu foi o silêncio.[7]

Iniciava-se a campanha contra a SPAM. Embora não tenha recebido o mesmo tratamento dado ao CAM, que foi fechado à força pela polícia sob a acusação de difundir idéias subversivas, a SPAM teve também seu destino selado pela intolerância do meio social paulista e pelas disputas políticas que se abriam no contexto histórico e social do Brasil e do mundo.

A saída de Lasar Segall da Comissão Executiva da Sociedade e a morte de Olívia Guedes Penteado assinalam o fim das atividades da SPAM. Sem unanimidade, Segall mantinha-se à frente da comissão executiva e ficou enfraquecido com a morte de Olívia Guedes. Depois de proferir a conferência "Das relações entre a arte gótica e a arte moderna", Segall foi destratado pelo público ouvinte e por um grupo de sócios descontentes com as diretrizes da SPAM. Diante das

---

6 ALMEIDA, P. M. de. Op. cit., p. 46.

7 ALMEIDA, P. M. de. Op. cit., p. 59 (colchetes nossos).

acusações contra sua pessoa e contra o expressionismo, Segall resolveu deixar a Sociedade. Em carta aos membros da comissão executiva, ele explicava:

> Já por alguns meses estava eu ciente dos ataques injustificados e injustificáveis de alguns colegas sócios da SPAM, os quais tomavam por ensejo cada realização da sociedade, assim como todas as minhas palavras e todos os meus atos, para fomentar, atrás de minhas costas, intrigas mesquinhas e no mínimo desagradáveis contra minha pessoa. [...] As insinuações, porém, do mesmo grupo de "descontentes", após a [Conferência], [...] ultrapassaram por demais o limite do que é permitido no domínio da crítica legítima. [...] considero-as intoleráveis do ponto de vista humano e artístico, e só posso qualificar de baixa e covarde.[8]

A sorte estava lançada e a SPAM não teve tempo de se defender: após a saída de Lasar Segall, os membros da comissão executiva fizeram uma reunião derradeira para decretar o fim da Sociedade. Da mesma forma que o CAM, a perseguição sistemática feita pelos aparelhos do governo e pelos integralistas contra as associações de artistas em São Paulo levou os sócios da SPAM a se dispersarem e, por conseguinte, a arte moderna encontrou-se mais uma vez desamparada e na berlinda dos acontecimentos políticos. Apesar da retórica de José Bonifácio de Souza Amaral, o CAM foi sem dúvida mais atacado pelos poderes instituídos e pelas forças reacionárias do que a SPAM. Isso explica a sobrevida maior da SPAM. Ela era formada ou por gente reconhecida no que fazia, ou por membros da alta sociedade sem motivação para lutar por transformações sociais profundas que representassem perigo evidente para sua própria classe, ao passo que o CAM levou até as últimas conseqüências as idéias modernas de transformação estética e política da sociedade para a formação do homem do futuro. Se as duas associações estavam unidas pela intenção comum de promover a arte moderna num meio inóspito às novidades, o CAM nasceria como dissidência e tentativa de ultrapassar os limites da SPAM.[9]

Na expressão de Paulo Mendes de Almeida, o CAM foi uma dissidência da SPAM "antes que a SPAM existisse"; por isso ele nasceu apenas um dia depois da

---

[8] Carta de Lasar Segall aos membros da Comissão Executiva da SPAM. Reproduzida em Almeida, P. M. de. Op. cit., p. 73 (colchetes nossos).

[9] Paulo Mendes diz que Flávio de Carvalho foi o responsável pela idéia de fundar uma associação de artistas em São Paulo: "[...] numa conversa, no salão de chá do antigo Mappin Stores, à Praça do Patriarca. [...] Achavam-se presentes Arnaldo Barbosa, Vitório Gobbis,

inauguração dela. O CAM foi fundado por Flávio de Carvalho com a ajuda de Antônio Gomide, Carlos Prado e Di Cavalcanti em um prédio da Rua Pedro Lessa, número 2, próximo ao Viaduto do Chá, região central de São Paulo, no final do ano de 1932. Os quatro fundadores decidiram pintar a sede do Clube,

> cada um, um painel nas paredes. Houve festa com vinho e barulhada, a festa se espalhava pelas janelas a fora e alcançava o passante logo em baixo; Nair Duarte Nunes trouxe um gigantesco bolo que apareceu entre cânticos e gritos estranhos, Noêmia Mourão (então aluna de Di Cavalcanti) foi enviada ao filósofo italiano, dono do restaurante do lado [...] para a compra de garrafões de vinho. Os painéis se prolongaram por uma semana, entre visitas, discussões, danças ao som do pente com papel de seda e cantos esquisitos. [...] Frank Smith e senhora ofereceram um vodka com pimenta curtido em rapé. Logo apareceu um piano não sei donde e com ele, executores. Mais gente veio, Anita Malfatti, Osvaldo Sampaio etc. e o Clube dos Artistas Modernos, solidamente fundado, progredia com rapidez.[10]

---

o autor destas linhas e Flávio de Carvalho, que foi o pai da idéia e que ali a expôs a seus companheiros. Depois combinaram-se encontros para falar sobre o assunto com outras pessoas". ALMEIDA, P. M. de. Op. cit., p. 76. Para Toledo, Flávio de Carvalho pensou em fundar uma associação de artistas com vistas a suprir a carência de espaços de exposição de arte moderna: "Terminado o Carnaval de 1932, vem a São Paulo [...] o pintor japonês [...] Tsuguharu Foujita [...] que procurava um lugar para expor em São Paulo, e Geraldo Ferraz acaba por apresentá-lo a Flávio de Carvalho que poderia resolver o impasse, o que aliás não aconteceu. [...] Esse fato, [levou Flávio] a pensar com seriedade no seu próprio caso como artista militante e na escandalosa precariedade exibida por uma São Paulo tão carente de espaços para realizações artísticas, em particular as de tendência modernista. As antigas idéias de criar um "laboratório artístico" juntam-se agora a planos para a fundação de um clube [...]". TOLEDO, J. Flávio de Carvalho. *O comedor de emoções*. São Paulo: Brasiliense & Editora da Universidade Estadual de Campinas, 1994, p. 124 (colchetes nossos). Ainda que isso fosse motivo contundente, a fundação do Clube de Flávio de Carvalho tinha objetivos mais amplos e, por isso houve a dissidência entre o CAM e a SPAM: "[os encontros para fundação da associação] foram numerosos, preliminares foram suscitadas, surgiram divergências, ora de forma, ora de substância. E Flávio [...] achou mais prático fundar desde logo o Clube dos Artistas Modernos, já que lhe pareciam morosas as *démarches* em curso para a criação da SPAM, e principalmente porque suspeitava de que esta acabasse por revestir um caráter um tanto ou quanto grã-fino – o que não era de todo improcedente". ALMEIDA, P. M. de. Op. cit., p. 76 (colchetes nossos).

[10] CARVALHO, Flávio de. Recordação do Clube dos Artistas Modernos. In: *RASM* (*Revista Anual do Salão de Maio*). São Paulo, n.1, 1939, s/ p. Apud TOLEDO, J. Flávio de Carvalho. Op. cit., p. 1130 (colchetes nossos).

Do início ao fim de sua curta existência, o CAM elaborou e executou propostas ousadas. Nele, muitos eventos se destacaram e causaram alarido nos diversos setores conservadores da sociedade: exposições de arte, concertos e recitais de música popular, conferências sobre assuntos artísticos e políticos, encenações teatrais. O objetivo principal do Clube, como centro irradiador de cultura, foi veicular a produção artística moderna e propor debates sobre temas atuais no meio social e artístico da cidade de São Paulo. Em pouco tempo, o CAM ganhou fama nacional. Paulo Mendes recordaria:

> Em pouco tempo, o CAM tornou-se um ponto obrigatório de encontro para quantos, na cidade, achavam-se de qualquer forma ligados às manifestações artísticas e intelectuais. Mesmo da Capital e de outros centros do País, surgiam pessoas diretamente endereçadas àquele prédio da Rua Pedro Lessa, àquele ambiente agradável, onde a conversa e as discussões ferviam, à medida que os copos se esvaziavam [...]. Muitas vezes se improvisaram festas, danças que entravam ruidosas pela madrugada adentro. Enfim, uma invulgar instituição, que ao extinguir-se, [...] deixou-nos a todos, não apenas saudosos, mas um pouco dispersos e desarvorados. [11]

Se o clima de incertezas dominou o ano de 1932, por sua vez, o ano seguinte foi marcado pela tomada de consciência política de grande parte dos artistas modernos. Por extensão, as associações de artistas tentaram se mobilizar, mas entre a SPAM e o CAM, apenas o último atendeu ao chamamento do momento vivido.[12] No recém-fundado Clube de Artistas Modernos, a progra-

---

[11] ALMEIDA, P. M. de. Op. cit., p. 78 (colchetes nossos). Para Walter Zanini, o CAM notabilizou-se por seu programa muito mais ativo do que o da SPAM. Além disso, o Clube foi crítico do grã-finismo da SPAM: "detestamos elites – não temos sócios doadores". ZANINI, W. *História geral da arte no Brasil.* São Paulo: Instituto Walther Moreira Salles, 1983, v. II, p. 583. Ainda que o CAM se jactasse de seu caráter independente, ele também dependeu de patrocinadores. Para um estudo mais detalhado sobre a repercussão da criação do CAM e sobre a polêmica entre o Clube e a alta sociedade paulista, ver: TOLEDO, J. Flávio de Carvalho. Op. cit., p. 130 e seguintes.

[12] Aracy Amaral comenta a iniciativa de Mário de Andrade em tentar introduzir a discussão de temas políticos e sociais na SPAM: "Até Mário de Andrade, nesse ano, reivindica posição nesse sentido, em texto no catálogo da exposição da SPAM, associação que congregava antigos modernistas: [palavras de Mário] "[...] O que realmente faz falta em nossa pintura spamista são criadores de ordem social. É uma falha sensível essa ausência de arte social entre nós, a não ser que compreendamos como tal o diletantismo estético, caracterizada-

mação cultural foi intensa e contou com a contribuição de muitos artistas e intelectuais. Uma quantidade enorme de eventos foi produzida nos mais variados campos da arte e do pensamento, tais como a apresentação da cantora Elsie Houston Péret e de composições de Marcelo Tupinambá; os concertos do violinista Frank Smith com Camargo Guarnieri ao piano; o quarteto Klein; os espetáculos de dança regional com Catita Passano e de dança moderna; um curso de pintura cubista ministrado aos sábados por Antônio Gomide; a exposição de "Arte dos loucos e das crianças", organizada por Osório César; a exposição da artista alemã Käthe Kollwitz e a de cartazes russos; uma série de conferências como a de Caio Prado Júnior sobre a URSS e a de David Alfaro Siqueiros sobre o muralismo mexicano; as encenações do Teatro da Experiência, criado por Flávio de Carvalho.[13]

O Teatro da Experiência foi alocado no antigo armazém de couros que se localizava no térreo do Prédio ocupado pelo CAM. A idéia era produzir teatro moderno em São Paulo e a empreitada foi bem-sucedida. No final de 1933, Flávio de Carvalho convidou Oswald de Andrade para escrever o primeiro texto a ser encenado na inauguração do teatro. A peça *O homem e o cavalo* não ficou pronta a tempo e, em novembro, estreou no Teatro da Experiência uma peça escrita pelo próprio Flávio de Carvalho. Relata Paulo Mendes de Almeida:

> Era um armazém de proporções mesquinhas, onde se construiu um palco cênico e se alinharam cadeiras [...]. Ali foi encenado *O bailado do deus morto* – estranha peça "falada, cantada e dançada; os atores usavam máscaras de alumínio e camisolas brancas, o efeito cênico era um movimento de luzes sobre o pano branco e o alumínio" – na palavra do próprio autor, que assim a descreve: "A peça envolve uma escala de alguns milhões de anos e mostra as emoções dos homens para com seu próprio deus [...]". Os principais atores eram o pintor Hugo Adami, Carmen Melo, os sambistas Risoleta e Henricão, Guilhermina Gainor e Dirce de Lima. Na direção estava o pró-

---

mente burguês, em que persistimos. Esperemos que, em exposições futuras, o ecletismo natural da SPAM apareça completado com pintores que se resolvam a tomar posição qualificada, não apenas diante da natureza, mas da vida também". AMARAL, A. *Arte para quê? – A preocupação social na arte brasileira, 1930-1970*: subsídios para uma história social da arte no Brasil. São Paulo: Nobel, 2003, p. 41.

[13] Para uma descrição completa da agenda do CAM, ver: TOLEDO, J. Flávio de Carvalho. Op. cit., pp. 138-93.

> prio Flávio de Carvalho. [...] sem dúvida constituía [...] uma importante experiência.[14]

Malgrado o sucesso do espetáculo – que lotou a sala improvisada com 275 lugares e que teve grande repercussão nos jornais de São Paulo e do Rio de Janeiro –, a Liga das Senhoras Católicas, o crítico Duarte Leopoldo e Silva e outros exigiram providências das autoridades contra o Teatro da Experiência.[15] Condenando a peça de Flávio de Carvalho, Francisco de Sá escreveria o artigo "O 'Teatro da Experiência' é um caso de polícia" no jornal *A Platéia* em 16 de novembro de 1933. Ele diz:

> Antes de mais nada, devo dizer que o "Teatro da Experiência", que ontem se inaugurou [nos] (baixos da sede do clube referido) é um caso de polícia. [...] Foi esta a impressão que tive, assistindo àquilo a que denominaram *O bailado do deus morto* e que outra coisa não é senão uma autêntica "macumba", apenas com a agravante de que não tem o menor respeito pela religião, pela família ou pela moral! [...] Aquilo poderá ser muito interessante [...] para os "artistas modernos"; [...] porém, o que não resta dúvida, é que se atenta contra a moral [...]. A censura proibia até nas companhias rotuladas de "gênero livre"[...]. Entretanto o departamento que agora superintende esse serviço [Delegacia de Costumes] admite que se profiram palavras obscenas [...]. O certo, porém, é que não se pode admitir numa Capital como a nossa, representações da natureza dessa que ontem, a título de Experiência, foi dada no teatro do "Clube dos Artistas Modernos".[16]

Quando se preparava a terceira encenação de *O bailado do deus morto*, a Delegacia dos Costumes mobilizou seus homens para controlar a situação no CAM. Toledo descreve o episódio:

> [...] seis emissários fardados, armados com espantosas metralhadoras e em ruidosas motocicletas, com ordem expressa de proibir a apresentação da terceira récita do teatrinho que, àquela hora, já estava repleto. Depois de um pequeno alvoroço na porta, enquanto Flávio discutia todo diplomático com os guardas, o intrépido e desassombrado tenente (João) Cabanas, interrompe abruptamente as negociações e explicações do artista e, dirigindo-se com arrogância aos policiais, lhes diz marcial e ameaçador: "– Digam ao Sr. Costa Netto que o teatro vai funcionar e se a polícia aparecer aqui,

[14] Almeida, P. M. de. Op. cit., p. 82 (colchetes nossos).

[15] Cf. Toledo, J. Flávio de Carvalho. Op. cit., p. 184.

[16] Toledo, J. Flávio de Carvalho. Op. cit., p. 184 (colchetes nossos).

será recebida a bala! [...] Os uniformes se eletrizam indignados [...]. Afrontados e humilhados, os guardas [...] (chefiados) pelo próprio delegado Costa Netto que desrespeitado em sua determinação, se vê na obrigação moral de tomar satisfações pessoais (e) verificar com rigor as tais "obscenidades" ali ocorridas".[17]

A intervenção foi episódica, porém o Teatro da Experiência não escaparia de uma segunda investida da Delegacia dos Costumes. Alguns dias depois, mediante o fechamento quase iminente do teatro do CAM, Flávio de Carvalho fez publicar um abaixo-assinado no *Diário de São Paulo* que contou com as assinaturas de Mário Pedrosa, de Geraldo Ferraz, de Caio Prado Júnior, e de muitos outros. A iniciativa não debelou o atentado contra o "teatrinho" que teve de fechar suas portas e, logo depois, também o CAM deixaria de existir.

Por um lado vanguardeiro e por outro militante, o CAM representou diferença de atitude perante a arte moderna. Sob pressão, ele foi uma tentativa sincera de inserir as discussões estéticas e as novas propostas artísticas nos debates sobre a complexidade dos acontecimentos sociais e políticos de sua época. Foi a partir dessa tentativa sem precedentes que se iniciaram, no Brasil, as primeiras veiculações de arte moderna e afins com temática acentuadamente social. Entre elas é preciso destacar a grande repercussão ocasionada pela exposição de Käthe Kollwitz – amiga de Rosa Luxemburgo – no CAM, com oitenta obras em várias técnicas como: xilogravuras, litografias, águas fortes e desenhos. Inaugurada em 02 de junho de 1933, essa exposição entusiasmou o meio artístico e intelectual. Daí, a crítica de Mário de Andrade, intitulada "Käthe Kollwitz" e publicada no *Diário de São Paulo* em 9 de junho, que diz ser a exposição da artista alemã uma das contribuições mais felizes do CAM, a con-

17 Continua Toledo: "Cabanas, que havia sido, afinal, o autor responsável pelo desenlace, misteriosamente desaparecera na multidão [...] [apesar da tentativa de Flávio para contornar a situação, policiais e] a truculenta autoridade invade(m) abruptamente o teatro, causando súbito pânico na platéia, para ali, diante da perplexidade geral, manter acirrada discussão com o artista, que agora, irritado, [...] vociferava furioso: '– A Constituição que vai ser votada e as demais leis em vigor nos garantem a liberdade de pensar, escrever e representar o que bem entendermos! [...] Se a polícia quer defender o decoro de parte da população, proibindo a representação da inocente peça, atentará contra os direitos da outra parte, dos que assistiram e aplaudiram o Teatro da Experiência'". Idem, p. 195 (colchetes nossos).

ferência de Mário Pedrosa sobre "As tendências sociais de Käthe Kollwitz", em 16 de junho, e também os comentários de Afonso Schmidt:

> Essa pintora, cujo talento orientou o período que acaba de encerrar-se na Alemanha, foi afastada da escola oficial de arte que dirigia, reintegrando-se na massa escura dos humildes, cujos sentimentos foram o motivo único de sua grande obra.[18]

[18] Afonso Schmidt continua: "Diante da situação aflitiva dessa pintora inconfundível, algumas associações européias resolveram distribuir pelo mundo numerosos trabalhos, para que as associações de outros países se encarregassem de organizar exposições e vendê-los. [...] São Paulo conta neste momento cerca de oitenta gravuras de Käthe Kollwitz. São oitenta gritos de angústia. [...] a vida em estilhaços. Ontem presente à inauguração desse mostruário sombrio, onde só o gênio brilha, não pude deixar de pensar, por comparação, na felicidade *standard* de vida brasileira, que se esqueceu do calendário, que ainda não tomou conhecimento do ano apocalíptico de 1933 [...]". SCHMIDT, A. A vida. *O Estado de S. Paulo*, 03 de junho de 1933. Apud TOLEDO, J. Flávio de Carvalho. Op. cit., p. 145 (colchetes nossos). Muitos artistas e intelectuais compraram obras de Käthe Kollwitz: Mário de Andrade, Tarsila do Amaral, Geraldo Ferraz etc.

Tecnologia e indústria cultural

Ruy Sardinha Lopes

A passagem da produção artesanal para a industrial não significou somente, como bem observou Argan, a introdução de novas formas de energia e modos racionais de organização do trabalho, mas uma inversão das hierarquias dos valores (Argan, 2000: 20). De um lado, a produção individual, a peça única, a repetição no particular do gesto divino, a autonomia econômica do indivíduo. A mímese *arquitetural* ou artística, que expressa a relação noética do homem com a natureza, aplica-se, desta forma, ao universo regido pelos valores artesanais. De outro lado, a série como o supremo nível de valor, a massa que anula o indivíduo ou o considera apenas unidade na série, a adesão inconteste ao existente.

O capitalismo, ao rasgar o processo humano de metabolismo com a natureza, o recomporá como uma socialização entre homens, operada pela exploração capitalista e pela troca de mercadorias. O advento de um trabalho, abstrato, que não mais representa um meio pelo qual o mundo natural se torna um mundo natural "civilizado" e o próprio homem "naturaliza-se", mas uma atividade, desvinculada dos conteúdos sensíveis e separada do resto do processo vital, que traz sua finalidade em si mesma. Destarte, a emancipação do reino das necessidades naturais fora conseguida sob o jugo a uma segunda natureza que, universalizada e fetichizada, institui uma nova forma de coação social.

Como não se tratava de formas contraditórias, sua coexistência não só se deu de forma pacífica como foi necessária ao desenvolvimento do capitalismo. Acontece que, em seus primeiros momentos, na manufatura, não só os procedimentos industriais não eram muito diferentes dos do artesanato, como ainda dependia de uma base técnica assentada na habilidade de agentes dotados do *conhecimento para a produção*,[1] os quais pertencem ainda ao seu mundo de vida social e cultural.

---

1 Marcos Dantas (2001) chama a atenção para o fato que, desde os seus primórdios, a relação entre o trabalho e o capital nunca ter sido uma mera relação de consumo de uma força bruta, muscular, de trabalho, mas das habilidades e conhecimentos necessários ao

Embora aqui já se possa falar, *lato sensu*, numa inter-relação entre a cultura e uma racionalidade instrumental ou em uma colonização sistêmica do mundo da vida; a separação das esferas e a relativa autonomia da arte e da cultura em relação ao domínio material da reprodução da vida proporcionadas pela Idade Moderna foram a garantia de sua dimensão crítica – ainda que com isso a arte corresse o risco, como perceberam os vanguardistas, de represar o domínio estético e regredir até o fetichismo das formas. O resguardo do prazer desinteressado, essencial à experiência estética, fez da arte o antídoto a uma existência cada vez mais marcada por um excesso de razão e a promessa de uma outra vida que a generalização de seu ponto de vista, antagônico, daria acesso.

Como, entretanto, o valor quantitativo imposto pela indústria não pôde abrir mão dos impulsos inventivos fornecidos pela arte ao antigo aparato tecnológico, a instância artística, não obstante seu impulso antagônico, tratará de azeitar as máquinas em prol do bom funcionamento do sistema produtivo, como atesta o desenvolvimento do design industrial. Nas palavras de Tafuri:

> O Bauhaus, como câmara de decantação das vanguardas, tem precisamente esta tarefa histórica: selecionar todos os contributos dessas mesmas vanguardas, pondo-os à prova perante as exigências da realidade produtiva. O design, método de organização da produção antes mesmo que método de configuração de objetos, faz jus aos resíduos utópicos inatos nas poéticas das vanguardas. Agora, a ideologia não se sobrepõe às operações – concertas na medida em que ligadas aos ciclos reais de produção – mas é interior às próprias operações. (TAFURI, sd: 68)

Do ponto de vista do capital, tratar-se-á de se apropriar do "conhecimento para a produção", ainda de posse do trabalhador, separando-o em duas esferas: a *manual*, redundante e repetitiva, responsável pela base quantitativa, e a *intelectual*, aleatória e inventiva, responsável pelo modelo segundo o qual os objetos da série eram apenas a repetição exata. O real sentido desta separação, dirá Sohn-Rethel (1985), reside no fato de que, agora, o fim almejado do processo de trabalho encontra-se na cabeça de outrem (ainda que, pessoalmente, a união cabeça-mão permaneça existindo). A questão que se coloca, pois, e que perpassa toda a história de seu modo de produção, é justamente a das formas

---

sistema fabril. Essa é, igualmente, a concepção de Marx, presente em seu célebre texto sobre a abelha e o arquiteto (MARX, 1983, I, 149).

dessa apropriação ou, em outros termos, dos mecanismos da subsunção do trabalho ao capital.

Se, como afirma Ruy Fausto (2002), com a passagem da manufatura para a grande indústria, o capitalismo, ao cristalizar o conhecimento para a produção dos artesãos em capital fixo, encontrou uma forma de existência concreta adequada a seu conceito, note-se que tal adequação/cristalização referia-se primordialmente aos atributos mecânicos e redundantes do trabalho, restando ainda aos operários, engenheiros, designs etc. as *operações sígnicas* e as inventivas. Nas palavras de Marcos Dantas:

> [...] o de *processar em sua mente* algum conjunto de informação, introduzindo-o na máquina; o de *decodificar os sinais* que a máquina lhe envia através dos seus mostradores. O de "ler" a peça fabricada, ajustando este objeto que percebe sensorialmente a imagem dele que detém em sua mente (ou, se necessário, reproduzida em algum desenho à frente dos seus olhos), daí decidindo se "aprova" ou não o produto realizado – sendo este o trabalho do operário, ele é tão *simbólico* quanto o de um engenheiro que registra num papel, através de uma lapiseira, os desenhos e cálculos que desenvolve em sua mente; ou de um pesquisador de laboratório que, pelas *cores do líquido* num tubo de ensaio, deduz, adicionando-as mentalmente a dados retidos na própria memória ou representados em livros e anotações, o resultado de uma reação química. A única diferença seria a de encontrar-se o trabalhador bem mais perto do momento da transformação material que o engenheiro ou o cientista. *Porém esta é uma diferença formal, ainda que deva ser objeto de compreensível interesse sociológico.* A diferença real entre esses níveis de organização do trabalho encontra-se no *grau e grandeza* da informação processada em cada uma das muitas atividades que o "desenvolvimento da subordinação real do trabalho ao capital" veio incluindo no ciclo do capital produtivo. O trabalho junto à máquina é certamente mais redundante que o trabalho de pesquisa, projeto, desenho e outros relacionados ao desenvolvimento mesmo de produtos e processos, que exigem tratar maiores quantidades de incertezas [...]. (DANTAS, 2000)

A subsunção do trabalho intelectual, a cristalização das operações sígnicas e a criação de uma forma cultural que lhe fosse adequada serão doravante os alvos a serem atingidos. Uma "fortaleza já assaltada, na qual ainda se combate".

A nova organização da base produtiva, a concentração e centralização do capital, as novas formas de concorrência exercidas agora entre grandes blocos de capital, em uma palavra, a emergência da fase monopolista, aliadas a uma nova estrutura social (crescimento do proletariado e da classe média, abertura em leque dos estratos de renda, articulação entre capital industrial, comercial, bancário etc.) levaram a um novo padrão de acumulação que não só confere um papel pró-ativo ao Estado – seu papel vai além do de árbitro dos contratos, para interferir no próprio conteúdo destes e, mais, tornando-se ele mesmo parte desses contratos como proprietário de empresas – como impõe a necessidade de controles mais racionais e novos mecanismos de mediação entre a esfera econômica e a massa consumidora. O surgimento concomitante da indústria cultural e do capitalismo monopolista mostra a centralidade que esta passa a ter como instrumento de mediação capitalista.

O novo padrão de acumulação calcado na produção em massa de bens duráveis requisitou, para seu êxito, uma revolução do modo de vida e no modo de consumo, onde "os valores e modo de vida herdados dos tempos em que o capitalismo só existia no estado das potencialidades longínquas" cedesse lugar aos valores e modo de vida capitalistas. Como afirma André Granou (1974: 57):

> O capital não pode penetrar, conferir, o modo de vida tradicional se não se apodera das condições de subsistência dos indivíduos e, igualmente, do conjunto de signos que revelam toda a alquimia da ordem social. Dito de outra forma, a esse modo de vida capitalista não basta produzir-se materialmente, é necessário também produzi-lo "como idéia", enquanto novo ritual e nova moral, enquanto ordem social. E definitivamente é a capacidade do modo de produção capitalista para transformar incessantemente esse ritual e essa moral, até fazê-los coincidir em todo momento com as necessidades da reprodução de relações de produção, do que dependem sua capacidade para alterar materialmente o modo de vida e, por isso, para voltar a pôr em marcha sua própria reprodução.

Se na esfera produtiva a grande indústria subordinou o princípio subjetivo à lógica objetiva do sistema de valorização, o que a afirmação de Granou mostra é que tal subordinação estende-se, agora, ao modo de vida, retirando também da esfera cultural os lampejos de um outro mundo que ainda suscitava.

Tal perda da autonomia ou subordinação da cultura em relação ao existente foi o motor das análises de Adorno e Horkheimer sobre a indústria cultural. Em seu famoso texto, ao começarem pelo exemplo da Arquitetura – "a mais antiga arte de massa" –, os autores enunciam os traços definidores desta "indústria": ao "perpetuar o indivíduo como se ele fosse independente, submetem-no ainda mais profundamente a seu adversário, o poder absoluto do capital" (Horkheimer; Adorno, 1986: 113). Por um lado, a pseudo-individuação, uma vez que a padronização das "mercadorias culturais" oferecidas corresponde à padronização dos próprios consumidores, isto é, sua liberdade de escolha dá-se segundo análise estatística que visa atender às idiossincrasias dos vários segmentos do mercado. Como afirmou Adorno, em relação à música popular:

> Por pseudo-individuação entendemos o envolvimento da produção cultural de massa com a auréola da livre escolha ou do mercado aberto, na base da própria estandardização. A estandardização de hits musicais mantém os usuários enquadrados, por assim dizer, escutando por eles. A pseudo-individuação, por sua vez, os mantém enquadrados, fazendo-os esquecer que o que eles escutam já é sempre escutado por eles, "pré-digerido". (ADORNO, 1994:123)

Por outro lado, uma mercadoria cultural que deixando de se orientar pelo princípio de seu próprio conteúdo e da forma adequada, passando a orientar-se pelo princípio de sua valorização promoverá cada vez mais a adesão ao existente, diminuindo as brechas que permitiam alguma autonomia aos indivíduos. A imposição de finalidades e mecanismos capitalistas à esfera da cultura não se dará, entretanto, sem ambigüidades, levando às numerosas crises deste setor.

Se, como apontamos, com a fase monopolista a industrialização da cultura impunha-se como uma necessidade para o capital reproduzir-se como modo de vida e modo de consumo, as rotações atuais darão origem a um novo padrão de acumulação que implicará uma reconfiguração do modo de vida/consumo e dará à cultura e às tecnologias de informação/comunicação uma centralidade sistêmica até então impensável.

Embora sua denominação permaneça alvo de disputa, o atual padrão de acumulação, surgido após o término do grande período expansionista dos anos 40 ao fim dos anos 60, vem sendo identificado pelas alterações na estrutura das empresas e em suas relações com os trabalhadores – a "flexibilização da produção" –, a crescente importância dos mercados financeiros, das empresas de prestações de serviços etc., alavancados por desregulações mercantis e laborais e pela derrocada do Welfare State.

Se uma das características marcantes do sistema-mundo capitalista é o constante embate entre as necessidades constantes de sua valorização – sua busca por maior liquidez, flexibilidade e liberdade de escolha, isto é, sua vocação "desterritorializante" – e os limites materiais – sua necessidade de associar-se aos poderes territoriais ou sujeição ao estágio de desenvolvimento das forças produtivas – o avanço destas últimas, dando origem àquilo que se convencionou chamar de Terceira Revolução Tecnológica, muito tem contribuído para sua vitalidade atual.

O cluster de inovações tecnológicas, como satélites, computadores, fibras óticas, nanotecnologias etc., desenvolvido a partir da década de 40 do século passado desempenhou um papel primordial na reestruturação capitalista em curso desde a década de 70 tanto ao possibilitar uma flexibilização da rigidez do sistema fordista anterior (aquilo que alguns vêm chamando de acumulação flexível), como ao permitir aquilo que David Harvey (1992) chamou de compressão espaço-tempo, isto é, a anulação do espaço por meio do tempo, a redução ao mínimo do tempo de movimento de um lugar ao outro, permitindo um livre fluxo de capitais.

O setor financeiro, que a partir de meados da década de 70 passa a ocupar o cerne do regime de acumulação, favorecido pelas descompartimentalizações dos mercados de capitais, dos títulos públicos e privados e de ações e pela nova onda de internacionalização e concentração financeira, foi um dos primeiros a reconhecer as grandes vantagens advindas das tecnologias de informação e comunicação (TICs) que permitiam aumentos exponenciais nos "movimentos de capitais sem pátria". Os grandes investimentos do setor nesta área[2] demonstram seu papel estratégico.

No tocante aos mecanismos de objetivação do trabalho, estaríamos vivendo o processo antevisto por Marx, que Ruy Fausto (2002) denomina de "pós-grande indústria". No atual estágio, não é mais a máquina, mas o próprio conhecimento científico e tecnológico (o *general intelect*), em parte cristalizado em algoritmos e programas de computador em parte dentro das cabeças dos trabalhadores, que se constitui na matéria por excelência do capital, donde a ênfase nos ativos intangíveis ou imateriais como a nova fronteira da acumulação.

Como esses conhecimentos são "distribuições descentralizadas de um todo altamente complexo de saberes científicos e tecnológicos que Marx chama de intelecto geral" (Prado, 2004), uma espécie de "fundo humano de conhecimento", o capitalismo vem desenvolvendo novas estratégias de pilhagem e controle do acesso ao "fundo humano de conhecimento" através das "sociedades em

[2] Em 1997, a maior empresa de gestão de fundos dos Estados Unidos, Merrill Lynch, gastava cerca de 1,5 bilhão de dólares em telecomunicações (Schiesel apud Schiller, 2002:34)

rede", de cristalização do conhecimento, de monopolização e apropriação privada do conhecimento, de gerenciamento da produção científica e tecnológica etc., bem como novas formas de gerenciamento político – como o neoliberalismo – e recobrimento ideológico.

Em relação à subsunção do trabalho ao capital, alterada a natureza da maquinaria, que agora se constitui numa espécie de "objeto intelectual ou espiritual",[3] isto é, posta a intelectualização generalizada dos processos de trabalho – e de consumo, o que se procura extrair do trabalhador é sua "compreensão da natureza". Donde a nova subordinação, característica dessa terceira forma, ser, na acepção de Ruy Fausto, uma *subsunção formal-intelectual*.[4]

Assentado sobre essa nova base, a "compreensão da natureza", o capitalismo reposiciona a perspectiva de uma dominação irrestrita da natureza pelo homem, já que agora se trata da "natureza-como-informação".

Ou seja, o pressuposto é que a natureza se encontra totalmente disponível aos processos de recuperação, processamento e armazenamento de informação, possibilitados pela máquina universal, ou *machina machinarum*, o computador eletrônico digital, programável, multiusos e de alto rendimento. Se estamos já a viver dentro do horizonte do "estado de natureza cibernético", possível de sumariar adequadamente como "natureza-como-informação", podemos também dizer que estamos a moldar e a ser moldados, cada vez mais, por aquilo a que podemos chamar analogamente "estado de cultura cibernético", quando a cultura se torna cultura-como-informação (MARTINS; HERMÍNIO apud SANTOS, Laymert G., 2003: 15).

---

[3] Ruy Fausto (2002:134) afirma tratar-se, agora, da interiorização e objetivação de processos naturais pelas novas máquinas que se constituem não mais como objeto artificial, mas como objeto intelectual ou espiritual. Com isso a ruptura entre trabalho vivo e trabalho morto é relativizada, passando a máquina a ser uma espécie de força de trabalho (intelectual) que prescinde de quase todo trabalho para ser vivificada.

[4] Embora Marx enxergue aí, com um certo otimismo, o fim da subordinação material do trabalho ao capital, Ruy Fausto (2002:136), mais realisticamente, e tomando o modelo do trabalhador que faz uma longa jornada diante de um computador (onde está sua liberdade diante do aparelho?), não advoga o desaparecimento de tal subordinação. Ao cunhar a expressão *subsunção formal-intelectual* pretende salientar que, embora ela *possa* ser uma condição da libertação material, nesse momento, de não-liberdade, o trabalhador é de certo modo *servidor* da máquina.

Neste sentido, ao se instaurar a possibilidade de abrir totalmente o mundo ao controle tecnocientífico por meio da informação, a *terceira forma* expõe não só os valores subjacentes à pesquisa tecnocientífica como põe a informação no centro do processo de acumulação capitalista.

A centralidade que as tecnologias, o conhecimento e a informação adquirem no novo padrão de acumulação tem levado vários analistas a declararem a falência dos velhos pressupostos marxistas, como a lei do valor, substituindo-os pelo "capital cognitivo", "capital humano", "informacionalismo", "multidão" etc.

Das diversas empreitadas teóricas, uma das que mais se destacou foi a de Manuel Castells, sintetizada em sua trilogia "A era da informação". Tentando, infrutiferamente, ir além do determinismo tecnológico, Castells verá o "novo mundo" surgir a partir da convergência de três processos independentes gestados a partir do final da década de 60 e início dos anos 70: a revolução das TICs, a crise do modo de regulação fordista e do estatismo e o florescimento de movimentos sociais e culturais como o feminismo, o ambientalismo e a defesa dos direitos humanos.

Admitindo que a razão de ser do capitalismo é a maximização do lucro, ou seja, "o *aumento do excedente* apropriado pelo capital com base no controle privado sobre os meios de produção de circulação", sua atenção se voltará para os "modos de desenvolvimento" definidos como "os dispositivos tecnológicos[5] mediante os quais o trabalho atua sobre a matéria para gerar o produto, determinando em definitivo o nível e a qualidade do excedente".

Cada modo de desenvolvimento se define pelo elemento fundamental à promoção daquilo que, para Castells, é essencial ao processo de produção, a *produtividade*, definida como "índice do valor de cada unidade de produção em relação ao valor de cada unidade de insumos", como uma "função do uso dos meios de produção pela aplicação de energia e conhecimentos" (Castells, 2003: 53).

Esse modo de pensar permite a leitura da história do capitalismo (de seus modos de desenvolvimento: agrário, industrial e informacional) a partir das fontes de incremento do excedente, donde a importância das sucessivas revolu-

---

[5] A edição brasileira (Castells, 2003: 53) traduz "the tecnological arrangements" por "procedimentos", o que confere maior ambigüidade ao "modo de desenvolvimento".

ções tecnológicas, e não como o processo dialético da subordinação do trabalho ao capital.

A divisão histórica proposta por Castells verá no "novo modo informacional de desenvolvimento" algo maior que um modo de regulação econômica; o surgimento de um "novo mundo" cuja essência residiria no conceito de ***rede***, isto é, um "conjunto de nós[6] interconectados" que enlaça numa mesma dinâmica de flexibilidade e "lógica de interconexão" instituições, organismos, empresas, mercados, meios de comunicação etc.

Se, como o próprio autor reconhece, esta lógica é inerente ao sistema-mundo capitalista, percorrendo-o desde suas origens, o novo paradigma da tecnologia da informação, chamado *informacionalismo*, fornece a base material para sua expansão e penetrabilidade social. Neste sentido, será a partir do desenvolvimento das TICs e da aceitação ou não de sua lógica que os demais processos sociais serão avaliados.

O capitalismo, quiçá a estrutura social, renovado em suas estruturas, que daí emerge seria mais democrático porque menos rígido e centralizador; mais humanitário porque substituiu o trabalhador fordista e suas tarefas "rotineiras e repetitivas" pelo "trabalhador instruído e autônomo, capaz e disposto a programar e decidir seqüências inteiras de trabalho", e mais includente, uma vez que "se os dados internacionais indicassem algum padrão, seria na direção oposta às previsões ludistas: nível tecnológico mais alto associado a índice de desemprego mais baixo".[7] Seu centro de gravidade deslocou-se da produção de bens para a produção de saber e de informações.

---

6 "Nó é o ponto no qual uma curva se entrecorta. Concretamente, o que um nó é depende do tipo de redes concretas de que falamos" (CASTELLS, 2003: 566).

7 Castells explicará o alto nível de desemprego nos países desenvolvidos, à exceção dos EUA e Japão, durante os anos 80 e 90, não pela chegada das novas tecnologias, mas devido "a políticas macroeconômicas incorretas e por um ambiente institucional desestimulador da criação de empregos privados" (2003: 319). Neste sentido, "em fins da década de 90, depois da reforma de suas instituições trabalhistas, a maioria dos países europeus também estavam reduzindo substancialmente o desemprego" (2003: 327). Ainda que concordemos com a tese que as novas tecnologias, em si, não sejam a causa do desemprego, o que Castells parece não notar é o vínculo entre a adoção das TICs e a "reforma das instituições trabalhistas" que, se reduziram o desemprego, o fizeram sob o custo de enormes perdas à classe trabalhadora.

Embora concordemos com a centralidade que a informação e o conhecimento tenham para o processo de reestruturação capitalista não podemos partilhar a idéia de que assistiríamos, com isso, à emergência de uma nova ordem social e econômica mais livre e menos rígida. A posição de Castells não é, entretanto, uníssona. Várias das análises em torno do "trabalho imaterial" e do chamado "capital humano" fazem eco com o informacionalismo de Castells.

Autores como André Gorz, Antonella Corsani, Maurizio Lazzarato, Antonio Negri e Michael Hardt argumentam que, em virtude de uma metamorfose do próprio trabalho – que, agora, tornou-se *imaterial* – e da força de trabalho – agora transformada em *intelectualidade de massa* –, o capitalismo perdeu sua medida reguladora interna.

Hegemônica na empresa "pós-fordista", tal imaterialidade é fruto de uma mudança na natureza da concorrência capitalista que resultou em uma economia mais voltada para a comercialização e financeirização do que para a produção.[8] Ou seja, na medida em que o trabalho produtivo deva, necessariamente, promover uma simbiose entre produção e consumo, outros imperativos, além da mera racionalização do trabalho, tais como a "singularização", a "qualidade", a conquista da "fidelidade" dos produtos e estratégias de comunicação e marketing (para o conhecimento das tendências e construção do mercado), tornam-se mais relevantes. Tal "espiritualização" faz com que, segundo Rifkin (2001), seu [dos produtos] valor simbólico, estético ou social sobreponha-se ao valor de uso prático e ao valor de troca.

Trata-se, segundo esses autores, da cristalização dos novos atributos presentes nas relações produtivas. Não somente da expropriação dos "conhecimentos para a produção" do trabalhador fordista, mas de suas capacidades expressivas e cooperativas, do "trabalho afetivo do contato e interação humanos" (HARDT), das qualidades "intangíveis", "imateriais". Nas palavras de Negri e Lazzarato (1991):

---

8 Toni Negri e Michael Hardt, afirmam, no *Império*, que a principal mudança estrutural entre os modelos fordista e toyotiano – ou "pós-fordista" – envolve a passagem de informação entre a fábrica e o mercado. Enquanto, por fiar-se numa demanda adequada, a produção em massa de mercadorias padronizadas do modelo fordiano tinha pouca necessidade de "ouvir" o mercado, a obrigatoriedade – no modelo "pós-fordista" – de manter estoque zero e de direcionar a produção de acordo com a demanda atual do mercado levará a mecanismos cada vez mais rápidos de *feedback* do consumo para a produção, promovendo uma contínua e intensa comunicação entre estes dois setores (HARDT, 2003: 310/311).

> Na grande empresa reestruturada, o trabalho do operário é um trabalho que implica mais e mais, em níveis diferentes, a capacidade de eleger entre diversas alternativas e, portanto, a responsabilidade de algumas decisões. O conceito de "interface" utilizado pelos sociólogos da comunicação dá, bem, conta desta atividade do operário. Interface entre as diferentes funções, entre os diferentes equipamentos, entre os níveis de hierarquias etc. Como é prescrito pelo novo *management* (nova administração), hoje "é a alma do operário o que deve prevalecer na fábrica". É sua personalidade, sua subjetividade o que deve ser organizado e dirigido. Qualidade e quantidade de trabalho são reorganizados ao redor de sua imaterialidade. Esta transformação do trabalho operário em trabalho de controle, de gestão de informação, de capacidade de decisão que requerem o concurso da subjetividade atinge os operários de maneira diferente segundo suas funções na hierarquia da fábrica, mas ela se apresenta doravante como um processo irreversível [...].

A inseparabilidade entre as capacidades expressivas e cooperativas ou a dimensão tácita do conhecimento e o corpo do trabalhador levará tais autores a falar de "capital humano" e a Toni Negri afirmar que "o capital fixo mais importante, aquele que determina as diferenças de produtividade, se encontra no cérebro dos seres que trabalham: é a máquina útil que cada um de nós carrega em si" (Negri apud Husson, 2004a).

Não se trata, no entanto, de afirmar, como faz Ruy Fausto, uma nova forma de subsunção do trabalho ao capital, a subsunção *formal-intelectual*, mas sim de conferir resistência e autonomia ao "capital-humano", assim constituído. Ainda nas palavras de Negri e Lazzarato:

> Podemos avançar a seguinte tese: o ciclo do trabalho imaterial está pré-constituído por uma força de trabalho social e autônoma, capaz de organizar seu próprio trabalho e suas próprias relações com a empresa. Nenhuma "organização científica do trabalho" pode predeterminar esse saber fazer e esta criatividade produtiva social que, hoje, constituem a base de toda capacidade de empreendimento.

Uma vez que o cérebro tornou-se a principal força produtiva e que todo sujeito agora, depois da revolução das comunicações, poderia apropriar-se autonomamente dos conhecimentos técnicos e científicos que deixaram de ser patrimônio do capitalista, para Negri uma nova classe antagônica – a *multitude* –, de sujeitos não alienados, mais autônoma e poderosa que o antigo proletariado assalariado estaria se constituindo, não dialeticamente, mas "alternativamente" às formas de poder existentes.

Os acentos e as inversões ideológicas destas afirmações são evidentes, embora, como toda ideologia, contenham seus momentos de verdade. Se acertam ao mostrar que o conhecimento, a informação, os ativos intangíveis etc. ganham relevância no atual padrão de acumulação, deixam de lado o fato que se este padrão tem como um dos seus pilares o "*estado geral da ciência e do progresso técnico*", a novidade é que, para torná-lo produtivo, isto é, para tornar a "compreensão da natureza e seu domínio" codificada, informada e reproduzível, cristalizada em produtos – materiais e imateriais – , mais do que energias físicas, são as mentais, intelectuais, cognitivas, "saberes" etc. que são requisitadas. O que, dialeticamente – e não "alternativamente" –, não representa em si ganhos reais aos trabalhadores, como uma pretendida superação da alienação do trabalho, muito pelo contrário.

Embora muitas vezes míopes diante das transformações da base material, a ênfase na imaterialidade, nos fluxos, na "desterritorialidade" ou o acento lingüístico dos diversos esforços de caracterização da contemporaneidade deixam ver a importância renovada que os valores simbólicos – ou aquilo que Pierre Bourdieu chamou de *capital simbólico* – adquirem para a reprodução capitalista.

Acontece que, minado por suas contradições internas e não podendo mais se valorizar na indústria propriamente dita, o capitalismo viu-se obrigado a expandir-se para outros setores, mais "imateriais" como os serviços e a cultura, transformando, dessa forma, o conjunto das relações sociais e até mesmo as áreas mais resistentes à sua expansão em *commodities*. Donde, portanto, a nova centralidade que a cultura assume, tornando-se, segundo Jameson, um dos "negócios"-chave da nova ordem econômica.

Esta porosidade entre cultura e processo de produção econômica exige uma abordagem da cultura, informação, conhecimento – que agora se tornaram insumos da produção – não mais nos termos da velha "indústria cultural". E isto, pelo menos, por duas grandes razões.

Em primeiro lugar, o *noveau esprit* do capitalismo (BOLTANSKI; CHIAPELLO, 1999), ao procurar suplantar as questões materiais do período anterior, aproveitar-se-á tanto dos benefícios de uma nova base técnica oriunda da terceira Revolução Tecnológica, como incorporará parte da crítica – "artística" – que lhe era dirigida pelo pensamento liberal empresarial e sobretudo pelos artistas, intelectuais e ativistas do "pensamento 68", sintetizado pela luta por liberdade, autonomia e criatividade.

De fato, ao abandonar a rigidez do modelo fordista e alçar vôo em direção a um consumo cada vez mais personalizado, atendendo às demandas simbólicas e "espirituais", o capitalismo necessitou não só de uma nova sensibilidade do público como de um novo tipo de trabalho/trabalhador capaz de dar conta das novas demandas sociais. A necessidade de operar máquinas complexas e lidar com informações e conhecimentos diversos e em constante mutação tornou obsoletas as antigas habilidades mecânicas e o trabalho redundante, passando a valorizar o "saber, criatividade, imaginação, capacidade inventiva" do trabalhador, que deverá mostrar-se tão criativo como um "artista".

Produzir e vender bens simbólicos e ativos intangíveis exige, segundo Rifkin (2001), que se dê menos atenção a uma economia da "propriedade" e se passe a valorizar a "economia do acesso", ou seja, devido à dificuldade de uma apropriação exclusiva de tais bens, a estratégia a ser adotada é a promoção ao seu "acesso", seu uso sob as condições estabelecidas pelo fornecedor e o estabelecimento de um relacionamento de longo prazo com o cliente: sua fidelização.

Isso implica a capacidade, por parte das empresas, de respostas "criativas" às necessidade e desejos atuais e futuros dos clientes – o que supõe uma manipulação de várias informações sobre o estilo de vida, estado de saúde, lazer, padrão de viagem, guarda-roupa etc. – e a capacidade de transformar esse conjunto de informações em "produtos desejáveis". Segundo Rifkin, o que se consome – e portanto permite o controle do cliente – é a própria experiência, ou seja, emoções, satisfações intangíveis, que produzam reações sensoriais. Experiência esta, diga-se, já totalmente reprogramada empresarialmente:

> Quando praticamente todo o aspecto de nosso ser se torna uma atividade paga, a vida humana em si se torna o melhor produto comercial, e a esfera comercial se torna o árbitro final de nossa existência pessoal e coletiva. (Rifkin, 2001: 92)

Tais aspectos explicam o papel central que a indústria cultural e midiática ocupam nesse processo, na qualidade de produtores de "experiências" comercializáveis, e a cooptação de uma "nova elite" – os intermediários culturais – dotados de "saber, criatividade, sensibilidade artística, *expertise* e faro comerciais", capazes de criar os ativos intangíveis tão caros ao mercado.

César Bolaño (2000) acerta o foco, neste sentido, ao observar, em relação à indústria cultural, que o processo de trabalho cultural cria "não uma, mas duas mercadorias", a saber, o objeto ou o serviço cultural (o programa, a informação, o livro) e a audiência, isto é, utilizando a televisão como exemplo, a "atenção dos indivíduos que vai ser negociada no mercado pelo burocrata da estação ou da *network*". É justamente, esta segunda mercadoria, a audiência, a mais valorizada pelo mercado.

Como normalmente a audiência é uma mercadoria extremamente volúvel, a grande questão que se coloca aos empresários culturais é novamente a dos mecanismos de aprisionamento dos consumidores, através da manutenção da empatia entre os objetos ou serviços oferecidos e o público. Para tanto, o recurso àquela nova elite será fundamental: "nesse processo, ele deve servir-se dos trabalhos concretos de artistas concretos, que produzirão efeitos de empatia diferentes sobre diferentes estratos do público" (Bolaño, 2000: 230).

Caberá ao trabalho vivo puncionar constantemente o "mundo da vida" retirando-lhes as experiências e valores simbólicos passíveis de serem reelaborados e reapresentados comercialmente – como demonstram os *coolhunthers*.[9] Caberá à indústria cultural o controle do acesso midiático ao seu próprio mundo da vida; controle esse, em muitos casos, conseguido pela imposição de um padrão *tecnoestético*:

> [...] uma configuração de técnicas, de formas estéticas, de estratégias, de determinações estruturais, que definem as normas de produção cultural historicamente determinadas de uma empresa ou de um produtor cultural particular para quem esse padrão é fonte de barreiras à entrada. (Bolaño, 2000: 234)

Padrão este que ultrapassando as dimensões meramente econômicas ou tecnológicas conseguiria manter cativo seu público, impor-lhes sua marca distintiva.

---

9 Segundo Isleide Fontenelle, os *coolhunthers* ou "caçadores de tendências" são os profissionais que buscam fazer uma mediação direta entre uma forma de expressão cultural – especialmente a cultura jovem – e uma prática de consumo. Como cita o jornalista Gladwell, após um dia de "caça" este profissional "retorna à empresa e se reúne com especialistas em *marketing*, representantes de vendas e desenhistas e reconecta-os à rua, assegurando-se de que eles levarão o produto certo, no lugar certo e no preço certo". Trata-se, portanto, segundo Isleide, "de uma forma de percepção que consiga captar as mudanças sutis nas configurações socioculturais em curso, em detectar padrões e, especialmente, em transformar isso em algo muito rentável, ao ser vendido para empresas ávidas por informações sobre a quem e como vender os seus produtos e ou serviços" (Fontenelle, 2004: 167).

A segunda grande conseqüência da convergência cultura/economia – do fato da cultura fazer parte do núcleo duro do sistema produtivo – é a necessidade de análises e instrumentos econômicos que dêem conta dessa mercadoria *sui generis*. Este tem sido, em grande parte, o esforço da **Economia Política da Cultura e da Comunicação** e, para encerrar, indicaremos algumas das questões deste novo campo do saber.

- Enquanto, numa perspectiva clássica, a informação e a comunicação se relacionavam com o comércio, o transporte e o sistema financeiro – não criando valor, embora fossem necessárias à acumulação capitalista –, sua centralidade atual as relaciona diretamente com a formação e o funcionamento dos mercados. Qual seu papel no funcionamento dos mercados? Podem se constituir como instâncias reguladoras?

- Uma vez que o trabalho cultural/ informacional/ cognitivo envolve elementos qualitativos, de difícil mensuração, como reduzi-los a trabalho abstrato, medida quantitativa do valor econômico? Como explicar seu preço a partir da quantidade de trabalho socialmente necessário?

- Devido à dimensão tácita do conhecimento e aos aspectos indissociáveis do corpo do trabalhador "criativo", como transformar o trabalho concreto em trabalho abstrato? Como reduzir a aleatoriedade deste trabalho?

- Uma vez que a valorização do trabalho intelectual e artístico se explica a partir de uma lógica "extra-econômica" ligada às modalidades sociológicas de acumulação do capital simbólico, como empreender uma análise econômica que integre tais especificidades?

- Como equacionar a discrepância entre os altos custos necessários à produção dos ativos intangíveis e sua reprodução a custos baixíssimos?

- Como se apropriar privadamente de bens que se caracterizam por sua não rivalidade e não exclusividade?

A centralidade que a cultura, a informação e o conhecimento passam a adquirir no processo de acumulação capitalista contemporâneo se, em certo sentido, pôde conferir sobrevida a um regime econômico combalido por sua rigidez e contradições anteriores, expõe-no a novas e acirradas contradições. Entretanto, como alerta Slavoj Zizek:

> A única maneira de suportar, de resolver novamente a cada dia a contradição fundamental, constitutiva que lhe é própria [... e aí] está o paradoxo do capitalismo, seu recurso derradeiro: ele é capaz de transformar sua dificuldade, sua própria impotência, em fonte de poder e de crescimento [...]. (Apud Fontenelle, 2002: 77)

Até quando conseguirá sobreviver e transformar as forças adversas em pró-ativas é uma questão que permanece em aberto.

Referências bibliográficas

Adorno, Theodor. Sobre música popular. In: Cohn, Gabriel (Org.). *Theodor W. Adorno*: sociologia. São Paulo: Ática, 1994.

Arantes, Otília B. F. Uma estratégia Fatal. In: Arantes, Otília B. F.; Vainer, C.; Maricato, E. *A cidade do pensamento único.* Petrópolis: Vozes, 2000.

Argan, Giulio Carlo. *Projeto e destino.* São Paulo: Ática, 2000.

Bolaño, César R. S. *Indústria cultural*: informação e capitalismo. São Paulo: Hucitec/Polis, 2000.

Boltanski, Luc; Chiapello, Eve. *Le nouvel esprit du capitalisme.* Paris: Gallimard, 1999.

Castells, Manuel. *Fim de milênio.* São Paulo: Paz e Terra, 2000.

______. *O poder da identidade.* São Paulo: Paz e Terra, 2001.

______. *A sociedade em rede.* São Paulo: Paz e Terra, 2003.

______. *La galaxia internet*: reflexiones sobre internet, empresa y sociedad. Barcelona: Desbosillo, 2003.

Cocco, Giuseppe; Galvão, Alexander; Silva, Geraldo (Org.). *Capitalismo cognitivo*: trabalho, redes e inovação. Rio de Janeiro: DP&A, 2003.

Corsani, Antonella. Elementos de uma ruptura: a hipótese do capitalismo cognitivo. In: Cocco, Giuseppe; Galvão, Alexander; Silva, Geraldo (Org.). *Capitalismo cognitivo*: trabalho, redes e inovação. Rio de Janeiro: DP&A, 2003.

_____. *Hacia uma renovación de la economia política. Viejos conceptos e innovación teórica.* Arquivo baixado do site http://www.sindominio.net/arkitzean/multitudes2/corsani.htm em 17/03/2004.

DANTAS, Marcos. Capitalismo na era das redes: trabalho, informação e valor no ciclo da comunicação produtiva. In: LASTRES, H.; SARITA, A. *Informação e globalização na era do conhecimento.* Rio de Janeiro: Campus, 1999.

_____. *O valor da informação: trabalho e apropriação no capitalismo contemporâneo.* Arquivo baixado do site: www.cfch.ufrj.br/lugarcomum/no9.html em 19/08/2000.

FAUSTO, Ruy. *Marx*: lógica e política. São Paulo: Brasiliense, 1983, t. I.

_____. *Marx*: lógica e política. São Paulo: Editora 34, 2002, t. III.

FONTENELLE, Isleide A. *O nome da marca.* São Paulo: Boitempo, 2002.

GORZ, André. *L'Immatériel*: connaissance, valeur et capital. Paris: Galilée, 2003.

GRANOU, André. *Capitalismo y modo de vida.* Madri: Alberto Corazón, 1974.

HARDT, Michael; NEGRI, Antonio. *Império.* Rio de Janeiro: Record, 2003.

HARVEY, David. *Condição pós-moderna.* São Paulo: Loyola, 1992.

HORKHEIMER, Max; ADORNO, Theodor. *Dialética do esclarecimento.* Rio de Janeiro: Jorge Zahar Editor, 1986.

HUSSON, Michel. *Nouvelle economie*: capitalisme toujour. Arquivo baixado do site: http://hussonet.free.fr em 15/03/2004[a].

JAMESON, Fredric. *A cultura do dinheiro*: ensaios sobre a globalização. Petrópolis: Vozes, 2001.

LACEY, Hugh. *Valores e atividade científica.* São Paulo: Discurso Editorial, 1998.

LAZZARATO, Maurizio. Trabalho e capital na produção dos conhecimentos: uma leitura através da obra de Gabriel Tarde. In: COCCO, Giuseppe; GALVÃO, Alexander; SILVA, Geraldo (Org.). *Capitalismo cognitivo*: trabalho, redes e inovação. Rio de Janeiro: DP&A, 2003.

_____; NEGRI, Antônio. *Trabalho imaterial*: formas de vida e produção de subjetividade. Rio de Janeiro: DP&A, 2001.

_____; _____. Travail immaterial et subjectivité. *Futur Antérieur*, n. 6, 1991.

MARX, Karl. *Elementos fundamentales para la critica de la economia política (Borrador) 1857-1858.* Buenos Aires: Siglo Veintinuo, v. 2.

_____. *O capital.* São Paulo: Abril Cultural, 1983, v. I.

MATTELART, Armand. *História da sociedade da informação.* Edições Loyola: São Paulo, 2002.

PRADO, Eleutério. *Economia*: política do imaterial. Arquivo baixado do site: http://www.econ.fea.usp.br/eleuterio/ArtigosNaoPublicados em 04/02/2004a.

_____. *Pós-grande indústria e neoliberalismo.* Arquivo baixado do site: http://www.econ.fea.usp.br/eleuterio/ArtigosNaoPublicados em 04/02/2004b.

_____. *Pós-grande indústria*: trabalho imaterial e fetichismo. Arquivo baixado do site: http://www.econ.fea.usp.br/eleuterio/ArtigosNaoPublicados em 14/01/2004.

RIFKIN, Jeremy. *A era do acesso.* São Paulo: Pearson, 2001.

SANTOS, Laymert Garcia dos. *Predação high tech, biodiversidade e erosão cultural*: o caso do Brasil. Arquivo baixado do site http://www.ces.fe.uc.pt/emancipa/research/pt/ft/biosocio.html em 01/08/2003.

SCHILLER, Dan. *A globalização e as novas tecnologias.* Lisboa: Editorial Presença, 2002.

SOHN-RETHEL. *Trabalho espiritual e corporal. Para a epistemologia da história ocidental.* Série textos para discussão, n. 87. João Pessoa, 1985.

TAFURI, Manfredo. *Projeto e utopia.* Lisboa: Editorial Presença, sd.

V. O INTELECTUAL E SEU TEMPO

O SENTIDO DO ENGAJAMENTO

Sílvio Rosa

Eu me atenho ao fato de que o espírito mundial do tempo deu a ordem para avançar. A ordem é obedecida. Tal ser caminha a passos como uma falange encouraçada e compacta, irresistivelmente e com um movimento tão pouco perceptível como o do Sol, pelos bons e pelos maus caminhos. Inumeráveis tropas leves, contra ele e a favor dele, flanqueiam-no por todos os lados. A maior parte não sabe do que se trata e recebe somente golpes na cabeça, como de uma mão invisível. Todas as fanfarronadas e golpes de espada dos Weiller e dos Wismayr nada podem [contra ele]. Podem chegar até os cadarços do Colosso e besuntá-los com um pouco de graxa ou de lodo, mas não podem desatá-los. Muito menos podem dele retirar aqueles calçados dos deuses que, segundo Voss – ver as Cartas mitológicas –, dispõem de palmilhas elásticas; ou tampouco as botas de sete léguas, quando ele as calça. O mais certo (interior e exteriormente) é, sem dúvida, nunca perder de vista [o Colosso] que avança. De toda a maneira, pode-se até, para a edificação de toda a companhia atarefada e zelosa, auxiliar a si mesmo besuntando os sapatos do gigante com a resina que deve retê-lo, e, para o próprio divertimento dele, dar sua assistência a tal empreendimento que eles levam a sério.[1]

A seu amigo Niethammer, então conselheiro superior das escolas e dos cultos, Hegel remeteu a carta onde lemos o trecho em pauta. Este se achava em Nüremberg, aquele em Munique. Entre o remetente e o destinatário, o diálogo ia dos círculos mais restritos a acontecimentos de alcance mundial: das disputas que durante mais de uma década opuseram, na Bavária, católicos e protestantes acerca de programas de ensino; passava pela discussão sobre a constitucionalidade de decretos que haviam favorecido os primeiros em detrimento dos segundos; sobretudo, elaborava a tradução, em formas visíveis, do conjunto das forças de reação e de resistência, expectativas e frustrações deflagradas pela Revolução Francesa, o definitivo exílio de Napoleão Bonaparte e os prováveis desdobramentos daquilo que passará a responder pelo nome de "Santa Aliança". A carta foi redigida em 5 de julho de 1816. Duas semanas antes, é Niethammer quem assinava as linhas abaixo:

---

1 5 de julho de 1816 (*Cor*, II, p. 85).

> Os povos lutam pela liberdade política, assim como lutavam, há 300 anos, pela liberdade religiosa. Os príncipes, quase tão cegos como os de outrora diante da irrupção então produzida, tentam opor diques à impetuosa inundação. Quem se afogará no lago que se forma? Ao ver a abominável desolação instalada no lugar sacrossanto, quem é sábio o bastante para saber em que montanha se refugiar?[2]

Quando Hegel recebe estas linhas, nota-se pela resposta que ele, pressupondo entrelinhas legíveis na memória do destinatário, toma uma considerável distância.[3] Não vê mais motivos para insistir, como fizera em outras ocasiões, nas platitudes ou na miséria, nas mesquinharias ou na insipidez, tolice das "maldades" que se manifestam em disputas menores.[4] Se é certo que as retoma noutros planos, distingue-se também do próprio Niethammer, como se convidasse o amigo a colocar-se em perspectiva de alcance civilizacional. À tradução dos "acontecimentos mundiais" nos campos da representação judaico-cristã, julgou mais oportuna a que os tornasse plausíveis nos termos da tradição helênica. Quanto às imagens comumente associadas ao romantismo, à natureza "impetuosa", dilúvios e inundações congêneres, preferiu situá-las numa espécie de primeira camada de apreensão da realidade. À similitude, vagamente sugerida, entre as batalhas em curso e as travadas em passado recente, não menciona sequer a reação dos príncipes.[5] Vai concentrar-se, em contrapartida, na configuração presente da luta.

---

2 16 de junho de 1816 (*Cor*, II, p. 85).

3 Como se nota pela correspondência datada de uma semana depois. Em 12 de julho de 1816, Hegel escreve: "Em resposta a suas diversas comunicações, caríssimo amigo, na maior parte ainda sou devedor. Em minha última carta, eu queria *somente recolher as impressões inteiramente gerais que se pode ter sobre aquele assunto e reservar o resto para uma ocasião propícia*" (*Cor*, II, p. 87; grifo nosso).

4 São abundantes as variações em torno do tema do bestiário. Sirva de exemplo esta passagem de Niethammer que, em 19 de novembro de 1815, escrevia: "Assim como, freqüentemente, os vermes, os sapos e outros parasitas acompanham a chuva, assim também os Weiller [Kajetan von Weiller, padre católico, adversário de Niethammer em pedagogia, e, em filosofia, de Hegel e de Schelling] e consortes [Joseph Wismayr, entre outros] acompanham o dia sombrio que se estende sobre todo o mundo civilizado. Nessa inundação universal, refluem todas as coisas postas à parte, essa escória literária e pedagógica [...] e acreditam que chegou enfim a sua hora" (*Cor*, II).

5 Dispensado, a este respeito, pelo próprio Niethammer que, em carta de 16 de junho de 1816, exclamara: "como eclode, por toda a parte e com que violência, a loucura! Como

Mas pode parecer no mínimo curioso que Hegel, helenista acurado, tenha reunido elementos tão "arcaicos" para dar expressão ao mais "avançado". Assim, para desempenhar o papel de protagonista nesse teatro contemporâneo de operações, a figura escolhida é a do Colosso. Ao passo que os coadjuvantes contracenam sob o signo de antagonistas parciais, empurrados para o encalhe no estatuto da menoridade ou, no limite, da infantilidade. Em todo caso, ao fazer do Colosso uma unidade militar que passa a tomar corpo, não em guerreiros de linhagem aristocrática, mas na própria multidão, o filósofo esboça, nessa licença epistolar, uma espécie de teratologia da modernidade.

Da palavra "colosso", sabemos que Hegel não desdenha os sentidos mais costumeiros e consagrados. Na carta a Niethammer, não obstante, a palavra não se limita a fazer referência a uma estátua de dimensões gigantescas ou a um Estado "colossal". No trecho que abre esta introdução, há mais elementos compactados do que em qualquer outra das passagens da correspondência hegeliana, ao menos no tocante a uma antevisão de nosso assunto. E não só há mais coisas reunidas em espaço tão diminuto, como ele ainda comporta a possibilidade de muitas variações.

É nesse curto espaço de correspondência que vemos, então, condensar-se uma tripla mudança de cena. A primeira, que assume um aspecto estático, limita-se a registrar a detença do filósofo, a "ordem" proferida pelo "espírito mundial do tempo" e a constatação de que essa ordem é obedecida: apresenta introdutoriamente, ao leitor, o novo cenário que se abre diante dele. A segunda, nitidamente dinâmica, acentua o avanço geral, as metamorfoses e camuflagens desse Colosso, favorecido por adesões parciais e uma maioria passiva, a despeito de resistências pontuais, de reações anacrônicas ou meramente ineptas: diante da serenidade teórica do preâmbulo, esta segunda cena, movimentada ao extremo, torna manifesto um abrupto e violento contraste. A terceira, por fim, retorna ao tema epistolar brevemente sugerido no início: delineia, de maneira menos lacônica, a questão da tarefa presente da filosofia.

*

---

parece ridícula, em contrapartida, a debilidade dos que têm as rédeas na mão! [...]" (*Cor*, II)

Inicialmente é preciso observar que a formulação epistolar da tarefa da filosofia não recobre todo o arco visível das relações entre o curso presente do mundo e o discurso moral que a ele se opõe. Acresce que o essencial da atenção é focalizado a partir de uma posição que não deixa de pressupor um sistema de desvios – ou mediações –, onde a co-presença de diversos níveis de civilização vai entremesclando outros, de barbárie, se não de selvageria, e compõe o tempo presente da exposição. O centro de interesse e de algum cuidado plástico sinaliza, pois, para relações que se podem adivinhar como carregadas de múltiplas cauções. Quem enxergasse esses campos de batalha cuidando de tomar alguma distância, estaria situando-se na plataforma de um observatório crítico. Na simbologia religiosa, à qual a palavra "colosso" pertence originariamente e da qual não se pode de todo separá-la, a fortuna crítica nos ensina que cabe ao *kolossós* efetuar sempre, enquanto duplo de *psyché*, a ligação dos vivos com o limiar do mundo infernal.[6]

> No cenário selvagem em que se erige uma pedra bruta, enraizada no solo, é o aspecto do poder infernal que se manifesta, aos olhos dos vivos, sob a figura do *kolossós*. [...] que faça vir à luz do dia a sombra do morto ou que envie para as sombras os que vivem na luz, o kolossós realiza sempre, enquanto duplo, a ligação dos vivos com o mundo infernal.[7]

Para o leitor, a primeira providência a tomar consiste na desidealização do imediato. Digamos que o cenário geral lhe viesse emoldurado, à esquerda

---

[6] Para glosarmos o remanejamento da mitografia relativa ao "colosso", baseamo-nos principalmente nos estudos de VERNANT, J.-P. Figuração do invisível e categoria psicológica do "duplo": o *kolossós*. *Mito e pensamento entre os gregos*. Rio de Janeiro: Paz e Terra, 1990. Lembra este autor que, "no vocabulário grego da estátua, muito diferente e flutuante, como E. Benveniste mostrou, o termo *kolossós*, do gênero animado e de origem pré-helênica, liga-se a uma raiz *kol-*, que se pode aproximar de certos nomes da Ásia Menor (*Kolossái*, *Kolophón*, *Koloura*) e que retém a idéia de alguma coisa ereta, erguida". Vernant remete, nesta passagem, a dois outros estudos. O de BENVENISTE, Emile. Le sens du mot *kolossós* et les noms grecs de la statue. *Revue de Philologie*, 1932, pp. 118-35. E o de ROUX, Georges. Qu-est-ce qu'un *kolossós*? *Revue des Études Anciennes*, 1960, pp. 55-40.

[7] VERNANT, J.-P. Op. cit., p. 316 e p. 312. *Psyché*: alma individualizada do mundo. Não confundir com o espírito mundial do tempo, nem com a figura que lhe obedece ao comando. Assim como o tema dos "grandes homens", esses indivíduos da *Weltgechichte*, documentam a defasagem entre a História e a instituição, assim também o Colosso, essa anomalia que confirma a regra, compendia o descompasso entre o ressurgimento da pré-história e a realização efetiva da liberdade.

pela Revolução de 1789, à direita pela Revolução de 1830. Ambas encimadas pelas altas expectativas que a primeira suscitou, enxergaria na moldura superior um frisado de entusiasmos. Abaixo, porém, divisaria intervalos descendentes: uma legenda a reinscrever oscilações espiraladas e em declive indicaria marcas de desalento, sintomas de melancolia. A cena, para esse mesmo espectador, teria acontecido no passado: seria preciso algum esforço e paciência para sabê-la presente, nela discernir o que fossem páginas viradas e o que dela ainda não se esgotou, os bastidores que o cenário não mostra.

O gigante, pelo contrário, poderia ser vislumbrado em toda a sua vasta e ereta estatura. Ou ao menos, não está furtado à evidência pelo cenário, que vai pô-lo em relevo daqui a um átimo, quando se puser em marcha e for dando cumprimento à palavra com a qual se inscreve a ordem do dia: "avançar". Pode-se vê-lo, então, por ocasião de um instante protonarrativo, suspenso, entre aquilo que avança, aqueles que se opõem e os que se limitam a ver. O aspecto sombreado do protagonista e a contramancha ainda indistinta dos coadjuvantes são, pois, os intermediários entre o visível e o invisível.[8]

Todavia, quando daqui a pouco avançarem, safando-se à frontalidade de nossa vista, vão se encontrar precisamente na cadência de sua própria marcha, naquela região onde o cenário, entregue a si mesmo, vai tracejar as suas rotas de colisão, delineando algo de seus pontos nodais e de suas zonas de atrito. Como se já não pudéssemos – não quiséssemos – nos reconhecer ao mesmo tempo como atores secundários e espectadores privilegiados. Não havendo limites substancialistas para circunscrever a arquitetura definitiva desse teatro de operações, por mais que presumíssemos saber quem somos e o que fazemos, vale

---

[8] "A oposição fundamental é a do visível e do invisível [...]. Ora, por uma espécie de reciprocidade entre a faculdade de ver e a propriedade de ser visível – ambas aparentadas à luz do dia –, o desaparecimento do vivo fora do universo luminoso e a sua entrada no mundo da noite podem exprimir-se também pela imagem da sua transformação em um bloco de pedra cego. Ao contrário da pedra preciosa, viva pelo fato de que cintila, reflete a luz do dia ou se deixa penetrar inteiramente por ela, o bloco de pedra descorado e opaco, o *kolossós* "de olhos vazios", de que fala Ésquilo, pode aparecer como representante do mundo da noite. Entre a *psyché* do morto, bruma invisível, sombra escura, e a pedra, forma visível porém opaca e cega, há uma afinidade que nasce da oposição comum ao domínio luminoso da vida, caracterizado pelo binômio ver-ser visto" (VERNANT, J.-P. Op. cit., pp. 313-4).

dar voz à rede de incertezas e ingenuidades que ousam perguntar-se: que nos seria permitido esperar se de fato fôssemos atores mais que secundários, ou então, apenas espectadores? O protagonista por seu turno, no limiar dessas visibilidades imediatas, vem pautado pelo cumprimento resoluto do velho adágio: "impera e divide".

O espetáculo que ele anuncia é, portanto, da ordem do intangível.[9] Como ainda não está inteiramente apresentado no espaço deste quadro, o protagonista se instala num ponto cego do presente, recinto em que se faz abstração de nossa suposta capacidade de determinarmos a nós mesmos, no momento em que divisamos a sua própria determinação. E, no entanto, como poderíamos evitar encarar tal estado de invisibilidade, se, na autodestinação de se fazer irresistível, ele pronuncia o veredicto que parece condenar ao fracasso toda e qualquer resistência? Figura de uma nova e obtusa forma de fatalidade? Seria possível estabelecer, sem dúvida, o que o protagonista olha, se acaso lançássemos o nosso olhar a partir de sua própria perspectiva.[10] De sua estratégia, porém, só se prenuncia a dimensão, que é gigantesca; a massa, que é compacta, e a corpulência, que é encouraçada.

Aparentemente, esse lugar é bem conhecido. Lugar de espelhamentos. Nele vislumbramos o anúncio provindo de um passado mais ou menos recente, orientado para um futuro que em nosso presente estaria se mostrando, se não confirmado, ao menos verificável. Nada mais que um face a face entre duas dimensões do tempo que, na terceira, se entrecruzam e se sobrepõem, se é que não se limitam a uma fortuita imbricação. Bastaria que demarcássemos os ter-

---

9 "A pedra e a *psyché* do morto contrastam, assim, com o homem vivo, a primeira pela sua fixidez, a segunda, pela sua mobilidade intangível" (Vernant, J.-P. Op. cit., p. 314).

10 O que conservaria toda a problematicidade presente na ambivalência da figura do colosso. "Ao 'vazio dos olhos', de que fala Ésquilo a propósito do *kolossós* de Helena, corresponde a fórmula de Calímaco a respeito de Tirésias, que Atena cegou por ter ele visto o que nenhum homem deve ver: 'A noite tomou os seus olhos' (*Banho de Palas*, 82). A aproximação é talvez mais estreita ainda: no momento em que a deusa lhe arrebata a vista e a luz do sol, Tirésias, ereto, sem olhar, sem voz, sem movimento (com as pernas unidas), Tirésias torna-se uma espécie de *kolossós*, imagem da morte entre os vivos. Ele terá a sua desforra entre os mortos: em meio às sombras inconscientes, ele será o único a conservar os *phrénes* e o *noos*, o sentido e o conhecimento particulares aos seres vivos (*Odisséia*, X, 493). Como o *kolossós*, o adivinho pertence ao mesmo tempo ao mundo dos vivos e dos mortos. É essa ambigüidade que traduz a imagem do 'vidente cego'" (Vernant, J.-P. Op. cit., p. 314, n. 32).

ritórios de um primeiro tempo – histórico e mundial – em que o avanço do gigante viera se dando e um segundo tempo – lógico e pensante – em que estaríamos acompanhando as nossas próprias representações. Espectadores, estaríamos a mais, soçobrando na fortaleza de nossos abrigos bem pensados. Nada porém impede que essas linhas de divisibilidade só retracem fronteiras porosas: um armistício tão frágil quanto a duração de antigos tratados internacionais, tréguas tão provisórias quanto as impostas pelo próprio avanço – e triunfos – do gigante.

*

Até agora insistimos no que haveria de "irresistível" – e no limite "imperceptível" – nesse modo colossal de avançar. A segunda cena, que anda ligada a essas características, põe em relevo dois outros traços: o da "naturalidade" que, de saída, se encarrega de ofuscar a percepção do processo histórico em questão; o da "amoralidade" que, por sua vez, propende a tornar problemática uma formação contemporânea do discernimento. Passado o preâmbulo, a segunda cena não parece atribuir, ademais, nem privilégio nem direito diferencial aos que se acham à sombra desse Colosso que não cessa de avançar.

Encouraçada e compacta, a figura com que esse corpo coletivo se dá à vista está voltada para o horizonte, na direção de um futuro, e, sem qualquer esboço de hesitação, obedece à ordem recebida. O movimento para diante se estende e se esquiva ao campo da percepção, e a percepção, por seu turno, repousa nessa dinâmica como se nela tudo fosse "natural". A configuração do Colosso absorve então as propriedades do astro a que ele foi, desde a Grécia antiga, consagrado. Feito um Sol que de seu centro distribuísse luminosidades, irresistível ele participa das horas do dia e da noite, se reparte pelos bons tanto como pelos maus caminhos. Ao redor desse curso solar, na verdade, impõe-se a regularidade das órbitas e a escala das exorbitâncias, o desenho das rotações, o circuito das translações. Talvez até tolere, de resto, incursões meteóricas. Entre o entardecer que descora as camadas do visível e o idílio crepuscular que, matutino, parece prometer algo melhor, as forças antagônicas da particularidade vão liberar o seu potencial. Eis os momentos principais desse pólemos.

1) Os ativismos assimiláveis. Observa-se que essa dinâmica se alimenta tanto dos ataques que, ativos, reagem ao seu avanço, como dos contra-ataques

que, prontamente mobilizados, se encarregam de produzir efeitos pontuais de neutralização. Aprende-se portanto que, nesse campo de visão parcial, todas as unilateralidades parecem bem-vindas aos propósitos do gigante. Por mais que o flanqueiem por todos os lados, a ele se acham justapostas: como tropas leves, provocam o destacamento de complementaridades várias, todas colaborando, afinal de contas, voluntária ou involuntariamente, com o avanço do Colosso. Uma circulação, supostamente bem- sucedida de contra-informações, nem por isso esmaece a lição primeira de teratologia: o gigante só faz fortalecer-se pelas campanhas travadas nos setores de sua heterolateralidade. Neste terreno, portanto, além de irrelevantes, as vitórias só poderiam ser passageiras.

2) A maioria passiva sob os golpes da mão invisível. Enquanto aquelas subdivisões da unidade beligerante se revelam complementares, a próxima candidata a oponente vai sendo duplamente subjugada. Reduzida ao estado de ignorância, a maioria imensa não sabe o que ocorre: para ela, apagam-se até mesmo as evidências de que se trata, antes de mais nada, de uma luta. Reduzida ao estado de inatividade, essa massa passiva se limita a receber golpes na cabeça: sobre ela, é suficiente que a força do Colosso se manifeste como operação de apenas um de seus membros avançados, súbito e negativamente posto em destaque: "mão invisível". E pelo tamanho dessa *invisible hand*, escalada mundial da sociedade civil burguesa, pode-se medir o tamanho do gigante em questão. No momento anterior o contra-ataque adesista nem precisava ser convocado; quando o alvo passa a ser a "grande massa", entretanto, já não basta aquela automobilização das tropas leves. A extensão dessas intimidações dissuasivas, assim, dá testemunho do problema que aqui começa a germinar: esse *pro-ducere* que empurra para diante – mantendo-a submersa, residual ou latente – a possibilidade de um antagonismo de porte majoritário. Àquela minoria que se insurge contra o avanço do Colosso e tem de se haver com os seus reveses, assim como à maioria que é por ele domesticada e conduzida feito animal de rebanho, a esses dois agrupamentos, cabe acrescentar, a seguir, o entrevero de manifestações isoladas.

3) Arremedos da intimidação dissuasiva: artifícios heróicos, astúcias antiquadas. Que ouvidos teria o gigante para ouvir, aqui e ali, a impetuosa emissão de bravatas? Triunfante, a manifestação conjunta da força do gigante poderia reverter-se, exibicionista, à presunção de um *ethos* guerreiro; contudo, os desdobramentos da temática epistolar alertam para o risco de subesti-

mar o seu alcance. É que tal aspecto delirante encontra a sua réplica – miniaturizada – no blasonar de valentias avulsas, ecos espaçados de altivez vazia. Com efeito, para quem se gaba de efetuar saltos mortais do alto de penhascos, tudo se passaria como se, de agora em diante, qualquer lugar fosse a Ilha de Rodes.

Um pentatlo, a quem seus concidadãos reprovavam a falta de vigor, dirigiu-se um dia ao estrangeiro. Após certo tempo, de volta, ele se gabava de haver realizado muitas proezas em diferentes países; e sobretudo, em Rodes, um salto de que nenhum atleta coroado nos jogos olímpicos fora capaz. Acrescentava que lhe serviriam de testemunhas os que lá estavam, se algum dia viessem a seu país. Foi então que um dos assistentes, tomando a palavra, lhe disse: "Mas, meu amigo, se isso é verdade, você não precisa de testemunhas. Rodes é aqui; salte."[11]

Desta célebre fábula de Esopo, Hegel citará, no "Prefácio" dos *Princípios da filosofia do direito*, a locução final em sua versão latina. *Hic Rhodus, hic saltus*, de fato, serve bem a propósitos ilustrativos: cabe à escrita filosófica proceder, em seus pontos mais elevados, de modo a ensinar "como o Estado deve ser conhecido"; situar-se, desse modo, bem longe daqueles que pretendem ensinar "como o Estado deve ser".

Trampolinices à parte, que podem essas reações cujas armas não exibem mais que esgotados prazos de validade? Ao desembainhar sua espada, a nobre bravura da individualidade, já pelo brilho fugaz do gume em riste, mostra que há muito os combates decisivos se travam noutros campos, que portanto o espadachim não esgrime suas hostilidades senão contra o ar.

4) Capacidade acentuada de contra-resistência. Encenação de intimidações que não intimidam, representação de duelos com o adversário ausente, após a jactância sem efeito e a esquisitice vã, por que não, ao rés do solo, arregimentar as potencialidades da imaginação? A fim de deter o avanço do Colosso e produzir sua queda, tratar-se-ia de recorrer a estratagemas: derrubá-lo, desatando os nós feitos no cadarço de seus calçados, esperando pela ocorrência então plausível de um tropeço descomunal. Sucede que, fosse possível chegar até a altura das botas do Colosso, impossível seria desatar esses nós: firmeza e

---

[11] ESOPO. *O fanfarrão*. (Belles Lettres, 1967, pp. 25-6; fábula 51).

poder de atrito resistem ao emprego engenhoso dos lubrificantes disponíveis como a graxa, ou, na falta desta, o lodo. A partir das dificuldades táticas que essas "técnicas de sobrevivência" crescentemente enfrentam, mais se atina com a desenvoltura estratégica do Colosso.

5) Elasticidade de máxima abrangência. Menos provável ainda que se consiga descalçar essas botas que repentinamente assumem propriedades fabulosas, coligidas no espírito de um tempo já revolto. Tais calçados aparecem, de acordo com um correspondente de guerra, equipados com palmilhas mágicas. Estas, com aptidões múltiplas, se alargam e se comprimem, se curvam e voltam à sua forma primitiva, elastecidas sem escrúpulos quaisquer, além de nimbadas de arbítrio, pelos bons e pelos maus caminhos. Como quem usufrui de um monopólio cultural sobre as mais remotas mitologias, a agilidade camaleônica do Colosso se estende em ampla envergadura. Sob esse plano de elástica mobilidade já não surpreenderá que, à luz da mitografia, se acabe tocando o extremo de uma complementar imobilidade:

> O elo do kolossós e de psyché não vem só do fato de que estão, enquanto extremos, mais próximos um do outro, sob certos aspectos, do que a posição média representada pelo homem vivo. Os traços antitéticos aparecem, nesse caso, como a expressão do liame de complementaridade que o rito de kolossós tem a função de estabelecer com a psyché.[12]

6) Impressão de ritmo próprio: aceleração e regressividade. Não bastasse a multiplicada inocuidade, que é constatada nessas manifestações de antagonismo isolado, tampouco ficará sem resposta a atitude que lhes é subjacente: recorrente, sintomática, a obstinação meramente formal se mostra, por fim, como velame psíquico de uma regressão que chega ao limiar da infantilidade. – Pôr cola nos calçados do Colosso? Ainda que lograssem êxito nessa proeza, mais que depressa o Colosso calçaria as botas de sete léguas. Afora esse aparato, que exprime a capacidade exclusiva de aceleração vertiginosa, contentemo-nos por ora em assinalar que, ao imprimir essa nova cadência, o gigante haveria de se divertir com seu papel de desmancha prazeres. Nessa fábula invertida, dirigida a adultos, o Colosso se tornaria legível enquanto glosa em ato da literatura

---

[12] VERNANT, J.-P. Op. cit., p. 315. A complementaridade de imobilidade e mobilidade, tal como nos recorda a mitografia, se exprime pela fixidez originária do *kolossós*, estela funerária, e pelo caráter alado de *psyché* (Cf. nota 34).

infantil alemã: no caso, a contrapelo das diligências dos irmãos Grimm, como se ele acabasse assinando uma de suas contraversões hiper-realistas. Um "final infeliz", então, para O pequeno polegar? – Não é preciso precipitar-se na "resposta", se é verdade que, de saída, a luta se mostra muito maior do que a visibilidade imediatista desses campos de combate deslocado. Por enquanto, a precipitação se põe ao lado da fanfarronice que, tão logo contrariada, se deixa infantilizar. Mais alguns passos e já se pode até simular a infância, desandando em compulsões, mimetismos de primeiro e segundo graus. Entretanto, em pleno campo de batalha, diante do impasse sugerido pela "infância" que mais de uma vez se repete como "infantilismo", fica no ar a pergunta: o que fará quando crescer, essa microfigura regressiva? O que lhe caberá em sorte quando o que estiver em jogo já não for apenas o "progresso do sistema de dominação", mas o destino mesmo da "civilização"?

*

O tema epistolar da tarefa presente da filosofia toma, de maneira bem geral, é verdade, a forma de um acompanhamento teórico do curso contemporâneo do mundo. Não se deveria concluir daí que, para Hegel, a tarefa teórica só tivesse lugar nesse tipo de relações, ou que o filósofo estivesse fadado a não poder pensar uma autodeterminação prática, capaz de superar tais tensões, oscilações e impasses.[13] Afinal, está em conformidade com o espírito hegeliano colocar-se o máximo possível nos ângulos sugeridos por seus próprios antípodas. Até por isso, não seria o caso de subestimar o alcance dos desdobramentos aporéticos da contemporaneidade: é o que se pode entrever, pensamos, nessa espécie de reticência meditativa que, *ad usum hominis*, atravessa toda a teratologia e que, à guisa de paródia, comparece na digressão chistosa que lhe dá arremate.[14]

---

[13] Consultemos, nesse passo, mais este aporte da mitografia: "Pelo seu caráter de duplo e pela sua função de mediador entre dois mundos opostos, o *kolossós* apresenta, enquanto signo, dois aspectos de tensão e como que de oscilação. Nele, ora é o aspecto visível que vem em primeiro plano, ora o aspecto invisível" (VERNANT, J.-P. Op. cit., p. 316).

[14] É notável que a plasticidade ambivalente que Hegel imprime nessa temática epistolar se coaduna com o "valor operatório" do *kolossós*. Este último, segundo Vernant, "serve para atrair e fixar um duplo que se encontra em condições anormais; permite estabelecer, entre o mundo dos mortos e o mundo dos vivos, relações corretas. O *kolossós* possui essa virtude

Ao tomar noção dessa dinâmica sob a figura arcaica do Colossso, vimos cada artifício da reação contracenar, minúsculo, com a maleabilidade gigantesca do avanço, de sorte que toda ousadia daquela prestaria homenagem – pouco importando se voluntária ou não – a este último. Em seu avanço o Colosso menospreza essas tentativas várias, das que pretendam ignorá-lo assim como das que presumem atacá-lo, no que do gigante se mostra visível como no que dele se faz invisível.

As manobras do Colosso, no fundo, zombam das ciladas da moralidade. Quando a lição de teratologia se aproxima de seu desfecho, perante subdivisões de batalhão ou diante de idealismos atomizados, o gigante só não permanece de todo indiferente porque, tão logo desemboscado, deixa entrever algo de sua galhofaria: diverte-se às custas da autocomplacência elevada, folga com a sobrecarga de zelos e atarefamentos, entretém-se com toda sorte de empreitadas que, para detê-lo ou destroçá-lo, acumulam mais uma e derradeira desvantagem: a de se levarem a sério.

***

A glosa desse documento – talvez "representativa" mas certamente inadequada ao registro da "apresentação" – não poderia limitar-se a dizer que certa feita Hegel escreveu uma carta a seu amigo Niethammer. Que essa carta é, de modo significativo, contemporânea da derrota sofrida por Napoleão em Waterloo, à *Charte Constitutionnelle* que devolve o poder à monarquia francesa,[15] à deflagração européia da Santa Aliança.[16] Que o mais certo – interior e exterior-

de fixação porque ele próprio é ritualmente fixado na terra. Ele não é, pois, um simples signo figurativo. A sua função é, a um só tempo, traduzir em forma visível a força do morto e efetuar a sua inserção, conforme à ordem, no universo dos vivos" (VERNANT, J.-P. Op. cit., p. 315).

15 A que mais tarde seria saudada pelo velho Friedrich von Schlegel. Em suas aulas de "filosofia da história", para além da validade jurídica dessa *Carta*, a "paz religiosa" teria, "doravante, ingressado na vida", teria se tornado, "mais que qualquer outra coisa, uma realidade" (Philosophie der Geschichte. In: ANSTETT, J.J. (Org.). *Kritische Ausgabe*. Paderborn/Munique/Viena: Ferdinand Schöningh 1971, v. IX, p. 372).

16 É costume designar com o nome de "Santa Aliança" a tentativa de organização de um concerto contra-revolucionário entre os governantes europeus, durante o período que vai de 1815 a 1823. De fato, ela resulta de três procedimentos distintos: 1) O Tratado da

mente, ou seja, na "realidade efetiva"[17] – consiste em nunca perder de vista o Colosso que não cessa de avançar.

Sem dúvida, estes nomes e datas seriam referências úteis, evitariam designações ambíguas, talvez permitissem decidir, de uma vez por todas, a posição do filósofo em relação aos atores, coadjuvantes ou não. Mas a relação dessa linguagem epistolar com o quadro que ela expõe é, decerto, uma malha muito mais complexa do que a função meramente referencial da linguagem. Graças à freqüentação desta carta – que a seu modo tem muito de sombrio, está repleta do ruído de batalhas passadas, e ressonâncias do que ainda estava por vir –, já é possível passar do quadro estrito da temática epistolar para um dispositivo cênico que, bem distinto daquele teatro de operações, toma forma graças ao engenho e arte de um narrador singular. Ocupante de um posto de observação privilegiado, que não é o da "idéia" na acepção hegeliana do termo, ele vem acompanhado do *status* que lhe cabe aqui: o de um sismógrafo idôneo o bastante para detectar os abalos que marcam o fim de um período histórico e conceitual.

*

Santa Aliança (que dá seu nome ao período), assinado em 26 de setembro de 1815, pelo czar Alexandre, pelo rei da Prússia, Frederico-Guilherme III, e pelo imperador da Áustria, Francisco I. Se seu catálogo de boas intenções foi qualificado por Metternich como "vazio e sonoro monumento" e por Castlereagh como "absurdo", a transposição menos abstrata do documento deveria consistir em atitudes cheias de conseqüências. 2) Em 20 de novembro de 1815, pelo Pacto de Chaumont, os vencedores de Napoleão decidem se reunir periodicamente para previnir perigos como uma retomada do processo revolucionário na França ou um novo movimento expansionista desse país. Tal pacto, justificado pelo receio de uma queda dos Bourbons, deu lugar a uma série de congressos, de 1812 a 1822, ao longo dos quais foi se cumprindo a promessa de assistência mútua contida no Tratado da Santa Aliança e criando algo como um concerto contra-revolucionário. 3) Por fim, ao longo desses congressos (sobretudo o de Karlsbad, em 1819, e o de Viena, em 1820), consolida-se o chamado "sistema Metternich", para o qual "o primeiro princípio da aliança das grandes potências é a manutenção de todas as instituições legalmente existentes". Admitia-se, assim, a intervenção militar de uma dessas potências, mandatária de todas as outras, contra todo movimento considerado nocivo a seus interesses (Cf. BÉRENGER, J. *Histoire de l'empire des Habsbourg*. Paris: Fayard, 1990; sobretudo pp. 537-52; MILZA, P.; BERSTEIN, S. *Histoire du XIX siècle*. Paris: Hatier, 1994, pp. 19-21).

[17] "A realidade efetiva [*Wirklichkeit*] é a unidade que veio-a-ser imediatamente, da essência e da existência, ou do interior e do exterior" (*ECF*, § 142; trad. br., p. 266).

Novalis chegou a sugerir que o romance de Friedrich von Schlegel, *Lucinda*, estampasse o seguinte título: "Cínicas fantasias ou Satânicos" (*Zynische Phantasien oder Satanisken*). Digamos que a sagacidade espontânea do primeiro veio complementada pela argúcia do segundo, quando o próprio narrador fez com que o título sugerido comparecesse, de maneira alusiva, no sexto capítulo da obra. Vamos abrir brevemente o livro nessas páginas em que o epílogo de "Idílio sobre a ociosidade" tem início com um questionamento acerca da intensidade e valor do gozo que, no ócio, ora caberia aos homens, ora às mulheres.

Enfim, onde há mais gozo e maior duração, mais força e espírito no gozo? Nas mulheres, cuja condição denominamos passividade, ou nos homens, para os quais a passagem do furor impetuoso ao tédio é mais rápido que a passagem do bem ao mal?[18]

Em seguida, o texto alinhava um rápido interlúdio atinente ao caráter – científico, religioso, moral e belo – que se pode encontrar no ócio:

> De fato, seria preciso não negligenciar o estudo da ociosidade de maneira tão censurável, mas dele fazer [*bilden*] uma arte e uma ciência. E mesmo uma religião. Numa palavra, quanto mais divino é um homem – a obra de um homem – mais ele se parece com uma planta; e de todas as formas da natureza, essa é a mais ética [*sittlichste*] e a mais bela. Assim, a vida superior nada seria senão pura vida vegetativa.

> Para chegar ao desenlace – autodenominado como "comédia alegórica" [*allegorische Komödie*] que se dissipa –, o narrador se situa num ponto de vista elevado que, fortalecido pela própria natureza, o leva a acreditar-se, como num passe de mágica, invisível.

> A mim mesmo prometi comprazer-me no gozo de minha existência, acima de todas as metas e de todos os propósitos sempre limitados, portanto desprezíveis. A própria natureza parecia me fortalecer nessa empresa e me exortar, por meio de corais de muitas vozes, para que desse prosseguimento a essa ociosidade, quando, bruscamente, algo aconteceu. Acreditei estar, invisível, num teatro.

A sala em que vai se desenrolar o espetáculo schlegueliano acentua, de início, uma nítida separação entre palco e platéia: assim, no primeiro, é possí-

---

[18] Schlegel, F. Idylle über den Mübiggang. In: Eichner, H. (Org.). *Lucinda*. Paderborn/Munique/Viena: Ferdinand Schöningh 1962 (*Kritische Ausgabe*); pp. 27-9.

vel enxergar os cenários, a ribalta, as tradicionais telas pintadas; na segunda, "uma inumerável multidão de espectadores, um oceano de cabeças ávidas de instrução e com os olhos cativos".

Este público favorável a uma virtual educação estética, será preciso supô-lo, até o momento final, nessa posição e movimento espraiados. Quanto ao tablado, ele vai exibir três cenários simultâneos: Hércules no centro, Prometeu à direita, divindades secundárias se deslocando no proscênio. O narrador nada nos dirá acerca do passado daqueles dois titãs.[19] Se Hércules não deixa de personificar a força em sua manifestação escomunal, no entanto, será visto à frente de todos os demais personagens, num primeiro plano peculiar, ali onde, concedida pelos deuses antigos ao herói, a imortalidade é acompanhada pelo viço da juventude: "figura muda, Hércules divinizado, tal como é representado com Hebe no colo".

O mesmo silêncio paira sobre o passado de Prometeu.[20] Ainda assim, o narrador parece remeter a certo mito primitivo segundo o qual teria sido Pro-

---

[19] Por exemplo, deixará na sombra que Hércules, filho de Zeus e Alcmene, já no berço matou as duas serpentes enviadas por Hera, há muito executou os seus doze trabalhos, participou da expedição dos argonautas, matou o centauro de Nessos ou, para o alívio de Atlas, segurou os céus com seus ombros. Não mais o Hércules que desceu por duas vezes ao inferno: da primeira vez, para libertar Teseu e trazer consigo, ao mesmo tempo, Cérbero; da segunda vez, para libertar a mulher de Adimanto, Alceste, a que por sua vez morrera para salvar o marido. De fato, nada a dizer sobre a identificação habitual estabelecida entre Hércules e o Império Romano, tampouco sobre a extravagância do tirano Marcus Aurelius Commodus que por esse titã se fizera passar. Reencontram-se assim as diferentes cenas onde Hércules desempenhara papéis distintos, menos por alguma pretensão de exaustividade, mais para definir os pontos de uma lacuna, suas margens de jogo, os halos que encerram o ciclo de seu passado. As notas seguintes tomam o mesmo encaminhamento. Levadas a seu paroxismo, o contra-senso revelaria, no entanto, outra face da abstração: assim como, na "comédia alegórica", Prometeu não se transformaria em Jesus Cristo, assim também, pela "invenção oca de possibilidades", é improvável que um sultão se tornasse papa (ver *ECF*, § 143, Adendo; trad. br., p. 269).

[20] O filho de Jápeto não aparecerá como o titã que, raptor do fogo sagrado oferecido aos homens, fora acorrentado no penhasco do Cáucaso onde, contínua e alternadamente, durante o dia uma águia lhe devorava o fígado que durante a noite tornava a crescer – até que o próprio Hércules viesse, trinta séculos depois, matar o pássaro de rapina e libertá-lo de seus grilhões. Não veremos Prometeu fazendo juz à etimologia de seu nome, "pré-vidente", bem-feitor da humanidade, provendo-a de maestria sobre os bichos e os metais,

meteu o próprio criador dos homens, moldados com uma parcela de argila e outra do fogo divino; de resto, com acréscimos que não deixam de evocar a figura do titã acorrentado, o assédio da águia e os castigos incessantes. Assim:

> À direita do primeiro plano, à guisa de cenário, um Prometeu que fabricava homens. Preso a uma longa cadeia, trabalhava com a maior pressa, o maior esforço. Junto a ele, alguns monstruosos comparsas que o assediavam e o fustigavam sem cessar. Havia cola e outros materiais de profusão. Prometeu tirava o fogo de um grande fole.

Contrastando com a imobilidade de Hércules, que cabe imaginar hierática, e a monotonia das atividades de Prometeu, que é da ordem da repetição ao infinito, a antecena vai se constituir como espaço pautado por muita vivacidade. Nela se representam propriamente as heráclias schleguelianas e as subseqüentes desqualificações de Prometeu. No proscênio, com efeito, "corria e tagarelava uma multidão de personagens juvenis, muito alegres e só existindo em aparência!".

Somos informados de que cada um desses atores estaria dotado de maneiras próprias e de um rosto curiosamente original, o que aparece, claramente, como contra-imagem daquela outra multidão, a dos espectadores, os espontâneos veneradores de Prometeu, diluídos num oceano de sósias, "cabeças ávidas de instrução e com olhos cativos". E por mais singulares que fossem os coadjuvantes, nessa antecena, "todos faziam pensar no Diabo dos pintores e poetas cristãos: seria possível chamá-los de Satânicos".

O texto passa então, sucessivamente, a palavra a três Satânicos, sendo que os dois primeiros, mais jovens e menores, assemelham-se àqueles gênios infantis e alados que costumam rodear Afrodite e Eros. Assim, o primeiro Cupido diz:

> – Quem não despreza não pode prezar; ambos são possíveis somente ao infinito e o bom tom consiste em jogar com os humanos. Uma certa mal-

---

ensinando-lhe matemática e escrita, astronomia e navegação, culinária e farmácia, contabalançando o destacamento dos males disseminados por Pandora, essa criação que Zeus deixou desprovida de alma, em núpcias com o irmão de Prometeu, Epimeteu, o de legendária amnésia. Nem mesmo, na imagem aliás difundida por românticos, protestando contra a justiça divina, enquanto titã cujos ímpetos de rebeldia provoca o trovejar de uma divindade vingativa. Tampouco importava salientar que foi o centauro Quíron, filho de Cronos e acidentalmente ferido por Hércules, que a Prometeu cederia a sua imortalidade.

> dade estética [*eine gewisse ästhetische Bosheit*] não é parte essencial da harmoniosa criação?

A despeito de se mostrar como condição necessária de uma criação harmoniosa, esse novo elogio da misantropia estética poderia suscitar a indignação dos moralistas, os que se ativessem ao componente de egoísmo ali subjacente. Logo, o segundo Cupido rebaterá a possível crítica moralizante: insiste, por antecipação, no equívoco que reside em acreditar na existência de um "eu", com o efeito residual de dissolver a auto-inculpabilidade de um possível candidato a abstrair-se da multidão de espectadores. Diz ele, dirigindo-se ao público:

> – Nada mais insensato que as reprovações que lhes dirigem os moralistas. Eles estão absolutamente errados. Que deus seria mais venerável aos olhos do homem, se ele não fosse o seu próprio deus? Vocês se enganam ao acreditarem haver um eu.

Logo em seguida, contudo, o Cupido não deixará de reservar um lugar, bastante terreno ou prosaico, para um ocasional reaparecimento do eu:

> – Mas se por tal tomarem seu corpo, seu nome ou seus negócios, ao menos o que preparam para vocês é um alojamento, no caso em que, apesar de tudo, o eu ali chegasse!

Aproxima-se então o momento em que o texto dá voz ao Satânico maior. É dito que seu retrato se assemelha ao de um caprípede habitante das florestas antigas. E o fato de fazer "pensar no Diabo dos poetas e pintores cristãos" nem por isso deixa de evocar o coro trágico com seus atores vestidos à moda dos companheiros de Baco, expressões de entusiasmo ou delírio, bastante atenuadas pela oposição, nessa alegoria, à exaltação dos compadres que não cessam de assediar e fustigar Prometeu. Fazendo frente à simpatia espontaneamente prometeana da platéia, o fauno começará dizendo: "– E esse Prometeu, bem podem honrá-lo; ele os fez a todos e, cada vez mais, faz outros de sua espécie!".

Somente agora fica, portanto, explicitada a proveniência da multidão de espectadores, pois, assim que um homem estava pronto, os compadres de Prometeu se encarregavam de lançá-lo na platéia, onde todos se mostram, ao mesmo tempo, indiscerníveis em seu parentesco, desprovidos de toda e qualquer singularidade. Ocasião para uma diatribe contra Prometeu e o seu modo de produzir homens. Prossegue o Satânico maior: "– Falta-lhe método! Como pode ele, sozinho, formar homens? Não tem nenhum utensílio que convenha".

E, realçando o contraste que prepara a apologia da virilidade de Hércules,[21] o fauno aponta em direção ao pano de fundo da cena, onde, a uma grosseira imagem de Príapo, o deus dos jardins, se interpõem um Cupido e uma Vênus, "belíssima e inteiramente nua":

> – Nesse ponto, nosso amigo Hércules via mais claramente, ele que pôde, para a salvação da humanidade, consagrar-se, numa noite, a cinqüenta moças, e, além disso, heróicas! Também executou e estrangulou muitos monstros furiosos, mas a meta de sua carreira era uma nobre ociosidade, e por isso é que foi para o Olimpo.

Após a redenção superior (já ocorrida) por obra e meta de Hércules, o Satânico maior vai por fim reiterar a condenação definitiva da via prometéica, de modo que um ócio, vulgar e prosaico, acabará se opondo à nobre e olimpiana ociosidade:

> – Não é o que ocorre com esse Prometeu, inventor da educação e do Iluminismo. É a ele que vocês puxaram a sua agitação. Quando não têm nada mais a fazer, vocês fazem estúpidos esforços para ter caráter – ou então, querem se observar e se aprofundar uns nos outros! Uma tal empresa é abjeta. Mas Prometeu, porque induziu os homens ao trabalho, deve também trabalhar por sua vez, queira ou não. Ainda conhecerá muitos aborrecimentos e nunca será libertado de seus grilhões.

Havendo chegado a este ponto, é hora de perguntarmos: a quem é que se dirige o "idílio da ociosidade", no momento em que está prestes a se dissipar tal comédia alegórica? Decerto, não ao público em geral, já que

> [...]quando ouviram isso [a nova condenação de Prometeu ao trabalho, a muitos aborrecimentos e à perpetuação da heteronomia], desfizeram-se em lágrimas e saltaram no palco para assegurar o pai de sua mais viva simpatia.

Ouvintes apassivados, lançados de lá para cá no proposto arrolamento de contrários, eles se mostram, afinal, derruídos num sentimentalismo de grande massa, a si mesma adversa. Houvesse alguma "catarse" nessa alegoria da maldade estética, longe de expiar fobia e compaixão, ela só lograria produzir o apagamento das fronteiras entre palco e platéia, para melhor robustecer o *pathos* da

---

[21] Sobre a "ascese atlética" de Hércules enquanto repertório essencial do cinismo, cf. R. *Hoïsta, Cynic Hero and Cynic Ki.Studies in The Cynic Conception of Man*. Upsala, 1948.

dominação e fragilizar o momento da solidarização prometeana. O público aparece, em todo caso, como figurante a mais na encenação de uma *diablerie* que, a seu modo, faz as vezes de contra-educação estética.

Já o narrador, por seu turno, se mostra tão invisível quanto o destinatário que não se mistura com essa indistinção do "público em geral". Com suas prerrogativas de invisibilidade, seria possível supô-los, narrador e destinatário, à vontade no conforto mais íntimo, tanto podendo tomar assento num camarote como debruçar-se numa escrivaninha. Assim, a "força" e o "espírito" do gozo ali advogados estariam mesmo reservados para poucos. Os que se quisessem impermeáveis a reprimendas morais, para nada dizer do imperativo categórico. Os que, lançando mão de sincretismos greco-romanos e judaico-cristãos, se dessem já por confirmados na sentença pela qual seriam muitos os chamados, pouquíssimos os escolhidos. Os que recebessem a encomenda de pesquisas científicas favoráveis à ociosidade que só para eles seria possível ou desejável. Os que, entrecruzando tal "cientificidade" à estilização de sua superioridade, se reconhecessem na preeminência de uma vida puramente vegetativa. Os que se distendessem na alegria triunfante que encena o titã, ora pacificado nos céus do Olimpo. Ou mesmo, os ociosos recalcitrantes, que não vestissem o figurino com a intimidade de quem se acha em sua própria casa, ainda sob o efeito do constrangimento que manda fazer, aqui ou ali, grandes escolhas abstratas, mitológicas ou civilizacionais.

Comédia bem talhada na penumbra, esta em que se vê e se veste o ocioso passível de uma nova aristocratização. Todavia, modelo não recomendável para quaisquer membros de classes subdominantes – lhes ficaria demasiado largo o modelo e, eles próprios, incômodos na encenação de mais uma hierática imobilidade.

*

Pode-se dizer que o abstrato se acha nos dois pólos em que se oferece a representação do "idílio": é abstrato o que apenas se balbucia, como ociosidade não criativa, aquilo a que não se chega a dar forma, porque repetitivo e protosingular; e é abstrato o que se arrola apressadamente ao infinito, aquilo que se chega a elaborar, mas tão separadamente que o idílio que ali podia estar contido só transparece para logo desaparecer. No primeiro lado, o aspecto é abstrato por insensato; no segundo, por desfigurado. No primeiro, ao permanecer aquém de suas possibilidades de atuação; no segundo, ao denegar a realidade. Em ambos se delineia o caso em que é a própria irreconciliação que se "dissipa". Estaríamos prestes a ingressar em uma matriz civilizacional para o avesso da dialética, se Schlegel, já com essa comédia alegórica e antes de sua conversão ao catolicismo de trono e altar, pudesse brincar de gozo deslumbrante, fingir de bem humorado contra-revolucionário.

Ora, o movimento que parece haver determinado, no interior da obra de Hegel, o que se poderia discernir e compreender como um desejo de conceber a realidade efetiva do mundo moderno, não se pode enquadrar em nenhuma daquelas duas modalidades de ócio autocomplacente ou de desprezo olimpiano. Em seus textos, por onde se vê que ele se esmerou para levar em conta os desdobramentos da abstração para se instalar no que pode haver de mais concreto na história, assim como ao elaborar uma outra concepção de liberdade, é impossível repisar, sem mais, os rastros deixados pela reação do romantismo germânico em vias de acelerada politização.

Mas tampouco haveria nele a intenção de expulsar de seu assunto os prolongamentos dessa "noite polar" ou os meandros em que sua problemática parece prestes a se entrevar. Ele poderia mesmo, na crítica ao deslocamento da Moralidade, decifrar as condições de sua possibilidade histórica e conceitual. O tipo dessubstancializado do acompanhamento hegeliano da abstração está, com efeito, autodeterminado pela luta de percorrer um caminho singular para o saber – pelas exigências do trabalho conceitual que, estruturalmente, se mostra aparentado com a vida contemplativa.

É esta autodestinação e, principalmente, os resultados a que ela chegou, que salvam sua obra de tornar-se um "formalismo" a mais, uma "inefetividade" a mais, uma "contradição" a mais. Não é necessário que o filósofo, autocertificado de seu próprio lugar, inicie a volta a uma filosofia mais amplamente humana, porque pré-moderna, idilicamente desobrigada perante o curso daquilo que, por excesso de valorização da individualidade ou por escassez de apreciação objetiva, mantém a filosofia – e seus episódios modernos – estagnada e sem saída possível. Com a liberdade de composição que exerce em sua crítica, Hegel terá deixado em aberto trilhas que ele próprio não percorreu. E a filosofia, quando se lance numa história outra, mais arejada e menos fechadamente atomizada, quando enxergue a necessidade de novas categorias porque outro se tiver feito o seu próprio presente, saberá discernir as lições quase sempre mediatas do velho professor suábio, ou se preferirmos, a possível atualidade de um clássico.

A NOÇÃO DE AUTORIA NA MODERNIDADE

José Ternes

Gostaria de começar com estas palavras de Baudelaire, as que iniciam o terceiro texto da pequena coletânea *Sobre a modernidade*:

> Quero falar hoje de um homem singular, originalidade tão poderosa e tão decidida que se basta a si própria e não busca sequer a aprovação de outrem. Nenhum de seus desenhos é assinado, se chamarmos assinatura essas poucas letras, passíveis de falsificação, que representam um nome, e que tantos apõem faustosamente embaixo de seus croquis mais insignificantes. Porém, todas as suas obras são assinadas com sua alma resplandecente, e os amadores que as viram e apreciaram as reconhecerão sem dificuldade na descrição que delas pretendo fazer. Enamorado pela multidão e pelo incógnito, C. G. leva a originalidade às raias da modéstia. Thackeray, que, como se sabe, interessa-se bastante pelas coisas da arte e desenha ele próprio as *ilustrações* de seus romances, um dia discorreu sobre G. num folhetim de Londres. G. irritou-se com o fato, como se se tratasse de um ultraje a seu pudor. Ainda recentemente, quando soube que eu me propunha fazer uma apreciação de seu espírito e talento, suplicou-se, de uma maneira muito imperiosa, que seu nome fosse suprimido e que só falasse de obras como obras de um anônimo. Obedecerei humildemente a esse estranho desejo. Fingiremos acreditar, o leitor e eu, que G. não existe e trataremos de seus desenhos e aquarelas, pelos quais ele professa um desdém aristocrático, agindo como esses pesquisadores que tivessem de julgar preciosos documentos históricos, fornecidos pelo acaso, e cujo autor devesse permanecer eternamente desconhecido. (BAUDELAIRE, 2002, p. 14-5).

Gostaria também de lembrar "Le philosophe masqué", uma entrevista de Foucault dada ao *Le Monde* em 1980, sob os cuidados de Christian Delacampagne. Não se trata de apenas mais uma entrevista (Foucault, já famoso naquele começo de década, tinha espaço na imprensa do mundo inteiro). O insólito, aqui, foi, repetindo a personagem G. de Baudelaire, a exigência de anonimato. Um paradoxo, já que um jornal, e outros veículos da mídia contemporânea, vive (ou sobrevive), antes de tudo, de nomes.

No começo de *Les mots et les choses,* lemos que Dom Quixote "não é o homem da extravagância" (FOUCAULT, 1966, p. 60) e não poderia, por isso, ser reduzido a enfadonhas histórias infantis. "Com suas voltas e reviravoltas, as aventuras de Dom Quixote traçam o limite: nelas terminam os jogos antigos da semelhança e dos signos; nelas já se travam novas relações" (idem). "Dom Quixote, lemos mais adiante, é a primeira das obras modernas" (p. 62). Cervantes, um *divisor de águas*. O mesmo cuidado se deve ter com Baudelaire e, com Foucault, apesar de separados por quase um século. O anonimato me parece muito mais do que uma aventura *pós-moderna*, uma palavra, no meu entender sem nenhum sentido. O próprio Foucault jamais aceitara essa qualificação que Habermas lhe impingira em seu *Discurso filosófico da modernidade*. O imperativo de anonimato de nossos personagens define, na verdade, uma filosofia. Define uma certa compreensão de saber. Define exigências singulares da linguagem.

O *divisor de águas* aqui, na verdade, não pode ser atribuído exclusivamente a duas figuras. Estamos numa vertente muito mais ampla. Com efeito, estamos numa tradição bastante antiga, cujos primeiros sinais podem ser detectados em Baudelaire, mas que tomou corpo na filosofia francesa recente que erige o conceito, as idéias, as questões, o pensamento, na ocasião mesma de sua emergência, em objeto por excelência da filosofia. Essa vertente, ao fazer filosofia, precisa fazer *história*. A história, lemos em *Les mots et les choses*, é "o incontornável de nosso pensamento" (FOUCAULT, 1966, p. 231). Pois seu objeto é privilegiadamente a verdade, os discursos aceitos como verdadeiros. Estes é que são, desde o início do século XIX, históricos. São, desde Nietzsche, nossa *invenção*. Desde aquela época não é mais possível conhecer senão seres tomados pela temporalidade, com um começo e um termo, seres que nascem e morrem, seres finitos. Desde Kant, os primeiros biólogos, a medicina anátomo-patológica, as novas físicas, as ciências humanas, desde aquele começo de século marcado pela essencial dispersão epistemológica, a cultura ocidental tem consciência de não mais poder contar com verdades absolutas, com pontos de partida seguros, sonho de todo cartesiano.

Muitos se espantam, como Husserl, diante "dessa situação presente, tão funesta" (HUSSERL, 1969, p. 4), "[...] que nos promete filosofias, mas não filosofia" (HUSSERL, 1982, p. 7). E sonham, muitas vezes, com um retorno a bases epistemológicas novamente seguras e aconchegantes. Sonham, em plena modernidade, como Husserl, com novas *Meditationes de prima philosophia*. Aprenderam, com Nietzsche e, principalmente, com Hörderlin, com seu Hipérion, que os deuses *se evadiram*. Mas, mesmo assim, por ingenuidade ou por má-fé, procuram novamente pontos de apoio: a natureza, a experiência, a lei, o homem. Principalmente, o homem. Nossa época é, sem dúvida, a idade do homem. Não é por acaso que Heidegger, Bachelard, Foucault, Ponty manifestam todas as reservas em relação aos humanismos contemporâneos, à cultura *dialética* de nosso tempo. Nesta, com efeito, o pensamento aparece sempre como tributário de uma exterioridade: de Deus, do homem, da sociedade, do sujeito, do autor etc. A perspectiva com a qual trabalhamos aqui, recusa tais garantias, e tem a obrigação de recusá-las, uma vez que o pensamento é compreendido como força autônoma, algo bastante próximo da *vis nativa*, de Espinosa.

O leitor de Bachelard também conta com vasta documentação em que o filósofo faz da linguagem, poética ou científica, um acontecimento *sem suporte*.

Tomemos, inicialmente, o belo texto de 1931, *Noumène et Microphysique*. Trata-se de mostrar a profunda revolução espiritual provocada pela Física moderna. Há um século, diz Bachelard:

> [...] a ciência e a filosofia falavam a mesma linguagem [...]
>
> É ainda esta ciência para filósofos que ensinamos para nossos jovens. É a ciência experimental das instruções ministeriais: pesai, medi, contai; suspeitai do abstrato, da regra; fixai os jovens espíritos ao concreto, ao fato. (BACHELARD, 1970, p. 12)

Tal filosofia estabelece, necessariamente, uma relação de exterioridade entre aquele que conhece e o que há para conhecer. Há aí, sempre, sujeito e objeto previamente dados: o que pesa e o que é pesado, o que mede e o que é medido, o que conta e o que é contado. Um realismo de primeira mão. Ora, lemos logo adiante, "a Física contemporânea nos traz mensagens de um mundo desconhecido. Essas mensagens são redigidas em *hieróglifos*, segundo a expressão de Walter Ritz" (idem).

Penso que está aí, nessa diferença entre uma linguagem que fala de *nosso mundo* e uma linguagem *hieroglífica*, que se localiza a novidade assinalada por Bachelard. Agora, diz o filósofo, "não se trata mais, como se repetia sem cessar no século XIX, de traduzir na linguagem matemática fatos liberados pela experiência" (idem, 1970, p. 17). Trata-se, ao contrário, de transgredir a dualidade kantiana, que nos proibia o *noumeno* e nos tornava prisioneiros dos *fenômenos*. Aquele, agora, muda de estatuto. Não é mais o que apenas pode ser pensado. Ou melhor, muda radicalmente a função mesma do pensamento: "a Física matemática corresponde a uma noumenologia bem diferente da fenomenologia em que se encantoa o empirismo científico" (idem, 1970, p. 19). Kant pertencia a um tempo em que fazer ciência era ainda descrever fenômenos. O não-kantismo bachelardiano nasce, como se observa no capítulo III de *A filosofia do não*, da evidente "de-substancialização" do pensamento científico atual. O apriorismo postulado pelo filósofo alemão perde força. Cada vez mais o real se configura como projeto.

> Nada mais perigoso do que postular a simplicidade, a independência dos seres, ou mesmo sua unidade. É necessário antes de tudo inscrever aí a *Relação*. No começo está a Relação, é que as matemáticas reinam sobre o real. (Bachelard, 1970, p. 19)

Mas Bachelard parece não estar satisfeito com a simples desentificação do objeto. A *noumenologia* anunciada no texto de 1931 exige também uma "dessubjetivação" do sujeito. Este não é mais uma figura solitária, como o *Eu* do *Cogito* de Descartes. A ciência moderna é tarefa de uma Cidade. As coisas se passam, agora, no plural: *Cogitamus*. Mas o que é esse plural? Seria suficiente tirar o *Ego* e colocar, em seu lugar o *Nos*? Não estaríamos nos avizinhando perigosamente de uma "sociologização"? Bachelard parece ter pressentido isso. Por isso, prefere, em *Noumène et Microphysique*, a fórmula: *cogitatur, ergo est*. Nem sujeito, nem objeto. Quanto mais avançada uma ciência, mais abstrata e autônoma. Uma passagem de *O novo espírito científico* ilustra bem essa possibilidade:

> O que pode dar lugar a pensar que o espírito científico permanece no fundo da mesma espécie através das retificações mais profundas, é que não se aprecia em seu justo valor o papel das matemáticas no pensamento científico. Repetiu-se constantemente que as matemáticas eram uma linguagem, um simples meio de expressão. Tornou-se hábito considerá-las utensílios à disposição de uma razão consciente de si mesma, senhora de idéias puras dotadas de uma clareza ante-matemática. [...] Mas nas novas doutrinas, afastando-se das imagens ingênuas, o espírito científico tornou-se de alguma maneira mais homogêneo: de hoje em diante, ele está inteiramente presente em seu esforço matemático. Ou ainda, para melhor dizer, é o esforço matemático que forma o eixo da descoberta, é a expressão matemática que, sozinha, permite pensar o fenômeno. Há alguns anos, Langevin nos dizia: *O Cálculo Tensorial conhece mais a física do que o próprio Físico*. (Bachelard, 1978, p. 57-8)

Portanto, quer do lado do objeto, quer do lado do sujeito, observamos, segundo Bachelard, modificações sem precedentes. E é de se perguntar, mesmo, sobre a legitimidade do uso desses termos. Daí, sem dúvida, também, a proliferação, na obra do filósofo, de neologismos buscando, de alguma maneira, adequar-se às exigências do novo pensamento. Pois é precisamente isto que importa: o pensamento, antes que homem, antes que as coisas.

Essa exigência parece repetir-se na *fenomenologia da imaginação*. Se nos fosse dado o tempo para percorrer um livro como *La poétique de l'espace* do começo ao fim, encontraríamos um material incomparável da imaginação criadora. Mas, podemos assinalar o que nos parece decisivo, aquelas situações em que a linguagem aparece como um acontecimento *puro*, sem intenções prévias, sem finalidades. Momentos da *partida da imagem*, diz o filósofo: "pede-se ao leitor de poemas para não tomar uma imagem como objeto, menos ainda como substituta do objeto" (BACHELARD, 1974b, p. 343). Deve-se tomá-la como *realidade específica*. Nisto se configura a sua *primitividade*. Ao contrário do conceito, a imagem é sempre primeira.

Podemos, em Bachelard, encontrar nuanças diferentes da especificidade da linguagem poética. De um lado, aproximamo-nos da *fala* do corpo, do orgânico, do biológico. *Lautréamont* é o caso extremo. De outro, a *sublimação pura*. *La Poétique de l'Espace* privilegia este viés. Em ambos os casos, a linguagem, apenas ela, *fato da imaginação*. O absoluto da imagem: a brancura absoluta da neve, o segredo absoluto das gavetas, o cofre absoluto, a solidão absoluta dos cantos amados, a noite imensa, a floresta profunda. Tomemos a imagem rara da lebre, encontrada no texto *O fogo*, de D'Annunzio. Uma imagem banal para "a crítica dos espíritos apoéticos". Não porém para aquele que "não se preocupa com boas razões" (BACHELARD, 1974b, p. 491). A lebre, quem diria, ocasião para poesia. Mas não é uma lebre qualquer. Não a que está sempre em fuga, com medo dos cachorros vadios, ou da espingarda do caçador. O poeta elege um momento especial:

> Você nunca viu, de manhã, uma lebre sair nos caminhos abertos recentemente pelo arado, correr alguns instantes sobre a geada prateada, depois em silêncio, sentar-se sobre as patas traseiras, levantar as orelhas, olhar o horizonte? Parece que seu olhar acalma o Universo. A lebre imóvel que, numa trégua de sua inquietação perpétua, contempla a campina enevoada. Não poderíamos imaginar um indício mais certo de paz profunda nas redondezas. Naquele momento, é um animal sagrado que é preciso adorar. (D'ANNUNZIO. Apud BACHELARD, 1974b, p. 490-1)

Não há o que acrescentar às palavras do poeta. Bachelard, mesmo, economiza comentários. Tudo está nesta afirmação: "Tornamo-nos aqui conscientes da função de um olhar que não tem nada a fazer, de um olhar que não olha mais um objeto particular, mas que olha o mundo" (Bachelard, 1974b, p. 491). Veja-se que o espaço se desumaniza. Animaliza-se, talvez. Ou, quem sabe, assume sua autonomia absoluta num olhar que "não é mais um parafuso da máquina animal" (idem), mas contemplação pura, *sagrada*, conclui o filósofo.

Penso que Bachelard está muito próximo de Foucault e, acredito, de Baudelaire, no que concerne à compreensão da linguagem. E *Les fleurs du mal*, não por acaso, fora uma de suas leituras prediletas. Para todos eles, não importa *quem fala*. Importa a linguagem, ou, se quisermos, o pensamento. Foucault o expressa bem numa discussão com Philippe Sollers:

> [...] para você, na realidade, a obra, o livro, não será essa trajetória no volume da linguagem que o desdobra e faz aparecer no interior dessa linguagem um espaço próprio, um espaço simultaneamente vazio e pleno, que é o do pensamento? E como você disse essa coisa fundamental que toda obra tem um duplo, não será precisamente essa distância aberta na positividade da linguagem que você quis indicar? Na realidade, seu problema – como o da filosofia atualmente – é pensar *e* falar, e suas obras se situam exatamente na dimensão desta pequena partícula de ligação ou conjunção, desse *e*, que está entre pensar e falar; e talvez seja mais ou menos isso que você chama de *intermediário*. Todas as suas obras são esse intermediário, esse espaço simultaneamente vazio e pleno do pensamento que fala, da fala que pensa. (Foucault, 2000b, p.126)

Assim, o anonimato exigido ao *Le Monde*, parece elucidar-se. O autor Foucault (ou o autor Bachelard, ou o autor Baudelaire) somente viria em detrimento do pensamento Foucault, do pensamento Bachelard, do pensamento Baudelaire.

> Por que eu lhe sugeri que utilizássemos o anonimato? Pela nostalgia do tempo em que, sendo de fato desconhecido, o que eu dizia tinha algumas chances de ser ouvido. Com o leitor eventual, a superfície de contato era sem arestas. Os efeitos do livro surgiam em lugares inesperados e delineavam formas nas quais eu não havia pensado. O nome é uma facilidade. (Foucault, 2000a, p. 300)

Na mesma página, a sugestão do *ano sem nome*. Então, diz Foucault,

> os críticos teriam que se virar com uma produção inteiramente anônima. Mas devo estar sonhando, pois talvez eles nada tivessem a dizer: então todos os autores esperariam o ano seguinte para publicar seus livros. (FOUCAULT, 2000a, p. 300).

Os leitores de Bachelard, acredito, chegariam a conclusões bem próximas. O que seria dos críticos de literatura, dos psicanalistas, dos psicólogos, sem essa referência primeira chamada *autor*? E Baudelaire? O anonimato de seu personagem C.G. significa muito mais do que uma brincadeira eventual. Em algum momento, ele parece privilegiar algo como o autor: "Quando um verdadeiro artista chega à execução definitiva de sua obra, o modelo lhe será mais um *embaraço* do que um auxílio" (BAUDELAIRE, 2002, p. 31). Com efeito, uma obra realista não é arte. Mas, exorcizado o modelo, o mundo exterior, corre-se o risco de alimentar outro fantasma: o sujeito.

> [...] se, por acaso, algum impudente procurasse nessas composições de G., espalhadas em quase toda parte, a ocasião de satisfazer uma curiosidade malsã, previno-o caridosamente que nada encontrará que possa excitar uma imaginação doente. Encontrará apenas o vício inevitável, isto é, o olhar do demônio emboscado nas trevas, ou a espádua de Messalina resplandecendo sob a luz; nada, a não ser arte pura, isto é, a beleza particular do mal, o belo no horrível. (BAUDELAIRE. Op. cit., p. 67)

A incompatibilidade entre autor e discurso, entre nome e pensamento, parece ser uma das intuições comuns mais significativas de uma certa cultura na França moderna. Na verdade, a elisão, a morte do primeiro é condição de existência do segundo.

Esse modo de ver as coisas permite-nos compreender que Baudelaire não é, em primeira instância, um revoltado contra seu padrasto, ou um boêmio inconseqüente, ou um poeta satanista, ou um obsceno, pecado que o tribunal de Sena lhe imputara, proibindo a publicação de alguns de seus mais brilhantes e intensos poemas. Esse modo de ver as coisas também permite afirmar, com Paul Veyne, que "Foucault revoluciona a história", não apenas a dos historiadores, mas o ser mesmo do pensamento contemporâneo, e, também, nos permite compreender porque, com Bachelard, ensinar ciência é, antes, fazer história das ciências, ou, tratando-se de poesia, não haveria outra *saída* para o filósofo senão fazer *fenomenologia da imaginação*.

Herdamos, no entanto, uma cultura que privilegia a comunicação, a dialética. As resistências de Foucault à *cultura dialética* de nosso tempo não são gratuitas. Ainda causa espanto a afirmação bachelardiana de que não é a escola que é feita para a sociedade, mas é esta que é feita para a escola. Trata-se de uma afirmação muito séria, pois diz respeito ao ser mesmo da escola: não mais um espaço da inter-subjetividade, da comunicação, da dialética. Mas espaço do saber, do pensamento. Questões como *quem* (fez) ou *para que, para quem* (se fez) perdem, então, sua soberania. Importa *o que* (é dito, é escrito, é pensado, é imaginado). Não importa *quem fala*. Talvez se possa, agora, imaginar uma situação em que figuras tão óbvias, como o autor, o professor, o aluno, a sociedade, o mercado, entrem em declínio, retraiam-se um pouco, cedam espaço para o próprio pensamento, para *o que há para pensar*. Uma *idade do livro*, quem sabe? Que seja, mas com uma exigência: o anonimato. Uma idade *sem nome*, exagerando Foucault. *O nome é uma facilidade.*

Referências bibliográficas

BACHELARD, G. *Études*. Paris: Vrin, 1970.

_____. *A filosofia do não*. São Paulo: Abril, 1974.

_____. *A poética do espaço*. São Paulo: Abril, 1974.

_____. *Le nouvel esprit scientifique*. Paris: P.U.F., 1978.

BAUDELAIRE, C. *Les fleurs du mal*. Paris: Gallimard, 1996.

_____. *Sobre a modernidade*. Rio de Janeiro: Paz e Terra, 2002.

FOUCAULT, M. *Dits et Écrits*. Paris: Gallimard, 1994, 4 v.

_____. *Les mots et les choses*. Paris: Gallimard, 1966.

_____. *Ditos e escritos*. Rio de Janeiro: Forense Universitária, 2000a, v. II.

_____. *Ditos e escritos*. Rio de Janeiro: Forense Universitária, 2000b, v. III.

HUSSERL, E. *Méditations Cartésiennes*. Paris: Vrin, 1969.

_____. *Die Krisis der europäischen Wissenschaften und die tranzedentale Phänomenologie*. Hamburg: Felix Meiner Verlag, 1982.

Resumo: Há, na filosofia francesa contemporânea, a freqüente suspeita acerca do estatuto do autor. Parece ser uma das figuras remanescentes da velha metafísica, desacreditada desde meados do século XVIII. Elegemos três pensadores que se ocuparam com a questão: Baudelaire, Bachelard e Foucault. Mesmo reconhecendo tudo o que os separa, acreditamos poder assinalar um lugar comum de encontro, o da compreensão da linguagem, especialmente a literária. Ao contrário da tradição representacionista, em que a linguagem aparece sempre tributária de um exterior, trata-se de lhe devolver, agora, a densidade de um acontecimento *sem suporte*. O prestígio que a autoria ainda mantém em nossa modernidade enraíza-se alhures, no terreno obscuro do *humano, demasiado humano*.

Palavras-chave: modernidade, linguagem, sujeito, autor, literatura

Lógicas universitárias, *habitus* acadêmico*

José Eduardo Szwako

"Crise", "democracia" e, mais recentemente, "autonomia" são palavras e idéias repetidamente utilizadas no discurso de um universitário politicamente engajado, durante sua formação. De tempos em tempos, o corpo docente encampa com maior veemência a utilização de tais categorias. Isso se dá não apenas durante os períodos de eleição para os postos administrativo-acadêmicos, mas também nas fases em cuja estabilidade material e simbólica do universo acadêmico entra em jogo.[1] Girando em torno daquelas idéias-chave, o tom assumido pelo discurso intelectual parece andar em sintonia com as tomadas de posição dentro do campo político-ideológico. Nesse sentido, em plena abertura política transcorrida a partir da década de 80, é possível observar o posicionamento de uma intelectual tipicamente paranaense: "em nome da democracia, destruiu-se a hierarquia fundada na produção científica e no mérito docente",[2] uma vez que, "pela transição verificada no País[,] alguns entenderam que revogados os atos de exceção estava também revogada toda a ordenação jurídica".[3] Do outro lado do espectro, estão e estiveram aqueles que indignados e inconformados com a "barbarização" e com a banalização da universidade brasileira, lançam "notas intempestivas" declarando-a em ruínas.

Reforma ou revolução?[4] Esse já foi um dos modos pelos quais os próprios acadêmicos questionaram a "crise" ou a "questão universitária". A disparidade em torno das respostas dadas ao problema da crise repousa exatamente na for-

---

* Os dados empíricos aqui citados foram retirados da dissertação *Da faculdade à academia*: mecanismos de reprodução e estruturação burocrática do Setor de Ciências Humanas, Letras e Artes (1974-1986).

1 Os títulos falam por si. *A universidade na encruzilhada* (2003). Seminário Universidade: por que e como reformar? Brasília: UNESCO, Brasil, Ministério da Educação. *Universidade em Questão* (2003; 2004) Brasília: Editora da UnB. Ou, ainda, *A universidade em ritmo de barbárie.* (1986) São Paulo: Brasiliense.

2 Westphalen, C. *Universidade Federal do Paraná, 75 anos.* Curitiba: SBPH, 1987.

3 Relatório anual de 1980 do Setor de Ciências Humanas, Letras e Artes da UFPR.

4 Fernandes, F. *Reforma universitária. Reforma ou Revolução?*, 1975.

mulação e na definição mesma de que ou de quem é a crise. Assim, o caráter supostamente divergente entre as estratégias na formulação da questão – "reformista", "reformatório" ou "revolucionário" – faz esquecer os múltiplos determinantes no espaço acadêmico. Nesse cenário "de crise" e em crise, a Universidade é, ao mesmo tempo, objeto de intervenção posta no ápice da crise escolar brasileira,[5] bem como espaço de reflexão, convidada e autoconvocada a debater sobre a sua e sobre as outras crises. Isto posto, este trabalho visa tecer alguns comentários sobre o cenário da crise, tomando a universidade mesma como cenário. A partir da observação de alguns casos empíricos, este ensaio pretende observar a concorrência entre as múltiplas lógicas operantes no universo acadêmico, de modo a problematizar as formas pelas quais é possível pensar política e criticamente esse universo.[6]

Na história do ensino superior brasileiro, a maior crise pela qual passou a Academia teve como resposta a reforma universitária, implantada a partir de 1968, que deu forma e vida à estrutura universitária como a conhecemos hoje. De forma geral, a "Reforma de 68" pode ser compreendida como uma tentativa de resposta do Estado autoritário às demandas socioescolares que pressionavam o número de ingressos na universidade. Com uma fórmula um tanto paradoxal para o tom do período, unindo democratização do acesso e racionalização pedagógico-administrativa, aquela reforma tentava dar conta do excedente escolar. Baseada no modelo universitário norte-americano, as antigas cátedras foram extintas dando lugar aos "departamentos de ensino". A instauração das unidades departamentais seguia o princípio de não-duplicação dos recursos materiais e humanos, conformando disciplinas correlatas e saberes afins no mesmo am-

---

[5] MICELI, S. A universidade pública a perigo. *Folha de S.Paulo*, São Paulo, 18 jul. 2003.

[6] Em *Ciência como vocação*, Weber elabora uma analogia entre as esferas política e religiosa tomando como referência as eleições presidencial e papal; tal comparação, segundo o sociólogo alemão, permitiria o exame de uma série de "leis de uma seleção que se faz por ato de vontade coletiva" (p. 21). "Essas mesmas leis se aplicam às eleições nas assembléias universitárias. E devemos nos espantar não com os erros que, nessas condições, são freqüentemente cometidos, mas sim com o fato de que [...] constata-se, apesar de tudo, que há um número igualmente considerável de nomeações *justificadas*" (grifo no original) (WEBER, 1967:21-2). É nesse sentido que procuramos seguir nossa análise, de forma a reconstruir as lógicas operantes no repertório de justificativa acionado pelos atores em jogo, bem como através da situação jogada.

biente administrativo, junto do corpo docente respectivo. O conjunto de unidades departamentais ficou denominado, no caso da UFPR, como "Setor". Em outros casos, a designação dada à união administrativa dos departamentos foi "Centro", "Instituto" ou "Faculdade".

Após uma tentativa fracassada de reforma ocorrida em 1971, a UFPR ficou, em 1974, dividida em apenas oito Setores. Ao tempo de sua gênese oficial, o Setor de Ciências Humanas, Letras e Artes – SCHLA – contava com apenas seis departamentos de ensino. Ou seja, em seu Conselho Setorial, espécie de núcleo administrativo direta e hierarquicamente superior aos departamentos, reuniam-se mensalmente seis chefes de departamento, junto do Diretor setorial e do Vice-Diretor.

O período que vai de 1974 até meados da década de 80, marca em todas as instituições brasileiras o que ficou conhecido como "abertura política". Na Universidade não foi diferente. A história das formas de violência e, principalmente, da gestão da violência dentro da Universidade, quer dizer, dentro do funcionamento burocrático-acadêmico espelha, a seu modo, o processo custoso – não apenas àqueles cujos olhos viam o fim da universidade, mas também – àqueles que a queriam mais "aberta".

No caso específico do Setor de Ciências Humanas da UFPR, a "abertura" transcorreu de forma a opor politicamente dois grupos geracionais em disputa pela posse dos mecanismos e das posições burocráticas de reprodução do corpo docente. Neste sentido, as posições-chave da administração universitária aparecem como espaço privilegiado para a compreensão da dinâmica política interna à Universidade. É à posição do Conselho Setorial, pois, que nos reportamos, observando o acionamento dos dispositivos burocráticos *a partir desta posição*, de forma a indagar sobre as racionalidades e ideologias ali postas em jogo.

Exemplo típico do período da "abertura" pode ser visto na única ata que, em mais de duas décadas, foi por duas vezes redigida em livro oficial de atas do Conselho Setorial. Diz a ata:

> Iniciando, o senhor Presidente justificou sua ausência à reunião [...] Com a palavra a Conselheira Maria José Justino, considerou os problemas a serem tratados não serem de interesse dos coordenadores, não vendo porquê da sua convocação, que constituiria um desvirtuamento. O senhor Presidente afirmou ser regimental a convocação, bem como ressaltou o fato de que não havia nenhum assunto reservado ou secreto a ser tratado, e, mesmo tratar-

> se de reuniões que devem ser *democraticamente* abertas à comunidade setorial. Em discussão, o Conselheiro Luiz André Kossobudzki considerou ser pertinente a presença dos coordenadores, pois seriam tratados assuntos administrativos. O senhor Presidente informou que a convocação deveu-se também pelo fato de os coordenadores já terem sido convocados na primeira reunião, início da presente, tendo sido tratado assunto que merecia a atenção do professor Carlos Alberto Faraco, agora presente. (Grifo nosso)

Ao fim da primeira edição da ata consta "s/ efeito", sendo que nenhum dos Conselheiros a subscreve. A única mudança observada entre as duas edições da ata se situa no intervalo em que a presença dos coordenadores é debatida:

> O senhor Presidente afirmou ser regimental a convocação, bem como ressaltou o fato de que não havia nenhum assunto reservado ou secreto a ser tratado, e, mesmo tratar-se de reuniões que devem ser democraticamente abertas à comunidade setorial. [Vem a contraposição] A Conselheira Maria José lembra que uma reunião *efetivamente* democrática deveria estar aberta a todos os professores e sugere que esta prática seja assumida pelo Conselho Setorial. Em discussão, o Conselheiro Luiz André Kossobudzki, embora concordando com o pensamento da Conselheira Maria José, considerou ser pertinente a presença dos coordenadores, pois seriam tratados assuntos administrativos relevantes às coordenações. O senhor Presidente informou que a convocação deveu-se também pelo fato de os coordenadores já terem sido convocados na primeira reunião, início da presente, tendo sido tratado assunto que merecia a atenção do professor Carlos Alberto Faraco, agora presente. (Grifo nosso)

A oposição que ora se coloca não gira em torno da participação, ou não, dos coordenadores nos processos de decisão "administrativa"; supostamente, dividindo os favoráveis daqueles contrários a esta participação. Antes de tudo, o objeto aqui em disputa é a idéia mesma de "democracia". E talvez mais do que isso, a "verdadeira" idéia de democracia, um ideal "efetivamente democrático". Em tempos de redemocratização, a auto-imagem de ambos os grupos espelha mais ou menos ideais "democráticos". É possível, no entanto, compreender a positividade de uma ata por duas vezes redigida como expressão da tensão ali instaurada. Neste sentido, indício significativo das relações de tensão no espaço setorial é a não-ratificação, por parte dos Conselheiros, da primeira redação da ata. Ao produzir outra versão da mesma ata, este grupo torna "sem efeito" a primeira. Com efeito, eles lograram impor sua auto-imagem de "verdadeira" e "efetivamente democráticos". Aqui, tudo se passa como se houvesse, de um lado, os progressistas verdadeiramente democráticos e, de outro, os conservadores autoritários, falsamente democráticos.

Note-se que dentro do processo de abertura, dois fatores macroestruturais estiveram na base da *modernização* de todo o ensino superior brasileiro: tanto o incentivo de agências estatais em relação à formação docente quanto a estruturação dos programas de pós-graduação levaram à *profissionalização universitária* – até, pelo menos a década de 60, a atividade docente dentro da Academia estava concentrada, não de forma exclusiva mas preponderante, nas mãos de letrados e eruditos advindos das elites regionais. Um exemplo nítido dessa configuração universitária, anterior à "Reforma de 68", pode ser vista no próprio Departamento de Filosofia da UFPR, cuja composição docente caracterizava-se notadamente por seu perfil pedagógico-religioso.[7]

Voltando à questão das formas de utilização da burocracia acadêmica, é possível observar como a disposição centralizadora com relação às formas de gestão universitária foi duramente contestada. Outra situação em que a utilização dos dispositivos burocráticos espelha a oposição entre os grupos ideologicamente distintos trata da única vez em que os próprios Conselheiros acionam um dispositivo jurídico contra o Conselho Setorial, ou mais precisamente, contra o Diretor do Setor: "recurso de professores do Departamento de Comunicação e Ciências Sociais contra decisão do Diretor do Setor de Ciências Humanas, Letras e Artes em processo de transferência do professor João Correia de Freitas". Os Conselheiros decidem enviar uma carta ao Reitor protestando contra a decisão do Diretor:

> O Conselho Setorial tem a honra de vir à presença de Vossa Magnificência para expor-lhe suas graves inquietações a respeito dos seguintes fatos: 1º) em reunião de 27/09/85, este Conselho apreciou o processo nº [...], pelo qual professores do Departamento de Comunicação e Ciências Sociais recorriam da decisão do Diretor do Setor, que em 05/08/85 solicitou ao Departamento de Pessoal as providências necessárias à efetivação da transferência, para esta Universidade, do prof. Adjunto João Correia de Freitas, da Fundação da Universidade do Rio Grande. Ora, para a men-

[7] Tal perfil fica nítido nos relatos saudosos de alguns daqueles docentes: "Um dia encontramos Frei Raymundo [Vice-Diretor do SCHLA e docente do Departamento de Filosofia] no corredor. Algum aluno curioso perguntou-lhe: 'professor, o senhor tem argumento para provar a existência de Deus?'. Frei Raymundo não teve pressa para atender o aluno e nós todos que lá estávamos com certa curiosidade, quando Frei Raymundo assim resumiu o pensamento: 'a Filosofia aproxima de Deus, não apenas pela força do argumento, mas, pelo reconhecimento da limitação humana".

> cionada decisão, referente à carreira docente, não foi ouvido em momento algum, sequer para referendo, muito embora o Regimento Geral da Universidade, pelo seu art. 35 (incisos XVI e XVIII) institua claramente o Conselho Setorial como uma das instâncias decisórias para matéria. [...] E mais, percebeu ele mesmo não contar com prazo hábil para recorrer da decisão do Senhor Diretor do Conselho Universitário por só nesta data ter-se inteirado dos fatos. Justamente por não desconhecer que "a ninguém é dado ignorar a lei", este Conselho sente-se na obrigação de denunciar o impasse kafkiano a que se reduz a comunidade universitária, que não poderá jamais recorrer em prazo legal de decisões administrativas tanto quanto estas sejam tornadas públicas com extrema lentidão, como ocorreu neste caso. Na esperança de estarem colaborando com a nossa Universidade, subscrevem-se respeitosamente os Conselheiros presentes à sessão do dia 27/09/85.

Para compreender o recurso acima descrito, faz-se necessário desvelar as formas de classificação acionadas na carta tomando-as como significativas da auto-imagem deste grupo de interesse "democrático", agora, em ascensão na hierarquia setorial. Primeiramente, as "graves inquietações", decorrentes dos "impressionantes" fatos, dão uma dimensão sintomática das contrastantes racionalidades que pareciam coexistir, nesta gestão, no âmbito do Conselho Setorial. O tom denunciativo, como consta em ata, espelha a crise de sucessão entre duas gerações de docentes e suas indisposições político-acadêmicas. A atuação destes representantes departamentais se orienta com fins a resguardar a comunidade universitária, para que esta comunidade não se reduza, simbólica e politicamente, às formas de controle e violência típicas dos mecanismos burocráticos.

Com a resposta do Diretor, também por meio de carta ao Reitor, estava armado o palco dos intermináveis embates burocrático-acadêmicos:

> O que não posso entender é ainda ser responsabilizado pelo erro dos requerentes ao, em primeiro término, movimentarem um plenário departamental para interpor recurso sobre uma questão a qual, posteriormente, poderia ser reconsiderada como de fato o foi. Os prazos são definidos pelo Regimento Geral; o caminho foi opção dos requerentes: não foi portanto um impasse digno de Kafka, mas uma falha dos apelantes, ao deixarem esgotar o prazo de recurso adotando uma medida sujeita a duas confirmações para se tornar matéria vencida no âmbito do Departamento. [...] Cumpre-me informar ainda que as decisões Setoriais e as da Direção são tornadas públicas através de Edital. Exceção, naturalmente, com relação à maioria dos despachos. Aqueles que, porventura, esta Direção reconhecer se tratarem

de assuntos polêmicos tem sido dado a conhecimento de interessados pela Secretaria de apoio. Foi precisamente o caso; a cópia seguiu ao Departamento no mesmo dia da decisão.

Todo o argumento do Diretor de Setor combate, ponto a ponto, as demandas postuladas pelo Conselho na ata anterior. Em sua defesa, cada controvérsia levantada pelos Conselheiros corresponde a um dispositivo estatutário ou regimental. Utilizando o "Regimento Geral" como baliza orientadora, o Diretor justifica legalmente sua tomada de decisão em relação ao caso da transferência de professor. Decorre daí, que a disposição que está na base da tomada de decisão do Diretor pode ser caracterizada como tipicamente burocrática. Uma vez que ele se vale de parâmetros *estatuídos* em Regimento para orientar o processo de transferência de professor.

Temos nesta situação uma oposição entre o Diretor do Setor, de um lado, e os Conselheiros, de outro. Produto de um projeto político-ideológico, estes docentes se reconheciam na responsabilidade de romper com as tomadas de decisão centralizadoras que seriam típicas daqueles conservadores. Dentre o conjunto de mudanças por eles classificadas como *necessárias* estavam as práticas institucionais, especialmente, aquelas político-administrativas.

Vale notar, entretanto, como as múltiplas lógicas ali concorrentes passam a operar ou são negligenciadas devido a uma situação específica. Ideal e ideologicamente, os Conselheiros se incumbem de uma função moralizante em relação à gestão universitária. Acadêmica e pedagogicamente, o déficit de docentes nos departamentos de ensino (na equação docente-discente por sala de aula) é, historicamente, um motivo razoável para a entrada do tal professor. Administrativamente, porém, o Diretor setorial precisa *fazer funcionar* a Universidade a partir de sua posição burocrática; sendo que, por vezes, o funcionamento burocrático chega a se tornar sujeito mesmo de suas ações ("Os prazos são definidos pelo Regimento Geral"). Neste caso específico, o núcleo da tomada de posição foi, em última instância, de caráter político-ideológico. Assim, os "efetivamente democráticos" justificam moralmente sua decisão, não para defender interesses políticos ou particulares, mas "na esperança de estarem colaborando com a [...] Universidade".

Estas são três dimensões (político-ideológica, acadêmico-científico-pedagógica e burocrático-administrativa) que atravessam e estruturam, concorrencialmente, o universo acadêmico de forma que nenhuma delas pode ser *a priori* definida como exclusivamente sobredeterminante. Talvez, traço típico no *habitus* acadêmico seja a utilização e sobreposição *ad hoc* de uma instância sobre outra, variando-se de acordo com a situação encenada – sem que isso seja vivido como uma contradição, minimamente esquizofrênica. Isso porque, no caso em questão, dentre os Conselheiros que assinam a carta ao Reitor criticando a postura centralizadora (aos olhos destes, uma postura "de direita") do Diretor setorial, dois deles entraram no corpo docente exatamente nos mesmos moldes que o da presente situação. Esta situação remonta à irônica e irrefutável observação de Weber ao afirmar que: "nenhum professor universitário gosta de relembrar as discussões que se travaram quando da sua nomeação porque elas raramente são agradáveis".[8] De certa forma, é possível observar como o esquecimento em relação à entrada no mundo universitário constitui condição *sine qua non* para a entrada e para a vida social nesse mundo. Não obstante, parte significativa da luta pela "abertura" destes docentes mandatários da democracia estava justamente baseada numa concepção "racional", no sentido weberiano, da administração universitária. Isto é, às regras deliberadas, consensuadas e estatuídas correspondem práticas e funções impessoais, sem relação a pessoas substantivamente situadas – a afinidade entre burocracia e democracia já havia sido, aliás, apontada pelo próprio Weber. Não foi outra coisa feita pelo Diretor setorial, seus procedimentos se basearam, unicamente, nos Regimentos. Ele próprio afirma não compreender o porquê de tais denúncias posto que suas decisões "foram fundamentadas exclusivamente nos dispositivos estatutários e regimentais".

Mesmo em tempos de "abertura política", o jogo acadêmico não se reduz a um jogo ideológico – isto devido à concorrêcia que a disposição político-ideológica deve encarar junto das outras lógicas ali operantes. Vale dizer, o universo acadêmico não pode ser representado como unicamente bipolar, como que opondo aqueles de "esquerda" àqueles de "direita". O espaço onde se desenrolam as relações de dependência acadêmica é, sobretudo, como um *continuum* em cujos atores deslizam, de pólo a pólo, com uma teatralidade tão ambígua quanto distintiva. Este caráter ambíguo – necessário à convivência, à conveniência e, principalmente, à conivência departamental – está no núcleo do mal-estar das relações ali gestadas.

---

8 Weber, 1967: 22.

Exemplo significativo desse mal-estar departamental pode ser observado na posição ocupada pelo Chefe de Departamento de História que, mesmo criticando "o rompimento do compromisso publicamente assumido pelo MEC de discussão ampla dos assuntos referentes à reestruturação da Universidade",[9] "consigna um voto de congratulação"[10] a sua colega de departamento "eleita", de forma não-debatida, em instância superior para tratar de assunto relativo ao Setor. Uma vez lembrado o peso dos constrangimentos departamentais, esta situação não precisa ser sociologicamente compreendida como contraditória. Ela só aparece como tal se resumirmos a realidade acadêmica a uma bipolaridade exclusivamente político-ideológica. Essa esquizofrenia comportamental é rematada, ela é dotada de uma coerência única e unívoca tanto para o *homo academicus* quanto para a instituição, pela estrutura de concorrência entre as lógicas administrativa, acadêmica e ideológica, mesmo não havendo qualquer correspondência necessária ou lógica *entre* tais dimensões.

Junto deste, o caso empírico anterior ilustra a dupla função operada pelas posições institucionais de controle na Academia: representada e utilizada como "valor", a gestão universitária reconhece e consagra o trabalho minucioso, exegético e derivativo dos desinteressados (Bourdieu diria "o trabalho dos oblatos"[11]) que se dispõem corporal e temporalmente à e pela Instituição ou, mais precisamente, pelo *funcionamento* institucional. Já concebida como "poder", como interesse interessado, isto é, como instrumento de controle material e político (sobretudo num universo sublimado como o acadêmico, que, naquele caso, "sente-se na obrigação de denunciar o impasse kafkiano") ela gera uma verdadeira ojeriza entre os acadêmicos ("*Ora* [...] não foi ouvido em momento algum, *sequer* para referendo"). Este estilo propriamente político de gestão universitária produz uma curiosa espécie de atalho rumo ao campo político. Esta disposição bivalente em relação ao uso dos postos da gestão acadêmica não é apenas uma característica do espaço universitário, mas sobretudo uma *necessidade*, uma função necessária a e da estruturação desse universo.

---

9 Reunião do Conselho Setorial, SCHLA, 1983.

10 Reunião do Conselho Setorial, SCHLA, 1984.

11 "L'oblation de temps qu'implique la participation à des rites, des cérémonies, des réunions, des représentation, est aussi la condition la plus rigoureusement nécessaire de l'accumulation de cette forme particulière de capital symbolique qu'est une reputation d'honorabilité universitaire." BOURDIEU, 1984: 128.

Bourdieu, tanto em *Homo Academicus* como em "Usos sociais da ciência", estipula uma separação analítica entre duas formas de poder correspondentes a duas espécies de capital operantes no espaço universitário: "de um lado, um poder que se pode chamar de temporal (ou político), poder institucional ou institucionalizado que está ligado à posição de poder ocupada nas instituições científicas"; e de outro, "um poder específico, 'prestígio' pessoal que é mais ou menos independente do precedente",[12] por ele denominado capital científico "puro". O sociólogo francês chega a denominar a ocupação dos postos da administração universitária de "prêmios de consolação", como uma "forma inferior de poder".[13] Sem dúvida, tal distinção é profícua em termos analíticos e heurísticos. Parece-me, entretanto, necessário problematizar o uso teórico de tais categorias, uma vez que, empiricamente, a dinâmica universitária nas mais das vezes conjuga as dimensões burocrática *e* acadêmica. Alguns dos processos centrais na estruturação do espaço universitário como, por exemplo, *seleção* docente ou até mesmo *publicação,* estão politicamente implicadas numa dimensão administrativa.

Quer dizer, embora a existência do capital científico "puro" seja empiricamente inegável, é válido questionar como seria possível objetivar, isto é, que categorias seriam capazes de tornar sociologicamente inteligível uma tomada de decisão "puramente" acadêmica[14] (cuja versão eufemizada se diz "meramente cien-

---

[12] Bourdieu, P. *Os usos sociais da ciência.* Por uma sociologia clínica do campo científico. São Paulo: Unesp, 2004.

[13] Bourdieu, 1984:132.

[14] Apesar de Bourdieu reconhecer que este capital científico "puro" "esteja em conformidade com a imagem ideal que o campo quer ter e dar se si próprio" (2004:35-6), há uma idealização quase literária que permeia a descrição deste autor ao tratar dessa sorte de capital: "o capital científico 'puro', que, fragilmente objetivado, *tem qualquer coisa de* impreciso e permanece relativamente indeterminado, *tem sempre alguma coisa de* carismático (na percepção comum está ligado à pessoa, aos seus 'dons' pessoais, e não pode ser objeto de uma 'portaria de nomeação')" (grifos nossos) (2004:36). Note-se, entretanto, que o próprio Bourdieu, em sua "Interpretação da teoria da religião de Max Weber", fazendo uma leitura durkheimiana do "carisma", afirma: "O profeta [ou seja, o carismático] traz ao nível do discurso ou da conduta exemplar, representações, sentimentos e aspirações que já existiam antes dele embora de modo implícito [...] realiza através de seu discurso e de sua pessoa, como *falas exemplares,* o encontro de um significante e de um significado preexistentes [...]. Portanto, a não ser que se pense o profeta na sua relação com os leigos

tífica"). Nesse sentido, é necessário observar em que medida a própria gestão universitária, especialmente nos casos de seleção, extirpa – consegue ou tenta extirpar – o conteúdo *interessado*, porquanto burocrático, por ela produzido.

Também Max Weber, ao tratar das "nomeações universitárias", credita sua fé quanto à racionalidade acadêmica, diz ele, "nos numerosos casos que são de meu conhecimento, constatei, sem exceção, a existência de uma boa *vontade* preocupada em evitar que na decisão interviessem razões outras que não as puramente objetivas" (grifo no original).[15] Aqui, o encontro entre a ideologia burocrática (hiper)racional e uma cultura acadêmica sensível (demonstrada pela sua "boa vontade") pode ser visto como o deslocamento sublimador dos possíveis e eventuais interesses profanos advindos do uso político da máquina administrativa. A hipótese subjacente a nossa compreensão do mundo universitário consiste em pensar em que medida o capital científico "puro" não seria senão a versão purificada, isto é, a purificação do conteúdo e, portanto, dos critérios extra-acadêmicos de classificação e hierarquização. Embora essa concepção hipotética necessite do crivo crítico-empírico, já é possível adiantar que o enraizamento da socialização universitária dita, indiretamente, os limites da crítica dos nativos e aos nativos desse mundo.

(relação inseparável, evidentemente, de sua relação com o sacerdócio que ele contesta) não se poderá resolver o problema da *acumulação inicial do capital de poder simbólico* que Max Weber resolvia pela invocação (paradoxal, em Weber) da natureza" (grifo no original). BOURDIEU, 2001: 92-3.

[15] WEBER, 1967: 22.

VI. Biopolítica e estado de exceção

Força de trabalho e biopolítica

Rodnei Nascimento

Criado por Michel Foucault no final dos anos 70, o conceito de biopolítica designa uma mudança no exercício do controle político ocorrido entre o fim do século XVII e o início do XIX, momento em que a própria vida humana, a vida como simples processo biológico, começa a ser objeto da administração estatal. Hoje o termo entrou para o vocabulário político-filosófico corrente. Ele é convocado em fóruns dos mais variados matizes ideológicos para explicar os mais diversos fenômenos. Esse emprego indiscriminado leva, no entanto, ao risco de esvaziamento do significado teórico do conceito de biopolítica. Quem bem advertiu para o perigo foi o filósofo italiano Paolo Virno: "Nos últimos anos o conceito de biopolítica tornou-se uma moda: faz-se referência a ele com freqüência e de bom grado a propósito de tudo".[1] Assim, se não quisermos simplesmente abandonar o conceito de biopolítica ao ciclo das vagas intelectuais, se pretendemos preservar sua capacidade de leitura crítica da realidade social, cumpre-nos, refletir a respeito do seu conteúdo real e evitar o seu uso aleatório.

Para encaminhar essa tarefa seguiremos uma pista oferecida pelo próprio Virno. Antes de mais nada, sugere o autor, devemos nos perguntar "como e por que a vida surge no centro da cena pública; como e por que o Estado passa a regulamentá-la e a governá-la".[2]

Pode parecer surpreendente, mas Virno afirma que para responder a essa questão e melhor compreender o núcleo racional do termo biopolítica seria preciso tomar como ponto de partida o conceito marxista de força de trabalho. O espanto tem sua razão de ser, afinal ele propõe aproximar dois conceitos, biopolítica e força de trabalho, que parecem não guardar nenhuma relação entre si, além de igualmente aproximar dois autores que normalmente são apresentados como antípodas.

---

[1] Virno, P. *Grammaire de la multitude.* Paris: Éditions de l'Éclat & Conjonctures, 2002, p. 89.

[2] Idem, p. 89.

Contudo, essa estratégia começa parecer mais verossímil se recordamos a definição de força de trabalho oferecida por Marx em *O capital*:

> Entendemos por força de trabalho ou capacidade de trabalho o conjunto das faculdades físicas e espirituais que existem na corporalidade, na personalidade viva de um homem e que ele põe em movimento toda vez que produz valores de uso de qualquer espécie.[3]

É, portanto, no corpo, na personalidade viva do homem que, segundo Marx, reside a faculdade humana de produção de valor de uso. Por aí, já é possível vislumbrar os fios que ligam força de trabalho e biopolítica.

Mas para compreender com exatidão essa relação, é preciso atentar para um significado do conceito de força de trabalho poucas vezes enfatizado. O que Marx denomina força de trabalho não é nenhum ato específico de trabalho, isto é, não é o trabalho do tecelão, do marceneiro ou do sapateiro, mas uma capacidade de trabalho em geral. Como ele mesmo diz em outra passagem, quem fala em capacidade de trabalho não fala em trabalho, do mesmo modo que quem fala em capacidade digestiva não fala em digestão. Ou seja, a força de trabalho, em si mesma, não significa a realização efetiva do trabalho, mas apenas a possibilidade de realização do trabalho. A força de trabalho se reduz, portanto, a uma potencialidade não imediatamente real.

Na medida em que existe apenas como potencialidade, a força de trabalho coloca o problema da disposição sobre si. Como comprar, vender e sobretudo empregar no processo de produção algo que é uma virtualidade? Isso só se torna possível porque essa capacidade, embora não imediatamente real, existe "na corporalidade, na personalidade viva de um homem". O corpo vivo do operário contém algo que é pura potência, mas que uma vez posta em atividade se revela fonte de produção de valor e de mais-valor. Sua corporalidade é o substrato efetivo dessa força de trabalho que em si não tem existência material. Por isso, a disposição sobre a força de trabalho exige, ao mesmo tempo, a disposição sobre o corpo e sobre a vida do operário. Ou melhor, o controle sobre a corporalidade é, no fundo, uma forma de controle sobre a força de trabalho.

Aqui se revela, pois, o conteúdo real ou a base material da biopolítica. A necessidade de governar e regulamentar a corporalidade dos indivíduos surge

---

[3] Marx, K. *O capital.* São Paulo: Nova Cultural, 1985, p. 139.

na medida em que esta se mostra como substrato físico da fonte de todo valor econômico. Nas palavras de Paolo Virno:

> O corpo vivo torna-se objeto de governo não por seu valor intrínseco, mas porque ele é o substrato do que importa verdadeiramente: a força de trabalho como soma das mais diversas faculdades humanas. A vida se coloca no centro da política quando o que está em jogo é a força de trabalho imaterial. Por esta razão, e somente por esta razão, é permitido falar de biopolítica.[4]

Ou ainda:

> A origem não mitológica desse dispositivo de saberes e poderes, que Foucault chama biopolítica, se encontra sem nenhuma dúvida no modo de ser da força de trabalho. A importância prática assumida pela potência enquanto potência, assim como a impossibilidade de separá-la da existência corporal imediata do operário: este o fundamento efetivo da biopolítica.[5]

Mas o caráter de pura potência que encontra sua base física no corpo e personalidade vivas dos indivíduos seria suficiente para fazer da força de trabalho o fundamento social da biopolítica? Se, como disse Virno, "a origem da biopolítica se encontra no modo de ser da força de trabalho", o exame da configuração da força de trabalho no interior das relações sociais deve revelar as formas históricas concretas de dominação sobre a vida como tal. Se quisermos, portanto, mostrar o conteúdo efetivo da biopolítica e sua pertinência como forma de dominação não podemos nos contentar em estabelecer a força de trabalho como sua base material, mas é preciso ainda aprofundar a análise dos modos de manifestação da força de trabalho. Esse passo à frente na avaliação do conceito de biopolítica não encontramos em Paolo Virno, de modo que a tarefa é assumida aqui por nossa conta e risco.

Nesse ponto, a obra de Marx pode servir como uma valiosa fonte de inspiração, pois afinal nenhum outro autor se dedicou tanto quanto ele à compreensão das formas de apropriação e controle sobre a força de trabalho, embora sua investigação se detenha, evidentemente, às formas clássicas do capitalismo, mesmo que às vezes contenha antecipações geniais.

Marx analisou três modos de dominação sobre a força de trabalho, ou daquilo que ele mesmo designa como subsunção do trabalho ao capital: a

4 Idem, p. 92.

5 Idem, p. 93.

subsuncão formal, a subsunção material e uma terceira forma, não denominada, cujo exame está apenas esboçado nos *Grundrisse*. É esse terceiro modo de subsunção do trabalho que pode revelar os vínculos atuais entre apropriação da força de trabalho e controle sobre a vida. Talvez pudéssemos batizar essa terceira forma de subsunção biopolítica.

Vejamos a traços largos como se definem essas diferentes formas de subsunção do trabalho. É importante ter em mente que cada uma dessas formas de subsunção correspondem a diferentes modalidades de extração da mais-valia, pois, afinal, se o capital subsume o trabalho é para colocá-lo a serviço da criação de mais valor do que ele já contém, isto é, a serviço de sua autovalorização. As diferentes formas de subsunção correspondem também a diferentes períodos históricos do capitalismo, embora Marx faça a ressalva de que elas podem coexistir num determinado momento histórico. Do mesmo modo, é importante não esquecer igualmente que, para alcançar sua finalidade de autovalorização, o capital, ao subsumir o trabalho, persegue sobretudo a diminuição do tempo e a eliminação da resistência do trabalho ao processo de produção capitalista. E por fim, verificar-se-á no processo de subsunção do trabalho que em cada uma das suas formas irá estabelecer-se um tipo específico de relação entre processo de trabalho e processo de valorização: primeiramente uma relação de inadequação, seguida de uma relação de adequação e, por fim, uma relação de desproporção.

Comecemos pois com a primeira forma de subsunção, a subsunção formal do trabalho. Essa forma se caracteriza pela apropriação dos modos de trabalho já existentes historicamente, sem transformá-los em sua natureza original. Justamente por não modificar o conteúdo do trabalho do qual se apropria esta forma de subsunção é chamada subsunção formal. Aqui o trabalho já está inserido numa nova forma de relação social, a relação de capital, sem contudo sofrer nenhuma modificação no seu modo de organização e funcionamento. Historicamente, ela corresponde ao período do capitalismo manufatureiro. Verifica-se nesse momento uma redução drástica no tempo de execução das operações de trabalho com a introdução da divisão do trabalho dentro da fábrica. A mesma divisão do trabalho, ao fragmentar as diferentes tarefas de trabalho, reduz o operário a um órgão mecânico de uma operação parcial. Sua condição de órgão de um mecanismo produtivo deixa pouco espaço para qualquer interferência do operário sobre o processo de produção. Contudo, o limite da manufatura reside no fato de que o processo de produção, embora forme um mecanismo, ainda está baseado na habilidade manual. Por isso, o processo de produção manufatureiro não pode ainda satisfazer plenamente a necessidade de valorização do capital. A habilidade manual mostra-se inadequada para a valorização. O que se passa é o contrário: é o processo de valorização que deve adaptar-se ao processo de trabalho. Essa limitação será superada somente com a mecanização do processo de produção.

A passagem da manufatura para a mecanização marca justamente o surgimento da subsunção material do trabalho ao capital. Aqui ocorre uma transformação radical no modo de produção. O trabalho não se encontra apenas subordinado à relação de capital, isto é, a criação de mais-valia, como na subsunção formal, mas sua própria constituição é completamente revolucionada. A divisão do trabalho baseada na habilidade manual do trabalhador é substituída por um sistema de máquinas. Entramos no período conhecido como período da grande indústria. O processo de produção se torna agora um mecanismo de fato, não mais dependente de um princípio subjetivo como a capacidade individual do operário, mas articulado por um princípio objetivo, a própria máquina. Os ganhos em termos de tempo são evidentes: as operações de trabalho não precisam mais ser interrompidas a cada falha de um operário. Executadas pelas próprias máquinas as operações se tornam automáticas, seguindo um fluxo regular e constante. Quanto ao trabalhador, ele é transformado num apêndice da máquina, posto ao lado do processo de produção, perdendo evidentemente todo poder de comando sobre o processo de produção. O capital se torna pela primeira vez efetivamente sujeito da produção. Por isso, a grande indústria se mostra inteiramente adequada ao seu objetivo de autovalorização. Nela, o capital pode realizar livremente seu objetivo de valorização infinita.

A terceira forma de subsunção, que não recebe de Marx nenhuma denominação específica,[6] é muito mais um desenvolvimento do que uma ruptura com a grande indústria. As formas de subsunção anteriores não desaparecem, mas permanecem na base dessa nova forma. O processo de trabalho não deixa de estar submetido à relação de capital e continua passando por transformações no modo de realização de suas tarefas. O que chama mais a atenção na análise

[6] Ruy Fausto sugere o nome de "subsunção intelectual ou espiritual" para definir essa etapa do desenvolvimento capitalismo. Cf. Fausto, R. *Marx: lógica e política*. São Paulo: Editora 34, p. 136.

que Marx faz desse modo mais recente de configuração do processo de trabalho é o fato de o tempo de trabalho perder sua importância, cedendo espaço para o caráter qualitativo do trabalho. Tais desdobramentos parecem colocar em xeque a lei de valorização do capital, na medida em que sua valorização nada mais é que apropriação do tempo de trabalho alheio. Em outras palavras, Marx parece estar sugerindo o fim do próprio capital.

Em vista da importância dessa nova forma de subsunção do trabalho, e da polêmica que sempre causa sua interpretação, vale a pena retomar o texto de Marx:

> À medida que a grande indústria se desenvolve, a criação da riqueza efetiva torna-se menos dependente do tempo de trabalho e do *quantum* de trabalho utilizado do que da capacidade dos agentes que são postos em movimento durante o tempo de trabalho [...], os quais, eles próprios – sua poderosa efetividade, por sua vez, não tem mais nenhuma relação com o tempo de trabalho imediato que custa sua produção. A criação da riqueza efetiva depende antes da situação geral da ciência, do progresso da tecnologia ou da utilização da ciência e da técnica na produção. [...] A riqueza efetiva manifesta-se mais na enorme desproporção entre o tempo de trabalho empregado e seu produto, assim como desproporção qualitativa entre o trabalho, reduzido a pura abstração, e o vigor do processo do processo produtivo que ele vigia. [...] O roubo de tempo alheio sobre o qual repousa a riqueza atual aparece como base miserável diante dessa base que se desenvolve pela primeira vez criada pela própria grande indústria. Logo que o trabalho em forma imediata deixa de ser a grande fonte da riqueza, o tempo de trabalho deixa e deve deixar de ser a sua medida e, por isso, o valor de troca deve de ser a medida do valor de uso.[7]

Aquilo que Marx aponta como tendência em sua época, é a realidade predominante dos dias de hoje. Sem dúvida, a grande novidade que aparece nessa etapa diz respeito à perda de importância do tempo de trabalho para o processo de valorização do capital. Invertendo a posição que ocupou nas formas anteriores de produção, o trabalho passa a contar mais pela sua qualidade do que pelo seu tempo de execução. Se, antes, o aspecto qualitativo do trabalho era reduzido ao aspecto quantitativo pelo qual ele se igualava a todos os outros trabalhos, agora as qualidades exigidas do trabalhador não guardam relação

---

[7] Marx, K. *Grundrisse der Kritik der politischen Ökonomie* (Rohentwurf). Berlim: Dietz Verlag, pp. 592-3.

com o tempo que custa sua produção, e aparentemente não se deixam reduzir a trabalho abstrato simples.

Vejamos, contudo, a coisa mais de perto. O conjunto das qualidades agora postas em prática na produção é denominado por Marx de intelecto geral, isto é, o nível geral de conhecimento disponível socialmente. É desse conhecimento coletivo que o capital precisa agora se apropriar. E visto que a formação do intelecto geral ocorre fora do tempo de trabalho e inclui todos os aspectos da experiência do indivíduo, a valorização do capital passa a se jogar não apenas durante o tempo de trabalho, mas também no tempo de não-trabalho, isto é, no decorrer da própria experiência individual e social dos indivíduos. Temos como resultado, portanto, uma indistinção entre tempo de trabalho e tempo de não-trabalho. Se o tempo de trabalho empregado na produção perde relevância, isso contudo não libera o trabalho do imperativo da valorização. Ao contrário, o capital invade agora até mesmo o tempo de não-trabalho dos indivíduos. Se não se pode falar propriamente em redução do trabalho qualitativo a trabalho abstrato simples, isso não significa que o trabalho realizou finalmente o seu sentido plástico de expressão das potencialidades humanas, mas simplesmente que o capital se apropria agora diretamente do trabalho qualitativo. Longe, portanto, de extinguir-se, a subsunção ao capital deve estender-se agora para além do processo de produção econômica, e atingir o próprio processo de reprodução vital dos indivíduos.

É aqui que a subsunção da força de trabalho como fundamento da biopolítica encontra sua maior atualidade. Na medida em que o intelecto humano se tornou a principal força produtiva, não só as capacidades físicas mas também as capacidades espirituais dos indivíduos passam a ser objeto de dominação. Somente quando as capacidades cognitivas dos homens são apropriadas como força produtiva é que a força de trabalho ganha uma realidade plena, e é somente então que a administração sobre o corpo e a personalidade viva dos indivíduos torna-se uma necessidade mais urgente do que nunca para o capital.

Não podemos deixar de notar, contudo, o caráter paradoxal dessa mais recente forma de subsunção do trabalho. O fato que de que o aspecto qualitativo do trabalho não sofre propriamente uma redução a trabalho abstrato, faz entrever que os novos modos de trabalho excedem a sua forma social. Como afirma Marx, há uma enorme desproporção entre a capacidade produtiva do trabalho e a finalidade que lhe impõe o capital. A limitação do caráter quali tativo pela forma social no qual está inserido reclamaria a substituição dessa forma por uma outra que permitisse o livre desenvolvimento das novas potencialidades do trabalho. Não obstante, o trabalho continua aprisionado em sua antiga forma social, isto é, a relação de capital. Ele continua submetido à criação de valor, mesmo que seu produto não possa mais ser medido em termos de valor, i.e, tempo de trabalho socialmente necessário. Produz-se uma situação inusitada em que a lei do valor continua vigorando, embora ela já tenha perdido sua base objetiva. Numa formulação muito feliz, Paolo Virno afirma: "O tempo de trabalho é a unidade de medida *em vigor*, mas ela não é mais verdadeira".

A dificuldade na compreensão da natureza do atual processo de produção reside justamente na coexistência dessas tendências contraditórias, mediante as quais o trabalho ao mesmo tempo ultrapassa a sua forma social e permanece preso em seu interior. Ocorre com freqüência que, dada a incomensurabilidade real da nova força produtiva do trabalho, alguns são levados a acreditar que a força de trabalho, agora chamada de imaterial, rompe com a subordinação do capital pelo transbordamento da sua forma social, antes mesmo que essa forma tenha sido superada. É o que pensa, por exemplo, Antonio Negri. Negri acredita que em

> cada forma de trabalho imaterial a cooperação é totalmente inerente ao trabalho. [...] Em outras palavras, o aspecto cooperativo do trabalho imaterial não é imposto e organizado de fora, como ocorria em formas anteriores de trabalho, mas *a cooperação é totalmente imanente à própria atividade laboral.* Este fato põe em questão a velha noção (comum à economia clássica e à economia política marxista) segundo a qual a força de trabalho é concebida como "capital variável", isto é, uma força ativada e tornada coerente apenas pelo capital, porque os poderes cooperativos da força de trabalho (particularmente da força de trabalho imaterial) dão ao trabalho a possibilidade de se valorizarem. [...] A produtividade, a riqueza e a criação de superávits sociais hoje em dia tomam a forma de interatividade cooperativa mediante redes lingüísticas, de comunicação e afetivas. Na expressão de suas próprias energias criativas, o trabalho imaterial parece, dessa forma, fornecer o potencial de um tipo de comunismo espontâneo e elementar.[8]

Do ponto de vista do autor, o trabalho dito imaterial é cooperativo em si mesmo, independentemente da relação social na qual está inserido, podendo

---

[8] Hardt, M. e Negri, A. *Império.* Rio de Janeiro: Record, 2002, p. 314-5

assim realizar uma finalidade social, em vez de simplesmente servir à valorização do capital. A potencialidade cooperativa do trabalho imaterial ultrapassaria a relação social dominada pelo capital e colocaria em prática uma "associação de homens livres", ou quase livres, aquilo que ele mesmo denomina um "comunismo espontâneo".

Ora, mesmo que haja uma desproporção da força de trabalho intelectual em relação à riqueza que ela cria, o superávit produzido não a libera da forma social no interior da qual ela é posta em prática. Todo trabalho existe somente no interior de uma forma social, colocá-lo acima de toda relação social significa recair no fetichismo. E na medida em que o trabalho imaterial está submetido à relação de capital, ele só pode realizar as finalidades impostas pelo capital. Ainda que contenha novas potencialidades, só poderia realizá-las com a eliminação da relação de capital, nunca a despeito dela.

Portanto, a força de trabalho se encontra numa situação contraditória: quanto mais ela se desenvolve, assumindo os contornos de um intelecto geral, mais ela cobra uma nova realidade social em que possa se realizar livremente, contudo, desperta igualmente novas formas de controle por parte do capital, que já não se satisfaz com a apropriação das capacidades físicas do homem, mas tem de intervir inclusive sobre o processo de reprodução vital dos indivíduos. A solução dessa situação certamente não pode coexistir com a manutenção da relação de capital.

Giorgio Agamben sobre uma profecia biopolítica de Sade

Rodrigo Brandão

As considerações de Giorgio Agamben que se encontram nas obras *Homo Sacer: o poder soberano e a vida nua* e *Estado de exceção* são sedutoras na medida em que fornecem elementos para a reflexão filosófico-política sobre acontecimentos atuais: as guerras dos últimos anos, as medidas americanas de controle, o *indefinite detention*,[1] o significado da instauração na vida cotidiana do recurso ao estado de emergência (medido por sinais luminosos como num semáforo, como se a lei agora pudesse ser gradativamente suspensa, pois à ameaça de ataque sinalizada pelas cores corresponde uma aproximação à suspensão dos direitos civis), a terra de ninguém que é um espaço como o da prisão de Guantánamo, as torturas no Iraque e, ainda mais assustadora, a crescente discussão nos Estados Unidos acerca da legalização da tortura em casos especiais. Mas não somente quanto às questões ligadas à política americana. O filósofo italiano também

[1] A *indefinite detention* é uma instância importante para que possamos compreender o caráter biopolítico do estado de exceção, como o direito captura o vivente pela sua própria suspensão, no caso, permitida a partir do *Patriot Act*. Em 13 de novembro de 2001, perante a suposta ameaça de novos ataques, Bush autorizou a detenção indefinida sem acusação dos não cidadãos americanos suspeitos de envolvimento com atividades terroristas. Essa decisão do presidente Bush anula "radicalmente todo estatuto jurídico do indivíduo, produzindo, dessa forma, um ser juridicamente inominável e inclassificável", com diz Agamben em *Estado de exceção*. Aos encarcerados em Guantánamo, por exemplo, não se aplicam nem as leis dos cidadãos americanos, nem as leis da convenção de Genebra, nem mesmo acusações legais, eles são apenas *detainees*, não passam por nenhum processo jurídico, a não ser pela suspensão dele prevista legalmente. Desse modo, a detenção indefinida não é indefinida somente quanto ao tempo, ela é indefinida porque cria uma indeterminação legal desses sujeitos; não é por coincidência que eles são levados a Guantánamo, lugar por si só indefinido, um lugar não-jurídico, nem EUA, nem Cuba. Não há como deixar de lembrar, em termos jurídicos, da indeterminação legal, a completa perda de identidade jurídica dos judeus nos *Lager* nazistas, em ambos, nos *Lager* e em Guantánamo, "a vida nua atinge sua máxima indeterminação".

fornece elementos para que pensemos a ineficácia dos direitos humanos e das ONGs quanto à proteção e ao melhoramento da vida dos assim chamados excluídos: desde os refugiados de guerra africanos, aos palestinos em Gaza e aos habitantes das favelas e das periferias do Brasil.

A perspectiva de Agamben não é sedutora somente por fornecer elementos para o pensamento da política contemporânea. Ela é instigante também porque apresenta tais elementos, conceitos e paradigmas, a partir de uma longa e exaustiva reflexão sobre categorias políticas e jurídicas clássicas e modernas. Sua tarefa consiste em reavaliar todo o pensamento político-jurídico do Ocidente, dos gregos, e dos romanos principalmente, às decisões tomadas recentemente pelo governo Bush. Em outros termos, Agamben percorre uma longa história do pensamento político-jurídico ocidental para aportar em considerações sobre o mundo em que vivemos, mostrando que eventos chocantes não são a irrupção de algo inteiramente novo e que nos seriam completamente estranhos, mas, ao contrário, são o resultado de uma tradição de longa data.

* * *

"Todo homem é um déspota quando fornica"
Marquês de Sade

Em uma de suas obras, *Homo Sacer: o poder soberano e a vida nua*, Giorgio Agamben afirma que o texto *Franceses, mais um esforço se quereis ser republicanos*, escrito pelo Marquês de Sade e publicado em 1795, é, talvez, o "primeiro manifesto biopolítico da modernidade".

O texto do marquês, escrito em torno das diversas Declarações dos Direitos do Homem e do Cidadão da França revolucionária, conclama os franceses a um esforço maior para garantir a revolução e a manutenção da república recém-proclamada. Mais que isso, Sade deseja que os franceses auxiliem toda a Europa na destruição completa da superstição religiosa. Convencido da indissociável união entre religião e poder, entre cristianismo e tirania, o marquês não vê outro caminho para a continuidade da república senão pelo absoluto banimento da noção mesma de um Deus. Muito mais radical que o *Ecrassez l'Infame* de Voltaire, mesmo que dele aparentado, a conclamação sadeana mostra que não há lugar para Deus numa república.

As linhas do texto sadeano são duras e violentas; são sucessivas as utilizações de termos como golpear, aniquilar, destruir; os verbos da intolerância contra os intolerantes. Sade afirma, no entanto, a não violência desse combate à religião. O escárnio e a ironia são as principais armas, Sade é veemente em rechaçar as deportações e as penas de morte. O ridículo, a vaia e, por fim, a prisão perpétua são as maiores punições aos "charlatães abençoados que vierem nos falar de Deus ou de religião". Para o marquês, mesmo que o assassinato seja compreensível em termos humanos, ele é inadmissível em termos legais, daí o banimento da pena capital:

> Não que não haja uma infinidade de casos, como direi a seguir, nos quais, sem ultraje a natureza (o que demonstrarei), os homens não tenham recebido desta mãe comum a inteira liberdade de atentarem contra a vida uns dos outros; mas é impossível a lei obter o mesmo privilégio, porque a lei, fria em si mesma, não poderia ser acessível às paixões que podem legitimar no homem a ação cruel do assassinato.[2]

Já aqui as linhas que entrelaçam o direito, a vida e a política começam a ser traçadas. Ao comentar a *Declaração do Direitos do Homem* de 1789 e o projeto republicano, Sade desvela as contradições e os resultados da revolução. Em primeiro lugar, para ele parece certo que conceder a liberdade de consciência e de imprensa é, ao fim e ao cabo, conceder a liberdade de ação e, por conseguinte, permitir muito mais coisas do que era permitido, levando, assim, a uma sociedade menos punitiva, em cujo seio poucos atos seriam considerados crimes. Os primeiros a desaparecerem seriam os crimes religiosos; não havendo religião não haveria atentado algum ao que não existe. Sade chega a pensar na completa liberdade de culto como uma possibilidade, mas o banimento irrestrito lhe parece mais sensato e seguro.

Em seguida, seria necessário decretar o fim da pena de morte, primeiro devido à completa distinção entre lei e natureza, e também porque ela não é eficaz na prevenção de novos crimes. A proibição da pena de morte decorre da incompatibilidade entre vida e lei. Segundo o marquês, a lei está "sempre em oposição à natureza". A exclusão que tira do poder legal a pena capital é a mesma que permite a não punição do assassinato. A ficção da oposição de uma

2 SADE, M. de. Franceses, mais um esforço se quereis ser republicanos. *Diálogo entre um padre e um moribundo e outras diatribes e blasfêmias.* São Paulo: Iluminuras, 2001, p. 79.

vida natural anômica a um *nomos*, permite que Sade conclua, primeiramente, que a pena capital deve ser banida de uma república. Mas logo em seguida, vê-se que é a própria exclusão que permite "a inteira liberdade de atentarem contra a vida uns dos outros" e que, legitimado pelos impulsos e paixões da natureza, o assassinato possa ser justificado e não punido. Todos os homens, então, adquirem aquela matabilidade característica da figura jurídica do *homo sacer*. Não seria, por outro lado, o veto a morte pelo estado, pelo aparato jurídico, aparentado do veto ao sacrifício que é a outra característica do homem sagrado?

O *homo sacer* era aquele que ao mesmo tempo em que não podia ser sacrificado, ofertado aos deuses, podia ser morto sem que o assassino fosse punido, sem que se incorresse em crime. Ele é excluído do direito divino pela insacrificabilidade, e do direito humano pela matabilidade. Na verdade, sua vida é incluída no direito por uma exclusão, aquilo que está fora do direito é capturado por uma exclusão inclusiva, o processo mesmo da exceção.[3]

De volta ao texto do marquês, encontramos essa figura, filha do esforço republicano e libertário, que não pode ser morta pelo aparato estatal e jurídico, pela pena capital, devido à original oposição entre lei e natureza, mas que pode matar ou ser morta sem que se incorra em crime algum, visto que a natureza escapa à esfera legal, escapa para dentro por assim dizer. Dessa forma, o assassinato passa a ser pouca coisa em uma república, assim como a calúnia ou o roubo.[4]

---

3 Este movimento pode ser observado quando consideramos a própria exceção à regra dentro de uma gramática. A regra gramatical captura o que está fora dela pela exceção à qual a regra não se aplica como regra, mas que a prevê. Nesse sentido, a exceção, como exclusão inclusiva, exclusão que prevê e captura, demonstra o movimento oposto do exemplo. O exemplo, o paradigma, como destacamento da aplicação da regra, apresenta um movimento de inclusão exclusiva, inclui o que se mostra na regra destacando-o dela.

4 Quanto ao roubo, a constatação de Sade é mais uma vez desveladora das contradições da *Declaração dos Direitos do Homem* e já aponta nela um engodo originário na suposta universalidade dos direitos. Na p. 82 do panfleto, o marquês afirma: "Qual o espírito de um julgamento pronunciado por todos os indivíduos de uma nação? Não é o de manter uma perfeita igualdade entre os cidadãos, de submetê-los igualmente à lei protetora das propriedades de todos? Pergunto-vos agora se é justa a lei que ordena a quem nada possui respeitar quem tem tudo. Quais são os elementos do pacto social? Ele não consiste em ceder um pouco de sua liberdade e de sua propriedade para assegurar e manter o que se conserva de uma e da outra?". E continua: "Mas, uma vez mais, com que direito aquele

Na verdade, os crimes na república que pensa Sade ser a verdadeira, pois coerente consigo mesma, não são somente inimputáveis como devem ser estimulados. Prostituição, adultério, incesto e estupro, não são somente compreensíveis e legitimados, são sancionados e institucionalizados. Trata-se da paradoxal regulação do anômico, a legislação sobre o ilegislável. Se o que está por detrás da possibilidade de compreensão destas chamadas "perversões" é a existência de uma natureza que com seus impulsos e paixões é irregulável, como foi dito, que se opõe à lei, como compreender sua ordenação em instituições públicas? A ficção da vida natural anterior à norma é o que permite o veto à pena capital, mas também o que permite a impunibilidade dos crimes e o que, por fim, leva ao completo regramento da vida, regramento estabelecido principalmente pelos costumes.

Antes, porém, consideremos uma passagem do texto de Sade um pouco mais extensa e vejamos aí o mesmo processo de exclusão inclusiva característica do *homo sacer* e do estado de exceção.

> Certamente não devemos duvidar um só momento que tudo o que chamamos crimes morais, isto é, todas as ações da espécie que acabamos de citar, sejam perfeitamente indiferentes num governo cujo único dever consiste em conservar, por qualquer meio que seja, a forma essencial para a sua manutenção. Eis a única moral de um governo republicano. Ora, como ele é sempre contrariado pelos déspotas que o cercam, seria difícil imaginar de modo razoável que seus meios conservadores pudessem ser *meios morais*, pois ele só se conservará pela guerra e não há nada menos moral do que a guerra. Pergunto agora como se conseguirá demonstrar que, num Estado *imoral* por suas obrigações, é essencial os indivíduos serem *morais*. Digo mais: é bom que eles não sejam.[5]

---

que nada tem se prenderia a um pacto que só protege aquele que tem tudo? [...] não seria o pacto de um povo livre; seria a arma do forte contra o fraco, contra a qual este deveria incessantemente revoltar-se. É o que acontece ao juramento do respeito das propriedades que a nação acaba de exigir; somente o rico acorrenta o pobre, [...]" (Sade, 2001: 82-3). A não punição do roubo passa, então, pela constatação da desigualdade de origem do respeito à propriedade. A suposta igualdade aparece como instrumento de dominação daquele que tem sobre aquele que nada tem. Mas a constatação do marquês não exige uma outra revolução que solapasse esse engodo originário, mas apenas a não punibilidade do roubo.

[5] Sade, M. de. Op. cit., p. 83.

E, referindo-se aos legisladores gregos, Sade diz: "A *insurreição*, pensavam estes sábios legisladores, não é um estado moral; no entanto, ela *deve ser o estado permanente de uma república*." [6]

A dissolução moral na república é "útil à máquina", contribui para a manutenção daquele Estado que é ele próprio imoral, porquanto essencialmente bélico e *permanentemente em insurreição*. Os membros da república "devem manter o perpétuo abalo *imoral* da máquina".[7]

O estado de repouso, a paz e a tranqüilidade, o estado moral é permanentemente abalado pelo estado de insurreição que, tornando-se permanente, torna-se a regra.[8] Tendo em vista a imoralidade do estado de insurreição permanente da república, a dissolução moral deve ser sancionada e institucionalizada.

O esquema do estado de exceção aparece mais uma vez aqui: suspende-se a "paz e a tranqüilidade", em vista da sua própria manutenção; a vida é absorvida no direito pela suspensão do ordenamento. A insurreição bélica do governo expõe a zona de indeterminação entre a vida, a política e o direito, característica do estado de exceção. Ao ligar as leis e os costumes à insurreição republicana, Sade expõe mais uma vez o esquema do limiar entre âmbitos aparentemente separados e apresenta aquele processo de decisão sobre o estado de exceção pelo qual o soberano captura a vida nua, a vida do *homo sacer*.[9] Vê-se nas linhas do

---

6 Idem, p. 84 (grifo nosso).

7 Idem.

8 Aqui cabe uma rápida explicação do sintagma estado de exceção. Agamben se utiliza dos termos encontrados na tradição jurídica alemã, *Ausnahmezustand,* e também estado de necessidade *Notstand*, mas que são estranhos às tradições italiana, francesa e anglo-saxônica. As tradições italiana e francesa utilizam o termo estado de sítio, ao passo que em língua inglesa são utilizados *martial law* e *emergency powers*. Interessante notar que a origem do estado de sítio é o decreto de 8 de julho de 1791 da Assembléia Constituinte francesa, que fazia uma distinção entre *état de paix*, *état de guerre* e *état de siège*. Enfim, como diz Agamben na p. 16 de *Estado de exceção*: "é importante não esquecer que o estado de exceção moderno é uma criação da tradição democrático-revolucionária e não da tradição absolutista". Leiamos o trecho da Constituição de 22 frimário do ano VIII, que apresenta pela primeira vez a idéia da suspensão da constituição: "*Dans le cas de revolte à main armée ou de troubles qui menaceraient la sécurité de l'État, la loi peut suspendre, dans lês lieux et pour le temps qu'elle determine, l'empire de la constitution*".

9 É este limiar o objeto de reflexão de Agamben no seu livro intitulado *Estado de exceção*, em que diz na p. 12 : "É essa terra de ninguém, entre o direito público e o fato político e entre

marquês como a exceção, aqui na forma da insurreição,[10] ata a vida ao direito; a insurreição que confere à vida sexual caráter político, ordenando-a completamente ao mesmo tempo em que a retira da lei, porquanto é mantida a oposição *nomos* e vida. Ao mesmo tempo em que se veta a pena de morte, fundando-se na idéia da incompatibilidade entre *nomos* e vida, excluindo a última do direito, ou melhor, ligando-a ao direito por uma exclusão, abandona-a à matabilidade inculpável.

Não é de se surpreender que Agamben encontre nas linhas do texto do marquês o primeiro e, talvez, mais radical manifesto biopolítico da modernidade. Continuando a leitura, é claro como essa biopolítica se manifesta na institucionalização do sexo como instância primeira da política; enfim, como o *boudoir* substitui a *cité.* O paradigma do político se desloca da *pólis* para as *maisons*, onde o sexo, o corpo fisiológico e literalmente nu é o objeto mesmo da política e do ordenamento.[11]

Importante notar, então, que não é sem relevância o fato de Sade escrever no momento mesmo do surgimento dos direitos do homem, ao menos de suas

---

a ordem jurídica e a vida, que a presente pesquisa se propõe a explorar. Somente erguendo o véu que cobre essa zona incerta poderemos chegar a compreender o que está em jogo na diferença – ou na suposta diferença – entre o político e o jurídico e entre o direito e o vivente."

10 O estado de exceção tem "estreita ligação com a guerra civil, a insurreição e a resistência". É que, na verdade, o estado de exceção é considerado "como termo técnico para o conjunto coerente dos fenômenos jurídicos que se propõe a definir"(AGAMBEN, 2004: 15).

11 É o que Agamben diz a respeito do panfleto de Sade, na p. 141 de *Homo Sacer*: "Justamente no momento em que a revolução faz do nascimento – ou seja, da vida nua – o fundamento da soberania e dos direitos, Sade coloca em cena [...] o *theatrum politicum* como teatro da vida nua, no qual, através da sexualidade, a própria vida fisiológica dos corpos se apresenta como elemento político puro". Agora vemos como a frase do marquês utilizada como epígrafe adquire todo o seu sentido. Não se trata apenas de afirmar que o homem durante o ato sexual se transforma em tirano que submete o outro aos seus caprichos. É a união entre sexo e política que está em jogo, o elo entre poder e vida fisiológica, o corpo que se torna objeto do político. Eis também o sentido profundo de *Saló* de Pier Paolo Pasolini. O cineasta italiano ao transpor o universo das *120 Jornadas de Sodoma* ao ambiente fascista italiano não mostra somente a loucura ou perversão dos generais do Duce, mais que isso, captando a profecia biopolítica de Sade, ele evidencia a relação simbiótica entre vida e poder, entre a vida nua e o poder soberano – apresenta a política como biopolítica.

declarações. *A filosofia na alcova*, do qual faz parte o panfleto, foi publicada em 1795, após a soltura de Sade que se encontrava preso no início da revolução e após seu novo encarceramento durante o terror em 1793. A institucionalização do sexo, a política libidinosa do marquês parece ser irmã dos direitos do homem; ambos são frutos da captura da vida nua pela soberania e pela lei.

O próprio marquês deixa claro que não se trata de apenas permitir e relegar à esfera privada todo o tipo de ato sexual, ao contrário, deve-se ordenar todas as manifestações da natureza passional do homem e regrá-las para o fim da manutenção da república: a vida nua é o objeto puro da política, a política é biopolítica. E Sade encontra já na antigüidade a mesma preocupação que seu panfleto reflete: "Licurgo e Sólon, convencidos de que os resultados do impudor mantêm o cidadão num estado imoral essencial às leis do governo republicano, obrigaram as jovens as se apresentarem nuas no teatro".[12]

A vida se faz objeto privilegiado da política. Sexo e cidadania se identificam no cômputo que visa à manutenção da máquina, máquina esta que, como diz Sade, está em insurreição permanente, em permanente estado de guerra. A vida capturada pelo direito é aquilo donde advém os direitos do homem, o veto à pena capital, mas também o controle e o ordenamento, tanto na figura do banimento da religião, como na institucionalização daquilo que supostamente vem de nossa natureza: todas as mais diversas manifestações sexuais. Segundo o marquês, suas idéias apresentam os homens "mais próximos da natureza pela quantidade de preconceitos que acabamos de aniquilar" e que "persuadidos de que a luxúria é uma conseqüência dessas inclinações (naturais), trata-se muito menos de extinguir em nós essa paixão do que regrar os meios para satisfazê-la em paz".[13] Assim, "devemos pôr ordem nessa parte e garantir nela toda a segurança necessária, para que o cidadão que a necessidade aproxima dos objetos da luxúria possa, com esses objetos, se entregar a tudo o que suas paixões lhe prescrevam, sem jamais se prender a nada, porque não há no homem paixão nenhuma que necessite de tamanha liberdade quanto essa".[14]

A ordenação vai desde a escolha dos lugares até as práticas que devem ser incentivadas. Nessas *maisons* todo homem teria seu momento de déspota sub-

---

12 SADE, M. de. Op. cit., p. 85.

13 Idem.

14 Idem.

julgando a todos em vista da satisfação dos desejos que a natureza lhe dita. Permitir e incentivar tais práticas contribui para o bem da república, que será menos ameaçada pela sublevação daqueles que podem "exalar a dose de despotismo que a natureza pôs no fundo de seu coração" e deixar o governo em "paz".

A natureza, o estado de natureza e a consideração fisiológica do homem são constantes no texto do marquês. Deles se derivam a liberdade, a igualdade, mas também a submissão e o assassinato. Agamben fornece, no capítulo a Politização da Vida, em *Homo Sacer*, a chave para a compreensão dessa estranha duplicidade do texto de Sade. Nesse capítulo, Agamben afirma que o conceito de vida nua permite articular as considerações de Foucault sobre a biopolítica, a "implicação da vida natural do homem nos mecanismos e nos cálculos do poder", e as considerações de Hannah Arendt sobre o totalitarismo, o campo de concentração como lugar próprio da vida nua. Agamben afirma, antes de qualquer coisa, que na vida nua

> [...] o entrelaçamento de política e vida tornou-se tão íntimo que não se deixa analisar com facilidade. À vida nua e aos seus *avatar* no moderno (a vida biológica, a sexualidade etc.) é inerente uma opacidade que é impossível esclarecer sem que se tome consciência do seu caráter político; inversamente, a política moderna, uma vez que entrou em íntima simbiose com a vida nua, perde a inteligibilidade que nos parece ainda caracterizar o edifício jurídico-político da política clássica.[15]

As linhas do panfleto do marquês revelam claramente a imbricação entre vida e política a partir da consideração dos direitos do homem. Nas *maisons* as vidas podem ser submetidas a qualquer coisa, a violência é atrelada a um direito e o totalitarismo é marcante; todos os aspectos da vida dos membros da república estão ordenados para a manutenção do governo. O marquês faz decorrer da liberdade e da igualdade a completa submissão aos desejos sexuais e a utilização da violência prevista por lei. Que o marquês fale por si:

> Jamais um ato de posse pode exercer-se sobre um ser livre; é tão injusto possuir exclusivamente uma mulher quanto possuir escravos. Todos os homens nascem livres, todos são iguais em direito; não devemos jamais perder de vista esses princípios.[16]

---

[15] AGAMBEN, G. *Homo Sacer*: o poder soberano e a vida nua. Belo Horizonte: UFMG, 2002, p. 126.

[16] SADE, M. de. Op. cit., p. 87.

Daí Sade conclui:

> Se é incontestável que recebemos da natureza o direito de exprimir nossos desejos indiferentemente a todas as mulheres, é evidente que podemos obrigá-las a se submeterem a nossos desejos, se não de modo exclusivo, contradir-me-ia, ao menos momentaneamente. *É incontestável que temos o direito de estabelecer leis que as obriguem ceder ao furor de quem as deseja; sendo a violência um dos efeitos desse direito, podemos empregá-la legalmente.*[17]

Contra essa violência que obrigará as mulheres "a se prostituírem" nada poderá ser alegado. Em primeiro lugar, não poderá ser alegado que tal violência é um mal para a saúde dos envolvidos. Para Sade, "desde que me concedeis o direito de propriedade sobre o gozo, esse direito é independente dos efeitos que ele produz". Além disso, não se pode dizer que a possível proliferação de crianças órfãs prejudicaria a república. Ao contrário, estas seriam as crianças mais propriamente adequadas à república, pois são todas filhas da pátria:

> Quais são, pergunto, os perigos dessa licença? Crianças sem pais? Ah, o que importa isso numa república em que todos os indivíduos não devem ter outra mãe senão a pátria, *em que todos os que nascem são filhos da pátria*? Ah, o quanto não irão amá-la melhor aqueles que, só tendo conhecido a ela, saberão desde o nascimento que apenas dela devem esperar tudo?[18]

Nascimento e nação, além de termos aparentados etimologicamente (*nascere*), revelam como a soberania moderna está fundada sobre a captura da vida nua. A ambigüidade que já se apresenta no título da *Declaração dos Direitos do Homem e do Cidadão* – cujo misterioso *e* não pode ser facilmente compreendido, não sabemos se se tratam de duas categorias completamente distintas, ou se uma já está incluída na outra – é expressa mais claramente na letra da Declaração de 1789. Nela, "o puro fato do nascimento" é apresentado como "fonte e portador do direito". Logo em seguida, porém, a vida nua, o puro nascimento, é capturada pela política ao ser dissipada na figura do cidadão no qual os direitos são "conservados".[19] O que observamos na leitura da *Declaração dos Direitos do Homem e do Cidadão* não é simplesmente a manifestação de princípios de luta contra o poder, ao contrário, trata-se de testemunhar a passagem de um poder a

---

[17] Idem, p. 88 (grifo nosso).

[18] Idem, p. 90 (grifo nosso).

[19] AGAMBEN, G. Op. cit., p. 134.

outro, ou melhor, o fim de um poder e o nascimento de outro: "a passagem da soberania régia de origem divina à soberania nacional", que identifica sua fonte no nascimento. Essa passagem de súdito a soberano, efetuada pela declaração dos direitos, só é possível mediante a colocação da vida, aqui na forma do nascimento, mas também da natureza, no centro da política, pois é ela a portadora da soberania.

> O princípio de natividade e o princípio de soberania, separados no antigo regime (onde o nascimento dava lugar somente ao *sujet*, ao súdito), unem-se agora irrevogavelmente no corpo do "sujeito-soberano" para constituir o fundamento do novo Estado-nação.[20]

O nascimento é investido da soberania, possibilitando a passagem do homem ao cidadão. Nascimento-nação e homem-cidadão são articulados nas declarações de uma forma quase "automática". Com o desenrolar da história se verá que tal articulação, colocando a vida do homem no centro, tende a ser redimensionada, como o nazismo e o fascismo o fizeram, as relações entre homem e cidadão foram o que procuraram redefinir.[21] Já mesmo durante a Revolução Francesa, seguindo a declaração dos direitos, distinguiram-nos em passivos e ativos, resultado da necessidade da biopolítica moderna de "redefinir continuamente, na vida, o limiar que articula e separa aquilo que está dentro daquilo que está fora" – ou seja, explicitando mais uma vez o estado de exceção, a exclusão inclusiva, como o paradigma do político. A vida nua, a *zoé* que se restringia ao *oikós*, agora capturada na *pólis*, precisa ser continuamente redefinida. Ao lançar a vida nua no meio do campo político, os direitos do homem, a despeito de sua presente importância e de suas intenções dignas, estão a caminhar no mesmo solo que caminha o *homo sacer*, aquele insacrificável e matável, ou como se viu, daquele homem do texto de Sade, não condenável à morte, mas completamente assassinável.

Nesse limiar, como se verá no próprio texto do marquês, a política, tornada biopolítica pode, como diz Agamben, facilmente se converter em tanato-

---

20 Idem, p. 135.

21 As articulações jurídicas do Terceiro Reich retiraram os judeus da categoria de cidadãos alemães. Enquanto meros viventes, lançados numa zona de indeterminação, os judeus podiam ser mortos sem que se cometesse um crime, ou utilizados como *Versuchepersonen*, as cobaias humanas, "testadas" e mortas em experiências por médicos nazistas.

política. O mesmo movimento que visa reconhecer a dignidade natural do homem e, assim, o reconhecimento de seus direitos, lança também a possibilidade da decisão política de vida ou morte. Como se a cada tentativa de se retirar e proteger a vida do homem da esfera do político a incluíssemos cada vez mais no poder, no cálculo biopolítico.

O texto do marquês segue o mesmo caminho apresentado por Agamben, aquele que une homem, cidadão, nascimento, nação e soberania, conduzindo à tanatopolítica, à eutanásia e ao campo de concentração. Nas linhas seguintes, por exemplo, Sade deixa claro como a política se transforma em tanatopolítica, ao colocar a guerra como sua grande atividade:

> Que outra ciência humana tem maior necessidade de se sustentar pelo assassinato do que esta que tende a enganar, que só almeja o crescimento de uma nação às expensas de outra? As guerras, únicos frutos dessa bárbara política, são outra coisa a não ser os meios pelos quais ela se alimenta, se fortifica, se sustém?[22]

A guerra e o assassínio não são condenáveis. De acordo com Sade, a consideração da natureza basta para provar isso. Entretanto, a ficção está no tratamento da questão do assassinato do ponto de vista da natureza. Ou melhor, está na própria natureza anômica donde, no entanto, deriva o direito.[23] A decisão sobre a vida está intimamente ligada ao nascimento e à figura do cidadão, membro de uma soberania que deve ser mantida a qualquer custo. Daí a conclusão, talvez a mais assustadora do texto de Sade, a respeito da morte de crianças. Talvez ligadas à eugenia, as linhas seguintes de Sade estão mais próximas da questão da eutanásia e não deixam de se aparentar com o programa nazista, o *Euthanasie-Programm für unheilbaren Kranken*, que não pode ser compreendido de um ponto de vista meramente econômico, nem simplesmente reduzido à eugenia, mas sim em termos de biopolítica. Como diz Agamben, "a imediata transformação [...] de um programa teoricamente humanitário em uma opera-

---

22 SADE, M. de. Op. cit., p.101.

23 Na p. 132 de *Estado de exceção,* Agamben diz: "Não existem, *primeiro,* a vida como dado biológico natural e a anomia como estado de natureza e, *depois,* sua implicação no direito por meio do estado de exceção. Ao contrário, a própria possibilidade de distinguir entre vida e direito, anomia e *nomos* coincide com sua articulação na máquina biopolítica. A vida pura e simples é um produto da máquina e não algo que preexiste a ela, assim como o direito não tem nenhum fundamento na natureza ou no espírito divino".

ção de extermínio em massa não dependeu de modo algum somente das circunstâncias".[24]

No caso nazista, o que estava verdadeiramente em jogo não era propriamente a ligação entre a eutanásia e a eugenia, visto que esta não precisa necessariamente daquela, mas sim o exercício "do poder soberano de decidir sobre a vida nua", "a vida indigna de ser vivida", nos termos de Agamben, ou a "vil escória da natureza humana", como diz Sade. Mais uma vez nos termos sadeanos, o poder e a política precisam se alimentar da decisão sobre a vida e a morte:

> Nas repúblicas da Grécia, todas as crianças que vinham ao mundo eram cuidadosamente examinadas, e caso se constatasse não serem constituídas para defender um dia a república, eram imediatamente imoladas: lá ninguém achava essencial erigir casas ricamente dotadas para conservar essa vil escória da natureza humana.[25]

E em uma nota Sade continua:

> É preciso esperar que a nação modifique essa despesa, a mais inútil de todas; todo indivíduo que nasce sem as qualidades necessárias para um dia ser útil à república não tem nenhum direito em conservar a vida, e o que melhor se pode fazer é tirá-la no momento em que ele a recebe.[26]

Mesmo que aparentemente a justificativa seja o controle das despesas e da população, o direito de decisão sobre a vida e a morte é, na verdade, resultado da captura da vida pela política. A exigência de Sade de que a "espécie humana deve ser depurada no berço", e de que se deve "impedir que venha ao mundo um ser que certamente lhe será inútil" é travestida por esse controle populacional e financeiro. Contudo, como já se viu no próprio texto de Sade a política, como a natureza, se nutre da morte. A natureza, oposta ao direito ao mesmo tempo em que fonte dele, nutre-se da morte; política e direito a espelham e se alimentam da morte como ela.

Se é possível compreender o apelo de alguns quanto à abertura de um novo campo político realizada pelos direitos do homem, não se pode deixar de entrever que é como se "a partir de um certo ponto, todo evento político deci-

---

24 Agamben, G. Op. cit., p. 147.

25 Sade, M. de. Op. cit., p. 104.

26 Idem.

sivo tivesse sempre uma dupla face: os espaços, as liberdades e os direitos que os indivíduos adquirem no seu conflito com os poderes centrais simultaneamente preparam, a cada vez, uma tácita porém crescente inscrição de suas vidas na ordem estatal, oferecendo assim uma nova e mais temível instância ao poder soberano do qual desejariam liberar-se".[27] Se devemos opor a defesa dos direitos do homem ao totalitarismo, não devemos perder de vista, contudo, que de acordo com a perspectiva de Agamben, ambos lançam no centro da política e do direito a vida nua. Eis algo que também coloca em questão a ação das ONGs, cuja ambigüidade já se identificou. Cúmplices daquilo que visam resolver, tais organizações são incapazes de solucionar o problema que combatem, pois a separação que operam entre o humanitário e o político "não pode senão reproduzir o isolamento da vida sacra sobre o qual se baseia a soberania, e o campo, isto é, o espaço puro da exceção, é o paradigma biopolítico para o qual não consegue solução".[28] A decisão política sobre a vida e a morte, a tanatopolítica, persevera sob a ação daqueles que isolam no homem a vida nua. Distinguir a ação humanitária da política é também articular à sua maneira aquilo que está dentro com aquilo que está fora, é separar a vida qualificada da mera vida dispensável.

Referências bibliográficas

Agamben, G. *Homo Sacer*: o poder soberano e a vida nua. Belo Horizonte: UFMG, 2002.

_____. *Estado de exceção*. São Paulo: Boitempo, 2004.

Sade, M. de. Franceses, mais um esforço se quereis ser republicanos. *Diálogo entre um padre e um moribundo e outras diatribes e blasfêmias*. São Paulo: Iluminuras, 2001.

[27] Agamben, G. Op. cit., p. 127.

[28] Idem, p. 140.

Crônica de "história natural"[1]

Anderson Gonçalves

Como se compreende, ou mesmo se justifica que uma viúva aceite, diante do cadáver de seu esposo, casar-se com seu assassino? Há mais ou menos dez dias assisti a um exercício de jovens atores; eram eles responsáveis pela montagem de *Ricardo III*, de Shakespeare.[2] A cena inicial era aquela em que Lady Ana, velando o corpo de seu marido assassinado, Eduardo, príncipe de Wales, vê surgir em cena quem o matou, Ricardo. Ele a seduz, ele a convence a se casarem e por fim lhe dá um anel em sinal de aliança; ela, por sua vez, termina dizendo: "Aceitar não é ceder" (*To take is not to give*). A montagem respondeu à pergunta sobre a viúva encenando esse trecho não numa fictícia sala de palácio inglês, mas num pátio em que estava um corpo coberto por jornais (Eduardo), junto dele a viúva, Ana, carpia a dor da perda, quando então, num automóvel, chega o dono da parada, Ricardo, e ocorre toda a cena já contada. Ana não cede a argumentos, ela aceita a regras de uma ordem de violência bruta, como quem acata estupro em vez de morte imediata e violenta; Ricardo, realizando sua disposição para matar, é o dono de bocas de fumo em ascensão que abole todos os rivais até que chegará o dia de sua própria morte. Até aqui tudo estaria bem não fosse o seguinte, o restante da peça aconteceu dentro de uma sala de teatro como numa longínqua e antiga Inglaterra. É como se os atores tivessem atinado com a *atualidade* que habita a peça; o presente de uma sociabilidade cuja argamassa é a violência. No entanto, ao desistirem da atualização, evocaram o presente como que para esconjurá-lo e assim enterrá-lo; quiseram tornar o passado algo pura e simplesmente passado, quando na verdade esse é o nosso presente. O teatro ali deixou de cumprir seu papel de crítica do presente, que sem

---

1 A tentativa de transformar os materiais usados para a exposição oral em um texto para ser lido deixou ainda sua marca; isto é, permanecem as formulações esquemáticas e passagens abruptas, de modo que o resultado é um tanto híbrido. Cumpre notar que a exposição ocorreu no dia 25 de novembro de 2005.

2 Eram alunos da EAD (Escola de Arte dramática) de São Paulo.

desvio vai até o fim, pois o presente, que é o passado, foi reprimido. Apesar desse medo do presente conseguiram, entretanto, por conta dessa cena inicial, fixar alguns dos traços hipocráticos, traços de morte, que constituem a fisionomia de nosso presente.

Na filosofia clássica alemã, esse passado que nunca passa, esse "resto irredutível", esse passado que é presente, foi nomeado de duas maneiras, *natureza* ou *mito*, reinos da pura necessidade.

Para entrar propriamente em matéria, gostaria de falar um pouco sobre a arraia-miúda, a ralé, o zé-povinho, os pobres-diabos ou – para usar a palavra recentemente tornada usual, por conta das movimentações na periferia parisiense – *racaille*, a escória – uma gente *desvinculada*, sem lugar.

Braudel, em *Civilização material, economia e capitalismo*, resume o nascimento desses sem-lugar:

> no Ocidente, tudo se passa como se a profunda divisão do trabalho nos séculos XI e XII – cidades de um lado, campo do outro – tivesse deixado de fora da partilha, e de modo definitivo, uma enorme massa de desgraçados, para quem nunca mais houve emprego.

Mais à frente, continua ele, "esse *inferno* tem seus graus de degradação, rotulados pela linguagem dos contemporâneos: os pobres, os mendigos, os vagabundos".[3] *Grosso modo*, pobre era aquele que embora miserável não era desprezível; ao passo que abaixo do limiar de pobreza estava "o mendigo ou o vagabundo, ocioso, intolerável aos olhos das pessoas honestas" – alguém portanto que não estava entre os pobres das cidades e tampouco entre os pobres dos campos.

Braudel contará a história (até o século XVIII) dessa "gente indesejável", como eles "não se deixavam facilmente apanhar e domesticar". Uma gente espinhuda que raramente era domada, que freqüentemente formava (Braudel usa o presente histórico: "forma") "uma espécie de não sociedade". Eles eram um resto que escapou ao adestramento social resultante da assim chamada acumulação primitiva.

---

[3] Braudel, F. *Civilização material, economia e capitalismo*. São Paulo: Martins Fontes, v. 2, p. 450, grifo meu.

O que, entretanto, retira a força dessa gente, "o que desarma o subproletariado dos vagabundos, apesar do temor que inspira, é sua falta de coesão: suas violências espontâneas não têm seqüência. Não é uma classe, é uma multidão". Produzem "incidentes que se perdem no tecido normal das coisas que acontecem. Os 'vadios e vagabundos' vivem à parte".[4] Para sair do inferno (isto é, da sociedade), sua atitude, ainda conforme Braudel, é desertar desse mesmo inferno e entrar numa "contra-sociedade" – que se expressa no banditismo, contrabando etc.

Dessa história braudeliana, eu queria pinçar uma frase que, espero, esteja minimamente contextualizada: "não é uma classe, é uma multidão".

* * *

E aqui, para uma melhor aproximação de nosso assunto, vou tomar um exemplo do século XVIII, na Alemanha. Trata-se de um episódio do romance *Anton Reiser* (1785), de Karl Philipp Moritz, não só romancista como autor de ensaios da *Populärphilosophie* (nome dado pelos alemães à filosofia que não fosse acadêmica e de apelo universal, não voltada aos especialistas). Aqui vai me interessar a narração de um processo de individuação que se dá em meio à multidão e seus resultados. Vou proceder citando, parafraseando e caracterizando alguns trechos desse episódio.[5]

O episódio ocorre, inicialmente, como se fosse uma "tomada de consciência". O primeiro passo se dá em relação aos pais, Reiser os sabe "*perdidos dentro de uma multidão*"; depois em relação a si próprio a cada vez que se repetia encontrar-se "em meio a uma *multidão*". "Pequenez, isolamento e insignificância muito próxima da não existência" eram as impressões que tinha.

> Quanto há aqui dessa matéria de que eu próprio sou feito! Que quantidade dessa *massa humana* de que se fazem os Estados e os exércitos, tal qual se constroem casas e torres com troncos de árvores!

Reiser tem de se haver com a pobreza e a morte constitutivas de um homem da multidão, que arrima Estados e constrói exércitos. Essa "experiên-

---

[4] Idem, p. 456.

[5] As citações se referem à seguinte edição: MORITZ, Karl Phillipp. *Anton Reiser. Roman psychologique.* (1785). Paris: Fayard, 1986, pp. 221-4.a

cia" se condensa num parágrafo, que citarei mais à frente. Aí, na proximidade da morte e na sova da pobreza, se erige a experiência cotidiana de Reiser: o choque da abstração dos corpos dos criminosos, em que suplício e execução pesam como espetáculo público do poder do Estado, desencadeia em Reiser o reconhecimento, por conta da empatia com os supliciados, de seu lugar e estatuto sociais, bem como a reflexão antinômica com que se defrontará. "Pobreza e morte" ou "pobreza e animalidade" ocupam esse *posto* sobre o qual deve se decidir. Peço desculpas pela citação longa, mas acredito que tenha sua valia, vejamos:

> Aconteceu que um dia quatro criminosos foram executados no cadafalso de H... Ele misturou-se com a multidão, que saía da cidade para dirigir-se ao local do suplício, e considerou esses quatro homens prestes a serem subtraídos do número total formado pela massa e esquartejados. Ao refletir sobre a quantidade de *massa humana*, que ainda permanecia à sua volta, julgou essa execução como das mais derrisórias e insignificantes, comparável àquela que consistiria em abater uma árvore na floresta ou em matar um boi. E, quando viu amarrarem na roda os membros disjuntos dos supliciados, disse a si que ele próprio e aqueles que o rodeavam poderiam ser igualmente *despedaçados*; nesse instante, o ser humano perdeu a seus olhos todo valor e sentido, a ponto de seu destino, e tudo o que a ele se referia, parecer-lhe reduzido à *possibilidade de ser cortado em pedaços* como um animal. Esse pensamento chegou a causar-lhe um certo prazer, enquanto em casa comendo brincava com seu macarrão, pois o caso acontecera precisamente no decorrer de seu mais terrível trimestre, na época em que essa pasta constituía freqüentemente sua única refeição do dia. Os alimentos e as roupas lhe eram tão indiferentes quanto a vida e a morte. Que importância há em ver passear uma massa de carne, mais ou menos animada, neste mundo onde há um número tão assustador de exemplares? Por isso, amiúde, assim que lhe vinham esses pensamentos, não podia impedir-se de se colocar no lugar dos criminosos executados, dos quais haviam amarrado os corpos na roda depois de os ter despedaçado, e então se dizia o que já Salomão pensara: *Ao homem acontece como ao gado; assim como morre o gado, também ele morre.*
>
> Deste momento em diante, cada vez que via matar um bicho, esforçava-se em determinar a diferença entre si e o animal que abatiam, e como freqüentemente tinha a ocasião de assistir a um tal espetáculo, dado que morava na casa de um açougueiro, todos os seus pensamentos o levaram ao mesmo assunto por um longo período. Repetidas vezes permanecia por horas inteiras considerando, por exemplo, um bezerro com sua cabeça, seus olhos, sua orelhas, seu focinho e suas narinas; aproximava-se dele o mais que podia, tocando-o, como fazia para com *desconhecidos* e se desgarrava às

vezes até se questionar se para ele não seria possível eventualmente penetrar, pouco a pouco, pelo pensamento no ser íntimo de um bicho desses. Todos os seus esforços tendiam a compreender a diferença que o separava do animal e, em certos momentos, de tão mergulhado na observação do bicho, acreditava realmente ter vivido, por um breve instante, a *vida secreta* dessa criatura. Em resumo, perguntava-se o que sentiria se fosse, por exemplo, um cachorro vivendo entre os homens ou algum outro bicho.

Depois disso, ele se envereda por reflexões avulsas sobre a diferença entre corpo e alma, sobre o que acontece às almas sem corpos etc. O que nos interessa, aqui, é que o peso da necessidade o empurra para a mera sobrevivência, na qual será destruída sua possibilidade de formação e experiência, ao passo que o impulso da liberdade o leva à morte como auto-aniquilamento. Não à toa, ele vagabundeará desacorçoado e com desprezo por si próprio, visto que o espelho da abstração em que se reconhece não o agrada.

> Acontece que uma tarde ele errava pela rua, triste e desacorçoado. O anoitecer se anunciava, mas ainda estava claro o bastante para que pudesse ser notado por alguns transeuntes; ora, ser visto por tais era-lhe insuportável, pois imaginava ser para eles um objeto de derrisão e desprezo. O ar estava gélido e úmido, assim como caía uma mistura de chuva e neve. Todas as suas roupas estavam encharcadas. Ele foi subitamente invadido pelo sentimento de *não poder escapar ao seu próprio eu.*
> Com este pensamento, teve a impressão de que uma montanha pesava contra si. Desdobrou-se em esforços sobre-humanos para sair de debaixo dessa massa, mas teríamos dito que o *fardo da existência* o esmagava.
> Compreendeu que hoje, como amanhã e todos os dias, teria de *se levantar com seu eu e deitar-se com ele*, arrastar consigo a cada passo esse odioso eu.

Se a tentativa for de caracterizar de maneira geral o episódio e mesmo o romance, cabe dizer que não há progressão no andamento dessa prosa. Como se, repentinamente, no ponto a que chegara e do qual se preparava para seguir, depois de uma pausa curta, bruscamente mudasse de curso e, num movimento rápido e miúdo, ao se arrastar para perspectivas novas, perdesse na verdade o rumo. O novo há pouco conquistado desaparece, uma vez que realmente ocorre repetição incessante de um concentrar-se sobre si que termina em cansaço, o qual dá vezo à vontade recorrente e reiterada de conciliação na morte. Em resumo, uma oscilação entre o "fardo da existência" que se contrai no eu e a distensão de si por meio da auto-aniquilação. Em relação a esse ritmo, acentua Albert Béguin que "nenhuma etapa é alcançada e superada" e, mais que isso, ocorrem "unicamente *estados* sucessivos de sentimentos, imagens e símbolos feno-

vados".[6] Como se a narrativa cortejasse o que não lhe vai assegurar o sentido ou a significação da experiência; como saltos de agrupamentos a outros se dessem de forma que as passagens entre eles fossem, ao mesmo tempo, modos de indeterminação de seus confins e garantias de fragmentação; pensamento e memória cujo andamento é marcado por anacolutos, um vagabundear. Esse andar sem rumo da prosa de Moritz, seguindo Béguin, evoca a incapacidade "de fazer da memória a maga que suprime o tempo e a fragmentação, aquela que estabelece a unidade do indivíduo e responde à angústia".[7] Reiser segue o "ritmo fatal" de sua vida, sem nunca alcançar a boa *démarche* de uma meditação ou o caminho seguro de um testemunho de experiência.

> A idéia – de que ele *deveria* imutavelmente permanecer *ele próprio* e não *poderia* ser um outro, de que estava reduzido aos limites estreitos desse eu que o *retinha prisioneiro* – inspirou-lhe, pouco a pouco, um desespero tão aguçado que o levou à beira do rio, que passa pela cidade, num lugar sem parapeito.
> Ficou nesse lugar por uma meia hora, dilacerado entre o mais assustador desgosto de viver e a inexplicável e instintiva sede de novamente respirar, até que, enfim, caísse esgotado num tronco de árvore que jazia não longe da margem. Ao chegar lá deixou ainda por um bom tempo a chuva penetrar as suas roupas, como se tivesse querido desafiar a natureza, porém uma sensação de frio anunciador da febre, assim como o ranger dos dentes, o reconduziram por fim à realidade. Lembrou-se então, por acaso, de que nesta noite, na casa de seu hospedeiro, o açougueiro, deveriam lhe dar de *comer* salsichas frescamente preparadas e de que o cômodo, onde ocorreria a refeição, estaria bem *quente*. Essas evocações, que lhe eram sugeridas unicamente pela vida física e animal, reanimaram seu gosto de viver. Esqueceu tudo o que nele participava da humanidade, como o esquecera após a execução dos mal-feitores, e, nas disposições de espírito e coração de um *animal*, é que voltou para casa.
> Desejava continuar a viver, mas como *animal*, pois perseverar em sua vida de homem constituía a seus olhos um fardo de todos os instantes.

Na verdade, nessa seqüência de choques, não existe escolha para Reiser. Por assim dizer, o prazer de autoconstituição o conduz ao auto-aniquilamento como conciliação e paz e, como que puxado por seu próprio corpo, ele sobrevi-

---

[6] BÉGUIN, Albert. *El alma romantica y el sueño*. México : Fondo de Cultura Económica, 1996, p. 53.

[7] Idem, p. 51. Béguin chega a caracterizar esse romance como uma "drama de individuação" (p. 61).

ve. No regime da necessidade, Reiser é reduzido a aspectos meramente biológicos, o que se pode designar como desumanização, animalização ou ainda biologização. Como homem, cidadão participante do povo, ele não existe; sua não existência social implica o suicídio – dito por meio de paradoxo, ele só poderia se realizar como ao homem ao se matar. Esse é o resultado dessa individuação dentro da multidão.

Na continuidade do romance, Reiser deixa de ser aprendiz do açougueiro – digamos que ele não conseguiu tornar-se pobre –, foge e se aventura pelo território do que mais tarde será chamado Alemanha. Ele vira como que um pícaro, embora não haja comicidade nesse romance triste, e se é verdade que o andamento descontínuo dessa prosa comprova a ausência de experiência, não há formação (*Bildung*). Portanto, seria possível nomeá-lo como um romance de não-formação.

* * *

Até agora eu quis montar uma imagem de comparação que permitisse voltar, de maneira mais alentada, para o início desta fala – uma história marcada por violência, tristeza e pesadume (*Schwermut*) –, história em que o verbo se desfaz e a violência se faz. Noutras palavras, procurei fazer uma espécie de crônica da acumulação primitiva, e explico o porquê.

(Aviso que daqui em diante serei bastante esquemático).

A expansão capitalista hoje em dia instaurou um novo processo de acumulação primitiva. Os novos cercamentos (*enclosures*), a transformação do que era patrimônio comunal em propriedade privada (ou mercadoria), tornam-se evidentes em procedimentos e "instituições" que se cruzam como essa espécie de indústria natural (biotecnologia etc.), a pilhagem do "intelecto geral" e as leis de propriedade intelectual etc.

Hoje, no Brasil, 20% da população está no campo, ao passo que 80% se concentra nas cidades. No campo, o agronegócio que alia necessidade de pouco trabalho corporal à tecnociência leva à quase extinção de uma classe – se não milenar pelo menos secular – os camponeses.[8] Os camponeses hoje não têm

---

8 Cf. SANTOS, Laymert Garcia dos. "Apresentação" de ETC group. *Tecnologia atômica*: a nova frente das multinacionais. São Paulo: Expressão Popular, 2 004, pp. 7-17.

lugar – o que lhes cabe é formar ajuntamentos,[9] ou multidões, que erram e acampam pelo território. Nas cidades, os que não têm lugar são obrigados a se concentrar nas periferias. Existe, como gostam de dizer os "pálidos economistas", desemprego estrutural; não há trabalho. Eles têm de se virar – e penso também em meninos de 12, 13 anos como Anton Reiser. O mercado legal de trabalho não tem postos para eles; fazendo-os, então, entrar no mercado ilegal de trabalho, na indústria de drogas ilegais, o chamado narcotráfico. Nas palavras de um desses meninos trabalhadores, "a boca [de fumo] é trampo, só que é um trampo mais embaçado".[10] Trabalho que se dá numa ordenação, ao que parece, tão violenta e mítica quanto no *Ricardo III*, de Shakespeare, de que falava no início.

No caso do campo, há o ajuntamento, que se organiza *entre* multidão e classe, que o Movimento dos Trabalhadores Sem-Terra (MST) caracteriza bem. Nas cidades, mais fragilmente, há por exemplo o Movimento dos Trabalhadores Sem-Teto (MTST), ou o movimento Hip-hop que, *entre* indústria cultural e auto-organização com forte discurso de identidade racial e cultural, pretende fazer da palavra sua forma de luta.[11]

Para resumir: há, de um lado, *repetição*, espécie de ciclo natural; de outro, possibilidade do *novo*.

---

[9] É de se notar que esse é também um velho termo jurídico que, quando acrescido do adjetivo "ilícito", significa sedição ou negação da ordem pública. Para que haja tal caracterização, bastam três revoltosos reunidos. Além disso, em espanhol, *ayuntamiento* é termo (da administração pública) que designa os conselhos municipais, cujo presidente, o "alcalde", encarrega-se de executar as decisões do "ayuntamiento", assim como de "dictar bandos para el buen orden, salubridad y limpieza de la población y cuidar de todo lo relativo a la policia urbana" (*Diccionario enciclopedico*. Madrid: Espasa-Calpe, 1985). Em resumo, há o ajuntamento lícito e o ajuntamento ilícito.

[10] FEFFERMANN, Marisa. *Vidas arriscadas*. São Paulo, 2004. Tese (Doutoramento) – IP-USP, v. II, p. 272.

[11] De passagem, gostaria de relatar que, no encontro (ocorrido em 2005, em Guararema, na Escola Nacional Florestan Fernandes) do MST e de pessoas do Hip-hop, houve a seguinte fala de um rapper, que cito de memória: "Nós estamos perdendo. É mais fácil eu entrar no tráfico do que tirar alguém de lá".

Sobre os autores

Anderson Gonçalves, professor de Filosofia da Facamp e doutorando do departamento de Filosofia da USP.

André Duarte, Mestre (1992) e Doutor (1997) em Filosofia pela Universidade de São Paulo. Realizou estágio de Pós-Doutorado na Universidade de Barcelona (2002-2003) com financiamento Capes. É pesquisador bolsista do CNPq e atua como Professor no Programa de Graduação e Pós-Graduação em Filosofia da Universidade Federal do Paraná (UFPR). Publicou pela Editora Paz e Terra *O Pensamento à sombra da ruptura: política e filosofia em Hannah Arendt* (2000). Publicações mais recentes: "Biopolitics and the dissemination of violence: the Arendtian critique of the present. In: *Hannah Arendt. Critical Assessments of Leading Political Philosophers*. Garrath Williams (ed). Abingdon, UK: Routledge, 2006, v.3, p. 408-423; "Heidegger y el Outro: Ser y Tiempo como ética postmetafísica". In: *Daímon*, v. 37, Revista de Filosofia de la Universidad de Murcia, 2006; Áreas de atuação: Fenomenologia, Ontologia Fundamental, Hermenêutica e Filosofia Política Contemporânea.

Cássio Tavares, Doutor em Teoria Literária e Literatura Comparada pela USP e pós-doutorando em Teoria Literária pela UNB.

Claudinei Aparecido de Freitas da Silva, doutorando em Filosofia pela UFSCar e professor do Departamento de Filosofia da Unioeste (Campus de Toledo).

Cristiano Perius, Mestre (USP) e Doutor em Filosofia (UFSCar). Publicou, a quatro mãos, com o filósofo Bento Prado Jr., "Vasta periferia" – Caderno Mais! comemorativo ao centenário natalício de Carlos Drummond de Andrade.

Débora Cristina Morato Pinto, professora de Filosofia do Departamento de Filosofia e Metodologia das Ciências da UFSCar. Doutora em História da Filosofia Contemporânea pela USP, é especialista na obra de Henri Bergson, com vários artigos publicados sobre esse autor.

Fernando Gil, Doutor em Teoria e História Literária pela Universidade de Campinas (Unicamp). Atualmente é professor adjunto da Universidade Federal do Paraná (UFPR). É autor de *Do Encantamento à Apostasia: a poesia brasileira 1880-1919*, entre outros.

Hélio Salles Gentil, Mestre em Sociologia pela Universidade Federal de Minas Gerais (1988) e Doutor em Filosofia pela Universidade de São Paulo (2001). Atualmente é professor titular da Universidade São Judas Tadeu. Publicou *Para uma poética da modernidade. Uma aproximação à arte do romance em* ***Temps et récit*** *de Paul Ricoeur* (Loyola, 2004).

José Swacko, Mestre em Sociologia pela Universidade Federal do Paraná.

José Ternes, Doutor em Filosofia pela USP, professor de Filosofia da UCG e colaborador do Mestrado de Filosofia da UFG. Publicou *Michel Foucault e a Idade do Homem* (Cegraf/UCG, 1998). Realiza pesquisas em filosofia francesa contemporânea e em filosofia da educação.

Luiz Damon Santos Moutinho, Doutor em Filosofia (USP, 1999), é professor do Departamento de Filosofia da UFPR. Publicou *Sartre: Psicologia e Fenomenologia* (Brasiliense, 1995) e *Razão e Experiência. Ensaio sobre Merleau-Ponty* (Edunesp, 2006).

Luiz Henrique Alves de Souza, graduado e Mestre em Filosofia na UFPR. Atualmente cursa o Doutorado em Filosofia na Universidade Federal de São Carlos com a pesquisa "O estatuto da reflexão em Sartre".

Marcelo Mari, graduado em Filosofia pela Universidade de São Paulo (USP), Mestre pela Escola de Comunicações e Artes da USP e Doutor pelo departamento de Filosofia da mesma universidade. Atualmente é professor da Faculdade de Tecnologia de São Paulo (FATEC).

Marcos José Müller-Granzotto, professor dos programas de pós-graduação em Filosofia e Literatura da Universidade Federal de Santa Catarina. Publicou o livro *Merleau-Ponty acerca da expressão* (Porto Alegre: Edipucrs, 2001).

Marcus Sacrini A. Ferraz, doutorando pelo departamento de Filosofia da USP. Publicou *O transcendental e o existente em Merleau-Ponty* (Humanitas/Fapesp, 2006).

Rita Paiva, pós-doutoranda em Filosofia na Universidade de São Paulo. Publicou *Gaston Bachelard: a imaginação na ciência, na poética e na sociologia* (São Paulo, Ed. Fapesp/Annablume, 2005) e *Subjetividade e Imagem: a literatura como horizonte da filosofia bergsoniana* (São Paulo, Fapesp/Humanitas, 2005).

Rodnei Nascimento, professor de Filosofia Contemporânea na Universidade Metodista de São Paulo e doutorando no Departamento de Filosofia da USP. Seu trabalho de pesquisa está voltado para o estudo da tradição dialética e seus desdobramentos contemporâneos, como o marxismo, a teoria crítica e suas interfaces com a filosofia francesa contemporânea. Também realiza trabalhos de tradução, tendo já vertido para o português autores como Georg Lukács e Jürgen Habermas.

Rodrigo Brandão, professor do departamento de Filosofia da Universidade Federal do Paraná (UFPR) e tradutor. Graduado e Mestre em Filosofia pela Universidade de São Paulo (USP), atualmente realiza seu doutoramento na mesma universidade.

Ruy Sardinha Lopes, bacharel, Mestre e doutorando em Filosofia pela FFLCH-USP, professor de História da Arte e Estética do curso de Arquitetura da USP de São Carlos. Pesquisador sobre as novas tecnologias e suas influências nas artes, economia e cultura.

Silene Torres Marques, professora do departamento de Filosofia da Universidade Federal de São Carlos. Publicou *Ser, tempo e liberdade: as dimensões da ação livre na filosofia de Henri Bergson* (Humanitas, 2006).

Sílvio Rosa Filho, Doutor em Filosofia pela Universidade de São Paulo, diretor adjunto da Facamp – Faculdades de Campinas e professor convidado no Programa de Doutorado do Instituto de Economia da Unicamp. Prepara atualmente a publicação do livro *Eclipse da Moral: Kant, Hegel e o nascimento do cinismo contemporâneo*.

Tarcísio J. S. Pinto, Doutor em Filosofia pela USP e atualmente professor do Departamento de Educação da UFJF e das Faculdades Doctum de Juiz de Fora.

Thana Mara de Souza, doutoranda em Filosofia pela USP e financiada pela Fapesp, sob a orientação do Prof. Dr. Franklin Leopoldo e Silva. Publicou *O drama da existência: escritos sobre o pensamento de Sartre* (Humanitas, 2003).

Vladimir Safatle, professor do Departamento de Filosofia da USP, professor-visitante da Universidade de Paris VII, autor de *A paixão do negativo: Lacan e a dialética* (Edunesp, 2006) e organizador de *Um limite tenso: Lacan entre a filosofia e a psicanálise* (Edunesp, 2003).

FICHA TÉCNICA

Mancha	12,5 x 19,5 CM
Formato	16 x 22 cm
Tipologia	Garamond 3 BT 12
Papel	miolo: off-set 75 g/m^2
	capa: supremo 250 g/m^2
Impressão e acabamento	GRÁFICA FFLCH
Número de páginas	346
Tiragem	500 exemplares